ALSACE

CW01496368

ÉDITION ÉCRITE ET ACTUALISÉE PAR

Claire Angot, Sonia de Araujo,
Christophe Corbel et Hugues Derouard

Sommaire

CLAIRE ANGOT ©

HUGUES DEROUARD ®

VINCENT FROEHLY ®

De gauche à droite : Pensée des Vosges (p. 224) ; Maison natale du poète Nathan Katz, Waldighoffen (p. 289) ; Ponts couverts, Strasbourg (p. 104)

Sommaire

VINCENT FROEHLY ©

Spécialité alsacienne : la choucroute

Quelques mots sur l'Alsace

L'Alsace, forte de son identité et consciente que son image dépasse les frontières, sait mettre en valeur son patrimoine naturel, culturel et humain, et le fait avec passion. Il en résulte un pouvoir d'attraction unique, qui séduit nombre de visiteurs chaque année.

Mais l'Alsace ne se résume pas à de merveilleux villages fleuris et à des ruines moyenâgeuses miroitant dans un océan de verdure. C'est avant tout un territoire façonné par une multitude d'influences, une région au cœur de l'Europe.

Entre hautes chaumes des sommets vosgiens, prairies humides du Ried, collines boisées du Nord, l'Alsace possède de grands espaces et des sites naturels d'exception. Cela peut paraître incroyable pour cette petite région qui affiche l'une des densités les plus élevées de France. Et pourtant ! Dès que l'on quitte les grandes et belles cités alsaciennes, il suffit de parcourir quelques kilomètres pour se retrouver dans des paysages extraordinairement romantiques et souvent sauvages.

L'Alsace a toujours fait le grand écart. À la fois incroyablement traditionnelle et tellement contemporaine, elle est fière d'une culture ancestrale dont témoignent ses innombrables maisons à colombages et la pratique de l'alsacien, tout en étant à la pointe de la modernité, avec la présence à Strasbourg du Parlement européen, et une intégration transfrontalière sans équivalent en France. Ainsi, l'exploration de son histoire territoriale unique et de son présent ouvert sur le monde tient d'un riche enseignement.

Enfin, l'Alsace est une terre qui développe les sens et les plaisirs. Plaisir de visiter ses innombrables musées et de profiter d'un patrimoine architectural exceptionnel. Plaisir d'une randonnée à pied ou à vélo dans des paysages baignés de lumière dont on ne se lasse pas d'admirer la beauté. Plaisir de savourer une cuisine inventive et copieuse, faite d'influences multiples, et des vins reconnus dans le monde entier. Plaisir de partager des traditions avec les Alsaciens d'origine ou de cœur.

Colmar (p. 174) à Noël
BORIS STROUJKO / FOTOLIA ©

25
expériences incontournables

Sommaire

VINCENT FROEHLY ©

Spécialité alsacienne : la choucroute

HUGUES DEROUARD ©

VINCENT FROEHLY ©

De gauche à droite : Pensée des Vosges (p. 224) ; Maison natale du poète Nathan Katz, Waldighoffen (p. 289) ; Ponts couverts, Strasbourg (p. 104)

En savoir plus

Carnet pratique

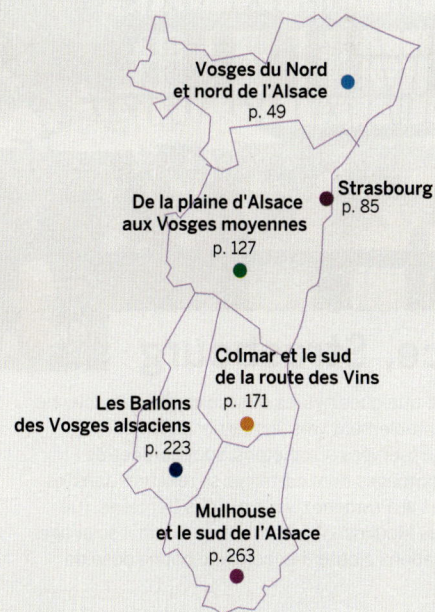

Vosges du Nord
et nord de l'Alsace
p. 49

Strasbourg
p. 85

De la plaine d'Alsace
aux Vosges moyennes
p. 127

Colmar et le sud
de la route des Vins
p. 171

Les Ballons
des Vosges alsaciens
p. 223

Mulhouse
et le sud de l'Alsace
p. 263

Avant le départ
25 expériences incontournables

VINCENT FROEHLY ©

Petite France, Strasbourg

Si vous ne devez passer que quelques heures dans la capitale alsacienne,
vos pas vous mèneront inévitablement vers le quartier de la Petite
France (p. 105). Ses ruelles, réservées aux piétons, sont bordées de
magnifiques maisons à colombages dont certaines se reflètent dans les
eaux calmes des canaux de l'Ill. Promenez-vous rue des Dentelles, rue
du Bain-aux-Plantes, rue des Moulins... À la tombée de la nuit, l'éclairage
des réverbères et des habitations ajoutent encore une bonne dose de
romantisme à ce quartier.

1

Riquewihr

Riquewihr (p. 201), petite cité fortifiée posée dans un vallon ouvert, entourée des vignes qui font sa prospérité depuis des siècles, est l'une des plus séduisantes de la route des Vins. Certains diront même la plus belle. Elle est protégée par une double enceinte, et son centre historique a conservé des maisons dont certaines datent du XVe siècle, exceptionnellement entretenues et restaurées. Ne manquez pas, dans le château des ducs de Wurtemberg-Montbéliard, le musée de la Communication qui raconte l'histoire des échanges, au temps des diligences.

2

PATRICK POENDL / FOTOLIA ©

Château du Haut-Kœnigsbourg

Bâti au XIIᵉ siècle, assiégé et pillé pendant la guerre de Trente Ans, le château du Haut-Kœnigsbourg (p. 154), le plus visité d'Alsace, fut magnifiquement restauré à la fin du XIXᵉ siècle. Ses murailles épousent à la perfection le piton rocheux sur lequel il semble posé. Sa visite permet d'imaginer la vie dans un château fort à la fin du Moyen Âge, dont les salles meublées reconstituent fidèlement l'ambiance.

3

SONIA DE ARAUJO ©

Route des Vins

Environ 170 km, des dizaines de vignobles, des centaines de producteurs, 70 villes et villages traversés : la route des Vins d'Alsace (p. 131) est un voyage en soi. Vous pouvez au choix l'explorer au départ de Strasbourg (p. 86) ou de Thann (p. 252), au sud. Elle se parcourt en voiture, mais également à vélo (pour les moins aguerris, électrique), le long de petites routes ou de sentiers interdits aux véhicules à moteur. Hunawihr

4

BORISB17 / FOTOLIA ©

Obernai

À une trentaine de kilomètres de la capitale alsacienne, Obernai (p. 136) est une charmante cité médiévale protégée derrière ses imposants remparts. La ville se découvre à pied en commençant par sa belle place du marché entourée de magnifiques maisons à colombages et de bâtiments de style Renaissance datant de l'âge d'or de la cité. À ne manquer sous aucun prétexte : la façade de l'hôtel de ville et sa balustrade de style gothique flamboyant, et la halle au blé avec ses arcades et son toit percé de lucarnes.

5

VINCENT FROEHLY ©

Colmar

Pour les admirateurs de Colmar (p. 174), c'est la plus belle ville du monde, un véritable musée à ciel ouvert. Quelques historiens et viticulteurs, eux, la désignent comme la "capitale" du vignoble alsacien. Quoi qu'il en soit, il est difficile de résister au charme de ses rues et places bordées d'édifices admirablement conservés. Le clou de la visite de Colmar ? Le musée Unterlinden (p. 178), qui abrite quelques chefs-d'œuvre, dont le retable d'Issenheim, sa pièce maîtresse.

6

CHRISTOPHE CORBEL ©

Ballon d'Alsace

Sommet le plus au sud des Vosges, le Ballon d'Alsace (1 247 m ; p. 259) compte parmi les plus beaux sites de la région. Il offre un saisissant panorama jusqu'aux Alpes et son environnement est particulièrement bucolique. On peut le rejoindre en remontant la verdoyante vallée de la Doller (p. 258), ponctuée de lacs glaciaires. Par temps clair, lorsque le soleil entame sa descente vers l'horizon, le mélange des couleurs du ciel et des paysages est flamboyant.

7

GIVAGA / FOTOLIA ©

Cathédrale
Notre-Dame de Strasbourg

Trésor de l'art gothique, la cathédrale Notre-Dame (p. 93) fut, avec ses 142 m, l'édifice le plus haut du monde de 1647 à 1874. Apercevoir sa façade majestueuse au détour d'une rue piétonne procure une sensation extraordinaire. Mais les chefs-d'œuvre sont aussi à l'intérieur de l'édifice, à l'instar de son incroyable horloge astronomique ou de son orgue. De sa plateforme, les vues sur les toits de la ville et les alentours sont impressionnantes.

MATMAX67 / FOTOLIA ©

Mont-Sainte-Odile

À 763 m d'altitude, le Mont-Sainte-Odile (p. 138) attire de nombreux visiteurs qui viennent admirer le couvent construit à la fin du VIIIᵉ siècle par le duc d'Alsace et restauré au début du XXᵉ siècle. De la terrasse du monastère, vous profiterez de l'une des vues les plus impressionnantes sur le massif des Vosges et la plaine d'Alsace. Au pied du mont, en pleine forêt, un mur païen (p. 141), long d'une dizaine de kilomètres, n'en finit pas d'intriguer visiteurs et historiens.

VINCENT FROEHLY ©

Wissembourg

À 2 km de la frontière allemande, Wissembourg (p. 66) est une charmante étape à l'extrême nord de l'Alsace. Grâce à un patrimoine architectural riche et bien conservé (malgré une histoire mouvementée) et des commerces dynamiques, la visite de la ville s'avère un excellent compromis entre plaisirs gastronomiques et découvertes culturelles. La cité est également au cœur de la partie la plus septentrionale de la route des Vins.

10

VINCENT FROEHLY ©

Neuf-Brisach

Vue du ciel, elle est comme une étoile parfaite surgie de terre ex nihilo, dans la plaine du Rhin. La place forte de Neuf-Brisach (p. 190) est probablement l'œuvre la plus aboutie de Vauban. Pendant 5 années, plusieurs milliers d'artisans et d'ouvriers façonnèrent cet ensemble de fortifications, rigoureux et magnifique à la fois, en grès rose des Vosges. Rien d'étonnant à ce que Neuf-Brisach figure au patrimoine mondial de l'Unesco !

11

CHRISTOPHE CORBEL ©

Musée Lalique

Ce splendide musée (p. 56) est dédié à l'œuvre de René Lalique, l'inventeur du bijou moderne. En s'installant à Wingen-sur-Moder après la Première Guerre mondiale, Lalique profitait ainsi du savoir-faire des artisans et des manufactures de la région. Ce beau musée retrace cette aventure artistique et industrielle. Du musée, on peut également rejoindre l'ancienne manufacture royale à Saint-Louis et le musée du Verre et du Cristal à Meisenthal (p. 59), tous deux situés en Moselle.

12

IGOR SCHWING / FOTOLIA ©

Marchés de Noël

En décembre, les rues des grandes villes et des villages s'illuminent, et les places s'animent avec les marchés de Noël. Le plus célèbre est celui de Strasbourg, très fréquenté. Certains marchés sont thématisés : médiéval à Ribeauvillé, pour les enfants à Colmar, sucré à Erstein… Les festivités se terminent par l'embrasement des sapins, sorte de catharsis collective après cette débauche commerciale !

13

VINCENT FROEHLY ©

Musées de Mulhouse

Mulhouse, ville à la riche histoire industrielle et technique, abrite des musées qui rendent hommage à ce passé. Le plus célèbre est sans conteste la Cité de l'automobile (p. 267), qui réunit 400 modèles de voitures de collection, mais la Cité du train (p. 271), le musée EDF Électropolis (p. 272) ou le musée de l'Impression sur étoffes (p. 270) devraient aussi vous intéresser. Enfin, sur une thématique plus environnementale, le parc zoologique et botanique (p. 270) est un incontournable. Cité de l'automobile

14

VINCENT FROEHLY ©

Écomusée d'Alsace

L'écomusée d'Alsace (p. 280) n'a de musée que le nom. Ici, pas de collections à l'abri de vitrines, mais un village reconstitué et animé par des bénévoles et des salariés en costumes d'époque qui donnent vie au site à travers des animations. Des maisons meublées, des ateliers avec des machines et des outils, une ferme avec des animaux, un verger, un potager, bref, tout ce qui fait l'Alsace éternelle, au charme rural.

15

VIANNEY MÜLLER ©

Ferrette et le Jura alsacien

Au sud de la région alsacienne, à quelques kilomètres de la frontière suisse, Ferrette (p. 290) annonce les contreforts du Jura, territoire de moyenne montagne à la forte tradition rurale. Le bourg, doté d'un riche patrimoine, est comme posé dans un écrin de verdure. Tout comme les autres villages de cette région jurassienne qui cultive ses atouts dans le secret, à l'écart des grandes routes touristiques. Ferrette

16

CHRISTOPHE CORBEL ©

Déjeuner dans une ferme-auberge

Le label ferme-auberge désigne une exploitation agricole qui propose la restauration, et pour certaines l'hébergement, aux vacanciers. Elles sont disséminées surtout dans le parc régional des Ballons des Vosges (p. 224). N'hésitez pas à y déguster le menu "marcaire", le plus souvent composé de produits locaux.

17

CLAIRE ANGOT ©

Grand Ballon

Point culminant de l'Alsace (1 424 m), le Grand Ballon (p. 229) est un incroyable balcon pour contempler toute la région. Par temps clair, on peut distinguer les flèches de la cathédrale de Strasbourg, ainsi que la Forêt-Noire, le Jura suisse et le massif alpin, de l'Autriche au Mont-Blanc. Le Grand Ballon se rejoint aisément de Mulhouse en voiture (25 km), mais on peut aussi l'aborder à l'occasion d'une randonnée pédestre d'une journée, au départ de l'une des vallées alsaciennes.

18

19

Canal du Rhône au Rhin

Le canal du Rhône au Rhin (p. 288) sillonne le sud de l'Alsace sur 59 km de Montreux-Jeune (à la frontière du département des Vosges) jusqu'à Mulhouse. On peut le suivre à vélo, ou louer un bateau habitable qui se conduit sans permis pour profiter d'un point de vue inédit sur les rives et la campagne environnante. D'autres canaux sont navigables en Alsace, à l'instar du canal de la Marne au Rhin (p. 76) qui offre une escale agréable à Saverne (p. 74), porte d'entrée vers le parc naturel régional des Vosges du Nord (p. 52).

20

Route des Crêtes

Les 80 km de cette route (p. 226) qui chemine sur les hauteurs des Vosges, du col du Bonhomme aux hauteurs de Cernay, donnent à voir des paysages à la fois magnifiques et apaisants. Sommets arrondis recouverts d'un manteau herbeux, vallées verdoyantes ponctuées de lacs glaciaires, panorama à 360° sur des dizaines de kilomètres, l'itinéraire vaut à lui seul le voyage. Pour éviter l'affluence, parcourez-le en semaine. Et vérifiez la météo ! Sommet du Hohneck

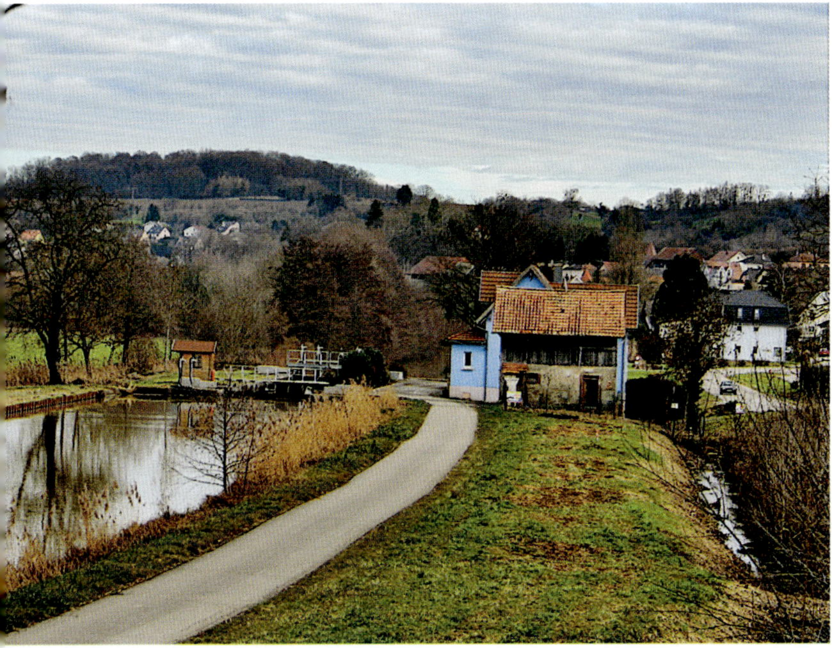

VINCENT FROEHLY ©

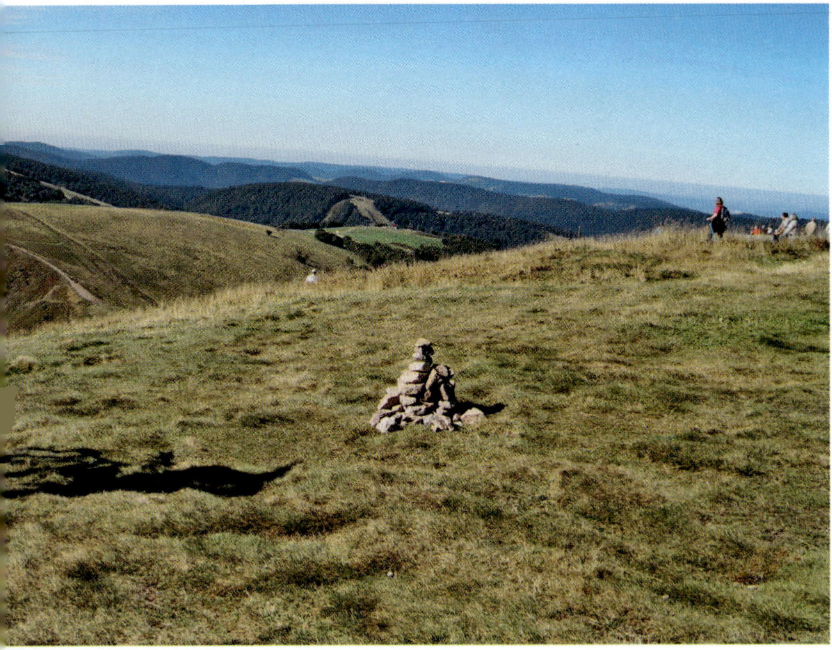

CHRISTOPHE CORBEL ©

Hartmannswillerkopf (Vieil-Armand)

Sur la route des Crêtes, l'Hartmannswillerkopf ou le Vieil-Armand (p. 228) est un promontoire rocheux qui s'avance au-dessus de la plaine d'Alsace. Un parcours de 5 km permet d'observer les installations militaires et les cicatrices que les combats ont laissées sur cette montagne vosgienne durant la Première Guerre mondiale, et un mémorial franco-allemand doit très prochainement enrichir le site.

21

Grand Ried

Situé au cœur de la plaine d'Alsace, entre Strasbourg et Colmar, le Grand Ried (p. 155) est riche d'une faune et d'une flore exceptionnelles. Mélange de forêts et de prairies humides, cette campagne attachante peut se découvrir à pied, à vélo ou, mieux encore, en barque à fond plat, pour pénétrer dans ce monde unique mais fragile. En août, des cigognes blanches se rassemblent par dizaines avant leur grande migration. N'oubliez pas vos jumelles !

22

CHRISTOPHE CORBEL ©

Randonner dans le PNR des Ballons des Vosges

Il suffit de garer sa voiture et de faire quelques pas pour apercevoir un sentier qui pénètre dans la forêt ou s'en va courir à travers les hautes chaumes. Peut-être longera-t-il un lac glaciaire à la couleur vert émeraude ? Faites une pause dans un chalet forestier ou sur la terrasse ombragée d'une ferme-auberge : ici, la marche est considérée comme un art de vivre, tout autant qu'une activité. Massif du Hohneck

23

CHRISTOPHE CORBEL ©

Parc naturel régional des Vosges du Nord

Le parc des Vosges du Nord (p. 52), constitué à 70% de forêts, attire les amoureux de nature. Pays du grès rouge, de l'arbre et de l'eau, son histoire est pourtant passionnante. Il suffit d'évoquer ses dizaines de ruines de châteaux moyenâgeux posés sur des pitons rocheux, le travail du verre ou de l'argile, sans oublier les édifices de la ligne Maginot. Depuis le château de Fleckenstein

24

CHRISTOPHE CORBEL ©

Abbaye de Marmoutier

Passage obligé sur l'itinéraire de l'Alsace romane, l'église abbatiale de Marmoutier (p. 81) est un trésor d'architecture. Sa façade romano-byzantine originale est mise en valeur par la couleur de sa pierre, mélange de grès rose et jaune. L'intérieur est également remarquable avec sa nef gothique du XIIIe siècle. Le docteur Albert Schweitzer, prix Nobel de la paix, aimait jouer sur son orgue qui date du XVIIIe siècle.

25

Avant le départ
Itinéraire : 5 jours

HUGUES DEROUARD ©

De Strasbourg
à Colmar

L'Alsace incontournable

*Entre Strasbourg et Colmar, partez
à la découverte de l'Alsace éternelle.
Au programme : châteaux et abbayes,
villages viticoles et collines boisées.
Un itinéraire sans se presser, pour
profiter de l'essentiel sans accumuler
les kilomètres.*

❶ Strasbourg (p. 86)

Entre la **cathédrale**, le quartier de la
Petite France et les **musées**, la richesse
de la capitale alsacienne est telle qu'il
vous faudra au moins lui consacrer deux
journées. L'après-midi, embarquez à bord
d'un **bateau** pour une balade au fil de l'eau.
Le soir, optez pour un dîner romantique
le long des canaux ou savourez une
succulente choucroute.

Strasbourg ⬌ Mont-Sainte-Odile
🚗 1 heure 30 par les D1004, D422 et D35

❷ Nord de la route
des Vins (p. 130)

De Strasbourg, suivez la célèbre route des
Vins par le nord : **Barr**, **Rosheim**, **Bœrsch**
sont des étapes de choix. Si vous avez
encore le temps, faites un crochet par
Obernai. Le soir, profitez de la quiétude
du **monastère du Mont-Sainte-Odile**.

Mont-Sainte-Odile ⬌ Sélestat
🚗 1 heure par la D35

Bergheim (p. 193)

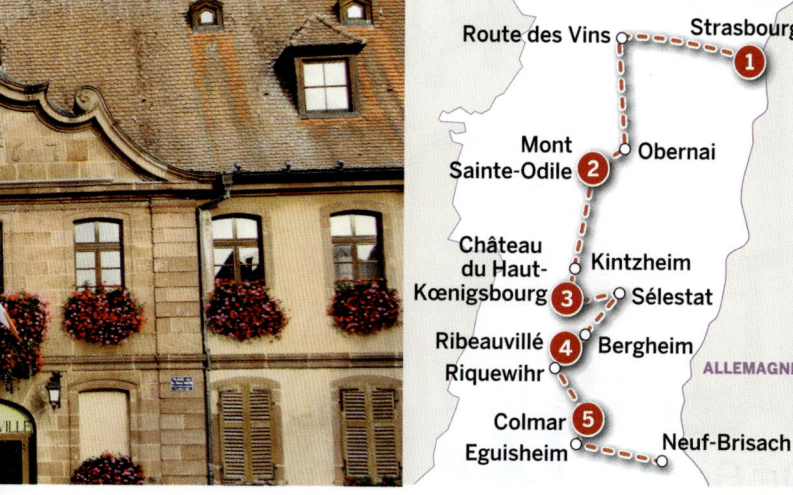

Route des Vins Strasbourg **1**

Mont
Sainte-Odile **2** Obernai

Château
du Haut- Kintzheim
Kœnigsbourg **3** Sélestat

Ribeauvillé **4** Bergheim
Riquewihr **ALLEMAGNE**

Colmar **5**
Eguisheim Neuf-Brisach

❸ Château du Haut-Kœnigsbourg (p. 154)

Continuez la visite des villages viticoles, jusqu'au **château du Haut-Kœnigsbourg**. Pour le plaisir des petits et des grands, rendez-vous à **Kintzheim** pour visiter la **Montagne des singes** et la **Volerie des aigles**. Le soir, rejoignez **Sélestat** pour une pause bien méritée.

Sélestat ⟳ Ribeauvillé
🚗 30 min par les D35 et D1B

❹ Ribeauvillé (p. 195)

À **Ribeauvillé**, laissez votre voiture. Les charmes de cette bourgade située sur les contreforts du massif des Vosges se poursuivent sur les sentiers pédestres qui conduisent à **Riquewihr** et **Bergheim**.

Ribeauvillé ⟳ Colmar
🚗 20 min par les D1B, D10 et D415

❺ Colmar (p. 174)

Colmar mérite au moins un jour de visite. Son patrimoine architectural et ses musées sont incontournables. S'il vous reste du temps, faites une escapade selon votre goût jusqu'à **Eguisheim** ou à **Neuf-Brisach**.

Avant le départ
Itinéraire : 7 jours

VINCENT FROEHLY ©

De Colmar à... Colmar

Entre sommets et vignobles

Voici un itinéraire pour combiner ville d'art, sites montagnards et villages viticoles. Après la découverte de Colmar, prenez de la hauteur en parcourant les sentiers du parc naturel régional des Ballons d'Alsace. Au retour, jouez à saute-mouton entre les vignes du sud de la route des Vins.

❶ Colmar (p. 174)

Débutez cet itinéraire par **Colmar**, véritable musée à ciel ouvert. Difficile de résister au charme de ses rues et places bordées d'édifices remarquables ou à la visite du **musée Unterlinden** qui recèle des chefs-d'œuvre. Au moment de passer à table, optez pour la Table du Brocanteur.

Colmar ➲ Kaysersberg
🚗 20 min par la D415

❷ Kaysersberg (p. 208)

Départ de Colmar pour rejoindre **Kaysersberg**, une petite cité dynamique qui vous attend de pied ferme : l'**église Sainte-Croix**, les belles **maisons Renaissance** et le **pont fortifié** vous charmeront. Ensuite, rejoignez à pied les ruines du **château** pour prendre un peu de hauteur et profiter de la vue sur la plaine, ou gagnez le charmant village viticole de **Riquewihr**, en vous arrêtant au **musée du Vignoble**.

Kaysersberg ➲ Orbey
🚗 20 min par les D415 et D48

Kaysersberg (p. 208)

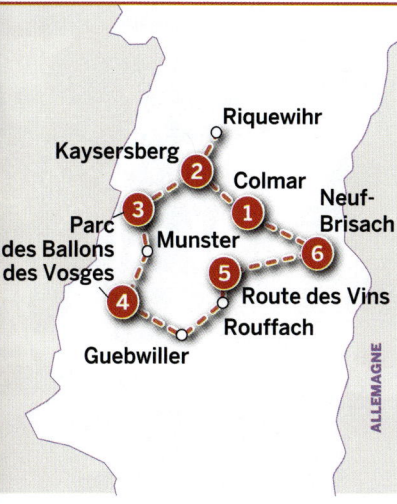

déjeuner. Plus loin, rejoignez le balcon de l'Alsace (le sommet du **Grand Ballon**) et redescendez vers **Guebwiller** pour visiter l'abbaye romane de **Murbach**.

Guebwiller ➡ **Rouffach**
🚗 **15 min par la D83**

⑤ Route des Vins (p. 192)

Prenez vos quartiers à **Rouffach**. De là, vous pourrez visiter les caves des vignerons et profiter de paysages de carte postale. La visite des villages peut se faire à vélo (location à l'office du tourisme). Plus tard, faites un saut à l'**écomusée d'Alsace** qui raconte avec passion les traditions de l'Alsace rurale. Les animations y sont nombreuses et intéresseront petits et grands.

Rouffach ➡ **Neuf-Brisach I Colmar**
🚗 **50 min par les D8, D1 bis et D415**

⑥ Neuf-Brisach (p. 190)

Direction **Neuf-Brisach**, citadelle de Vauban la plus aboutie, classée au patrimoine mondial de l'Unesco. Retour à **Colmar** pour terminer cet itinéraire par un dernier musée et quelques achats dans les rue commerçantes de la capitale des vins d'Alsace.

❸ Parc des Ballons des Vosges, 1er jour (p. 224)

Le jour suivant, chaussez vos chaussures de marche et partez explorer quelques-unes des merveilles du parc. Entre autre, le **lac Blanc** et le **lac Noir** ou encore la superbe **réserve naturelle du Tanet-Gazon du Faing**, alliance entre forêt de résineux et hautes chaumes. Grimpez en douceur au sommet du Hohneck pour contempler l'irrésistible panorama. En fin d'après-midi, rejoignez **Munster** pour profiter des bonnes tables de la petite ville.

Orbey ➡ **Munster**
🚗 **30 min par la D48**

❹ Parc des Ballons des Vosges, 2e jour

Le matin, après avoir fait quelques courses dans les boutiques de Munster, prenez la direction de la **route des Crêtes** en suivant la verdoyante **Fecht de Sondernach**. Sur le parcours, vous croiserez des **fermes-auberges**, possibles étapes pour le

Avant le départ
Itinéraire : 7 jours

CHRISTOPHE CORBEL ®

Le Nord de l'Alsace

Histoire et nature

C'est un itinéraire à double détente. Premier coup, forêts et parc naturel. Deuxième coup, châteaux moyenâgeux, villes et villages au patrimoine riche et varié. Bref, une route qui se raconte autant qu'elle s'admire. Terminez par la capitale alsacienne qui mérite à elle seule un voyage.

❶ Saverne (p. 74)

Débutez votre itinéraire par **Saverne**, porte d'entrée vers le **parc régional des Vosges du Nord**. Parcourir ses rues piétonnes vous donnera l'occasion de découvrir de belles façades de maisons traditionnelles. Après avoir profité d'une des bonnes tables du centre, enfilez vos chaussures de marche pour rejoindre les ruines du **château du Haut-Barr**. Le panorama sur la forêt et la **plaine d'Alsace** est saisissant. Plus tard, gagnez l'**abbaye de Marmoutier**, bel exemple d'art roman alsacien.

Saverne ⭕ La Petite-Pierre
🚗 30 min par les D604, D122 et D178

❷ La Petite-Pierre (p. 52)

Le lendemain, rendez-vous à **La Petite-Pierre**. La qualité de ses hôtels, de ses restaurants et sa situation au milieu du massif forestier vous donneront envie de vous attarder. Prévoyez une escapade à pied vers le village de **Graufthal** pour visiter les seules maisons troglodytiques d'Alsace. Au retour, faites un crochet gourmand par l'**auberge d'Imsthal**.

La Petite-Pierre ⭕ Lichtenberg
🚗 1 heure par les D135, D919, et D181

❸ Lichtenberg (p. 55)

Prenez la direction du superbe **musée Lalique**. Vous pouvez prolonger cette visite en rejoignant, en Moselle, le **Centre verrier de Miesenthal** et le **musée du Cristal Saint-Louis**. Pas très loin, une visite au **château de Lichtenberg** s'impose. En été, la forteresse est investie par des artistes

Musée du Cristal Saint-Louis (p. 59)

qui présentent des pièces et spectacles en français et parfois en alsacien.

Lichtenberg ➲ Lembach
🚗 50 min par les D28 et D27

❹ Lembach (p. 60)

Vous consacrerez la journée du lendemain aux alentours de **Lembach**. Le **château de Fleckenstein** est l'une des innombrables forteresses qui dominent les pitons rocheux de la région. La visite de l'**ouvrage du Four à Chaux** permet de comprendre la ligne Maginot. Finissez cette journée en vous attablant à l'un des restaurants des petits villages d'**Obersteinbach** ou de **Niedersteinbach**.

Lembach ➲ Wissembourg
🚗 20 min par la D3

❺ Wissembourg (p. 66)

Le lendemain, prenez la direction de **Wissembourg** pour passer la journée dans cette ville au riche patrimoine située le long de la frontière allemande et dans la partie la plus septentrionale de la **route des Vins**.

Wissembourg ➲ Haguenau
🚗 30 min par la D263

❻ Haguenau (p. 69)

Rejoignez la ville de **Haguenau**. Sur votre route, vous pourrez faire des détours par les villages potiers de **Soufflenheim** et **Betschdorf**. Arrêtez-vous également dans le très pastoral village de **Hunspach**. Le centre-ville de Haguenau est agréable. Pour la nuit, rejoignez la ville thermale de **Niederbronn-les-Bains** ou la petite cité de **Bouxwiller** qui possède un intéressant musée.

Haguenau ➲ Strasbourg
🚗 30 min par la A4

❼ Strasbourg (p. 86)

Terminez cet itinéraire par deux journées consacrées à la visite de **Strasbourg**. Les sites d'intérêt ne manquent pas : **cathédrale Notre-Dame**, quartier de la **Petite France**, **Musée alsacien**... Gardez un peu de temps pour explorer les nouveaux quartiers et pour louer un vélo.

Avant le départ
Itinéraire : 14 jours

L'Alsace,
du nord au sud

De la route des Vins
à la route des Crêtes

Cet itinéraire parcourt l'Alsace du nord au sud. Au menu : vignobles, randonnées et châteaux dans des cadres naturels exceptionnels.

❶ Parc naturel régional des Vosges du Nord (p. 52)

Entre massifs forestiers et ruines médiévales, le territoire du **parc naturel régional des Vosges du Nord** est une excellente introduction à l'Alsace. Après des randonnées en pleine nature et la visite de châteaux, vous pourrez vous remettre de vos émotions à **La Petite-Pierre** ou dans la ville thermale de **Niederbronn-les-Bains**. Sans oublier que cette zone est dotée d'un riche patrimoine culturel, à l'instar de **Wingen-sur-Moder** et son **musée Lalique**, ou **Bouxwiller** et son **musée du Pays de Hanau**.

La Petite-Pierre ➡ Haguenau

🚗 1 heure par les D7 et D919

❷ Haguenau et le pays de l'Outre-Forêt (p. 69)

Au-delà de **Haguenau** et de sa forêt commence le pays de l'**Outre-Forêt**, région la plus au nord de l'Alsace. Adossé aux contreforts des Vosges du Nord, ce territoire, à l'écart des routes touristiques, a plusieurs atouts, en particulier des **villages** bien conservés, entourés de **vergers de hautes tiges** et d'une campagne bucolique à l'extrême. Sa tradition **artisanale**, et en particulier potière, est une autre raison de s'y rendre. C'est également une région viticole qui produit d'excellents vins à savourer (avec modération) dans des restaurants de qualité. **Wissembourg** constitue une étape agréable dans cette zone.

Haguenau ➡ Strasbourg

🚗 30 min par la A4

❸ Strasbourg (p. 86)

Son patrimoine culturel d'une grande richesse, sa **cathédrale**, ses **quartiers** très pittoresques et ses **bonnes tables** vous retiendront un moment dans la capitale alsacienne. La ville offre également

Route des Crêtes (p. 226)

des bars sympas et de bonnes salles de concerts pour prolonger la soirée.

Strasbourg ⭕ **Sélestat**

🚗 1 heure 10 par les D1004, D422 et D35

❹ Le nord de la route des Vins

Adossée au massif des **Vosges du Sud**, la **route des Vins** se déroule sur 170 km de Strasbourg jusqu'à Thann (du nord au sud). Commencez par les vignobles du Nord et les villes de **Marlenheim**, **Molsheim**, **Barr**, **Andlau**... Entrecoupez les visites des villages et des caves par les découvertes du **château du Haut-Kœnigsbourg** et du **Mont-Sainte-Odile**. Posez vos valises à **Sélestat** pour profiter de ses restaurants.

Sélestat ⭕ **Colmar**

🚗 1 heure 20 par les D35, D1B et D10

❺ Le sud de la route des Vins

Prenez vos quartiers à **Colmar** ou dans un village à proximité. Consacrez au moins une journée à explorer la ville, puis partez découvrir les superbes villages viticoles alentour (**Rouffach**, **Eguisheim**, **Riquewihr** ou **Bergheim**). Au programme :

visites de caves et de musées et parcours dans les vignobles ou dans les forêts des contreforts du massif des Vosges. N'oubliez pas de faire un crochet par la citadelle de Vauban à **Neuf-Brisach**.

Colmar ⭕ **Orbey**

🚗 35 min par la D415 ou la D11

❻ Vallées alsaciennes

Val d'Argent, **vallée de Kaysersberg**, **val d'Orbey**, **vallée de Munster**, **vallée du Florival**... Bienvenue dans les vallées du parc régional des Ballons des Vosges. L'exploration de ces territoires est tout autant un voyage pour les yeux que pour l'esprit. Posez-vous à **Orbey** qui dispose d'hôtels confortables et où l'on peut apprécier la cuisine alsacienne authentique.

Orbey ⭕ **Kruth**

🚗 1 heure par les D48, D148, D61, D430 et D27

❼ La route des Crêtes (p. 226)

Traversant le massif des Vosges sur 80 km, du nord au sud, la **route des Crêtes** permet d'associer sur un même itinéraire certains des plus beaux sites d'Alsace. Durant cette première journée, **lacs glaciaires**, **Tanet-Gazon du Faing**, **massif du Hohneck** et pause dans une **ferme-auberge** sont au programme. En fin de journée, bifurquez vers le haut de la **vallée de la Thur** et passez la nuit à **Kruth**.

Kruth ⭕ **Mulhouse**

🚗 1 heure 50 par les D27, D431, D13B et la N66

❽ Ballon d'Alsace (p. 259) et vallée de la Doller (p. 258)

Remontez vers le sommet du **Ballon d'Alsace** (par le col d'Oderen) puis rejoignez le bas de la vallée de la Thur : de nombreux arrêts sont possibles pour marcher dans la nature. Faites une étape à **Thann** pour admirer la collégiale Saint-Thiébaut. Terminez cet itinéraire par une visite à **Mulhouse** et ses musées.

Avant le départ
Week-ends

HUGUES DEROUARD ©

Escapades entre villes et sites naturels

Idées week-end

L'Alsace est petite par la taille mais grande par la diversité de ses paysages et de ses ambiances. Elle se prête donc bien à des séjours de 2 ou 3 jours. Au nord ou au sud, le long de la route des Vins ou dans les parcs naturels, vous multiplierez les découvertes avec l'espoir de passer plus de temps dans la région une autre fois.

❶ Strasbourg (p. 86)

La visite de **Strasbourg** et de son patrimoine exceptionnel mérite bien un week-end entier. Musées, cathédrale, quartiers attrayants… vos journées seront bien remplies. Prévoyez une **balade en bateau** et des flâneries à **vélo**. Vous aurez le temps aussi de découvrir le Strasbourg d'aujourd'hui avec le **Parlement européen**. Le soir, bonnes tables et petits bistrots vous attendent pour un moment de convivialité.

❷ L'ascension du Grand Ballon (p. 229)

Pour point de départ, optez pour **Munster**, facilement accessible en TER depuis Colmar. Vous pouvez profiter des bonnes tables de la ville et y dormir pour partir tôt le lendemain jusqu'au **Grand**

Turckheim (p. 212)

❹ Sélestat et le Grand Ried (p. 151)

Sélestat, belle ville parsemée de chefs-d'œuvre architecturaux, constitue une base idéale pour découvrir le **Grand Ried**. Entre Strasbourg et Colmar, cette région est un territoire riche d'une faune et d'une flore exceptionnelles. L'absence de relief autorise une découverte tranquille en famille, que ce soit à pied ou à vélo. Ne manquez pas la **réserve naturelle de l'Illwald**. Entre **Muttersholtz** et **Ebermunster**, montez dans une barque pour glisser au fil de l'eau et profiter des paysages dans le calme.

❺ Saverne (p. 74) et La Petite-Pierre (p. 52)

Descendez du train à Saverne. Prenez quelques heures pour visiter la ville en prévoyant une pause gastronomique et partez visiter l'après-midi le **château du Haut-Barr** et l'**abbaye de Marmoutier**. Le deuxième jour, rentrez dans le vif du sujet en rejoignant **La Petite-Pierre**, au cœur du parc régional des Vosges du Nord. Randonnez jusqu'aux maisons troglodytiques de **Graufthal** et regagnez votre point de départ en faisant une halte forestière et gastronomique à l'**auberge d'Imsthal**.

Ballon (20 km). Le soir venu, l'**hôtel du Club vosgien**, au pied du sommet, vous accueillera si vous avez réservé. Le lendemain, redescendez vers la vallée en prenant la direction de **Thann** (15 km). Arrêtez-vous en chemin à l'auberge du Grand Ballon pour la pause déjeuner. Vous arriverez assez tôt pour visiter la **collégiale de Saint-Thiébaut**.

❸ Colmar (p. 174) et le sud de la route des Vins (p. 192) à vélo

Prenez vos quartiers dans l'agréable ville de **Colmar** qui recèle des trésors artistiques. Le lendemain, partez explorer une portion de la route des Vins (**Kaysersberg**, **Riquewihr**, **Ribeauvillé**...) Pour en profiter à fond, faites la route à vélo. Louez vos montures à Colmar ou, mieux, à **Turckheim**.

Avant le départ
Envie de...

VINCENT FROEHLY ©

Villages

Bergheim Protégé derrière ses remparts, ce village est un bel exemple de cité médiévale fortifiée. (p. 193)

Hunawihr Avec son église fortifiée surplombant des maisons de vignerons des XVIe-XVIIIe siècles, ce village compose un paysage de carte postale. (p. 200)

Eguisheim Cette cité médiévale remplit à merveille son rôle de village idyllique du vignoble alsacien. (p. 215)

Mittelbergheim Au pied du Mont-Sainte-Odile, ce bourg possède de splendides demeures de vignerons. (p. 147)

Hunspach Bienvenue dans l'Alsace des vergers ! Ce village aux dizaines de fermes restaurées dégage un sentiment de bonheur.

Et que dire de la campagne environnante ! (p. 72)

Châteaux et fortifications

Neuf-Brisach Une place forte signée Vauban. Peut-être l'une de ses plus abouties. (p. 190)

Château de Wineck, Katzenthal Les ruines de ce château (vers 1200) offrent une vue splendide sur Katzenthal et ses environs. (p. 212)

Fort de Mutzig La visite de la forteresse construite par les Allemands permet de découvrir le quotidien des militaires. (p. 134)

Château du Haut-Andlau Un château fort bien conservé, qui se visite après une courte randonnée. (p. 146)

Château fort de Fleckenstein Une imposante forteresse accrochée à une falaise de grès. (p. 60)

Églises et abbayes

Église et couvent des Dominicains de Colmar Une architecture qui donne le vertige. (p. 180)

Église de Niedermorschwihr Elle amusera les enfants avec son clocher tors, en vrille de 45°. (p. 202)

Église Saint-Maurice d'Ebermunster Majestueuse, elle recèle un magnifique décor baroque. (p. 156)

Église Saints-Pierre-et-Paul, Rosheim L'un des chefs-d'œuvre de l'art roman alsacien. (p. 134)

À gauche : Eguisheim. À droite : musée Unterlinden, Colmar

HUGUES DEROUARD ©

Collégiale Saint-Florent de Niederhaslach Un trésor gothique doté de remarquables vitraux du XIIIᵉ siècle. (p. 168)

Abbaye de Murbach Dans son écrin de verdure, elle dégage un parfum de romantisme. (p. 250)

Collégiale Saint-Thiébaut, Thann Sa flèche de 78 m se voit de loin, son portail et son chœur s'apprécient de près. (p. 252)

Bonnes tables

La Table du Brocanteur, Colmar L'un des restaurants préférés des Colmariens. Frais, inventif, copieux... (p. 189)

Le Schtampfel, Bœrsch Fraîcheur et ingrédients de saison. (p. 142)

Auberge Chez Guth, Steige Lumière tamisée, nappes blanches et cuisine gastronomique dans une petite auberge en bois. (p. 162)

Au Vieux Moulin, Graufthal Une cuisine originale et de qualité, dans un décor agréable. (p. 55)

Rain des Chênes, Orbey Cette ferme-auberge vaut autant pour son architecture que pour sa cuisine. (p. 239)

La Rochette, Labaroche Subtilité et raffinement gustatifs sont les maîtres-mots de cette adresse isolée. (p. 243)

Musées

Musée Unterlinden, Colmar Une collection de peintures et de sculptures prestigieuses. (p. 178)

Espace des métiers du bois et du patrimoine,

Labaroche Le bois relève de la passion dans cette région ! (p. 243)

Mémorial d'Alsace-Moselle, Schirmeck Un musée pour expliquer l'histoire tumultueuse de l'Alsace et de la Moselle entre 1870 et la Seconde Guerre mondiale. (p. 165)

Musée historique, Strasbourg Il met en scène d'une façon attrayante l'histoire de la ville du Moyen Âge jusqu'à nos jours. (p. 98)

Musée du Vignoble et des Vins d'Alsace, Kientzheim Pour apprécier pleinement la route des Vins. (p. 207)

Découvertes avec des enfants

Musée du Jouet, Colmar Un musée pour petits et grands enfants. (p. 175)

NaturOparc, Hunawihr
Rencontre à 7 m de haut
avec les cigognes et dans
un tunnel vitré avec les
loutres. (p. 200)

Le Ried en bateau Pour
surprendre les oiseaux et
les mammifères aquatiques.
(p. 156 et 159)

**Sentier pieds nus du lac
Blanc** Une marche tactile
rigolote et des ateliers
ludiques ! (p. 242)

**Montagne des singes,
Kintzheim** Des macaques
évoluant en liberté ;
non loin, le château de
Kintzheim abrite la **Volerie
des aigles**. (p. 150 et 151)

Le Vaisseau, Strasbourg
Apprendre en s'amusant.
(p. 45)

**Mine de Sainte-Marie-
aux-Mines** Avec un casque,
sur les pas des mineurs.
(p. 236)

Artisanat

Poteries Deux villages
potiers bordent la forêt de
Haguenau : Soufflenheim et
Betschdorf. Au programme :
moules à kouglof, terrines à
choucroute, pots de sel en
grès... (p. 74)

**Pains d'épices Mireille
Oster, Strasbourg** Cette
étonnante boutique est une
déclaration d'amour au pain
d'épices. (p. 122)

**Tissage Gander,
Mutterscholtz** Les ateliers
Gander de Mutterscholtz
sont notamment réputés
pour leur *kelsch*, qu'ils sont
les derniers à fabriquer.
(p. 157)

**Parc de Wesserling, vallée
de Thann** Les boutiques
de l'écomusée du Textile
de Wesserling proposent
des produits artisanaux
alsaciens. (p. 256)

Sites naturels

Illwald Une magnifique
réserve naturelle avec vue
sur le château du Haut-
Kœnigsbourg. (p. 153)

Vallée de la Bruche Une
Alsace inattendue et
montagnarde, paradis des
randonneurs. (p. 164)

**Petite Camargue
alsacienne** Un territoire
humide à la faune et à la
flore très riches. (p. 281)

Forêt d'Haguenau La
sixième forêt française par
sa superficie. (p. 71)

Vallée de la Doller La
plus au sud du massif des
Vosges, elle affiche un
tempérament sauvage.
(p. 258)

Massif du Hohneck
Bienvenue dans le pays des
hautes chaumes. (p. 227)

Belles randonnées

**Les trois châteaux,
Ribeaupierre** Entre
montagnes et vignobles,
avec de superbes vues
sur la plaine et la vallée,
un sentier pour découvrir
trois ruines autour de
Ribeaupierre. (p. 199)

Sentier viticole, Hunawihr
Une boucle de 17 km
à la découverte de sept des
plus grands crus de la région.
Une marche ponctuée de
dégustations. (p. 207)

Col du Donon On accède
au sommet du massif du
Donon en 1 heure 15. Là,
un somptueux panorama
à 360° sur quatre
départements, les Vosges,
la Moselle, la Meurthe-
et-Moselle et le Bas-Rhin
s'offre aux randonneurs.
(p. 165)

**Circuit du lac Blanc,
du lac Vert et du lac
des Truites** Une douzaine
de kilomètres entre forêts
et hautes chaumes,
ponctués de magnifique
lacs glaciaires. (p. 241)

Escapades à vélo

Sundgau Les voies
réservées aux cyclistes
(anciens chemins de halage
et anciennes voies ferrées)
se comptent en centaines
de kilomètres dans cette
zone. (p. 288)

Saverne à Strasbourg
Au départ de Saverne,
l'EuroVélo n°5 rejoint la
capitale alsacienne (80 km
aller-retour). (p. 76)

Val d'Argent Une boucle
de 80 km sur les crêtes
qui surplombent Sainte-
Marie-aux-Mines attend
les cyclistes aguerris.
(p. 234)

Vallée de la Thur Au
départ de Thann, cette
piste cyclable rejoint le lac
de Kruth. Les plus sportifs
s'élèveront jusqu'au Ballon
d'Alsace. (p. 255)

Vallée de la Doller Belle
piste cyclable campagnarde
entre Masevaux et Sewen
(20 km). (p. 258)

Avant le départ
L'agenda

Marché de Noël à Strasbourg

Janvier

☆ Décalages

Festival de musique, de danse, de théâtre et de clown. Sept scènes dans les principales villes d'Alsace du Nord. (www.scenes-du-nord.fr)

☆ Momix

Kingersheim Dans la banlieue de Mulhouse, une quarantaine de compagnies européennes présentent des spectacles pour les jeunes de 7 à 77 ans. (www.momix.org)

Février

☆ Fest'Impro

Saint-Louis Joutes verbales et rires du public pour ce festival d'improvisation qui oppose une dizaine d'équipes. (www.athila.fr)

❀ Fête de la Neige

Champ du Feu Plusieurs milliers de personnes se retrouvent dans cette petite station de ski jurassienne pour un week-end d'animations et d'activités.

❀ Carnaval de Mulhouse

Défilés de chars, élection du couple princier, cavalcade des enfants... le carnaval de Mulhouse est l'une des fêtes les plus courues d'Alsace. (carnaval-mulhouse.com)

♙ Salon des vignerons indépendants

Strasbourg Une occasion de découvrir la plupart des vignobles alsaciens. (www.vigneron-independant.com)

🛍 Salon de la brocante et de l'antiquité

Strasbourg Ce salon offre des occasions de chiner de l'artisanat local.

Mars

❀ Carnaval de Strasbourg

Les rues de la capitale alsacienne sont envahies par les chars, les danseurs et les musiciens. (www.strasbourg.eu)

🎎 Carnaval des Machores

Sélestat Personnages travestis, les *machores* défilent dans le quartier des Tanzmatten. Le soir, saucisses et bière à volonté.

🎎 Carnaval de Colmar

Le samedi est réservé au défilé des enfants et le dimanche à la famille. (www.carnavaldecolmar.com)

☆ Mars Athic

Obernai De la danse et de la musique avec des groupes régionaux. (www.espace-athic.com)

☆ Giboulées de la marionnette

Strasbourg Tous les deux ans, ce rendez-vous organisé par le TJP, centre dramatique national d'Alsace Strasbourg, réunit les meilleurs marionnettistes du monde.

Avril

🎎 Course aux œufs des conscrits

Écomusée d'Alsace Une course issue d'une tradition qui remonte au XVe siècle : des équipes s'affrontent autour de jeux qui amuseront les enfants.

☆ Festival de Nouveau Cirque

Obernai Douze jours de spectacles sous chapiteau ou en plein air pour des performances acrobatiques, humoristiques et poétiques. (www.pisteursdetoiles.com)

Mai

🛢 Foire éco-bio d'Alsace

Colmar Conférences, animations, ateliers et exposants représentant la filière bio alsacienne. (www.foireecobioalsace.fr)

🎎 Fête de l'Asperge

Hœrdt Elle coïncide avec les premières récoltes d'asperges. À une dizaine de kilomètres au nord de Strasbourg.

☆ Jazz Festival Munster

Une programmation éclectique pour ce festival situé au cœur de la vallée de Munster. (www.jazzmunster.eu)

🎎 Rencontre internationale des bouviers

Écomusée d'Alsace Professionnels et grand public se retrouvent pour cette foire aux bovins avec présentations et démonstrations.

🚴 Course de voitures à pédales

Cernay Une course automobile 100% écologique !

Juin

🎎 Fête de l'Aspérule

Dambach Utilisée en infusion, pour parfumer l'eau-de-vie ou la bière, l'aspérule est appelée petit muguet ou reine-des-bois. Rendez-vous dans la forêt de Dambach-la-Ville.

☆ Festival des Artefacts

Strasbourg Des concerts "grand format" (au Zénith et à la Laiterie) pour des artistes de renommée internationale ou issus de la scène musicale régionale. (www.artefact.org)

🛢 Mineral & Gem

Sainte-Marie-aux-Mines Une bourse consacrée aux cristaux. (www.sainte-marie-mineral.com)

☆ Festival de chœurs d'hommes

Riquewihr Dans le village médiéval de Riquewihr.

🚴 Marathon du vignoble d'Alsace

Molsheim Plusieurs circuits à travers les vignobles.

Juillet

☆ Festival international de Colmar

Une trentaine de concerts, principalement dans les édifices religieux de la ville. (www.festival-colmar.com)

🎎 Décibulles

Neuve-Église Lancé en 1992, ce festival de musiques actuelles s'affirme année après année. (www.decibulles.com)

Carnaval de Mulhouse

BOBROY20/FOTOLIA ©

✳ Fête de la Myrtille
Dambach Marché et animations autour de ce fruit. Multiples tartes à l'horizon !

☆ Scènes de rue
Mulhouse Des dizaines d'artistes envahissent le centre de Mulhouse durant ce festival des arts de la rue (cirque, danse, théâtre...). (www.scenesderue.fr)

Août

✳ Le mariage de l'ami Fritz
Marlenheim Une manifestation (très) folklorique autour d'orchestres locaux. (www.mariage-ami-fritz.fr)

☆ Au Grès du Jazz
La Petite-Pierre Grands noms et artistes locaux, du monde entier et de toutes les écoles du jazz. (www.festival-augresdujazz.com)

☆ Foire aux vins d'Alsace
Colmar Le marché au vin se double d'une foire plus généraliste et d'un festival de musique. (www.foire-colmar.com)

☆ Festival du houblon
Haguenau Un festival musical qui invite des troupes venues des cinq continents. (www.festivalduhoublon.eu)

☆ Festival de musique de Wissembourg
Concerts classiques dans l'ancien couvent des dominicains. (www.wissembourg-festival.com)

⚑ Les Crêtes vosgiennes
Orbey-Kaysersberg Maxi-crête (33 km) ou mini-crête (13 km)... quelques sommets et cols vous attendent de pied ferme. (cretes-vosgiennes.jimdo.com)

☆ Les Arts dans la rue

Strasbourg Petits spectacles, déambulations, théâtre, cirque, dans les rues et sur les places du centre-ville. (www.strasbourg.eu)

Septembre

⚘ Fête des Ménétriers

Ribeauvillé Une fête qui se tient tous les dimanches de septembre et qui se revendique comme la plus ancienne d'Alsace. (www.menetriers.com)

⚘ Fête de l'Oignon

Mulhouse Tarte, soupe, pain... tout est bon avec l'oignon. Bal champêtre le samedi et thé dansant le dimanche.

⚘ Carrefour européen du patchwork

Sainte-Marie-aux-Mines Les fans de patchwork se retrouvent dans cette ville. (www.patchwork-europe.eu)

☆ Nuits électroniques de l'Ososphère

Strasbourg Tout est dans l'intitulé. (www.artefact.org/lososphere)

Octobre

☆ Festival d'art sacré de Saverne

Musique, contes, concerts, expos... l'art sacré est à l'honneur dans la région de Saverne.

☆ Musica

Strasbourg Toutes les musiques d'aujourd'hui avec un leitmotiv : création et liberté. (www.festivalmusica.org)

☆ Les Nuits européennes

Oberhausbergen Le festival de la diversité : rock, blues et musiques électroniques des 5 continents.

⚘ Couleurs d'automne à Barr

Un grand jardin d'automne s'installe sur la place de l'Hôtel-de-Ville de Barr (ventes, dégustations et expositions).

Novembre

☆ ST.ART

Strasbourg Deuxième foire d'art contemporain de France. (www.st-art.fr)

☆ Festival de la Saint-Martin

Festival de musiques sacrées qui a lieu généralement tous les trois ans. Dernière édition en 2016. (festgregorien.alsace.free.fr)

☆ Festival d'Art sacré de Saverne

Musique, contes, concerts, expos... l'art sacré est à l'honneur dans la région de Saverne en novembre et décembre. (festival-art-sacre-saverne.fr)

☆ Jazzdor

Strasbourg Deux semaines en novembre. Un rendez-vous du jazz d'aujourd'hui avec une trentaine de concerts dans différentes salles de Strasbourg et des environs. (www.jazzdor.com)

Décembre

⚘ Marchés de Noël

Dans toutes les grandes villes et la plupart des villages. De fin novembre à début janvier. (www.noelies.com)

⚞ Nordique des crêtes

Courses et randonnée de ski de fond. (www.nordiquedescretes.org)

Avant le départ
En avant-goût

Maquette de Strasbourg, Musée historique de Strasbourg (p. 98)

Films

Malgré-elles (2011). Un film sur les Alsaciennes déportées pendant la Seconde Guerre mondiale.

Les Alsaciens ou les Deux Mathilde (1996). Une saga télévisée sur fond d'histoire franco-allemande de 1870 à 1953.

Les Invincibles (2010). L'histoire de quatre amis originaires du Bas-Rhin.

La Grande Illusion (1936). Le film de Jean Renoir tourné au château du Haut-Kœnigsbourg.

Livres

L'Ami Fritz (Erckmann-Chatrian, 1864). Le quotidien d'un village alsacien.

L'Alsace en torts et de travers (Tomi Ungerer, 1988). Le célèbre artiste interroge avec humour l'identité alsacienne.

Dictionnaire amoureux de l'Alsace (Gilles Pudlowski, 2010). Le fameux critique gastronomique parle de son Alsace natale.

Les Noëllets (René Bazin, 1890). L'histoire d'une famille dont le fils refuse de reprendre la ferme.

Mort au premier tour (Didier Daeninckx, 1982). Le premier roman de Daeninckx (qu'il a réécrit en 1997) avait l'Alsace des années 1970 pour cadre.

Musique

Votez Bretzel (Alsace Musique). Humour et dérision par l'interprète de"Chuis alsacien man".

Odysseus (Universal/ Mercury). Luc Arbogast est un chanteur passé du rock-punk aux chansons moyenâgeuses.

L'Alsace en musique (Alsace Musique). Une compilation du folklore musical alsacien.

Nocturnes & other songs Op. 2. Superbe voix du chanteur folk Wooden Wolf basé dans le Sundgau.

Dante (2008). Abd al Malik chante en alsacien au son de l'accordéon.

On n'est pas des indiens, c'est dommage (Dernière Bande). Un album truffé de patois welche, enregistré par Rodolphe Burger.

Sites Internet

Tourisme Alsace (www. tourisme-alsace.com). Le site officiel du tourisme en Alsace.

Fédération du Club vosgien (www.club-vosgien.eu). Pour préparer ses randonnées dans le massif des Vosges.

L'Alsace à vélo (www. alsaceavelo.fr). Tous les itinéraires pour les cyclistes.

Avant le départ
Voyager en famille

A priori, la destination séduit surtout les amateurs de culture, de bonne chère et de grands crus. Pourtant, l'Alsace a des atouts pour attirer les familles : parcs, châteaux, musées, lieux de baignade permettent aux petits et aux grands de s'instruire et de s'amuser.

Les animaux

Le zoo de Mulhouse (p. 270) est le seul de la région. C'est un grand parc fleuri où l'accent est mis sur les lémuriens, très amusants à observer. On peut aisément y faire un pique-nique.

S'il est de moins en moins rare d'apercevoir des cigognes en plein vol, posées dans les champs, ou bien dans les nids aménagés dans les villages, vous verrez à coup sûr l'oiseau emblématique de l'Alsace dans les enclos mis en place pour sa réintroduction. Par exemple, au parc de l'Orangerie de Strasbourg (là, les cigognes ont également colonisé les lampadaires des rues alentour), à Betschdorf, Munster, Rouffach, Raedersdorf. À Hunawihr, le NaturOparc (p. 200) plaira aux enfants : il permet notamment d'observer la cigogne blanche, la loutre d'Europe et le grand hamster, dans un environnement ludique et instructif.

Dans le même village, le Jardin des papillons (p. 200) accueille ses visiteurs dans des serres dans lesquelles évoluent 200 espèces de papillons. Un moment inoubliable.

Non loin, à Kintzheim (p. 206), la Montagne des singes est une forêt où vivent en liberté plus de 200 macaques de Barbarie, tandis que la Volerie des aigles organise un spectacle mettant en scène des rapaces. En arrière-plan : les ruines du château médiéval de Kintzheim.

Le Vivarium du Moulin, à Lautenbach-Zell (p. 251) est le meilleur endroit pour observer les "petites bêtes": mygales, fourmis, mantes religieuses, scorpions.

Les aquariums sont rares dans la région. Le parc **Les Naïades** (www.parclesnaiades.

À gauche : Zoo de Mulhouse (p. 270). À droite : Écomusée d'Alsace (p. 280)

VINCENT FROEHLY ©

com), à Ottrott, ne rivalise pas avec les équipements des villes maritimes, mais à l'heure du nourrissage (14h30), tortues, crocodiles, requins ou piranhas assurent le spectacle.

Les musées

Le Vaisseau (www.levaisseau.com), à Strasbourg, met l'expérience scientifique (au sens large) à la portée des enfants, dès 3 ans. Entrer dans la poche d'un kangourou, se balader dans une fourmilière, construire un igloo, jouer avec l'eau pour comprendre ses propriétés... Les expositions temporaires sont captivantes. Une sortie bienvenue entre la cathédrale (où les automates de l'horloge astronomique devrait quand même les captiver !) et le musée d'Art moderne...

Le planétarium de Strasbourg (p. 110) programme quant à lui des spectacles spécialement destinés au jeune public pour lui faire découvrir la Lune, le Soleil, les étoiles et les planètes.

Le top pour les enfants

Montagne des singes, Kintzheim (p. 150)
Musée Tomi Ungerer, Strasbourg (p. 110)
Cité de l'automobile, Mulhouse (p. 267)
Château du Haut-Kœnigsbourg (p. 154)
Écomusée d'Alsace, Ungersheim (p. 280)

Le Musée zoologique (p. 111) peut séduire les enfants, avec ses collections d'oiseaux, d'insectes, de tortues, de lézards et de mammifères naturalisés. Quant au Musée historique (p. 98), qui évoque l'histoire de la ville, sa muséographie a été bien conçue et les enfants devraient se prendre au jeu.

Dans la capitale alsacienne toujours, un musée est consacré au célèbre auteur de livres pour enfants Tomi Ungerer (p. 110). Attention toutefois, car tout un pan de son œuvre est constitué de dessins érotiques et macabres (au sous-sol).

L'écomusée d'Alsace (p. 280), à Ungersheim, est l'endroit idéal pour découvrir en famille la culture régionale. Un musée vivant où l'on peut courir, entrer dans les maisons et appréhender la vie rurale d'autrefois, caresser les animaux de la ferme et participer à des ateliers.

À Mulhouse, la visite de la Cité de l'automobile (p. 267) et celle de la Cité du train (p. 271) feront rêver petits et grands. La Cité de l'automobile expose, modèles à l'appui, toute l'histoire de la Formule 1, ainsi que des véhicules de légende. À la Cité du train, le parcours met l'accent sur les évolutions techniques, de la vapeur au TGV. Et le public peut monter à bord des wagons et locomotives.

Le musée du Jouet (p. 175), à Colmar, risque d'avoir plus de succès auprès des plus jeunes que le musée Unterlinden. Les enfants y découvriront l'évolution des poupées et des petits trains, ou le carrosse de Cendrillon. Les jouets en accès libre sont toujours très appréciés.

Les curieux et les gourmands seront ravis par la visite de la **Maison du pain** (maisondupain.org) à Sélestat. Elle retrace l'histoire du pain dans le monde, à travers des objets et des machines. Mais on y fabrique aussi du pain, des brioches, des biscuits et viennoiseries, devant un public invité à goûter à ces douceurs.

Les châteaux

Vos enfants rêvent de princesses et de chevaliers ? La visite du château du Haut-Kœnigsbourg (p. 154) s'impose. Entièrement restauré entre 1900 et 1908, de manière réaliste et rigoureuse, c'est l'un des dix plus beaux châteaux forts de France. Pendant les vacances scolaires, des visites ludiques pour les familles sont proposées, qui permettent d'imaginer la vie quotidienne au Moyen Âge.

Le Fleckenstein (p. 60) n'a certes pas aussi fière allure, mais le site est de toute beauté et l'aventure médiévale, "le château des défis", qui y est proposée, passionnera les enfants.

Le château du Hohlandsbourg (p. 217) intéressera également les enfants friands de contes et de légendes du Moyen Âge. Des ateliers et animations y sont régulièrement organisés à leur intention, durant les vacances scolaires.

Les parcs

À Strasbourg, la météo estivale (temps chaud et lourd) impose souvent de trouver refuge dans les parcs. Les plus beaux sont celui de l'Orangerie (p. 112) et le jardin des Deux-Rives (p. 111). Le premier offre de beaux espaces ombragés, un petit plan d'eau pour faire des promenades en barque, un circuit où les enfants peuvent conduire des tacots, différentes aires de jeux, ainsi qu'une petite ménagerie. Le second s'étale de part et d'autre du Rhin. Côté strasbourgeois, l'aspect ludique de certains jardins éphémères réjouira les petits. Côté kehlois, sur l'autre rive (reliée par une passerelle piétonne et cycliste), les jeux d'eau originaux (prévoyez un maillot de bain), ainsi que les cabanes et toboggans sont plébiscités. Pour les parents, la buvette est juste à côté.

Non loin de la route des Crêtes, les enfants seront ravis de faire connaissance avec des rennes, dans la Ferme aux rennes du Tanet (p. 227).

Au sud de l'Alsace, les jardins du parc de Wesserling (p. 256) sont extraordinaires, même s'ils ne sont pas particulièrement conçus pour les enfants. De début juin à début octobre, dans le cadre du Festival des jardins métissés, un sentier pieds nus et des jardins éphémères les amuseront et leur feront découvrir les mille et une fantaisies possibles au jardin.

La station du Lac Blanc (p. 242) a également créé un sentier pieds nus. La balade est entrecoupée de jeux d'adresse et de découverte de la nature.

Au cœur du Ried, au **Poney Ranch** (www.poney-ranch-herbsheim.fr), les enfants deviennent cavaliers le temps d'un tour en poney, dans un grand parc où sont élevés chèvres, sangliers, daims, paons. Les toboggans, tourniquets et balançoires datent un peu, mais les rires sont garantis sur les trampolines installés sous les arbres. Ce parc bien arboré possède également un minigolf.

La baignade

Dans le Bas-Rhin, particulièrement, de nombreux plans d'eau sont aménagés. Ils sont équipés de sanitaires et la baignade y est surveillée. Évitez ceux à proximité immédiate de Strasbourg : ils sont surpeuplés.

Si vous préférez opter pour un centre nautique, mettez le cap sur L'Océanide (p. 66) à Saverne ou Nautiland (p. 66) à Haguenau.

Dans le massif vosgien, les lacs ne sont pas surveillés. On se baigne donc à ses risques et périls. Le lac de Kruth-Wildenstein (p. 256), celui d'Alfeld (commune de Sewen, p. 258) et du Forlet (dans la vallée de Munster, p. 245) sont prisés par les amateurs d'eau fraîche.

Les séjours sportifs

Le massif vosgien offre de multiples possibilités de loisirs sportifs pour toute la famille. À la belle saison, c'est le paradis de la randonnée, grâce aux sentiers balisés par le Club vosgien. Un topoguide de randonnée, une carte IGN (où figurent les balisages du club), et c'est parti pour des balades accessibles à tous ! Cerise sur le gâteau : les haltes en ferme-auberge.

En hiver, les petites stations familiales des Vosges sont idéales pour débuter le ski alpin, pratiquer le ski de fond ou simplement la luge. Parmi elles : le Champ du Feu (p. 163), unique station du Bas-Rhin, le Lac Blanc (p. 241) et le Markstein (p. 228), bien équipés, qui offrent une large palette d'activités hivernales, le Gaschney (p. 242), qui possède sept pistes dont cinq rouges et Le Tanet (p. 242), qui dispose de sept pistes pour tous niveaux.

Les parcs aventures se sont bien développés ces dernières années. Le **Natura Parc** (www.naturaparc.com) d'Ostwald est à proximité immédiate de Strasbourg (ligne de bus n°2). Le Parc

BESTFOTO95 / FOTOLIA ©

L'Europa Park

Situé de l'autre côté du Rhin, l'Europa Park (www.europapark.de) est un gigantesque parc d'attractions. Il est divisé en quartiers thématiques portant le nom de pays européens. Les points forts : de nombreux manèges à sensations, mais aussi des attractions pour les petits et un site arboré et fleuri. L'accès le plus simple se fait par le bac qui permet de traverser le Rhin, à Rhinau. De là, comptez 20 minutes de route.

Alsace Aventure (p. 164), à Breitenbach, propose, outre le parcours dans les arbres, des baptêmes de parapente et des activités liées à sa Tour de l'extrême. Le Parc Arbre Aventure (p. 257), à Kruth, dispose de dix parcours (dès 3 ans) à travers une forêt de chênes bicentenaires, avec de nombreuses tyroliennes. Citons encore le Lac Blanc Parc Aventures (p. 242), équipé de neuf parcours (dès 3 ans) ou le **Parc d'Aventures de Brumath** (www.brumath-aventure.fr) qui se targue d'être le plus grand de la région et tire avantage de sa situation, en bordure d'un plan d'eau.

Route d'Obersteinbach (p. 64), parc naturel régional des Vosges du Nord

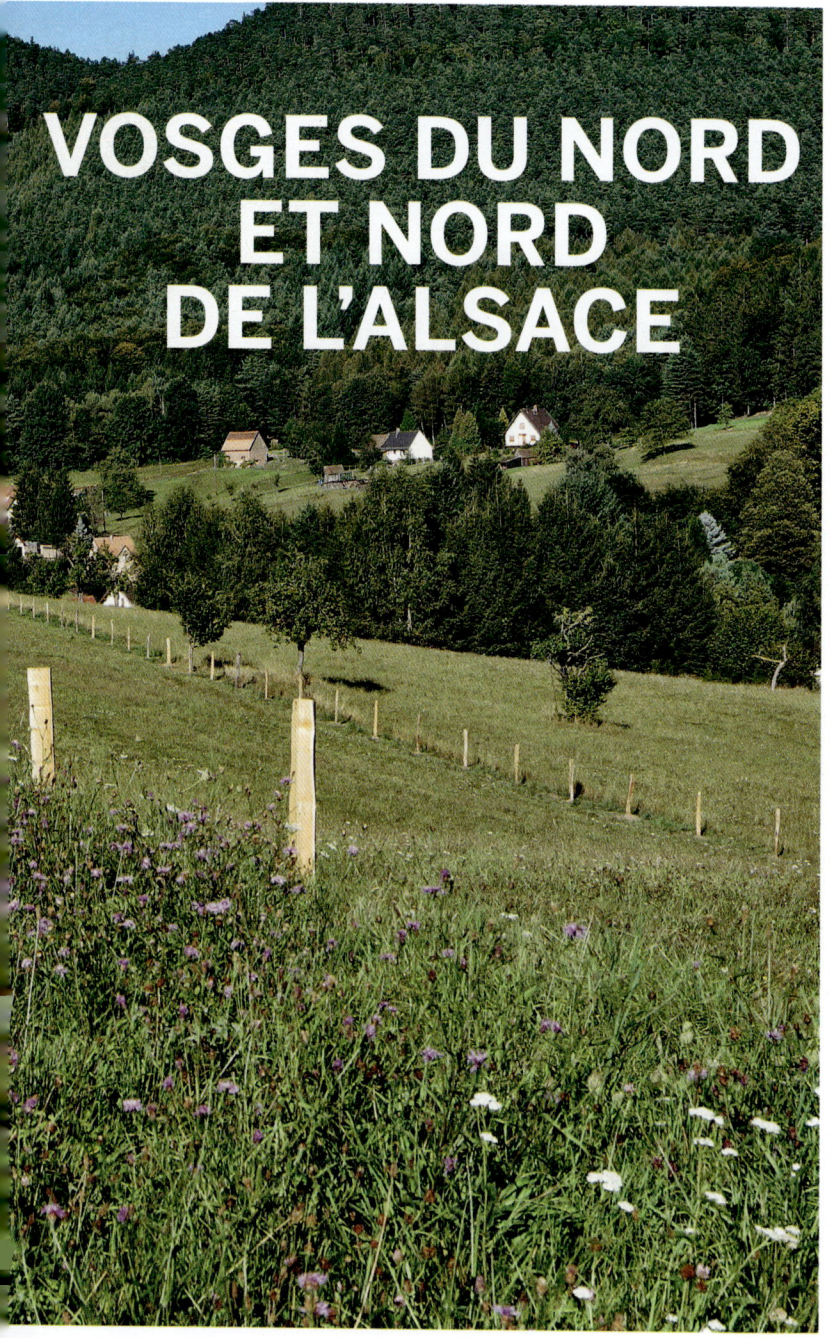

VOSGES DU NORD ET NORD DE L'ALSACE

Vosges du Nord et nord de l'Alsace

Pays de la forêt, de l'eau et des châteaux moyenâgeux, les Vosges du Nord correspondent à la partie la plus septentrionale de l'Alsace, à la frontière nord avec l'Allemagne. Ici, l'Histoire se raconte à ciel ouvert, à travers les ruines qui coiffent les pitons rocheux des sommets ou les ouvrages enterrés, témoins des rivalités franco-allemandes. Sans oublier les savoir-faire autour du verre et de l'argile qui ont permis la création de produits reconnus dans le monde entier. Au sud, les pays d'Haguenau et de Saverne racontent également, à travers l'architecture, une histoire riche et mouvementée. Accessible en 30 minutes depuis Strasbourg, ce territoire modeste (80 km de long et 30 km de large), souvent dans l'ombre du reste de l'Alsace, est une formidable plongée historique et culturelle dans un cadre naturel étonnamment bucolique.

☑ Dans ce chapitre

À gauche : Bouxwiller (p. 79). À droite : Mirabelles issues des vergers de Hunspach (p. 72).
CHRISTOPHE CORBEL ©

ALLEMAGNE

ALLEMAGNE

40 km

N

Rastatt

Lauterbourg

Rhin

Wissembourg (p. 66)

Seebach

D3

D34

Hatten

Casemate d'infanterie Esh

Abri de Hatten

Steinseltz

Hoffen

Hohwiller

Hunspach

Ouvrage d'artillerie de Schœnenbourg

Soufflenheim

Cleebourg

D263

Betschdorf

Drusenheim

A35

D77

Kutzenhausen

de Haguenau

D1063

D29

D139

Bischwiller

D37

Zorn

Château de Hohenbourg

Gimbelhof

Château de Fleckenstein

Hirschthal

Lembach

Niedersteinbach

Oberdorf

Forêt

Haguenau

D140

Brumath

Hœrdt

Ouvrage du Four à Chaux (p. 62)

Woerth

Monbronn-les-Bains

D27

D1062

D1063

BAS-RHIN

Huttendorf

Truchtersheim

Château de Schœneck

Dambach

Château Vieux Windstein

Niederbronn-les-Bains

D662

D28

Gougenheim

Obersteinbach

Casemate

Étang de Hanau

Château de Falkenstein

La Walck

D919

Château de Lichtenberg (p. 55)

Musée du Pays de Hanau (p. 80)

A4

Hochfelden

D421

Saessolsheim

D35

Parc naturel régional des Vosges du Nord

Lichtenberg

Muder

Imbsheim

Printzheim

D6

Abbaye de Marmoutier

Bitche

MOSELLE

Lemberg

D37

Wingen-sur-Moder

Ingwiller

Bouxwiller

Vue depuis le château du Haut-Barr (p. 78)

Marmoutier

D1004

Nousseviller-les-Bitche

Saint-Louis-lès-Bitche

Meisenthal

D83

Musée Lalique (p. 56)

D7

Neuwiller-lès-Saverne

D133

D132

Saverne

Forêt de Saverne

D218

Bettviller

D35

Parc naturel régional des Vosges du Nord

D919

Grabfthal

D78

La Petite-Pierre

D9

Phalsbourg

D38

D98

Rohrbach-lès-Bitche

D35

D8

D1061

A4

N4

MOSELLE

PARC NATUREL RÉGIONAL DES VOSGES DU NORD

À cheval sur les départements du Bas-Rhin (Alsace) et de la Moselle (Lorraine), le parc, classé réserve de biosphère par l'Unesco, est constitué de collines peu élevées, aux versants abrupts, entrecoupées de vallées étroites. Recouvert à 60% de forêts, ce territoire est ponctué de pitons rocheux dont les habitants se sont servis au Moyen Âge pour édifier des dizaines de forteresses. Aujourd'hui en ruine, ces dernières continuent d'attirer le visiteur venu pacifiquement percer les mystères qui entourent cette histoire tumultueuse. Parfois, la forêt s'ouvre et, lorsque la lumière s'invite dans le cadre, la nature qui apparaît alors a quelque chose à voir avec le bonheur.

La Petite-Pierre

Entouré par d'épaisses forêts, le village de La Petite-Pierre semble bien isolé lorsqu'il apparaît au détour d'un virage. Autrefois passage stratégique sur la route entre la Lorraine et l'Alsace, le bourg a conservé des témoignages prestigieux de ce passé. Disposant d'une hôtellerie de qualité, c'est une porte d'entrée confortable pour explorer le parc naturel régional des Vosges du Nord.

◉ À voir

Château   Musée et Maison du parc

(☏ 03 88 01 49 59 ; rue du Château ; adulte/-12 ans 2,50 €/gratuit, pass famille 7 € ; ⊙ mer-dim 10h-12h et 14h-18h, fermé jan). Les bâtiments qui subsistent aujourd'hui évoquent davantage une belle demeure bourgeoise qu'un château. Pourtant, au XIIᵉ siècle, c'est bien un bâtiment défensif qui fut édifié sur cet éperon rocheux qui domine la région boisée. Le site fut la résidence des comtes de Lützelstein et en particulier de Georges Jean de Veldenz (voir l'encadré page ci-contre). En 1681, La Petite-Pierre fut rattachée à la France et Vauban se vit chargé de fortifier le château afin d'y positionner une garnison. Aujourd'hui, l'édifice, dont les seuls témoignages originaux sont trois

Château de La Petite-Pierre

CHRISTOPHE CORBEL ©

fenêtres romanes et quelques assises de pierre, héberge le musée d'Histoire du château ainsi que le siège du parc naturel régional des Vosges du Nord. Plusieurs salles sont consacrées à la description de l'écosystème, de la faune et de la flore du parc. C'est donc une excellente introduction avant d'explorer la région.

Staedtel   Vieille ville

En rejoignant le château, vous traverserez la rue principale de la partie la plus ancienne de La Petite-Pierre. La plupart des maisons construites en grès datent de la deuxième moitié du XVIIIe siècle. L'une des plus anciennes se trouve au n°9 et date de 1748. La plupart arborent un linteau de porte symbolisant la profession de son propriétaire (compas, maillet…).

Maison des Païens   Tour

(☎ 03 88 70 49 70 ; accès derrière la mairie ; ⏰ tlj juil à mi-sept 10h-12h et 14h-18h, sam-dim mi-sept à juin). **GRATUIT** Posé en pleine nature, ce drôle de bâtiment est une tour de guet construite en 1534, de style Renaissance, pour un usage militaire. Son nom lui vient des vestiges d'une cave gallo-romaine trouvée sous ses fondations. Elle accueille en saison un atelier et un magasin de maroquinerie.

✪ Activités

Ce sont les innombrables possibilités de balades dans la forêt qui attirent le visiteur à La Petite-Pierre. Au départ du bourg, quatre **itinéraires de marche** conjuguent patrimoine et nature. Le sentier des Remparts (30 min) longe les promontoires de grès qui soutiennent les fondations du château. Plus poétique, un sentier est dédié à René Char qui fut mobilisé près de La Petite-Pierre en 1940. Un autre circuit rejoint l'auberge d'Imsthal (à 3 km, voir *Où se restaurer*) ou encore les maisons troglodytiques de Graufthal (7 km par le GR®53). Attention, comme dans toute région boisée, la tique est présente d'avril à octobre, avec des pics au printemps et à l'automne.

Jerri-Hans, un petit seigneur éclairé

Surnommé Jerri-Hans par ses sujets, Georges Jean de Palatinat-Veldenz (1543-1592) fut comte de La Petite-Pierre. Grâce à un mariage richement doté avec la fille du roi de Suède (à l'époque, les Suédois tenaient de nombreuses places fortes dans la région), il modernisa le château médiéval de la cité et le transforma en habitation pour sa famille. Érudit et visionnaire, grand voyageur en Europe, il participa à la fondation de la ville de Phalsbourg et tenta de créer un canal qui préfigurait, deux siècles en avance, celui de la Marne au Rhin. Il créa les prémices d'une industrie métallurgique et lança la construction de routes. Enfin, il modernisa le droit coutumier en y introduisant une touche germanique.

Avec 150 km répartis sur 8 circuits (de 4 à 40 km), les amateurs de **VTT** et de **cyclotourisme** trouveront leur bonheur. La Petite-Pierre est d'ailleurs labellisée station VTT et, à ce titre, on peut y louer du matériel (Village Vacances ; www.vacances-petite-pierre.com) ou trouver des accompagnateurs pour des sorties sur mesure (office du tourisme). Pour les détails de ces itinéraires, munissez-vous de la carte de randonnée IGN 3714.

Où se loger et se restaurer

Au Lion d'Or   Hôtel-restaurant €€

(☎ 03 88 01 47 57 ; www.liondor.com ; 15 rue Principale ; côté village/vallée s 63/73 €, d 90/110 €, petit-déj 15 € ; ⏰ tlj, resto fermé lun ; 🅿 ⊗ 🐾 🛜). Cet hôtel séduisant est l'une des étapes les plus confortables du parc des Vosges du Nord, pour un tarif somme toute raisonnable. On se sent bien dans ses chambres rénovées et équipées. Les moins chères donnent sur la rue principale et la façade du bâtiment de la mairie. L'établissement dispose d'une petite

INSOLITE !
Deux musées uniques

Installé dans une chapelle construite par Vauban à la fin du XVIIᵉ siècle, le **musée du Sceau alsacien** (☏03 88 70 48 65 ; www.musee-sceau.com ; 17 rue du Château ; entrée adulte/-12 ans 2 €/gratuit ; ⏰juil-sept tlj sauf lun 10h-12h et 14h-17h, mars-juin et oct-déc fermé lun-ven, fermé jan-fév) retrace l'histoire de l'Alsace à travers le sceau, qui authentifiait jusqu'au XVIᵉ siècle un titre d'identité ou de propriété. Tout proche, le **musée des Arts et des Traditions populaires** (☏03 88 70 48 65 ; 11 rue des Remparts ; entrée adulte/-2 ans 2 €/gratuit ; ⏰mars-déc sam-dim 10h-12h et 14h-17h) présente une collection insolite de moules à gâteau sur des thèmes religieux ou tirés de l'art populaire. Billet commun pour les 2 musées (3 €).

piscine au rez-de-jardin. La grande et belle salle de restaurant possède de larges baies vitrées pour profiter du panorama sur le vallon et la forêt. Accueil familial. En semaine, réduction de 10% sur les chambres.

Aux Trois Roses   Hôtel-restaurant €€
(☏03 88 89 89 00 ; www.aux-trois-roses.com ; 19 rue Principale ; ch 67-99 €, petit-déj 10,50 €, menus 21/36/49 €, formule midi 13,50 € ; ⏰tlj ; 🛜 P). Cet hôtel, au même niveau de confort que le Lion d'Or, bénéficie pour certaines chambres d'un panorama très romantique sur les collines boisées du parc régional. Le restaurant sert une cuisine de qualité, parfois insolite. Superbe terrasse extérieure pour prendre un verre au coucher du soleil. Quelques chambres pour 4 personnes sont au même tarif qu'une double (99 €).

Auberge d'Imsthal   Pleine nature €€
(☏03 88 01 49 00 ; www.petite-pierre.com ; rte forestière ; plats 13,50-22 €, menus 27-43 €, formule midi sem 15,50 € ; s/d 63-87/76-113 €, demi-pension 69,50-88 €/pers ; ⏰fermé mar

et du 11 nov au 1ᵉʳ week-end de déc ; 🛜🛜 P). Envie de dormir en pleine nature et de faire le plein d'oxygène ? Cette adresse, à mi-chemin entre La Petite-Pierre et Graufthal, est accessible en suivant une allée boisée qui débouche sur un joli étang situé face à la grande auberge. Les chambres sont assez disparates et certaines mériteraient une rénovation, mais l'essentiel est là, on profite du calme et de l'univers végétal. En semaine et quand le soleil est au rendez-vous, profitez du menu déjeuner (15,50 €) pour vous installer sur la terrasse extérieure à l'ombre du grand marronnier. Deux heures de bonheur assuré. Accueil décontracté et souriant.

Au Grès du marché   Intimiste €€
(☏03 88 70 78 95 ; www.augresdumarche. fr ; 19 rue du Château ; plats 18,50-25 €, formule midi 11 € ; ⏰fermé lun soir, mar-mer). Une adresse attachante dans le cadre pittoresque du Staedtel, le vieux quartier de La Petite-Pierre. Cuisine savoureuse, que l'on déguste dans une salle à la déco rouge et bois. Quelques tables à l'extérieur pour profiter du soleil. Les propriétaires proposent également des **appartements** (www.lesappartementsdestelle.fr) à la nuitée ou à la semaine, à l'arrière du restaurant dans un beau bâtiment restauré.

Renseignements

Office du tourisme du pays de La Petite-Pierre (☏03 88 70 42 30 ; www.ot-paysdelapetitepierre.com ; 2a rue du Château)

Graufthal

Le hameau de Graufthal est réputé pour ses maisons troglodytiques et son cadre forestier. La Petite-Pierre et Graufthal sont reliés par un sentier forestier (7 km par le GR®53).

◉ À voir

Maisons des rochers   Habitat
(☏03 88 70 19 59/16 ; www.maisonsdesrochers-graufthal.fr ; entrée 2,50 € ; ⏰mi-mars à

Maisons des rochers

mi-nov lun-sam 10h-12h et 14h-18h, dim et jours fériés 10h-12h30 et 14h-18h30). Des maisons troglodytiques en Alsace ? Disons trois petites habitations creusées dans un surplomb rocheux. Les maisons ont été restaurées et meublées, et leur visite amusera les petits et intéressera les grands. L'une d'elles fut habitée jusqu'en 1958.

Où se loger et se restaurer

Au Vieux Moulin   Au calme €
(☎ 03 88 70 17 28 ; www.auvieuxmoulin.eu ; 7 rue du Vieux-Moulin ; d 59-75 € selon confort ; demi-pension 65-75 €/pers ; plats 20-29 €, menus 29/40/49 € ; fermé 1 sem en fév et juin, restaurant fermé lun ; 🛜 🅿). Cet hôtel à l'allure de grand chalet propose une vingtaine de chambres confortables et rénovées. Mais la vraie surprise est son restaurant. Installé dans une salle tout en rondeur, claire et spacieuse, on profite d'une cuisine de qualité avec une touche originale qui n'a rien à envier aux adresses plus renommées de la région. Aux fourneaux, Guillaume, 3e génération de

la famille Kassel. Une réussite pour ce lieu tranquille. La bonne idée est donc d'opter pour la demi-pension ou de profiter de la formule déjeuner (entrée/plat/dessert 14 €).

Lichtenberg

Ce petit bourg, sans grand intérêt, est dominé par les ruines du château situé sur un monticule herbeux. Avec ses neuf siècles d'histoire mouvementée, le château de Lichtenberg est un résumé de l'histoire des Vosges du Nord. Une ambitieuse réhabilitation menée sur plusieurs années a permis de lui ajouter une dimension culturelle. En été, n'hésitez pas à y faire une halte pour profiter de la programmation éclectique (théâtre, concerts et expositions).

À voir

Château de Lichtenberg   Histoire et culture
(☎ 03 88 89 98 72 ; www.chateaudelichtenberg. com ; tarif plein/6-18 ans/pass famille 4/3/12 € ; avr-sept lun-dim 10h-18h, fermé lun matin, mars et oct sam-dim 10h-17h, en été visite guidée mar 14h30). Résidence des puissants

CHRISTOPHE CORBEL ©

À NE PAS MANQUER ⭐

Le musée Lalique à Wingen-sur-Moder

Ce musée dédié à l'œuvre de René Lalique plaira aux amateurs d'Art nouveau et d'Art déco, et aux amoureux de beaux endroits plus généralement. Le site est une réussite architecturale et on prend plaisir à découvrir les 650 pièces de la collection (dessins, bijoux, objets en cristal et en verre) exposées dans des jeux subtils de lumière. Le musée est logé dans l'ancien site verrier du Hochberg dont la tradition remonte à la fin du Moyen Âge. Une partie de la collection a été prêtée par la société Lalique qui se trouve à environ 2 km du musée et compte encore 300 ouvriers produisant des objets en cristal. À la fin du parcours, un espace explique les techniques de fabrication.

Joaillier verrier, René Lalique est considéré comme l'"inventeur du bijou moderne". Il fut l'un des premiers à utiliser des matériaux inédits en bijouterie : verre, émail, cuir, corne, ivoire, pierres semi-précieuses... Excellent artisan bijoutier, il devint un habile industriel verrier, produisant des articles en séries. Car Lalique n'était pas seulement un artiste majeur d'une époque féconde, mais également un inventeur et un entrepreneur dépositaire de nombreux brevets. C'est en 1921 qu'il s'installa à Wingen-sur-Moder.

Infos pratiques

Musée (📞03 88 89 08 14 ; www.musee-lalique.com ; rue du Hochberg, Wingen-sur-Moder ; tarif plein/6-18 ans 6/3 €, pass famille jusqu'à 5 enfants 14 € ; 🕐avr-sept tlj 10h-19h, oct-mars mar-dim jusqu'à 18h, fermé jan). Dans un bâtiment annexe, **Crista'Lion** (📞03 88 02 54 04 ; plats 5-10 € ; 🕐mêmes horaires que le musée) permet de faire une pause gourmande au déjeuner (plat du jour, salades, desserts). La terrasse sur pilotis offre un panorama sur la campagne et les jardins. Face au musée, le **château Hochberg** (📞03 88 00 67 67 ; www.chateauhochberg.com ; d 160-320 € ; menus 26-34 €, carte 12-24 € ; 🕐fermé lun-mar) héberge un hôtel d'une quinzaine de chambres ainsi qu'un restaurant plus abordable.

seigneurs de Lichtenberg (1206-1480), le château fut transformé en palais à la Renaissance, puis en forteresse militaire sous Louis XIV. Bombardé et incendié lors de la guerre de 1870, il fut abandonné pendant plus d'un siècle. Il a fini par renaître de ses cendres pour s'ouvrir au public au début des années 1990 après une restructuration exemplaire. Les murs en grès rose de la forteresse ont été relevés. Des nouvelles structures en fer, en verre et en bois ont été ajoutées. Celles-ci sont réversibles si les prochaines générations décident de rendre au château son aspect d'origine. Salle d'exposition et de répétition, auditorium, scène extérieure… le site, pendant l'été en particulier, est une petite ruche artistique, à 405 m d'altitude. Le théâtre a une place toute particulière grâce à une troupe locale (Les Narrehewler, les "fous de la colline") qui présente des pièces en français, en alsacien ou en allemand, avec l'aide de professionnels.

Le vert et le grès

Présent dans le sous-sol vosgien, le grès est une roche facile à modeler, commode pour la construction et la sculpture. En revanche, cette pierre est synonyme de sol acide et pauvre en nutriments qui donne de mauvais rendements agricoles. Peu concurrencée par l'agriculture et les autres activités humaines, la forêt a donc toujours été omniprésente dans cette partie du parc régional des Vosges du Nord.

de grimper sur les hauteurs et de profiter de vues splendides sur la plaine d'Alsace et les collines boisées du parc régional.

À voir et à faire

Adressez-vous à l'office du tourisme pour connaître les itinéraires du Grand Wintersberg et du château de la Wasenbourg, ou munissez-vous de la carte de randonnée IGN 3714.

Maison de l'Archéologie des Vosges du Nord Vestiges

(03 88 80 36 37 ; www.musee-niederbronn. fr ; adulte/enfant 2,60/0,85 € ; mars-oct 14h-17h, fermé mar et sam). Logé dans l'ancien tribunal, un bâtiment élégant, ce musée met en valeur les résultats des fouilles archéologiques locales de la préhistoire à l'ère industrielle. Certaines pièces attestent la tradition thermale de la ville depuis l'Antiquité. Pour prolonger cette visite, suivez le parcours de Janus (3 heures, 8 km, départ du cimetière militaire) qui sillonne la ville et la campagne environnante. Seize stations avec panneaux d'information permettent d'associer paysages et histoire.

Grand Wintersberg Sommet

À 581 m d'altitude, c'est le point culminant des Vosges du Nord. Le sommet est couronné d'une tour en briques, haute de 25 m, édifiée par le Club vosgien en 1880. On profite ainsi d'un très beau panorama

Où se loger et se restaurer

Au Soleil Hôtel-restaurant €

(03 88 89 96 ; www.au-soleil-muhlheim.fr ; 2 pl. de l'Église ; s/d/tr 42/56/68 € , petit-déj 8,50 € ; plats 14-17 € ; resto fermé mer). Située à l'entrée de la rue Principale qui s'élève vers la colline du château, cette adresse sans caractère particulier dispose de chambres propres et au calme. Cuisine alsacienne à déguster dans la salle du restaurant ou sur l'agréable terrasse extérieure.

Niederbronn-les-Bains

Adossée aux contreforts du sommet des Vosges du Nord (le Grand Wintersberg), l'une des deux seules stations thermales d'Alsace (avec Morsbronn-les-Bains, à une quinzaine de kilomètres au sud-est), dont les fondations remontent à l'époque romaine, attire de nombreux curistes. Reconstruit après 1945, son centre-ville aéré s'articule autour du casino, d'un petit parc arboré et du centre thermal. Au nord de la cité, plusieurs itinéraires permettent des collines alentour et de la plaine d'Alsace. Pour y accéder, suivez la direction de la source Celtic, puis le chalet du Club vosgien. Du parking, comptez 15 minutes de marche et du centre du bourg, entre 2 et 3 heures, alternant marche facile et grimpette dans la forêt.

Château de la Wasenbourg   Façade médiévale

Les ruines de ce château (432 m d'altitude), dont la construction est attribuée à la dynastie des Lichtenberg, se trouvent à environ une heure de marche du centre-ville. Son originalité réside dans son mur-bouclier en bon état, de près de 4 m d'épaisseur et 22 m de hauteur. Impressionnant ! On peut aussi admirer une fenêtre taillée dans un seul bloc de grès, composée de neuf lancettes surmontées de sept rosaces. La vue sur Niederbronn-les-Bains et la plaine est imprenable de ce point haut.

Centre thermal   Remise en forme

(📞 03 88 80 30 70 ; www.valvital.fr ; 5 pl. des Thermes ; forfaits soins 25-120 € ; hammam 7 € ; 🕐 avr-nov lun-ven 7h-12h et 13h-17h, sam 7h-15h).

Les centres thermaux de Niederbronn-les-Bains et de Morsbronn-les-Bains proposent en association aérobain, aquagym, jet et soins au forfait ou à la demi-journée, sur réservation.

Casino   Jeux de hasard

(📞 03 88 80 84 88 ; 10 pl. des Thermes ; 🕐 tlj 10h30-2h). Après la cure, il faut bien s'occuper. Machines à sous et jeux de table sont à votre disposition. Le bâtiment abrite 3 restaurants dont l'un doté d'une agréable terrasse ouverte sur le parc arboré.

🛏️ Où se loger

Ferme Mellon   Chambres d'hôtes €

(📞 03 88 09 26 10 ; www.lafermemellon.com ; rte de Jaegerthal ; d 50 €, petit-déj 6 € ; 🕐 fermé 2 sem fin août). Votre envie de nature et de convivialité sera comblée lors d'un séjour dans ces chambres d'hôtes logées dans un ancien corps de ferme en lisière de forêt et de prairies à vaches. Les deux chambres en rez-de-jardin sont équipées d'une vaste salle de bains avec douche à l'italienne. Accueil chaleureux. Restauration sur place

Étang de Hanau (p. 60)

CHRISTOPHE CORBEL ©

(menu déjeuner 12 €, plats 9-17 €). Deux chambres d'appoint sont dans un autre bâtiment.

Hôtel-restaurant
Le Bristol   Central **€€**

(☎ 03 88 09 61 44 ; www.lebristol.com ; 4 pl. de l'Hôtel-de-Ville ; d nov-avr/mai-oct 68-90/73-95 € ; ⏰ tte l'année ; **P** 🛜). Un grand établissement confortable, situé juste à côté de l'office du tourisme. Les chambres sont agréables, mais leur déco varie. Celles donnant sur la place sont lumineuses et jouissent d'un balcon avec vue sur le centre. Direction familiale et accueil souriant. Restaurant au rez-de-chaussée ouvert tous les jours.

Grand Hôtel
Filippo   Hôtel-restaurant **€€**

(☎ 03 88 80 84 48 ; www.grand-hotel-filippo. net ; 14-16 av. Foch ; d 70-130 € ; ⏰ tte l'année ; 🛜 **P**). À 5 minutes à pied du centre-ville, dans la perspective du casino, cet établissement situé dans un bâtiment de 4 étages récent et sans charme propose une soixantaine de chambres à la qualité irréprochable. Parking gratuit devant l'établissement. Buffet petit-déjeuner copieux et de qualité.

Où se restaurer

Zuem Buerestuebel   Winstub **€€**

(☎ 03 88 80 84 26 ; 9 rue de la République ; plats 10,50-10,90 €, plat du jour sem 7,90 € ; ⏰ fermé lun-mar, fermé 2 sem en jan et 2 sem fin juin-début juil). Fatigué des adresses néorégionales au décor alsacien kitsch ? Attablez-vous à cette enseigne (littéralement la "chambre paysanne"). C'est l'un des meilleurs endroits dans les Vosges du Nord pour goûter une cuisine régionale impeccable. La carte ne fait pas dans l'innovation mais les produits sont superbes et finement travaillés. Décor de winstub et nappes à carreaux bleus ou rouges. Un conseil, pensez à réserver. Les deux petites salles sont prises d'assaut dès l'ouverture du service ; tentez votre chance aux seconds services (13h30 et 21h).

Le musée Lalique (p. 56) ne vous a pas suffi ? À 5 km à peine de là, en Lorraine, deux musées vous attendent.

◉ La Grande Place – Musée du Cristal Saint-Louis (☎ 03 87 06 40 04 ; www.saint-louis.com ; rue Cëtlosquet, Saint-Louis-lès-Bitche ; tarif plein/6-18 ans/ pass famille 6/3/14 € ; ⏰ mer-lun 10h-18h, fermé à Noël et au Nouvel An). La réputation mondiale du savoir-faire de la cristallerie de Saint-Louis, ancienne Manufacture royale et aujourd'hui filiale du groupe Hermès, n'est plus à faire. Ce musée construit comme une grande galerie tournante autour d'un majestueux lustre vous le confirmera si besoin. La collection exposée est magnifique. En fin de parcours, une boutique propose des produits à des prix d'atelier (avec parfois un défaut, rarement visible à l'œil du profane). Des **visites guidées** (1 heure 30, 12 €) de la cristallerie sont organisées sur réservation.

◉ Site verrier – Meisenthal (☎ 03 87 96 91 51 ; www.site-verrier-meisenthal.fr ; pl. Robert-Schuman, Meisenthal ; adulte/enfant 6/3 € ; ⏰ mer-lun 14h-18h, Pâques-oct et mi-nov à déc). Meisenthal retrace l'histoire de l'industrie verrière qui a débuté dans cette région humide et boisée (l'eau et le bois étant indispensables pour la production du verre), un siècle plus tôt au XVIᵉ siècle. Le site comprend également un centre d'art verrier qui héberge des créateurs que l'on peut regarder à l'œuvre. Troisième morceau du puzzle, une salle de spectacles avec une programmation éclectique.

ⓘ Renseignements

Office du tourisme de Niederbronn-les-Bains

(☎ 03 88 80 89 70 ; www.niederbronn-les-bains. fr ; 6 pl. de l'Hôtel-de-Ville)

VAUT LE DÉTOUR
L'étang de Hanau

De l'eau et des arbres. Voici le programme de la forêt de Hanau et de son étang, situé en Lorraine, au cœur du parc des Vosges du Nord. Sur 18 ha, ce plan d'eau, aménagé en base de loisirs, attire les vacanciers en été. Il est bordé par une plage où la baignade est autorisée (et surveillée en été). On peut également louer des **pédalos** (06 86 05 18 43 ; 10 €/heure ; tlj avr à mi-sept). Des rives du lac, un sentier botanique sur ponton sillonne un marais tourbeux sur 1 km et constitue une agréable balade familiale (départ en face de l'hôtel, de l'autre côté du lac). Visible depuis les rives de l'étang, la **grande arche de l'Erbsenfelsen** se dresse au milieu de la forêt, témoin du travail de l'érosion depuis plusieurs millions d'années. De la géologie à ciel ouvert ! De l'étang, de superbes balades permettent de gagner les ruines des châteaux de Falkenstein et de Waldeck, et le rocher du **Grand Steinberg**. La carte de randonnée IGN 3713 est la plus précise pour suivre ces itinéraires. Restauration et hôtellerie sur les rives de l'étang.

Wœrth

À une quinzaine de kilomètres au nord d'Haguenau, en bordure du parc régional, Wœrth serait sans doute tombé dans l'oubli si les environs du bourg n'avaient été le théâtre d'une bataille décisive de 1870 qui permit à l'Allemagne d'occuper l'Alsace et la Lorraine durant 40 ans. Traversé par la Sauer et doté de quelques belles maisons à colombages, il possède un certain charme.

À voir

Musée de la Bataille
de 1870   Histoire militaire
(03 88 09 30 21 ; 2 rue du Moulin ; tarif plein/réduit 5/3 € ; avr-sept mer-jeu et sam-dim

14h-18h). La bataille dite de Reichshoffen (ou Froeschwiller pour l'armée française et Wœrth pour l'armée prussienne), suivie de la défaite française, a ouvert aux troupes de Bismarck la route des Vosges, puis celle de Paris, avec pour conséquence le rattachement de l'Alsace-Lorraine à l'Allemagne. Le musée, rénové en 2016, retrace cette bataille mémorable à partir de documents et d'objets militaires ainsi que de centaines de figurines en étain. Plusieurs unités françaises décimées lors de cette bataille étaient composées de tirailleurs algériens et tunisiens issus de l'armée d'Afrique.

 Où se loger
et se restaurer

Le Palais
Gourmand   Hôtel-restaurant €€
(03 88 09 42 74 ; www.restaurant-palais-gourmand.com ; 220 rue du Moulin, Liebfrauenthal, Gœrsdorf ; s/d 50-63/69-86 € ; petit-déj 6-11 €, plats 12-23 €, menus 28-60 € ; fermé jeu soir). Seule adresse à Woerth, posé presque au milieu des champs, cet hôtel-restaurant est apprécié des locaux. La cuisine y est savoureuse et les chambres sont des petits nids douillets orientés, pour la plupart, plein sud. La gentillesse des propriétaires fait le reste. Réservation conseillée le week-end et en saison.

Lembach

Lembach profite de sa position centrale dans le parc régional. De là, on peut explorer la vie au Moyen Âge au château de Fleckenstein ou entrevoir celle des soldats de la ligne Maginot. Et comme toujours, les possibilités d'exploration à pied sont multiples.

À voir

Château de Fleckenstein   Vue à 360°
(03 88 94 28 52 ; www.fleckenstein.fr ; château fort adulte/enfant 4,50/3 € , château des défis 9,50/8 €, P'tit Fleck 4,50/4 € ; fin mars à début nov tlj 10h-17h30, jusqu'à 18h en juil-août, jan-mars dim 12h-16h). Ne manquez

pas cette forteresse médiévale plantée sur une falaise de grès, à 7 km au nord de Lembach, qui offre un panorama irrésistible. On peut visiter le château seul ou avec un guide (1 heure, 4 €, 20 pers minimum). Pour les enfants (mais aussi les plus grands), le parcours "château des défis", long de 3 heures, est organisé sous la forme d'un jeu de piste qui part explorer le château, la forêt et l'espace ludique **Au P'tit Fleck**. Si vous débarquez en famille, prévoyez la demi-journée. Un snack propose une restauration au soleil ou à l'abri dans une salle. Autre solution pour se restaurer, rejoindre à pied l'auberge de Gimbelhof (1,3 km, 20 min ; voir p. 63). Du parking au site du château, le sentier des Charbonniers (15 min) explique le processus de création du charbon de bois.

Musée du Pétrole   Histoire industrielle

(03 88 80 91 08 ; www.musee-du-petrole. com ; 4 rue de l'École, Merkwiller-Pechelbronn ; tarif plein/réduit/-10 ans 5/4 €/gratuit ; mar-dim 14h30-18h juil-août, jeu, dim et jours fériés 14h-18h avr-juin et sept-oct). Qui eût cru que l'Alsace recelait du pétrole

dans ses sous-sols ? La région a produit jusqu'à 5% des besoins français dans les années 1920. Exploité dès le XVIIIe siècle, Pechelbronn est considéré comme un site précurseur en France, et même en Europe, de l'industrie pétrolière, tant pour le forage que pour le raffinage des huiles brutes. Mais ce musée, lilliputien, intéressera surtout les férus de géologie ou d'histoire économique.

Activités

Circuit des quatre châteaux   Balade

Si vous avez aimé Fleckenstein, ses ruines et sa position panoramique, poursuivez votre chemin pour rejoindre, à travers la forêt, trois autres sites (**Loewenstein**, **Hohenbourg** et **Wegelnburg**) qui offrent eux aussi de merveilleux points de vue. Le circuit (3 à 4 heures) est au départ du parking du Fleckenstein. Plus d'infos avec la carte de randonnée IGN 3814.

Pour les amateurs, une **piste cyclable** longue de 24 km relie Lembach à Haguenau via Wœrth.

Château de Fleckenstein

CHRISTOPHE CORBEL ©

À NE PAS MANQUER ⭐

L'ouvrage du Four à Chaux

Édifiée à partir des années 1930, la ligne Maginot devait protéger la frontière française de la Manche jusqu'à la Méditerranée au moyen de centaines d'ouvrages, de la simple casemate à l'abri, en passant par la forteresse souterraine hébergeant des centaines de soldats. Faute de crédits, elle ne fut achevée que sur sa partie nord-est. Les ouvrages les plus aboutis sont ceux qui sont situés le long de la frontière allemande. Un seul fort pouvait en théorie défendre jusqu'à 20 km de frontières. En juin 1940, la plupart des forteresses restèrent invaincues malgré l'intense bombardement des Allemands – mais ces derniers trouvèrent la route pour les contourner. C'est après l'armistice du 22 juin 1940 que les troupes de ces ouvrages enterrés acceptèrent de se rendre sur ordre du Haut Commandement français.

La visite du site du Four à Chaux s'avère passionnante. Au-delà de l'aspect militaire du site, il s'agissait aussi de faire vivre, travailler, dormir et manger des centaines d'hommes à 50 m sous terre. Ravitaillement, chauffage, ventilation, soin : chaque opération relevait du défi humain et technique dans les conditions d'une guerre de position redoutée à l'époque (les attaques au gaz de 1914-1918 avaient laissé de terribles souvenirs). La visite s'effectue avec des guides bénévoles qui font partager leur passion de l'Histoire. Hors saison, elle se fait parfois en deux langues : français et allemand. Tout un symbole. Pour la visite, songez à emporter une veste chaude et des chaussures fermées. La température est de 13°C et certains passages sont humides.

Infos pratiques

Site du Four à Chaux (☎ 03 88 94 48 62 ; www.lignemaginot.fr ; visite guidée 1 heure 30 ou 2 heures si 2 langues ; tarif plein/étudiant/enfant 7/5,50/4,50 €, billet combiné avec le château de Fleckenstein tarif plein/enfant 9,50/6,50 € ; ⏰ fin mars-avr 14h et 15h, mai-sept 10h30, 14h et 16h). À 3 km de Lembach en direction de Wœrth par la D27.

Où se loger

Hôtel Au Heimbach   Familial €€

(📞 03 88 94 43 46 ; www.hotel-au-heimbach.
fr ; 15 rte de Wissembourg ; s/d 65-70/70-115 €,
lit supp 15 €, petit-déj 10 € ; ☺tte l'année).
Cette adresse mériterait une rénovation,
mais l'accueil de sa propriétaire,
particulièrement chaleureux, compense
la décoration vieillissante. L'hôtel dispose
d'une bonne vingtaine de chambres,
différemment aménagées et décorées.
N'hésitez pas à demander à visiter avant
de vous décider. Petit-déjeuner copieux
dans une salle rénovée. Également
dégustation et vente d'eaux-de-vie.

Auberge du Cheval Blanc   Luxe €€€

(📞 03 88 94 41 86 ; www.au-cheval-blanc.
fr ; 4 rue de Wissembourg ; d à partir de 80 €,
avec spa à partir de 210 €, petit-déj 16 € ; ☺tte
l'année). C'est l'une des adresses les plus
prestigieuses de la région. Une fois passé
le porche de cet ancien relais de poste du
XVIIIᵉ siècle, vous serez sans doute conquis
par l'ambiance. Les chambres conjuguent
beaux volumes et mise en valeur des
matériaux. Sobre et luxueux à la fois ! La
moitié des 14 chambres sont dotées de
baignoires-spa de belles dimensions. Spa
dans l'établissement et soins sur demande.
Des formules sont proposées pour la demi-
pension avec l'un des deux restaurants.
L'idéal pour un week-end en amoureux.

Où se restaurer

À l'Arbre Vert   Copieux €€

(📞 03 88 94 42 56 ; 2 rue de Wingen ; menus
15,50-29 €, plats 11,50-23,50 € ; ☺fermé mer-
jeu). Une adresse traditionnelle que l'on
apprécie même si elle ne révolutionne pas
la cuisine locale. On préférera s'attabler le
midi dans la petite salle du bistrot où trône
un joli poêle en fonte (la grande salle du
soir aurait besoin d'une petite rénovation).
Produits frais et quantités servies pour les
très grandes faims.

Le Gimbelhof   Panorama €€

(📞 03 88 94 43 58 ; www.gimbelhof.com ; lieu-dit
Gimbelhof, à 7 km de Lembach par la D3, puis

INSOLITE !
Petit, poilu, cornu

Au gré de vos balades, vous tomberez
peut-être nez à nez avec lui. Trapu, tête
courte en forme de triangle, longues
cornes horizontales (ou pointées vers
le haut pour les femelles), voici le
poilu et sympathique bovin rustique
originaire des îles Highlands, au nord de
l'Écosse. Introduit en 1991, il a pour rôle
d'entretenir les espaces abandonnés
par l'agriculture, en particulier les fonds
des vallées difficilement accessibles.
On en compte aujourd'hui près de 200,
et, malgré son allure imposante et
sa vie semi-sauvage, il a un caractère
très doux !

la D525 ; d 68,50 € ; menu 24 €, plats 12-23 € ;
☺fermé lun-mar, hôtel fermé mi-nov à mi-déc
et 10 jours en fév). Il faut grimper à travers
la forêt pour accéder à cette ancienne
ferme posée sur un col, à la croisée de
sentiers pédestres. On peut la rejoindre
en moins de 30 minutes à pied au départ
du château de Fleckenstein (p. 62). Le
week-end, l'auberge fait carton plein grâce
aux randonneurs et aux familles venus
profiter du panorama, surtout lorsqu'il fait
beau. Dans une salle à manger à la déco
traditionnelle, on peut se restaurer avec
des plats honnêtes, sans plus, servis avec
le sourire, tandis que dans un bâtiment
annexe, un self-service propose salades
et en-cas à consommer à l'intérieur ou
sur la terrasse. Dommage que dans un
site aussi agréable, le parking anarchique
des voitures et des motos se transforme
en pollution visuelle. Également quelques
chambres pour passer la nuit.

Auberge du Cheval Blanc   Gastronomique €€€

(voir Où se loger ; menus 38/58/88/98/121 €,
plats 38-98 € ; ☺fermé lun-mar et ven midi).
Dirigée depuis une dizaine d'années par
Pascal Bastian, chef formé notamment
chez Philippe Etchebest et originaire des

VAUT LE DÉTOUR
La citadelle de Bitche

Posée à 365 m de hauteur sur une élévation herbeuse, la **citadelle de Bitche** (☎03 87 96 18 82 ; www.citadelle-bitche.com ; tarif visite + spectacle adulte/7-18 ans 10/8 €, jardin 2/1 €, pass famille 4 pers 30 €, billet combiné avec le château de Fleckenstein 12/9,50 € ; ⏰été tlj 10h-19h, fin mars-juin et sept-oct jusqu'à 18h lun-sam, jusqu'à 19h dim, dernier accès à la visite 1 heure 30 avant la fermeture, fermé nov-fév) est un édifice incontournable de l'histoire militaire de la région. Construite par Vauban en 1680 à partir d'un château fort préexistant, elle fut assiégée quatre fois au XIXᵉ siècle. Le dernier siège, celui de 1870, vit l'armée française résister durant 230 jours aux offensives des Prussiens. Cet épisode est retracé lors d'un parcours cinématographique dans les souterrains de la citadelle. Les spectateurs (par groupe de 30) sont équipés de casques audio et se promènent à travers l'espace et l'histoire de cette bataille. Un musée classique complète cette présentation scénarisée. Dans la chapelle militaire, on peut voir un plan-relief de la citadelle à l'époque de sa construction. Ne manquez pas le chemin de ronde de la citadelle, transformé en jardin pour la paix. En saison, de belles mises en scène végétales vous y attendent.

Bitche est situé dans la partie lorraine du parc naturel régional des Vosges du Nord.

Vosges du Nord, cette auberge a confirmé sa réputation de repaire gastronomique. Les deux salles de restaurant ont été récemment rénovées et les menus permettent de savourer des plats qui alternent tradition et modernité.

D'Rösselstub   Winstub €€

(☎03 88 94 29 02 ; www.au-cheval-blanc.fr ; menu 27 €, plats 13-24 € ; ⏰fermé mer-jeu).

C'est l'annexe bistrot (winstub) de l'auberge du Cheval Blanc. Deux petites salles accueillent le client venu tester la cuisine du chef étoilé, Pascal Bastian. La carte propose une dizaine de plats traditionnels alsaciens à des prix raisonnables. Les entrées et les desserts font preuve de davantage d'audace. Le menu terroir, servi midi et soir, permet de limiter l'addition autour de 30 €. Mais la meilleure option est le déjeuner (15 €, lun-mar et ven-sam).

🔒 Achats

Distillerie Hoeffler   Eaux-de-vie

(☎03 88 80 45 79 ; www.distillerie-hoeffler.com ; rue des Jardins, Lobsann ; ⏰lun-sam). Le propriétaire de cette petite distillerie artisanale, installée dans le quartier résidentiel de Lobsann (5 km au sud-est de Lembach), vous expliquera avec enthousiasme les étapes de la distillation. La distillerie propose une trentaine de parfums, de la quetsche à l'églantine en passant par l'aspérule ou la fleur de sureau. Certains fruits sont récoltés dans la région, comme la mirabelle, et d'autres proviennent d'ailleurs. La visite se termine par une dégustation. Les eaux-de-vie ne sont pas moins chères que dans le commerce (autour de 30 € les 70 cl), mais vous serez assuré de choisir parmi l'ensemble des parfums.

ℹ️ Renseignements

Office du tourisme (03 88 94 43 16 ; www.ot-lembach.com ; 2 rte de Bitche)

Obersteinbach et Niedersteinbach

À une dizaine de kilomètres au nord-ouest de Lembach, ces deux villages mitoyens sont situés le long de la frontière avec l'Allemagne dans une vallée bucolique à souhait. Ce sont d'excellentes bases pour partir, sac sur le dos, explorer les doux paysages alentour (cartes de randonnées IGN 3713 et 3814).

 À voir

Maison des Châteaux forts des Vosges du Nord — Histoire

(📞 03 88 09 50 98 ; chateaux.forts@musees-vosges-nord.org ; 42 rue Principale, Obersteinbach ; adulte/enfant 2/1,50 € ; ⏰avr-oct sam 14h-17h30, dim et jours fériés 10h-12h et 14h-18h). Pour comprendre pourquoi les châteaux forts, si nombreux dans la région, se sont implantés sur des pitons rocheux et comment leurs habitants y vivaient, rendez-vous dans ce petit musée.

Ferme du Steinbach — Produits frais

(📞 03 88 09 57 42 ; www.fermedusteinbach.fr ; 6 rue de la Rohrmatt, Obersteinbach ; ⏰sur rdv). Pour tout savoir sur la production du fromage de chèvre et repartir avec quelques souvenirs à consommer sans trop tarder.

Où se loger et se restaurer

Au Cheval Blanc — Hôtel-restaurant €€

(📞 03 88 09 55 31 ; www.hotel-cheval-blanc.fr ; 11 rue Principale, Niedersteinbach ; s/d/tr/qua 50-83/73-99/99-153/119-153 €, petit-déj 13 €, -10% la semaine, demi-pension 70-91 €/pers ; menus 30-60 €, plats 18-28 € ; ⏰fermé 2 sem juin-juil, 2 sem nov-déc et fév, resto tlj sauf jeu ; 🍴🛜🅿). Vous ne risquez pas de rater cet ensemble de bâtiments planté au centre du village de Niedersteinbach. Il attire du monde, tant pour son restaurant que pour son hôtellerie. Ses atouts : repas de qualité, piscine, sauna, salle de billard, jardin et une trentaine de chambres agréables… Plus chaleureuse qu'intime, l'adresse est appréciée des groupes qui profitent de sa grande salle de restaurant.

Anthon — Hôtel-restaurant €€

(📞 03 88 05 55 01 ; www.restaurant-anthon.fr ; 40 rue Principale, Obersteinbach ; d 85-110 €, petit-déj 12 €, menus 25/54 €, plats 21-29 € ; ⏰fermé jan). Une belle adresse mitoyenne de la maison des Châteaux forts, qui séduit par son caractère intimiste : une douzaine de chambres installées dans un élégant bâtiment et dans une grange réhabilitée.

SI VOUS AIMEZ…

Le patrimoine militaire

Si le site du Four à Chaux (p. 62) vous a plu, visitez d'autres ouvrages ouverts au public :

🔵 Ouvrage d'artillerie de Schœnenbourg

(📞 03 88 80 96 19 ; www.lignemaginot.com ; à 3 km de Hunspach par la D249 ; visite guidée 2 heures, adulte/enfant 8/6 € ; ⏰avr-11 nov). Plus grand ouvrage de la ligne Maginot ouvert au public en Alsace, ce fort connut des épisodes de combat violents en mai-juin 1940. Les soldats ne se rendirent que le 1er juillet, sur ordre du haut commandement français, soit six jours après la signature de l'armistice.

🔵 Casemate de Dambach-Neunhoffen

(📞 03 88 09 21 46 ; casemate.neunhoffen.free.fr ; à 10 km au nord de Niederbronn-les-Bains ; visite guidée 2 heures, adulte/enfant 2/1 € ; ⏰mi-juin à mi-sept, 1er dim du mois de 14h-17h, reste de l'année sur rdv pour les groupes). Cette casemate défendait la vallée du Schwarzbach avec deux fusils-mitrailleurs sous cloches blindées. À l'intérieur, visite des installations.

🔵 Abri de Hatten

(📞 03 88 80 14 90 ; www.maginot-hatten.com ; de Haguenau, prendre direction Hoffen par la D263, puis Hatten par la D28 ; visite guidée 2 heures, adulte/enfant 6/3 € ; ⏰mi-juin au 11 nov tlj 10h-18h, mars à mi-juin fermé lun-mer). L'abri, d'une capacité de 220 hommes, compte plusieurs salles ouvertes à la visite et qui font office de musée thématique. À l'extérieur, les passionnés pourront également admirer du matériel militaire de la Seconde Guerre mondiale.

🔵 Casemate d'infanterie Esch

(📞 03 88 80 96 19 ; www.lignemaginot.com ; à 1 km à l'est du village de Hatten ; visite guidée 30 min, adulte/enfant 2/1 € ; ⏰mai-sept dim 10h-12h et 13h-18h). Ce modeste ouvrage pouvant accueillir une trentaine d'hommes était équipé de canons et de mitrailleuses.

SI VOUS AIMEZ...
vous amuser

Pour alterner avec les balades en forêt et les visites de châteaux en ruine, voici des parcs d'attractions et des centres nautiques qui plairont aux petits et aux grands.

○ **Didi'Land** (☎03 88 09 46 46 ; www. didiland.fr ; 1 rte de Gunstett, Morsbronn-Les-Bains ; tarif plein/2-11 ans 19/18 € ; ⏱juil-août tlj 10h-18h, avr-juin et sept sam-dim, mer, ponts et vacances scolaires). Une centaine d'attractions pour rire ou se faire peur.

○ **Nautiland** (☎03 88 90 56 56 ; www. nautiland.net ; 8 rue des Dominicains, Haguenau ; adulte/enfant 7,60/6,20 € ; ⏱lun-mar et jeu-ven 12h-21h, mer 10h-21h, sam 9h-20h, dim et jours fériés 9h-19h, fermé 24, 25, 31 déc, 1er jan, une semaine en mars et en sept). Sauna et hammam, bassins et toboggans pour se rafraîchir quand le thermomètre monte en flèche.

○ **L'Océanide** (☎03 88 02 52 80 ; www. loceanide.fr ; 10 rue du Centre-Nautique, Saverne ; adulte/enfant 5,50/4 € ; ⏱été et vacances scolaires lun-dim 10h-20h). Centre nautique avec bassins et toboggans en extérieur, sauna et Jacuzzi.

Côté cuisine, la séduction opère également. Deux formules (petit ou grand appétit) avec des propositions qui vont à l'essentiel. Du printemps à octobre, l'adresse accueille également des chambres bulles posées dans un verger, qui offrent l'occasion de s'endormir en regardant les étoiles (en demi-pension 2 pers 206-302 €).

Alsace Village   Naturel €€

(☎03 88 09 50 59 ; www.alsacevillage.com ; 49 rue Principale, Obersteinbach ; menus 26 €, plats 16 € ; demi-pension 60 €/pers, petit-déj 8-12 €, s/d/tr 55/50-67/77 € ; ⏱resto fermé jan-fév sauf sur réservation). ✿ Une adresse atypique qui ressemble à une maison d'hôtes. Dans la demeure principale, cinq chambres joliment décorées (avec baignoire ouverte sur la pièce) et, dans une

annexe à l'allure de chalet, une dizaine de petits appartements (avec cuisine). La maison s'ouvre sur un jardin qui donne envie de faire une sieste sur les transats. En cuisine, c'est la ruche. Ici, on prépare des produits locaux et ça se sent dans les assiettes. Adresse labellisée "Hôtel au naturel". Pour les non-résidents, le restaurant est ouvert les vendredis et samedis soir, et les veilles de jours fériés. Vélos à disposition pour les clients.

Les Chambres d'hôtes
de Gabrielle   Pleine forêt €€

(☎03 88 09 24 41 ; www.gite-des-deux-chateaux. com ; 33 rue des Châteaux, Windstein ; à partir de 80 € ; ⏱fermé oct-fév). Cette maison d'hôtes qui fait aussi restaurant attire les connaisseurs qui apprécient son emplacement, dominant les collines et à deux pas du château du Nouveau-Windstein, en ruine. Une adresse sans chichis pour profiter de la nature et exploiter les chemins forestiers de la région. Aux beaux jours, le week-end, le restaurant et son agréable terrasse sont pris d'assaut. Le reste du temps, le lieu est tranquille, mis à part les randonneurs et les groupes d'escalade qui s'entraînent sur les rochers alentour.

Wissembourg

Aux portes de l'Allemagne, Wissembourg est à cheval entre forêts et plaines viticoles. Son centre-ville particulièrement pittoresque témoigne de son passé prospère et mouvementé. Déambuler dans ses rues et sur ses places permet d'associer découverte patrimoniale et plaisir gastronomique. Une étape à ne pas manquer dans les Vosges du Nord.

À voir

N'hésitez pas à prévoir quelques heures pour profiter des charmes de Wissembourg. Commencez par cheminer le long des **remparts** qui protégeaient la cité des invasions de ses voisins. À l'est, l'ancienne **abbatiale Saint-Pierre-et-Saint-Paul** domine la ville de ses dimensions impressionnantes. Les vitraux du chœur et les rosaces datent du XIIIᵉ siècle. À l'intérieur, on peut admirer une fresque de saint Christophe de plus de 11 m de hauteur – c'est le personnage peint le plus grand de France. Un clocher-tour de l'époque romane est accolé à l'entrée principale de l'édifice. De l'autre côté de l'église, le **quai Anselmann**, qui s'enroule autour du canal de la Lauter, abrite quelques magnifiques demeures, dont la **maison Vogelsberger** (1540) et l'**Ancienne Couronne** (1491) dont la famille Bartholdi, celle du célèbre sculpteur, fut propriétaire à la fin du XVIIIᵉ siècle. En arrière du quai, sur la place Martin-Bucer se dresse l'**église luthérienne Saint-Jean** dont le clocher roman date du XIIIᵉ siècle. Un peu plus loin, la **maison de l'Ami Fritz**, ancienne demeure de tanneurs, est ornée d'un bel oriel (fenêtre en encorbellement). De retour vers le centre de la ville on peut apercevoir l'étonnante toiture de la **maison du Sel**. D'abord hôpital, l'édifice devint un abattoir puis un dépôt de sel. En face, l'ancienne **grange aux Dîmes** abrite en été des expositions culturelles provenant du musée Westercamp, fermé depuis plusieurs années pour rénovation. Sur l'élégante **place de la République** trône l'imposant bâtiment de la mairie. Au-dessus du cadran de l'horloge, l'inscription "Sous le règne de Louis XV, je me suis relevé de mes cendres" fait référence au terrible incendie du 25 janvier 1677 qui détruisit une grande partie de Wissembourg.

🛏 **Où se loger**

Du Côté des Remparts   Chambres d'hôtes €€

(☎03 88 93 82 14/06 30 46 81 31 ; maisondhotesdesremparts@gmail.com ; 10 fossé des Tilleuls ; d 110-170 € ; ⊗tte l'année). C'est la maison d'hôtes et de charme qui manquait à Wissembourg. Logée dans une solide bâtisse du XIXᵉ siècle, dans le quartier de Saint-Bruch (derrière l'abbatiale), cette adresse propose 3 chambres claires et joliment décorées, au rez-de-chaussée. Le petit-déjeuner se prend au 1ᵉʳ étage, occupé par la famille Fridli, nombreuse, recomposée et sympathique. Le grand jardin est une aubaine pour se détendre,

Maison du Sel

Un ex-roi de Pologne, duc de Lorraine et de Bar

Après la défaite de son protecteur Charles XII, roi de Suède, Stanislas Leszczynski, roi de Pologne de 1704 à 1709, s'exile à Wissembourg et y vit de 1719 à 1724. Sans cour et sans argent, le monarque déchu s'y ennuie ferme. Pourtant, sa famille va faire un retour spectaculaire sur la scène royale européenne. À Paris, le duc de Bourbon, principal conseiller du jeune Louis XV, est chargé de trouver une épouse au roi qui a fêté ses 15 ans. Il faut faire vite car le monarque est de santé fragile et doit assurer sa descendance par un héritier mâle. Parmi beaucoup, c'est Marie, la seconde fille du roi détrôné de Pologne, qui est l'heureuse élue. À 22 ans, elle est en âge de procréer. Malgré son faible rang, la nouvelle reine est plutôt bien acceptée par la cour de Versailles. Elle donne naissance en 1729 à un dauphin, Louis-Ferdinand. Ce dernier ne régnera pas, mais sera le père de trois rois de France : Louis XVI, Louis XVIII et Charles X. Quant à l'ancien roi de Pologne et nouveau beau-père du roi de France, il sera nommé duc de Lorraine et de Bar. Aidé par une confortable pension octroyée par la monarchie, il consacrera sa vie à embellir Nancy et Lunéville, son Versailles lorrain.

soit sur la grande terrasse ensoleillée, soit à l'ombre des grands arbres.

Hostellerie au Cygne   Centre historique €€

(📞 03 88 94 00 ; www.hostellerie-cygne. com ; 3 rue du Sel ; d/tr 60-220/100 € ; ⊙tte l'année ; 📶). Dans une demeure en plein centre historique de Wissembourg, un peu en retrait de la rue Principale, cet hôtel propose un large éventail de prix et de qualité avec des chambres doubles très simples dans une dépendance, tandis que

d'autres sont équipées de bains "balnéo" et proposées aux tarifs d'un trois-étoiles.

Moulin de la Walk   Hôtel-restaurant €€

(📞 03 88 94 06 44 ; www.moulin-walk.com ; 2 rue de la Walk ; d/tr/qua 72-87/107/127 € ; plats 22-27 € ; ⊙tte l'année ; 📶 🅿). À l'extérieur des remparts de Wissembourg, dans un environnement bucolique et sans trafic routier, cette adresse conviendra aux amateurs de verdure et de calme. La belle salle de restaurant attire une clientèle qui vient chercher ici gastronomie et cadre nature. Les chambres, très agréables, sont dans un bâtiment récent, à l'écart du restaurant.

🍴 Où se restaurer

Le Carrousel Bleu   Raffiné €€

(📞 03 88 54 33 10 ; 17 rue Nationale ; plats 12-25 €, plat du jour 9 € ; ⊙midi seulement, lun-sam). Ce petit restaurant dont la devanture pourrait laisser penser qu'il ne s'y passe rien dispose de quelques tables à bonne distance les unes des autres, d'un long comptoir et d'une ambiance bleu ciel. Dans les assiettes, c'est une réussite complète, qui allie originalité et subtilité pour moins de 20 €. Le plat du jour, imbattable en termes de prix, change tous les jours.

Le Petit Dominicain   Qualité €€

(📞 03 88 94 90 87 ; 36 rue Nationale ; plats 22,50-24,50 €, menus 21/23/26 € ; ⊙fermé lun-mar). Ce dominicain a fait le vœu d'une cuisine de qualité. Civet de lapin, selle de veau, filet de sandre sur choucroute... les assiettes, sans être d'une originalité folle, ont du caractère et l'affluence en témoigne. Tout est cuisiné maison et servi avec le sourire dans cette salle où il fait bon s'attabler pour le déjeuner ou le dîner.

Ferme du Moulin des 7 fontaines   Ferme-auberge €

(📞 03 88 94 50 90 ; www.auberge7fontaines. com ; Drachenbronn-Birlenbach ; s/d/tr/qua 46-50/60-64/80-84/95-100 ; demi-pension 20 € en sus/pers ; plats 14-20 € ; ⊙resto fermé lun et jeu). Envie de mettre votre petite famille au vert ? Rejoignez cette ferme-auberge du XVIIIe siècle située à 10 km de Wissembourg, entourée de forêt et de champs, et non loin d'une piscine municipale. Le restaurant sert des plats traditionnels alsaciens à savourer dans une salle au rez-de-chaussée ou dans la cour, sur de grandes tablées familiales, pour profiter du beau temps. Sur la carte, les produits issus de la ferme sont indiqués. Lapins, chèvres, chevaux et vaches feront le bonheur des enfants en attente de leur plat. Réservation conseillée. Des chambres sont situées au 1er étage d'un bâtiment indépendant.

 Achats

Au Petit Kougelhopf　　Sucré €

(☑ 03 88 94 00 56 ; 20 rue Nationale ; ☺ mer-dim 7h-18h). Croquant au chocolat, forêt-noire, mille-feuille, saint-honoré et surtout des gâteaux à la génoise fourrés d'une crème vanille et garnis de fruits frais... À emporter et à savourer sur un banc dans le jardin derrière l'abbatiale.

 Renseignements

Office du tourisme (☑ 03 88 94 10 11 ; www.ot-wissembourg.fr ; 11 pl. de la République)

HAGUENAU ET SES ENVIRONS

Haguenau

Quatrième ville d'Alsace, Haguenau, dont le centre historique se visite aisément à pied, peut faire l'objet d'une étape de quelques heures. Grâce à un plan de rénovation récent (aménagements piétonniers, constructions et restaurations) d'un patrimoine historique riche, le centre-ville est toujours animé. Et pour profiter d'un peu de nature, il suffit de s'échapper vers sa forêt, l'une des plus grandes de France. Dommage qu'il n'y ait pas d'hôtel de qualité dans le centre-ville d'Haguenau.

Hans Trapp

À Wissembourg, que vos enfants se tiennent à carreau ! Le père Fouettard, nommé Hans Trapp en Alsace, aurait vécu dans les environs de la ville. Corps poilu et visage inquiétant, armé d'un martinet et équipé d'un sac de toile, Hans Trapp est l'alter ego de saint Nicolas. Alors que ce dernier, avec un visage avenant, distribue des jouets aux enfants sages, Hans Trapp, sévère et brutal, corrige les mouflets insolents et les fait disparaître dans son sac. En Alsace, la légende de ce personnage violent remonterait au maréchal Jean de Dratt (Hans von Trotha, 1450-1503), comte Palatin, qui terrorisa les habitants de Wissembourg.

◉ À voir et à faire

Partez de l'office du tourisme, logé dans l'**ancienne Chancellerie médiévale** restaurée au XXe siècle. Ce bâtiment héberge le **Musée alsacien** (☑ 03 88 73 30 41 ; 1 pl. Joseph-Thierry ; tarif plein/14-18 ans 3/1,50 € ; ☺ tlj 9h-12h et 14h-17h sauf mar matin, sam matin et dim matin, fermé jours fériés) qui présente l'art de vivre alsacien à partir d'objets utilitaires et décoratifs. Un atelier de potier est reconstitué à côté d'un intérieur avec sa cuisine et sa *stub* (la seule pièce chauffée en hiver dans une maison). Une salle est consacrée aux costumes de fêtes et aux habits de tous les jours.

En remontant vers la rue de la Moder, on aperçoit les vestiges d'un **ancien moulin** et, sur la gauche, le fier bâtiment des **anciennes douanes**. En le contournant sur la gauche on découvre les bâtiments de l'**hôpital Bourgeois**, plusieurs fois détruits et reconstruits, puis la **fontaine aux Dauphins**. Empruntez ensuite la rue Saint-Georges qui vous permettra d'admirer une succession de monuments : les **hôtels Barth et Hoffmann**, l'**église Saint-Georges** et la **fontaine aux Abeilles**, puis le **presbytère**

VAUT LE DÉTOUR
Les vignobles de Cleebourg

Section la plus au nord de la route des Vins d'Alsace, les vignobles de Cleebourg produisent d'excellentes bouteilles. La **cave vinicole de Cleebourg** (☎ 03 88 94 50 33 ; www.cave-cleebourg.com ; rte du Vin ; ⏲ lun-sam 8h-12h et 14h-18h, dim et jours fériés à partir de 10h, fermé à Pâques, Noël et Nouvel An ; visite de la cave sur rdv et pour les groupes sauf pendant les vendanges) regroupe 200 viticulteurs, et vous serez assuré de trouver l'ensemble de la production, du pinot noir au pinot gris en passant par le sylvaner et le gewurztraminer. Plusieurs itinéraires pédestres au départ de la cave de Cleebourg parcourent le vignoble (4 km) ou la campagne arboricole (10 km). Pour plus d'infos, consultez la carte IGN 3814.

Si vous souhaitez dormir chez un viticulteur, 2 chambres (capacité 4 adultes et 2 enfants) vous attendent dans la **Maison Jülg** (☎ 03 88 94 79 98 ; www.vins-julg.fr ; 116 rue des Églises ; s/d/tr 35/55/75 € ; ⏲ fermé Noël-Nouvel An) 🌿 chez un couple de viticulteurs bio installé dans une maison à colombages, dans le bourg de Seebach. **Visite de cave, vente et dégustation** (⏲ jeu-ven 14h-17h, sam 9h-12h et 13h-18h).

Saint-Georges. En poursuivant par la rue du Maréchal-Foch on rejoint rapidement le **théâtre italien** en grès rouge et la place du Maire-Guntz bordée de façades élégantes. Plus loin s'élève une petite **église protestante** dominée par l'imposant **Musée historique** (☎ 03 88 90 29 39 ; musees-archives@haguenau.fr ; 9 rue du Maréchal-Foch ; tarif plein/14-18 ans 4/2 € ; ⏲ tlj 10h-12h et 14h-18h, sauf mar, sam matin et dim matin). Ce bâtiment de style néo-Renaissance de 1905, orné d'un campanile, doit sa construction à un ancien maire de la commune, Xavier Nessel, collectionneur d'antiquités et féru d'archéologie. Plusieurs salles du musée sont consacrées à l'histoire de Haguenau depuis sa fondation, au XIIᵉ siècle. Une collection de faïences rappelle que les meilleurs artisans faïenciers européens du XVIIIᵉ siècle travaillèrent dans la ville. Après avoir contourné le musée sur la gauche, poursuivez par la rue du Sel et le quai des Pêcheurs. Vous apercevrez la **tour des Pêcheurs**, vestige de l'ancienne enceinte de la ville. De retour vers l'office du tourisme, empruntez la rue du Marché-aux-Poissons et la Grand'Rue où se niche la **maison Zuckmantel** qui date de 1565.

Musée du Bagage   *L'appel du voyage*

(☎ 03 88 93 28 23 ; www.museedubagage.com ; 5 rue Saint-Georges ; tarif plein/14-18 ans 4/2 € ; ⏲ mer-dim 10h-12h30 et 14h-17h30 juil à mi-sept, reste de l'année fermé le matin). Cette collection unique en Europe a été constituée par un couple d'artisans restaurateurs de malles de voyage. Dit comme cela, cela ne donne pas forcément envie. Détrompez-vous : ce musée, logé au rez-de-chaussée de l'ancienne Banque de France, va bien au-delà de l'objet et explore un cycle du voyage, celui de l'explorateur-voyageur de la fin du XIXᵉ-début du XXᵉ siècle. À cette époque, seuls quelques fortunés avaient les moyens d'explorer le monde. Mais pas n'importe comment. Loin de se priver de leur confort de tous les jours, ils faisaient réaliser, auprès d'artisans, des meubles qui devaient tenir dans des malles. Malle-bureau, secrétaire à chaussures, malle-lit ou malle-courrier... Grâce à une mise en scène astucieuse, ce musée est une jolie invitation à voyager dans le temps.

Ancienne Chancellerie médiévale (p. 69)

Forêt d'Haguenau — Activités

Sixième forêt française par sa superficie (20 000 ha), le massif scinde la plaine d'Alsace à 2 km environ au nord d'Haguenau. La forêt s'est développée sur un sol sableux et peu accidenté qui est planté majoritairement de pins sylvestres et de chênes pédonculés. Quasiment au centre de la forêt, le **Gros Chêne** est un impressionnant tronc de 2,40 m de diamètre et de 25 m de hauteur, foudroyé le 13 novembre 1913. L'intérieur du tronc a été rempli de ciment pour le maintenir debout et chapeauté par un toit métallique. Le Gros Chêne est le point de départ de nombreux itinéraires balisés de **promenades** pédestres, **circuits à vélo** et parcours de santé. Pour les mycologues amateurs ou avertis, sachez qu'on dénombre près de 1 000 espèces de champignons dans la forêt. Plus d'itinéraires sur la carte de randonnée IGN 3814.

Où se loger

Europe Hôtel — Qualité €€

(☎ 03 88 93 58 11 ; www.europehotel.fr ; 15 av. du Professeur-Leriche ; d selon jour de la semaine 37,50-100 € ; plats 15-24 €, formule midi 15 € ; ⏱ resto fermé dim soir ; ☼ 🛜 P). Situé à environ 1 km du centre-ville d'Haguenau, cet hôtel de 70 chambres attire aussi bien randonneurs que fonctionnaires du Parlement européen qui apprécient le confort et le service. Il est recommandé de réserver, en particulier pendant les sessions parlementaires (trois jours et demi par mois). Chambres claires et pour la plupart rénovées, et piscine extérieure. L'adresse dispose d'un restaurant (Chez Ernest) ouvert sur le jardin et la réception.

Campanile d'Haguenau — Correct €€

(☎ 03 88 73 94 76 ; www.campanile-haguenau.fr ; 129 rte de Strasbourg ; d 45-90 € ; ⏱ tte l'année). À 2 km du centre-ville, cet hôtel de chaîne sans charme, en bord de nationale, propose une soixantaine de chambres. Certaines donnent sur un peu de verdure et sont plus calmes. Belle piscine municipale de plein air de l'autre côté de la route.

Hôtel Champ'Alsace — Central €€

(☎ 03 88 93 33 38 ; www.champ-alsace.com ; 1 rue Saint-Georges ; d 81-122 € ; ⏱ tte l'année).

Des tapis au volant, les succès de Loeb

Sébastien Loeb, nonuple champion du monde des rallyes, est né à Haguenau en 1974. Rien ne prédisposait le jeune Haguenovien à prendre le volant. En effet, c'est d'abord sur les tapis de gymnastique que Loeb se fait remarquer, en étant quatre fois champion d'Alsace et une fois champion du Grand-Est. En 1997, il s'initie à la course automobile. À peine 5 ans plus tard, il commence à rafler tous les trophées internationaux, du Tour de Corse à l'Argentine, en passant par la Catalogne ou l'Allemagne.

Si vous arrivez à Haguenau par le dernier train, ou en période d'affluence, vous avez des chances de vous retrouver à cette adresse qui n'a d'atout que sa position face à la gare SNCF. C'est même le seul hôtel du centre (les autres nécessitent un véhicule). Pour le reste, le service n'est pas vraiment à la hauteur des tarifs. Accueil rude, parties communes en travaux et propreté douteuse...

Où se restaurer

L'Essentiel Bistrot chic €€
(☎ 03 88 73 39 45 ; rlessentiel@wanadoo.fr ; 2 pl. du Marché-aux-Bestiaux ; plats 19-22 €, menus 34/38 €, formule midi 15 € ; ☺ tlj sauf sam matin et dim). Un petit restaurant à l'allure de bistrot chic qui ravira les amateurs de bonne viande. Les tartares et carpaccios sont des spécialités de la maison mais on trouvera aussi des poissons cuisinés avec délicatesse. Même punition pour les desserts qui vous donneront envie de revenir dans ce petit nid douillet. Service décontracté et attentif. Formule du midi d'un excellent rapport qualité/prix. À l'ombre de l'élégante tour des Chevaliers.

La Cigogne gourmande Winstub €€
(☎ 03 88 93 30 90 ; 13 rue Meyer ; plats 16-20 €, menu midi 12,50 € ; ☺ tlj dim-lun). Un petit restaurant très central, situé juste derrière

le théâtre à l'italienne et mitoyen du centre culturel. Les assiettes sont plutôt rustiques et on mange dans une salle qui se remplit vite. Les viandes sont accompagnées de galettes de pommes de terre et de crème de munster. Belles assiettes froides composées de salades et de charcuterie. En été, on s'installe sur le parvis du théâtre.

Hôtel-restaurant Les Pins Surprise €
(03 88 93 68 40 ; www. hotelrestaurantlespinshaguenau.com ; 112 rte de Strasbourg ; formule déj 15 €, goûter 4,50 €, menus 21-57 € ; ☺ tte l'année ; 🛜 P). Cet hôtel-restaurant à l'architecture de motel est situé à environ 2 km du centre-ville. Ses chambres, à éviter, sont exiguës et mériteraient une rénovation, mais son restaurant est l'occasion de se faire plaisir. On s'attable dans une belle salle à la décoration chaleureuse, ou sur la terrasse à l'ombre des arbres. La carte propose des plats traditionnels alsaciens mais également des plats plus originaux comme ces papillotes de filets de rouget en feuille de brick, figues et citron confit. Un régal ! Très belle carte des vins, d'Alsace et d'ailleurs : on peut aussi en acheter. Accueil chaleureux de l'équipe.

Renseignements

Office du tourisme (☎ 03 88 06 59 99 ; www. tourisme-haguenau.eu ; 1 pl. Joseph-Thierry). Visite guidée de la ville (1 heure 30), mer à 10h de mi-mai à mi-septembre.

Hunspach

Avec ses belles fermes à colombages, pour la plupart en parfait état, le village de Hunspach affiche le décor type de l'Alsace rurale. Le cadre verdoyant où s'épanouissent les nombreux vergers renforce ce sentiment de sérénité et de bien-être.

◉ À voir

Le **verger** qui jouxte l'église de Hunspach est un bon exemple de ces champs d'arbres fruitiers appelés "haute tige",

Hunspach

communs aux paysages des Vosges du Nord et qui faisaient office de ceinture verte autour des villages. Refuge pour de nombreuses espèces animales, les branches du haute tige ne sont pas rabattues et coupées. La tradition voulait que l'on plante un arbre à la naissance d'un enfant. Fragilisés par la monoculture, l'urbanisation et la baisse de l'activité agricole, les vergers d'Alsace sont en sursis. Des communes associées au parc régional ont lancé des actions de sensibilisation auprès des propriétaires de vergers pour qu'ils les entretiennent.

Où se loger et se restaurer

Maison Ungerer   Chambres d'hôtes €
(03 88 80 59 39 ; www.maison-ungerer.com ; 3 rte de Hoffen ; d/qua 65-100 € avec petit-déj ; tte l'année ;). Belle prestation située dans la remise d'une ancienne ferme typique. Les trois chambres sont vastes et bien conçues. Également des gîtes avec salon et coin cuisine, proposés hors saison à la nuitée. À l'arrière du

bâtiment, un jardin et quelques transats permettent de faire la sieste ou de bouquiner. Ce projet est soutenu depuis 20 ans par la communauté de communes de Wissembourg et la gestion a été confiée au personnel de l'office du tourisme qui occupe un petit bâtiment (vente de souvenirs, produits locaux et location de vélos électriques). Le petit-déjeuner se savoure dans une jolie salle habillée de meubles rustiques.

Chambres d'hôtes
Sabine Billmann   Dans le bourg €
(03 88 54 76 93 ; www.gite-billmann.fr ; 7 rue de l'Ange ; s/d/tr/qua 38/45/65/72 €, enfant 4-10 ans/-4 ans -50%/gratuit ; tte l'année). Quatre chambres logées au cœur du village dans une charmante maison-ferme à colombages. Une adresse idéale pour les familles.

Au Cerf   Restaurant €€
(03 88 80 41 59 ; www.aucerf.fr ; 5 rue de la Gare ; menus 22 €, plats 13-28 € ; fermé mar soir et mer). Dans ce seul restaurant du bourg, la salle manque un peu de gaîté

VAUT LE DÉTOUR
Les villages potiers

Soufflenheim (☎ 03 88 86 74 90 ; infos@ ot-soufflenheim.fr ; 20b Grand'Rue) et **Betschdorf** (☎ 03 88 54 44 92 ; info@ tourisme-hattgau.com ; 1 rue des Francs), deux villages en lisière de la forêt de Haguenau, produisent des poteries mondialement connues. Bien que distants de quelques kilomètres à peine, les artisans des deux localités élaborent des poteries différentes, du fait des propriétés de l'argile utilisé. À Soufflenheim, grâce à l'argile ferrugineuse, on produit de la poterie vernissée ou poterie de terre, employée pour la cuisson d'aliments (en particulier pour la choucroute). À Betschdorf, les artisans élaborent une poterie dite dure, appelée aussi poterie de grès au sel, reconnaissable à sa couleur grise rehaussée de motifs bleu de cobalt.

Commencez votre visite par le village de Betschdorf, plus authentique. L'agréable petit **musée de la Poterie** (☎ 03 88 54 48 07 ; musee.betschdorf@ orange.fr ; 2 rue de Kuhlendorf ; tarif plein/enfant-étudiant/-10 ans 3,50/1 €/ gratuit ; ☉ mi-avr à oct mar-sam 10h-12h et 13h-18h, dim 14h-18h), logé dans une charmante ferme à colombages du XVIIIe siècle, présente une riche collection de poteries au grès de sel. Le musée dispose d'un atelier de potier reconstitué et d'une salle consacrée à l'histoire d'une famille d'artisans issue de Betschdorf. En parcourant le village, vous apercevrez quelques boutiques. En revanche, la plupart des ateliers se trouvent en dehors du village et se visitent sur rendez-vous seulement.

Soufflenheim, pour sa part, compte une bonne quinzaine d'artisans potiers. La plupart sont situés le long de la Grand'Rue et rue de Haguenau. Une petite plaquette disponible à l'office du tourisme indique les artisans qui ouvrent leur atelier au public.

et de fraîcheur mais la cuisine, sans faire des éclats, est honnête. Un conseil : optez pour le déjeuner, quand le soleil réchauffe un peu l'ambiance. En été, quelques tables sont installées dans le jardin.

SAVERNE ET LE PAYS DE HANAU
Saverne

Porte d'entrée sud du parc naturel régional des Vosges du Nord, entre Alsace et Lorraine, Saverne possède un riche patrimoine issu de son ancien statut de capitale de l'évêché de Strasbourg. Scindée en deux par le canal de la Marne au Rhin, Saverne possède un charme qui se laisse découvrir. D'autant plus que ses alentours verdoyants autorisent de belles échappées.

À voir

Château des Rohan   Néoclassique
Construit à la fin du XVIIIe siècle sur les ruines d'un édifice médiéval, le château des Rohan ne fut jamais terminé, à cause de l'implication de son propriétaire dans l'affaire du collier de la reine (voir l'encadré p. 80) puis de la Révolution. Abandonné pendant la première moitié du XIXe siècle, il fut transformé sous le Second Empire en logement pour veuves de guerre. Après le conflit de 1870, le bâtiment accueillit une garnison militaire. Pour profiter de la plus belle façade de ce château, abordez-le par le nord puis remontez le canal. Aujourd'hui, il abrite une auberge de jeunesse, une école et un **musée** (☎ 03 88 91 06 28 ; pl. du Général-de-Gaulle ; tarif plein/-16 ans 2,70 €/gratuit ; ☉ mi-juin à mi-sept tlj sauf mar 10h-12h et 14h-18h, mi-sept à mi-juin tlj sauf mar 14h-18h) qui présente, sur plusieurs étages, l'histoire de la ville et des témoignages sur son passé artistique. Dans le même bâtiment, la donation Louise Weiss (dont la famille paternelle était originaire de La Petite-Pierre) illustre le parcours de la journaliste qui fut également féministe, résistante et militante européenne.

CHRISTOPHE CORBEL ©

Musée de la Poterie de Betschdorf

À travers ses engagements, c'est la construction européenne qui est expliquée.

Roseraie — Autour de la rose

(03 88 71 83 33 ; www.roseraie-saverne.fr ; rte de Paris ; tarif plein/- 16 ans 2,50 €/gratuit ; tlj 10h-19h juin-août, 14h-18h sept). Saverne et les roses, c'est une longue histoire d'amour. Créée en 1898 par un petit groupe de passionnés, cette roseraie est la deuxième de France par sa taille. Elle compte 8 500 plants et plus de 550 variétés. Quelques produits à la rose sont proposés à la vente (savon, vin, sirop, thé...). Chaque année, le concours des Roses nouvelles se tient à la fin du mois de juin. Pour acheter des pieds de rosiers, rendez-vous à la **Roseraie Barth** (03 88 71 40 51 ; www.roseraiebarth.com ; 67 rue des Prés, Lochwiller), à 10 km au sud de Saverne (D421, D41 puis D683).

Maison Katz — Façade

(80 Grand'Rue). Difficile de manquer la maison Katz (en face de l'office du tourisme et à côté de l'hôtel de ville), qui arbore une magnifique façade dans le plus pur style alsacien (poutres richement sculptées de personnages, fruits et autres motifs). La maison a été construite en 1605 par Henri Katz, receveur général de l'évêché. Elle héberge un restaurant (voir p. 77).

Église Notre-Dame-de-la-Nativité — Art roman

(niveau 53 Grand'Rue). On pénètre dans l'église par une grande et belle tour-porche romane du XIIe siècle en grès rouge. À l'intérieur, on découvre des éléments décoratifs des XVe et XVIe siècles, dont plusieurs peintures murales découvertes lors d'une précédente restauration.

Cloître des Récollets — Religieux

(rue Poincaré ; gratuit ; tte l'année). Ce cloître du XIVe siècle est construit en grès rose. Les galeries étaient pavées de sépultures dont quelques-unes sont encore visibles. Sous les arcs, on peut voir des peintures murales inspirées de l'esprit de la Contre-Réforme. Certaines du XVIIe siècle en recouvrent d'autres plus anciennes, sans doute du XVe siècle. Au milieu du cloître, des petits jardinets s'étendent autour de la fontaine.

VAUT LE DÉTOUR
Les villages fleuris

Hohwiller, **Drusenheim**, **Seebach**, **Steinseltz**, **Lauterbourg** mais aussi **Hoffen** et **Betschdorf** sont autant de villages pittoresques au nord-est du Bas-Rhin avec leurs imposantes fermes à colombages, identiques et à l'alignement parfait. Comme ailleurs en Alsace, les propriétaires se font un devoir de fleurir balcons et fenêtres. Le géranium, grâce à sa résistance à la chaleur et sa faible consommation en eau, se taille la part du lion. Autre avantage lorsque l'hiver vient, il est rangé dans les caves au sec pour ressortir après les saints de glace.

Dans le hameau de **Kuhlendorf**, sur la commune de Betschdorf (à 6 km au nord sur la D28 en passant par Rittershoffen), se dresse une remarquable **église** à l'architecture à pans de bois qui date du début du XVIIIe siècle. Servant d'oratoire et d'école, c'est le seul exemple en Alsace d'un édifice religieux à l'architecture rurale. Hormis son clocher, rien ne la distingue d'une maison d'habitation.

À **Kutzenhausen**, la **Maison rurale de l'Outre-Forêt** (☎03 88 80 50 00 ; www.maison-rurale.fr ; 1 pl. de l'Église, Kutzenhausen ; tarif plein/enfant-étudiant/pass famille 6/4/14 € ; ☉avr-sept mar-ven 10h-12h et 14h-18h, dim et jours fériés 14h-18h, juil-août également sam 14h-18h, oct-mars mer et dim 14h-18h) est logée dans un ancien corps de ferme datant du XVIIIe siècle. Ce musée met en scène la vie paysanne au début du XXe siècle. La maison et ses pièces meublées et décorées se visitent (dont la *gross stub* et la *klein stub*) mais également les dépendances agricoles et les bâtiments d'élevage. Enfin, une salle d'école des années 1930 est reconstituée et devrait faire le bonheur des enfants. Pendant l'été, expositions thématiques liées à la vie rurale et aux savoir-faire locaux.

Activités

Creusé il y a 150 ans, le canal de la Marne au Rhin partage Saverne en deux et relie Vitry-le-François à Strasbourg (distant d'une quarantaine de kilomètres). Une **piste cyclable** a été aménagée le long de l'ancien chemin de halage. Si vous l'empruntez, vous croiserez peut-être quelques Britanniques et des Italiens : en effet, cette portion fait partie de l'Eurovélo 5 (EV 5) qui relie Londres à Brindisi sur 3 900 km ! Pour louer vos vélos, adressez-vous à **Cycles Ohl** (☎03 88 91 17 13 ; 10 pl. Saint-Nicolas ; ☉fermé dim-lun) ou à l'office du tourisme de Pâques à la Toussaint (vélos électriques). Informations et itinéraires sur www.alsaceavelo.fr.

Pour des **balades à pied**, procurez vous la carte de randonnée IGN 3715 OT.

🛏 Où se loger

Chez Jean Hôtel-restaurant €€
(☎03 88 91 10 19 ; www.chez-jean.com ; 3 rue de la Gare ; s/d/tr 69-93/86-133/145 €, petit-déj 10 € ; ☉fermé semaine de Noël ; 🛜 P). Un bel et grand établissement situé à deux pas de la gare SNCF. Les chambres sont claires et spacieuses et certaines bénéficient d'un balcon donnant sur la rue et de grandes salles de bain. Restaurant de qualité dans une salle confortable à la décoration traditionnelle, et accueil chaleureux.

Chambres d'hôtes Le Bois Doré Écolo €
(☎03 88 03 18 91 ; www.boisdore.com ; 3a rue des Hiboux, Haegen ; s/d 62/72 €, à partir de 2 nuits 49/59 € ; ☉tte l'année ; 🛜). ✿ Envie d'une ambiance familiale ? Séjournez dans la maison écologique de Barbara et Franck. Ce jeune couple propose deux chambres chaudement habillées de lambris. Le petit-déjeuner entièrement fait maison (pain, confitures et yaourts) se prend dans une salle de séjour aux larges baies vitrées ouvertes sur la vallée. Une étape nature en lisière de forêt, à 4 km de Saverne (par la D171 et la D102, à la sortie sud du bourg de Haegen).

La Ferme de Sophie Chambres d'hôtes €
(☎03 88 70 87 22/06 08 76 15 75 ; www.
lafermedesophie.fr ; 13 rue de l'Église, Kleingoeft ;
s/d/tr 65/70/100 € ; ⏰tte l'année ; 📶 🅿️).
Trois belles chambres dans une magnifique
ferme du milieu du XIXᵉ siècle située dans
le petit bourg de Kleingoeft, à environ
10 km au sud de Saverne. Les chambres
sont toutes de grande dimension (35 m²)
et on profite de l'accueil chaleureux du
couple de propriétaires. Déco alsacienne
attachante et excellent petit-déjeuner.

Où se restaurer

Le Caveau de l'Escale Restaurant €
(☎03 88 91 12 23 ; www.escale-saverne.fr ; 10 quai
du Canal ; menus 20,50/21 (végétarien)/26/32,50 €,
plats 15-24 € ; ⏰fermé mar soir, mer et sam midi).
Notre adresse coup de cœur à Saverne.
On s'installe dans l'une des belles salles
voûtées qui, à l'origine, devaient être les
caves du château avant le percement du
canal. Les assiettes sont toujours de qualité,
composées avec des produits frais. La carte
évolue selon les saisons. Déco traditionnelle
et service complice et efficace.

**Restaurant
Staeffele** Gastronomique €€€
(☎03 88 91 63 94 ; 1 rue Poincaré ; menus
41,50-58 €, plats 27-39 € ; ⏰fermé lun-
mar et dim soir). De la gastronomie et
de la discrétion. Voilà résumé ce petit
restaurant dissimulé derrière sa façade
anonyme. Barbue coulis de petits pois
et mélisse ou mignon de veau condiment
au gewurztraminer, toutes les assiettes
sont subtiles et étonnantes. La formule
du midi (23 €) sera votre rayon de soleil
de la journée.

Taverne Katz Alsacien €€
(☎03 88 71 16 56 ; www.tavernekatz.com ;
80 Grand'Rue ; plats 17-27 €, menus 45-56 €,
formule midi 13,50 € ; ⏰fermé mar). Cette
adresse logée dans l'une des plus belles
demeures de Saverne ne manque pas de
cachet. L'intérieur est une plongée dans le
décorum alsacien pur jus mais l'ensemble
se révèle agréable et confortable. Une
annexe, ajoutée sur la rue piétonne, prend
des airs plus intimistes le soir. En cuisine,
des plats traditionnels ou de saison bien
présentés et servis avec le sourire.

Canal de la Marne au Rhin et château des Rohan (p. 74)

CHRISTOPHE CORBEIL ©

À NE PAS MANQUER ⭐

Le château du Haut-Barr

Posées sur trois pitons rocheux, à 470 m d'altitude, les ruines du château du Haut-Barr occupent une position stratégique entre la vallée de la Zorn et la plaine d'Alsace. L'Œil de l'Alsace, comme on le surnomme, fut édifié en 1583 par l'évêque Jean de Manderscheid. Aujourd'hui, il ne subsiste que des ruines et quelques escaliers. Une impressionnante passerelle (le pont du diable) relie deux rochers à 30 m au-dessus du sol. S'il n'y a rien à visiter, en revanche, le panorama est magnifique. La plaine d'Alsace est bien visible ainsi que les Vosges du Nord et la Forêt-Noire. Par temps clair on peut même distinguer la flèche de la cathédrale de Strasbourg.

Un peu avant l'entrée du château se dresse la **tour du télégraphe Chappe** (📞 03 88 52 98 99 ; www.shpta.com ; adulte/famille 5/2 € ; 🕐 mar-dim 13h-18h mi-mai à mi-sept). Un petit musée explique le fonctionnement de ce télégraphe aérien en activité de 1798 à 1852, avant l'arrivée de matériel électrique. Deux bras en bois permettaient à un opérateur d'envoyer des messages codés grâce à 98 figures géométriques. Cette tour se trouvait sur la ligne Strasbourg-Paris. À l'époque, le télégraphe Chappe permettait de transmettre des informations d'un point à l'autre de la ligne en quelques heures. Le système avait pourtant des inconvénients. Il ne fonctionnait pas la nuit, ni par mauvais temps, et demandait beaucoup de personnel. Il fut rapidement supplanté par le télégraphe électrique.

Infos pratiques

Le château est situé à 5 km du centre de Saverne par la rue du Haut-Barr ; suivre les indications. Entrée libre. Le restaurant **Au château du Haut-Barr** (📞 03 88 91 17 61 ; www.notrealsace.com/chateau-du-haut-barr ; menus 21/30,50/31,50/45 €, plats 17-25€, plat du jour 9,10 € ; 🕐 fermé mar soir, mer et sam midi) est logé dans une maison du XIXe siècle construite sur les ruines du château. Sa cuisine est appréciée des habitants. Terrasse extérieure agréable quand il n'y a pas trop d'affluence.

Renseignements

Office du tourisme (03 88 91 80 47 ;
www.tourisme-saverne.fr ; 37 Grand'Rue)

Neuwiller-lès-Saverne

Construit autour d'une abbaye bénédictine
du VIIIᵉ siècle, le bourg vaut le déplacement
pour la visite de son patrimoine religieux.
L'**ancienne église abbatiale Saints-
Pierre-et-Paul** (tlj 9h-19h, visite guidée
à 14h30 et 18h30 de mi-juil à fin août, sur
rdv reste de l'année 03 88 70 00 18) est
l'exemple parfait d'une compilation de
trois styles : roman, gothique et baroque.
Dans l'une des chapelles sont exposées
de remarquables tapisseries de la fin du
XVᵉ siècle qui racontent la vie de saint
Adelphe, évêque de Metz au Vᵉ siècle.
Tissés en fils de chanvre, de lin et de soie,
les quatre panneaux évoquent la vie de
165 personnes. De l'autre côté de la
rue principale, l'**église Saint-Adelphe**
(tlj 8h-20h avr-oct), de style roman, fut
construite pour accueillir les pèlerins
venus adorer les reliques du saint. C'est
aujourd'hui une église dédiée au culte
protestant. Autour de ces deux églises se
tiennent d'autres bâtiments remarquables,
en particulier des maisons des XVIᵉ et
XVIIIᵉ siècles.

Où se loger et se restaurer

Hôtel-restaurant du Herrenstein
Belle étape €€

(03 88 70 00 53 ; www.herrenstein.fr ;
20 rue du Général-Koenig ; s/d 53-65/63-72 €,
petit-déj 8,50 € ; plats 18-20 €, menu midi
14,60 € ; fermé 1ᵉʳ-15 jan et fin août-début
sept, resto fermé mer ;). Cette ancienne
maison canoniale de 1762 (acquise par un
général d'Empire de Napoléon) héberge
un hôtel-restaurant de qualité. On accède
aux chambres vastes et agréables par
un escalier en bois massif. Quelques
chambres supplémentaires sont dans
un bâtiment annexe sans charme. Le
jeune couple qui dirige cette adresse

 SI VOUS AIMEZ...
Les jardins

Plusieurs jardins autour de Saverne
permettent de prolonger la visite de
la roseraie.

❶ **Jardin public interreligieux** (angle
rte de Paris et rue des Églises ; entrée libre ;
8h-20h avr-oct). GRATUIT Dans le centre
de Saverne, ce jardin témoigne de
la volonté des religions monothéistes
de vivre en bonne intelligence.

❷ **Jardin botanique du col de
Saverne** (03 88 91 80 47 ; jardin-
botanique-saverne.org ; à 2 km de Saverne
par la D1004/N4 ; tarif plein/étudiant/-12 ans
2,50/1 €/gratuit ; tlj 10h-18h mai-août,
avr et sept sam-dim 14h-18h). Un jardin
de 2,5 ha qui comprend un arboretum,
un pré à orchidées, une tourbière
et une zone humide. Accessible à
pied du centre de Saverne (pont du
canal de Saverne, suivre cercle bleu,
45 minutes).

❸ **Jardin alpestre de la grotte
Saint-Vit** (entrée libre ; tte l'année).
GRATUIT Un jardin en terrasses situé sur
un promontoire rocheux. À 1 km au sud
de Saverne.

❹ **Sentier sylvicole** Suivez ce parcours
de 3,5 km pour découvrir 34 espèces
d'arbres et d'arbustes. Départ du
parking de l'hôtel-restaurant Clos de la
Garenne (au niveau du carrefour entre
la rue du Général-Leclerc/D171 et la rue
du Haut-Barr).

met le visiteur à l'aise, lui en cuisine
(pour des assiettes savoureuses) et
elle à la réception et en salle (rénovée
récemment).

Bouxwiller et ses environs

Petite localité à 15 km au nord-est de
Saverne, Bouxwiller est, depuis l'ouverture
de son musée, une étape à ne pas manquer
pour découvrir culture et histoire locales,
tout en étant à proximité du parc régional.

Le cardinal et le collier de la reine

On connaît l'affaire du collier de la reine, popularisée par le roman d'Alexandre Dumas. Cette sombre escroquerie permit à l'entourage de la reine Marie-Antoinette de soutirer un bijou d'une valeur inestimable. La victime collatérale de ce vol n'est autre que le cardinal Louis de Rohan (1734-1803), archevêque de Strasbourg, grand aumônier de France et propriétaire du château de Saverne. À l'issue de cette affaire, il fut arrêté à Versailles par les gardes royaux dans la galerie des Glaces, devant la cour frappée de stupeur. Louis XVI confia le jugement de cette affaire au parlement de Paris qui, contre tout attente, acquitta le cardinal. Sous la pression de la reine, il fut tout de même envoyé en exil pendant quelques années avant de regagner son diocèse de Strasbourg en 1788, quelques mois avant la Révolution.

À voir

Un itinéraire balisé d'une vingtaine d'étapes parcourt les ruelles de la ville et offre un éclairage historique sur les bâtiments significatifs de la ville.

Musée du Pays de Hanau · Régionalisme

(📞 03 88 70 99 15 ; www.museedupaysdehanau.eu ; 3 pl. du Château ; tarif plein/réduit/pass famille 4,50/2,50/14 € ; ⏱ mer-dim 14h-18h, également mer-ven 10h-12h30 juil à mi-sept, fermé jan). Ne manquez pas ce beau musée ouvert en 2013 et logé dans une ancienne grange à blé et orangerie. Il propose aux visiteurs, grâce à une scénographie élégante, de découvrir sur 3 étages le patrimoine, la culture et l'écologie du pays de Hanau, qui représente grosso modo une subdivision du parc naturel des Vosges du Nord. Outre l'intérêt du musée, la rénovation de ce bâtiment est une réussite. À ne pas manquer.

Musée judéo-alsacien · Ancienne synagogue

(📞 03 88 70 97 17 ; judaisme.sdv.fr/today/musee/; 62a Grand'Rue ; tarif plein/8-12 ans 6/3 € ; ⏱ tlj sauf lun et sam 10h-12h et 13h-18h mars à mi-nov, sur rdv le reste de l'année, fermé pendant les fêtes juives). Pour comprendre la culture et l'histoire de la communauté juive alsacienne hors des grandes villes et vingt siècles de cohabitation entre les juifs et les catholiques. Pendant l'été, des expositions thématiques sont organisées. Pour en savoir plus sur cette histoire, un itinéraire (48 km) permet de découvrir le patrimoine juif local à Ingwiller, Weiterswiller, Ettendorf… Renseignements à l'office du tourisme.

Activités

Un sentier géologique (6 km, 14 stations) s'évade du bourg et raconte l'histoire géologique de ce pays. Des sortes de petits *chorten* (constructions de pierres) sont érigés le long de cet agréable parcours. D'autre part, à l'office du tourisme, un livret composé de 16 circuits élaborés par les clubs vosgiens est en vente. Autrement, procurez-vous la carte de randonnées IGN 3713 ET.

Où se loger et se restaurer

La Cour du Tonnelier · Hôtel-restaurant €€

(📞 03 88 70 72 57 ; www.courdutonnelier.fr ; 84a Grand'Rue ; s/d 63-78/76-92 ; plats 12-16 € ; ⏱ resto fermé sam-dim ; 📶 🅿). À l'entrée nord du village, cet hôtel familial est le seul hébergement de Bouxwiller. Chambres claires et agréables avec néanmoins des salles de bains un peu exiguës. On préférera les chambres donnant sur l'arrière. Agréable restaurant attenant dans une salle refaite et qui attire les locaux friands de la formule avantageuse servie le midi (9,50 €).

S'Bastberger Haxe Stuewel · Auberge €€

(📞 03 88 70 73 85 ; 25 rue Principale, Imbsheim ; menus 18,80/20,80/32,80 €, plats 8,50-21,50 € ; ⏱ tlj sauf lun et mar soir). Vous n'avez pas encore goûté aux spécialités régionales alsaciennes ? Rejoignez sans tarder cette adresse dans le hameau endormi d'Imbsheim (4 km au sud-ouest de Bouxwiller par la D6). Spécialités paysannes et tartes flambées salées ou sucrées cuites au feu de bois (4,50-9,90 €) vous attendent dans la belle salle à la déco très alsacienne ou sur la petite terrasse d'été à l'ombre. Si vous ne conduisez pas, concluez avec une eau-de-vie ! Accueil souriant de l'équipe et de la famille Reixel.

Au Fil du Temps — Maison et table d'hôtes €€

(📞 03 88 70 23 48 ; www.aufildutemps67. com ; 45 rue de l'École, Imbsheim ; s/d/tr/qua 65-70/80-90/95-115/115-140 €, table d'hôtes adulte/enfant 28/16 € ; 🕐 tte l'année ; 📶). Dans une grande et magnifique ferme à colombages en U, la sympathique famille Regnauld propose trois chambres, vastes et chaleureuses, avec entrée indépendante. Elles peuvent être utilisées en suite et donnent sur un agréable salon. Excellente cuisine du terroir servie pour la table d'hôtes, et petit-déjeuner copieux.

🛈 Renseignements

Office du tourisme du Pays de Hanau et du Val de Moder (📞 03 88 89 23 45 ; www.tourisme-hanau-moder.fr ; 89 rue du Général-Goureau, Ingwiller)

Point d'information touristique au musée du Pays de Hanau (📞 03 88 70 99 15 ; 3 pl. du Château)

Marmoutier

Sur la route de l'Alsace romane, l'église abbatiale de Marmoutier, joyau d'architecture, est un passage incontournable. En été, vous profiterez des concerts du dimanche à 17h pour admirer le bâtiment dans une ambiance musicale.

◉ À voir

Abbaye de Marmoutier — Patrimoine religieux

Fondée au VIe siècle par un disciple de saint Colomban (moine irlandais évangélisateur d'une grande partie de l'Europe occidentale), l'abbaye de Marmoutier a alterné périodes de prospérité et de déclin, jusqu'à sa

Église abbatiale Saints-Pierre-et-Paul, Neuwiller-lès-Saverne (p. 79)

confiscation à la Révolution. La façade occidentale de l'abbatiale, en grès rose et jaune, se présente au visiteur comme une forteresse avec trois tours, de style romano-byzantin. L'intérieur est remarquable avec sa nef gothique du XIIIe siècle qui compte quatre travées. Dans le chœur, on peut admirer de très belles boiseries en chêne sculpté du XVIIIe siècle. L'orgue de l'abbatiale, sur lequel Albert Schweitzer aimait à s'entraîner, est l'un des plus célèbres d'Europe. Construit en 1707 par le facteur d'orgues André Silbermann (à qui l'on doit également l'orgue d'Ebersmunster, au nord de Sélestat), il a traversé les siècles sans modification majeure. Le dimanche à 17h, en juillet et en août, des **concerts d'orgue** (gratuit, sur réservation à l'office du tourisme) sont organisés. Un Centre d'interprétation de l'orgue ouvrira à l'automne 2017 (50 rue du Couvent) dans un bâtiment de l'ancienne abbaye. Plus de renseignements auprès de l'office du tourisme.

Au sous-sol de l'église, une **crypte archéologique** (2 €) se visite. Des fouilles ont mis au jour les vestiges d'une église mérovingienne construite en 724. On peut ainsi voir les soubassements d'un petit hôtel et des sarcophages en bois et en grès.

De retour sur le **parvis** de l'église, vous remarquerez les bas-relief qui décorent la façade du bâtiment. L'un d'eux représente un monstre à trois têtes qui semble tenir entre ses jambes d'autres têtes. Selon les spécialistes, la scène représente Birgit la déesse-mère, patronne des druides. Selon la mythologie celte, elle symbolise la fécondité et règne sur les arts, la guerre, la magie et la médecine. Chaque année, en septembre, un concours de sculpture sur pierre se déroule devant l'abbatiale. Plusieurs artisans sont invités à réaliser une œuvre sur le thème de l'art roman, en grès des Vosges bien entendu.

Musée du Patrimoine et du Judaïsme alsacien   Culture

(☎ 03 88 71 46 84 ; www.museedemarmoutier.fr ; 6 rue du Général-Leclerc ; tarif plein/-14 ans 4 €/ gratuit ; ⏱ mer-ven et dim 10h-12h et 14h-18h juil-sept, mai-juin et oct seulement dim, fermé le reste de l'année). Dans une charmante maison de la fin du XVIe siècle, un petit musée pour découvrir le patrimoine du judaïsme rural.

Détails d'une façade, Bouxwiller (p. 79)

Chœur de l'abbaye de Marmoutier

Où se loger et se restaurer

Aux Deux Clefs Hôtel-restaurant €

(☎ 03 88 70 61 08 ; www.auxdeuxcles.net ; 30 rue du Général-Leclerc ; d/tr 50/60 € , petit-déj 5 € ; ⏰ resto fermé dim soir et lun ; 📶). Une quinzaine de chambres un peu vieillottes mais propres dans un hôtel du centre du bourg.

Le Gourmet Restaurant €€

(☎ 03 88 02 32 11 ; www.restaurant-legourmet. fr ; 8 rue du Général-Leclerc ; plats 15-20 € , menu 12,50-25 € ; ⏰ fermé mer). Cette adresse, reprise par un jeune chef qui a fait ses classes dans la région, donne un coup de jeune et de frais au bourg assoupi. Le décor est avenant et, dans les assiettes, ce sont la fraîcheur et les couleurs qui dominent. Carte de spécialités alsaciennes revisitées avec des produits de saison. L'adresse dispose également de gîtes confortables (3 chambres) qui sont proposés aussi à la nuitée (d 75 €).

ⓘ Renseignements

Office du tourisme (☎ 03 88 71 46 84 ; www. marmoutier.net ; 1 rue du Général-Leclerc)

STRASBOURG

Strasbourg

Goethe avait vu juste : "Strasbourg met l'âme en mouvement." La ville étonne grâce à la richesse de son patrimoine, la qualité de ses musées et le charme de son centre historique.

Si les maisons à colombages de la Petite France, clichés de l'Alsace éternelle, sont bel et bien réelles, les atouts de la ville dépassent très largement le cadre de la culture régionale. Le quartier des institutions européennes lui confère un indiscutable prestige. Éclectique et ouverte culturellement, elle est sans aucun doute la ville qui répond le mieux au titre de "capitale de l'Europe".

Goethe aurait pu ajouter qu'elle titille les sens. Strasbourg s'illustre par sa quantité de restaurants et de salons de thé. Poussez la porte d'une winstub et vous comprendrez le sens du mot "heimlich" (convivial). Écolo avant l'heure, la ville séduit aussi par sa dimension humaine : le centre, en partie piétonnier, permet toutes les flâneries à pied ou, encore mieux, à vélo !

☑ Dans ce chapitre

À gauche : Place des Orphelins. À droite : Balade en bateau dans la Petite France
VINCENT FROEHLY ©

➡ Strasbourg en deux jours

Commencez votre parcours dans la ville par la découverte de la **cathédrale Notre-Dame** (p. 93) et les ruelles pittoresques alentour, avant de déjeuner et d'enchaîner sur la visite du **Musée historique** (p. 98). Pour terminer la journée sur une belle soirée, prévoyez un dîner romantique rue des Dentelles.

Le lendemain, flânez dans le quartier de la **Petite France** (p. 105). Une petite faim ? Déjeunez sur le pouce à **Pur etc.** (p. 117). L'après-midi, embarquez pour une balade au fil de l'eau jusqu'aux **institutions européennes** (p. 112). Le soir, savourez une succulente choucroute **Chez Yvonne** (p. 116).

➡ Strasbourg en quatre jours

Le matin, direction l'imposant **quartier de la Neustadt** (p. 109), très germanique. L'après-midi, baladez-vous le long des quais, visitez le **Musée alsacien** (p. 104) et plongez dans l'ambiance bohème du quartier de la **Krutenau** (p. 106). Le soir, prenez un verre sur une péniche du quai des Pêcheurs avant d'aller danser place Saint-Étienne.

Le dernier jour, promenez-vous autour des **places Kléber** (p. 101) et **Broglie** (p. 100). Faites un peu de shopping, puis déjeunez **place du Marché-Gayot** (p. 100) avant de siroter un verre **place d'Austerlitz** (p. 106) et d'explorer la **presqu'île André-Malraux** (p. 108) ou de faire une virée en Allemagne.

Ci-dessus : L'Ill depuis le pont Sainte-Madeleine
VINCENT FROEHLY ©

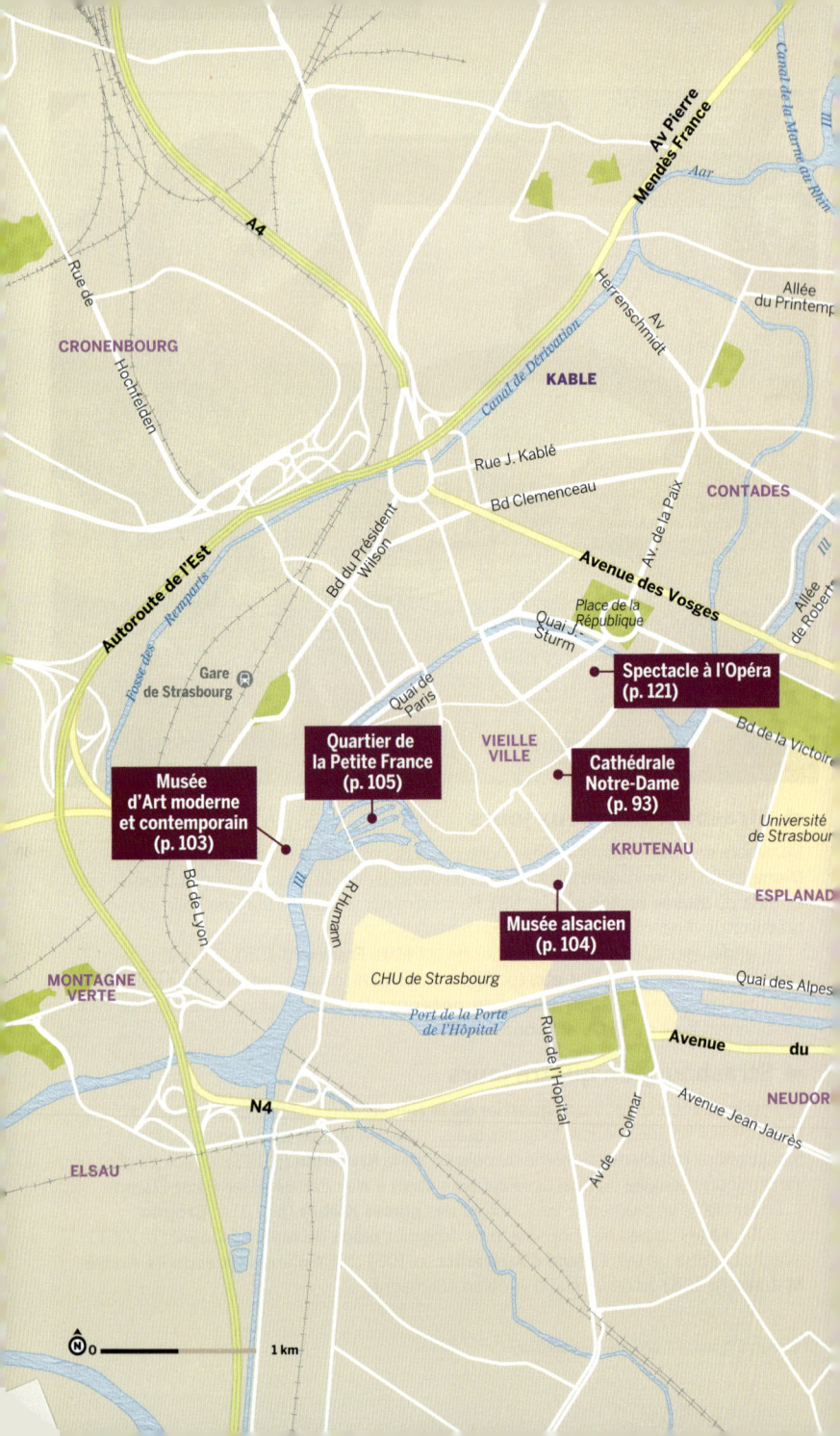

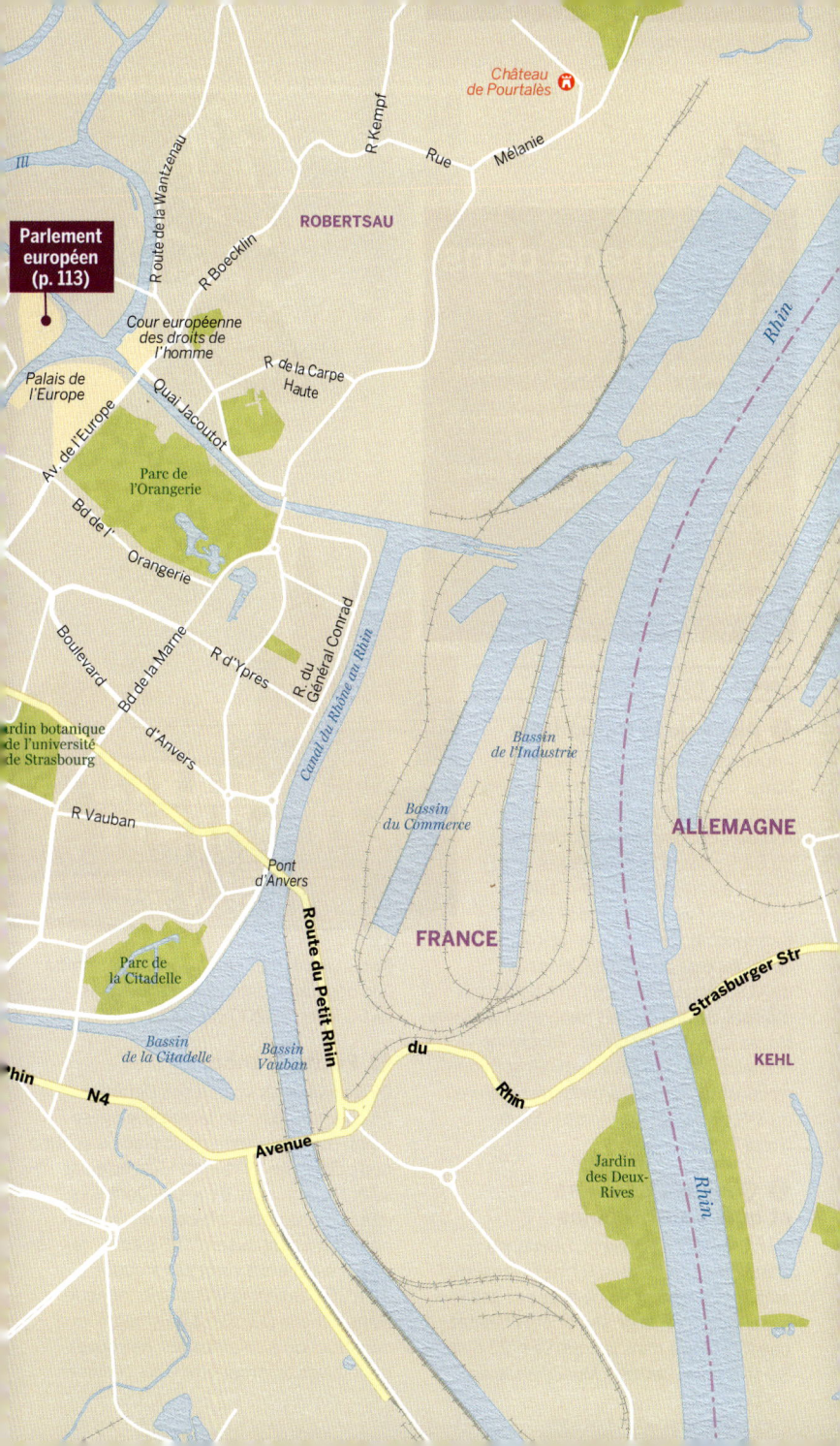

Vue sur le Musée historique et la cathédrale depuis le Musée alsacien

Promenade dans Strasbourg

Cette balade dans le cœur historique de la ville commence par le joyau médiéval de Strasbourg, la cathédrale Notre-Dame. Elle passe devant quelques magnifiques maisons de la Renaissance pour se diriger ensuite vers le quartier impérial.

Distance 4 km
Durée 2 heures 30

Départ Place de la Cathédrale

❶ Place de la Cathédrale

Imposante, la cathédrale Notre-Dame est le bijou médiéval de la ville. D'autres somptueuses réalisations l'entourent : l'ancienne pharmacie du Cerf – ses belles arcades et ses voûtes à ogives à l'intérieur datent du Moyen Âge – ainsi que la Maison Kammerzell. Dans le prolongement de la place de la Cathédrale, la rue du Maroquin est bordée de magnifiques maisons à pans de bois Renaissance. Rares traces du passé médiéval : l'ancienne Hostellerie du Cerf et le jardinet gothique (reconstitué en 1931 à partir de peintures du XVᵉ siècle) du musée de l'Œuvre-Notre-Dame.

❷ Quai des Bateliers et quai Saint-Nicolas

Au n°1 quai des Bateliers, l'ancienne hostellerie du Corbeau forme un ensemble architectural magnifique avec ses galeries, sa tourelle d'escalier, son oriel. N'hésitez pas à pénétrer dans la cour. Le n°23 quai Saint-Nicolas abrite le Musée alsacien.

Faites un crochet par la porte de l'Hôpital, l'un des rares vestiges des anciennes fortifications (1200-1250).

❸ Petite France

Dirigez-vous vers la rue des Dentelles. En chemin, observez la massive église Saint-Thomas, située sur la place du même nom. Elle a été fondée au VIIᵉ siècle par saint Florent. Au n°9 rue des Dentelles, jetez un coup d'œil à la cour de l'ancien hôtel Rathsamhausen (XVIᵉ siècle), ses beaux escaliers à vis et ses arcades. Au n°10, l'ancienne maison du tanneur Hans Schenk (1575) est une magnifique construction à colombages. Retrouvez les initiales du propriétaire sur l'édifice.

Poursuivez rue du Bain-aux-Plantes avec la maison des Tanneurs, puis les ponts couverts.

❹ Grand'Rue

De remarquables demeures s'égrènent le long de la Grand'Rue. Au n°6, observez la maison Renaissance dite "À la roue de la Fortune". Au n° 120, pénétrez dans la cour de l'ancien hôtel Zorn-de-Bulach pour voir la tourelle. Bel oriel coiffé d'un toit.

❺ Place Kléber et place Broglie

La centrale place Kléber, point de rendez-vous des Strasbourgeois, accueille de grandes manifestations et animations. Elle est notamment bordée par l'Aubette.

La rue commerçante de la Mésange mène à la place Broglie : un autre monde, par rapport au quartier de la cathédrale, avec ses rues très parisiennes et ses beaux hôtels particuliers.

❻ Place de la République

Le dépaysement se poursuit place de la République au cœur du quartier de la Neustadt. Ce morceau de ville construit par les Allemands après la guerre de 1870 est ponctué de bâtiments majestueux. Attardez-vous notamment devant les façades du palais du Rhin et de la Bibliothèque nationale universitaire.

Arrivée Place de la République

⊙ À voir

Il est facile de s'orienter dans Strasbourg. Le centre historique, classé au patrimoine mondial de l'Unesco, entouré par l'Ill et son canal, est une grande île où se concentre la majeure partie des curiosités et des monuments. Les principales places permettent de se repérer facilement.

Les autres quartiers intéressants pour les visiteurs sont aux abords immédiats : le Finkwiller et la Krutenau, au sud ; le quartier de la Neustadt et les institutions européennes, à l'est ; la gare, à l'ouest. Plus au sud encore, la presqu'île Malraux, ancienne zone portuaire, est en pleine mutation. Avec sa médiathèque, sa fabrique du numérique Le Shadok et sa plage urbaine l'été, elle propose d'agréables promenades et animations. Plus loin, le magnifique jardin des Deux-Rives ouvre un nouvel espace, hors frontières, vers Kehl et l'Allemagne. Comme un symbole…

À pied, à vélo ou en tram, circulez, il y a tout à voir ! D'un quartier à l'autre, vous changerez d'ambiance et d'époque.

◎ Cathédrale et place Gutenberg

Ce secteur s'organise autour de la somptueuse et imposante cathédrale Notre-Dame. Elle est bordée par de magnifiques demeures médiévales et Renaissance. À deux pas, dans les ruelles moins touristiques avoisinant la place Gutenberg, hôtels particuliers et demeures à pans de bois créent une ambiance romantique. L'été, profitez des agréables terrasses de la rue des Tonneliers.

Maison Kammerzell   Demeure Renaissance

(16 pl. de la Cathédrale). Au pied de la cathédrale, on tombe sous le charme de cette demeure étonnante. Construite en 1589, elle séduit par ses pans de bois sombres, méticuleusement ouvragés. Les sculptures évoquent des thématiques bibliques ou profanes. Attardez-vous sur le poteau d'angle, qui comporte trois figures féminines symbolisant les vertus théologales (Charité, Foi et Espérance). La façade est animée par 75 fenêtres. L'immeuble abrite aujourd'hui un restaurant.

Maison Kammerzell

VINCENT PROEHLY ©

La cathédrale Notre-Dame

Il lui a fallu quatre siècles pour s'offrir de façon si impressionnante à nos yeux, lorsqu'on découvre ses 142 m depuis la rue Mercière. Des milliers de pages ne suffiraient pas à la décrire, et l'expliquer. Les premiers travaux remontent à 1015 et prennent la forme d'une cathédrale romane. Elle n'a cessé d'être agrandie et modifiée, intégrant plusieurs influences architecturales.

Pollution oblige, la plupart des statues qui la décorent sont des copies ; les originaux ont été transférés au musée de l'Œuvre-Notre-Dame (p. 99). Mais le charme reste total. On est frappé par la taille de la rosace, achevée en 1318 (12 m de diamètre), et par sa composition en 16 pétales géminées. Elle chapeaute un autre chef-d'œuvre : le portail central, qui relate la Passion du Christ (tympan) et évoque des scènes de l'Ancien et du Nouveau Testament (voussures). Les sculptures hésitent entre profane et sacré : les prophètes d'Israël et le Jugement dernier prennent néanmoins le dessus sur cet odieux personnage qui baisse son pantalon et vous montre l'orifice de son séant ! Ceux qui ne connaissent pas le vertige se lanceront à l'ascension de la plate-forme (332 marches) pour admirer le panorama et étudier d'un peu plus près cette fameuse flèche...

À l'intérieur, même ravissement : le pilier des anges (XIIIe siècle) fait face à l'une des plus célèbres horloges astronomiques d'Europe, un chef-d'œuvre de mécanique construit entre 1571 et 1574, et attraction de la cathédrale. Ne manquez pas le ballet des automates (grand défilé à 12h30 : le Christ saluant les douze apôtres). La nef (1485), les fonts baptismaux (1453), la crypte (XIe siècle), l'orgue gothique (XVe siècle) et ses automates aujourd'hui immobiles (héraut en pourpoint ; marchand de bretzels...) sont autant de chefs-d'œuvre qu'un parcours de découverte signale.

Infos pratiques

Cathédrale (www.cathedrale-strasbourg.fr ; pl. de la Cathédrale ; horloge tarif plein/réduit 2/1,50 €, gratuit -6 ans, plateforme 5/3,50 € ; ☉ tlj 7h-11h20 et 12h40-19h, dim matin et jours fériés réservés aux offices, horloge 12h30, dernière entrée 12h25). Les tickets pour l'horloge sont vendus au stand des cartes postales (9h30-11h) et à la caisse du portail Saint-Michel (11h30-12h15).

Strasbourg

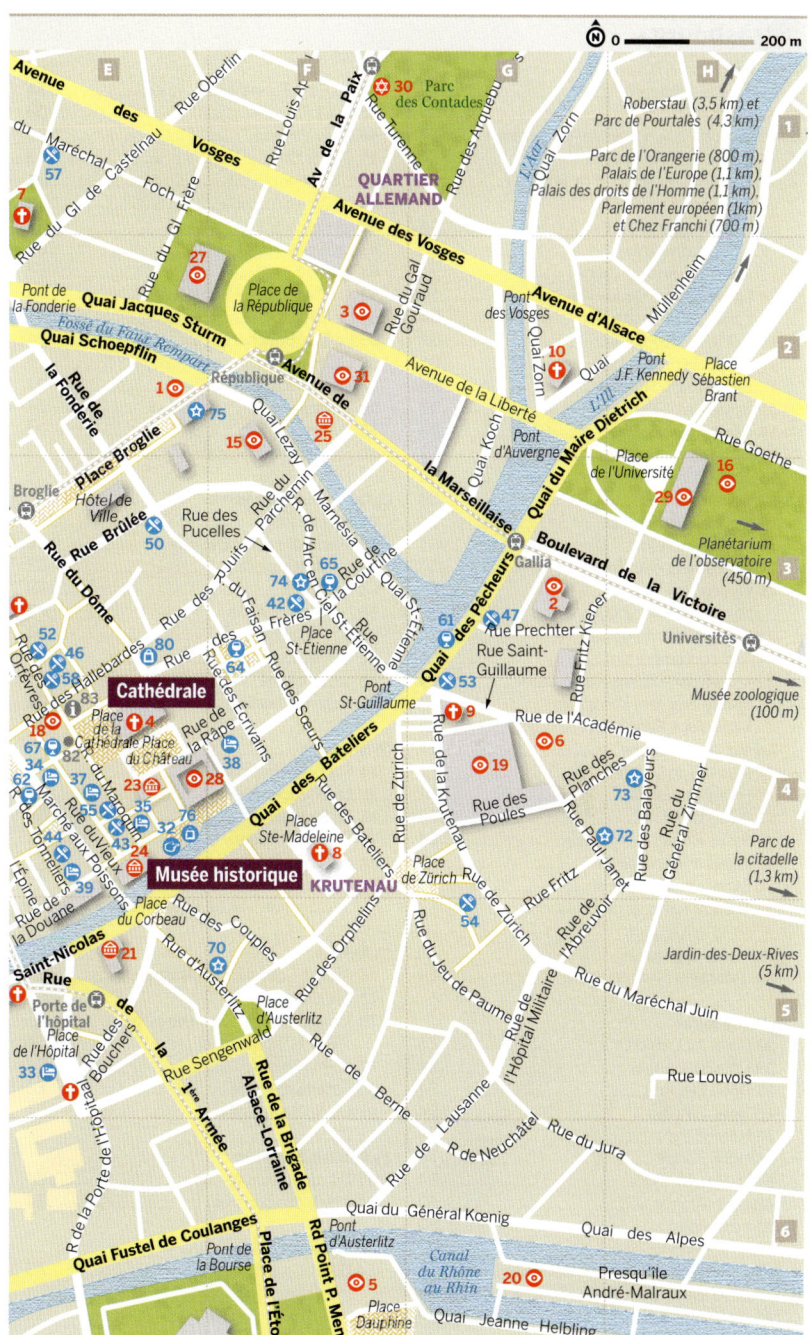

Strasbourg

Palais Rohan Architecture classique

(2 pl. du Château). Donnant sur le parvis de la cathédrale, le palais Rohan ressemble à un grand hôtel particulier parisien. Après le rattachement de Strasbourg, ancienne ville libre du Saint-Empire romain germanique, à la France en 1681, la ville vit fleurir des constructions qui célèbraient le classicisme à la française. Une fois franchi un portail monumental, couronné de groupes sculptés, on découvre une façade sur cour aux lignes sobres et classiques. Admirez le fronton, surmonté des figures de la Force et de la Prudence. Le palais abrite aujourd'hui trois musées : le musée des Arts décoratifs, le musée des Beaux-Arts et le Musée archéologique, présentés ci-après.

Musée De la préhistoire aux
archéologique Mérovingiens

(☏ 03 68 98 51 60 ; www.musees.strasbourg.eu ; 2 pl. du Château ; tarif plein/réduit 6,50/3,50 € ; ⏱ 10h-18h tlj sauf mar). Ce superbe musée consacré à l'archéologie régionale est installé dans les sous-sols du palais Rohan. La préhistoire et la protohistoire sont particulièrement bien mises en valeur : on peut admirer des outils, des armes, des vases décorés et des parures. Sont également exposées de belles pièces remontant à l'âge du fer, dont un étonnant hochet en céramique en forme d'oiseau. Attardez-vous également sur la reconstitution du char funéraire d'un prince celte. La vie à Strasbourg à l'époque gallo-romaine est illustrée à travers un ensemble de stèles funéraires et d'autels votifs. De la période mérovingienne, on retiendra des pièces d'armement dont le magnifique casque d'apparat retrouvé sur le site de Baldenheim, de la fin du VIe siècle.

Musée
des Beaux-Arts Des primitifs au XIXe

(☏ 03 68 98 51 60 ; www.musees.strasbourg.eu ; 2 pl. du Château ; tarif plein/réduit 6,50/3,50 € ; ⏱ 10h-18h tlj sauf mar). Au premier étage du palais Rohan, ce musée offre un panorama de la peinture, du Moyen Âge au XIXe siècle. Point fort : un ensemble remarquable de natures mortes, de toutes les écoles et de toutes les époques, notamment *Vanité - Nature morte*, de Simon Renard de Saint-

Palais Rohan

VINCENT FROEHLY ©

Musée historique

Allergique aux objets flanqués de petites étiquettes, alignés sous des vitrines poussiéreuses ? Courez visiter le Musée historique de Strasbourg. Installé dans l'ancienne Grande Boucherie de la ville, un bâtiment édifié en 1587 dominé par la silhouette de la cathédrale, le musée a été fermé pendant 20 ans pour rouvrir avec une muséographie revue, qui laisse une grande place à l'interactivité. Une extension est venue parfaire le tout.

Du Moyen Âge jusqu'à nos jours, l'histoire de Strasbourg y est mise en scène grâce à une muséographie attrayante, accessible à tous, dont l'audioguide (gratuit) est le relais indispensable. Pour découvrir des documents rares, on ouvre des tiroirs ; pour se rendre compte du champ de vision d'un chevalier du Moyen Âge, on passe son casque ; des vitrines s'animent pour présenter l'invention de l'imprimerie (1434-1444) ou les grands débats liés à la Réforme ; on chausse des lunettes 3D pour découvrir les rues bombardées pendant le siège de 1870.

L'histoire de cette ville, qui a longtemps tiré sa richesse de sa position stratégique sur le Rhin, est ainsi présentée sous tous ses aspects : sociaux, économiques, ethnologiques, politiques et militaires. Elle est découpée en périodes phares : de la ville libre du Saint-Empire romain germanique jusqu'à la création des institutions européennes en passant par la ville du royaume de France (à partir de 1641), la Révolution et les guerres mondiales. Point d'orgue de la visite : le plan en relief de Strasbourg en 1727, qui occupe à lui seul une salle du musée.

Infos pratiques

Musée (☎ 03 68 98 51 60 ; www.musees.strasbourg.eu ; 2 rue du Vieux-Marché-aux-Poissons ; tarif plein/réduit 6,50/3,50 € ; ⏱ 10h-18h tlj sauf lun)

André (1613-1677) ou encore *Les Cinq Sens*, de Jacques Linard (1600-1645). La peinture italienne est aussi bien représentée, des primitifs au XVIIIe siècle, avec notamment *Judith et la Servante* d'Antonio Allegri (dit Le Corrège ; vers 1510), remarquable par le travail des contrastes ombre et lumière. La peinture espagnole n'est pas oubliée, avec des œuvres de Goya et du Greco, tout comme les écoles hollandaise et flamande. Côté peinture française, mention spéciale à *La Belle Strasbourgeoise* (1703), l'œuvre majeure du portraitiste Nicolas de Largillière, qui fait la fierté du musée.

Musée des Arts décoratifs　Intérieurs royaux

(📞 03 68 98 51 60 ; www.musees.strasbourg.eu ; 2 pl. du Château ; tarif plein/réduit 6,50/3,50 € ; 🕙10h-18h tlj sauf mar). Au rez-de-chaussée du palais Rohan, ce musée se compose de deux sections : les fastueux appartements du roi et des princes-évêques de Rohan d'une part – superbes témoignages de l'art de vivre princier sous la monarchie –, et les collections d'arts décoratifs strasbourgeois, couvrant la période de 1681 au milieu du XIXe siècle, d'autre part. Découvrez notamment les magnifiques collections de céramiques de la famille Hannong, qui possédait une manufacture à Strasbourg au XVIIIe siècle.

Musée de l'Œuvre-Notre-Dame　Art religieux

(📞 03 68 98 51 60 ; www.musees.strasbourg.eu, www.oeuvre-notre-dame.org ; 3 pl. du Château ; tarif plein/réduit 6,50/3,50 € ; 🕙10h-18h tlj sauf lun). Complément indispensable à la visite de la cathédrale, ce musée exceptionnel est logé dans deux ailes jumelles reliées par des galeries et un splendide escalier à vis de 1580. Ses riches collections d'art médiéval et Renaissance éclairent le passé de Strasbourg, qui fut l'un des plus importants foyers artistiques de l'Empire germanique du XIIIe siècle au XVIe siècle, et des régions haut rhénanes. Dans la superbe salle du Jubé sont regroupés les originaux des statues de la cathédrale, déposés ici pour les protéger de la pollution et des intempéries. Ne ratez pas la toute récente salle coffre-fort du 3e étage où 30 dessins d'architectes de la cathédrale sont présentés (par rotation de 4) ; le plus ancien date de 1250. De précieux et fragiles documents qui ne sont visibles que sur réservation par téléphone.

Place Gutenberg　Architecture

Cette place a longtemps été le centre de gravité politique et économique de la ville libre, mais la plupart des bâtiments de prestige furent détruits au XVIIIe siècle. Le regard s'arrête sur l'élégante façade du **Neubau** (1583-1585) qui abrite la Chambre de commerce et d'industrie. Elle réalise une synthèse harmonieuse entre différents styles (colonnades de plusieurs ordres antiques, typiques de la Renaissance). Admirez sa toiture, l'une des plus belles de la ville, coiffée de tuiles traditionnelles "Biberschwanz". Autrefois, sous le toit, étaient stockés les vivres et les céréales.

Au milieu de la place, la **statue de Gutenberg** (1840, œuvre de David d'Angers à l'occasion du quatrième centenaire de la première imprimerie à Strasbourg) rappelle que c'est à Strasbourg que Gutenberg conçut le principe de l'imprimerie.

Place du Marché-aux-Poissons　Ville ancienne

De jolies demeures du XVIIIe siècle donnent sur cette place, notamment au n°2 (maison "Au Blaireau"), et aux n°3 et n°4 (maison du négociant Zollikoffer, avec une remarquable façade rocaille côté III).

Place du Marché-aux-Cochons-de-Lait　Ville ancienne

Cette placette très touristique est digne d'une reconstitution historique médiévale. Elle est entourée de plusieurs demeures de caractère : au n°1, une maison à colombages (1602-1617) dotée de galeries extérieures ; au n°8, la winstub Muensterstuewel, qui occupe une demeure Renaissance à pans de bois ouvragés ; au n°10, l'hôtel des Arts, installé dans une jolie maison bourgeoise du XVIIIe siècle, pourvue de sculptures au-dessus des fenêtres.

INSOLITE !
Une basse-cour de rue

Trait d'union entre les quais nord et la place Broglie, la rue de la Nuée-Bleue est jalonnée de plusieurs édifices qui valent le coup d'œil, notamment la maison de style Art nouveau qui fait l'angle avec la place, dotée d'un bel oriel et de ferronneries ouvragées, ou, au n°11, l'ancien palais de justice (1872), surprenant par sa façade néogrecque. Mais voici ce que vous n'attendiez pas : à midi pile, chaque jour, une basse-cour se réveille. Le passant occasionnel est tout d'abord surpris par le chant strident d'un coq installé sur une horloge de la façade des *Dernières Nouvelles d'Alsace*, le quotidien régional. Dans la foulée, une jolie poulette blanche lui répond. Son caquètement est tout aussi tonitruant. Située en face, elle couve dans un nid, à l'intersection de la rue de la Nuée-Bleue et de la place Saint-Pierre-le-Jeune. Un petit manège que les deux volatiles automates répètent à l'envi depuis plus d'une quinzaine d'années.

◉ Place Broglie
et place Saint-Étienne

La place Broglie et ses rues avoisinantes, très "parisiennes" font honneur à l'architecture du XVIIIe siècle avec de beaux hôtels particuliers. Ses rues commerçantes sont cossues. Passé la rue des Juifs, le quartier de la place Saint-Étienne séduit par son atmosphère plus conviviale, étudiante et branchée.

Place Broglie   Patrimoine
C'est sur cette grande place rectangulaire (que l'on prononce "Broglie" ou "Breuil") que se déroulaient les tournois de chevalerie au Moyen Âge. En 1740, le maréchal de Broglie, en poste à Strasbourg, la transforme en une belle promenade plantée, prisée de la bourgeoisie de l'époque. Peu à peu, elle est encadrée de bâtiments prestigieux. Superbe

exemple de l'architecture Régence, l'**hôtel de ville** occupe l'ancien hôtel particulier d'une grande famille alsacienne, les Hanau-Lichtenberg, depuis 1806. L'entrée principale donne sur la rue Brûlée, à l'arrière. À l'extrémité ouest, l'Opéra (1821) (voir aussi p. 121) se distingue par son péristyle à colonnes ioniques surmonté de statues symbolisant les six muses. L'immeuble de la **Banque de France** (1925), dans un style imitant celui de Blondel pour L'Aubette (voir page ci-contre), est bâti à l'endroit où fut chantée pour la première fois *La Marseillaise*, de Rouget de Lisle.

Hôtel
de préfecture   Architecture Régence
(Quai Lezay-Marnésia). La majestueuse façade de cet hôtel particulier donne sur les quais, mais le portail d'honneur (1747), avec ses lions sculptés, dans la rue Brûlée, est tout aussi magnifique.

Église Saint-Pierre-le-Jeune Gothique
(Pl. Saint-Pierre-le-Jeune). Passez absolument la porte de cette belle église gothique, affectée au culte protestant et datant principalement des XIIIe et XIVe siècles. Outre un porche ouvragé et un beau jubé gothique (XIVe siècle), en partie agrémenté de peintures représentant les évangélistes, elle possède un magnifique cloître, reconstruit à la fin du XIXe siècle, abritant des colonnettes du XIe ou du XIIe siècle et d'anciennes pierres tombales. Dans la nef, l'imposante fresque de *La Navicella* (d'après Giotto) représente saint Pierre et sa barque, et Jésus marchant sur l'eau.

Place Saint-Étienne   Patrimoine
Elle est entourée de jolies maisons à colombages du début du XVIIe siècle, et par le FEC (Foyer des étudiants catholiques), sis dans une superbe bâtisse (1598). Remarquez la statue du "Meiselocker", le charmeur de mésanges, don de la ville de Munich.

Place du Marché-Gayot   Terrasses
Coup de cœur assuré pour cette place pavée et piétonnière, entourée de quelques boutiques, de maisonnettes, de terrasses

et ombragée de quelques arbres. L'été, elle est prise d'assaut. On y vient prendre un apéro ou un dernier verre. Les restaurants ne sont malheureusement pas à la hauteur du cadre.

◉ Place Kléber, les Halles et quartier de la gare

Avec ses fontaines où les petits bouts viennent se rafraîchir l'été, ses terrasses et ses bancs où s'installer pour grignoter un sandwich ou savourer une glace, la place Kléber n'est plus un simple lieu de passage et devient un lieu de vie. De l'autre côté de l'Ill, les quartiers des Halles et de la gare sont dénués de charme.

Place Kléber   Patrimoine et histoire

La place la plus célèbre de Strasbourg a été imaginée par l'architecte Blondel au XVIIIe siècle, sur le modèle d'une place d'armes. En son centre trône la statue du général Kléber, érigée en 1840. Sous la statue, une crypte contient les cendres du général, natif de la ville, qui s'illustra lors de la campagne d'Égypte menée aux côtés de Bonaparte. Debout, Kléber tient dans la main la lettre de l'amiral anglais Keith qui lui enjoint de quitter l'Égypte. Au n°30, le bel édifice en pierre de taille est la maison de l'orfèvre Imlin, un superbe exemple du style rococo strasbourgeois (1748).

L'Aubette   Néoclassicisme et avant-garde

(☎ 03 68 98 51 60 ; 31 pl. Kléber ; entrée libre par le passage Sophie Taeuber-Arp ; ⊙ salles Arp 14h-18h mer-sam). GRATUIT De l'ambitieux programme d'urbanisation de Blondel, seule L'Aubette, au nord de la place Kléber, a été menée à son terme. Ce bâtiment aux lignes néoclassiques, conçu en 1770, a abrité le corps de garde, avant d'accueillir le siège de la maréchaussée et de devenir un musée municipal. Sa particularité ? Dans les années 1920, l'architecte Theo Van Doesburg et les artistes Sophie Taeuber-Arp et Hans Arp y ont décoré des espaces de loisirs et de restauration, s'appuyant sur les théories esthétiques du mouvement De Stijl. Trop avant-gardistes, ils n'ont pas eu l'heur de plaire au public : ils furent modifiés puis détruits à la fin des années 1930. Restaurés depuis, les décors du ciné-bal, de la salle des fêtes, du foyer-bar et l'escalier de l'entresol

Place Kléber

Tempête au Printemps

Pour rénover la façade de son grand magasin, le Printemps de Strasbourg a fait appel à l'un des plus grands architectes actuels, l'Alsacien Christian Biecher. Ce dernier a imaginé, pour ce bâtiment de la place Kléber, un drapé métallique couleur "champagne" qui dévoile des verrières en forme de pierres précieuses. Un geste architectural fort qui a suscité la polémique.

sont à nouveau accessibles au public certains jours. L'Aubette abrite un petit centre commercial et des expositions des musées de Strasbourg.

Place de l'Homme-de-Fer
Architecture Régence et contemporaine

Entièrement réaménagée lors de la mise en service du tram, cette petite place, recouverte en grande partie par une rotonde de verre et de métal, est l'une des principales plaques tournantes du centre-ville. Notez le bel hôtel particulier en pierre de taille au n°2 (XVIIIe siècle), alliant les styles Régence et rocaille. Remarquez l'enseigne représentant un homme en armure, qui a donné son nom à la place (c'est une copie ; l'original se trouve au Musée historique ; voir p. 98).

Église Saint-Pierre -le-Vieux
Patrimoine religieux

(Pl. Saint-Pierre-le-Vieux). C'est un édifice singulier qui se dresse sur la place Saint-Pierre-le-Vieux : une église moitié catholique (la partie le plus récente et massive), moitié protestante. Dès le début du Moyen Âge, un sanctuaire s'élevait sur ce site. Durant les XIVe et XVe siècles, une église fut construite, qui passa à l'Église réformée protestante en 1529. Sous Louis XIV, les catholiques purent disposer à nouveau du chœur. Ces derniers construisirent en 1867 un autre lieu de culte, perpendiculaire au premier, devenu trop exigu. L'église catholique et le temple protestant furent longtemps séparés par un mur et une porte, murée. Cette dernière a été rouverte en 2012. Il faut passer par la cour pour accéder

Musée d'Art moderne et contemporain

Musée alsacien (p. 104)

au temple, qui englobe l'ancienne nef, une sacristie voûtée et surtout l'un des rares jubés conservés en Alsace.

Gare de Strasbourg   Architecture

(Pl. de la Gare). Construite en 1883 par les Allemands, la gare est le premier grand bâtiment réalisé après la guerre de 1870. La place qui la précède forme un demi-cercle vers lequel convergent plusieurs rues et avenues sans véritable charme. À l'occasion du réaménagement de la gare pour la venue du TGV Est, l'architecte Jean-Marie Duthilleul a imaginé une grande verrière, plaquée contre la façade historique. Cette réalisation, destinée à augmenter la surface de la gare, n'a pas manqué de susciter la polémique. Mise en valeur par des jeux de lumière, la façade de verre se révèle extrêmement photogénique de nuit.

Musée d'Art moderne et contemporain   XIXᵉ-XXIᵉ siècle

(MAMCS ; 📞 03 68 98 51 55 ; www.musees. strasbourg.eu ; 1 pl. Hans-Jean-Arp ; tarif plein/réduit 7/4 € ; 🕙 10h-18h tlj sauf lun). Au bord de l'Ill, ce musée inauguré en 1998 est une prouesse architecturale, avec une monumentale nef vitrée surmontant des murs de granit rose. Sur plus de 5 000 m², il propose un panorama des grands courants de l'art moderne et contemporain de 1870 à nos jours. Les collections permanentes d'art moderne brillent notamment par leur éclectisme : impressionnisme et postimpressionnisme, avec Monet, Sisley, Signac ; fauvisme et primitivisme, avec Dufy et Gontcharova ; cubisme et postcubisme, avec Picasso, Braque et Delaunay ; abstraction (œuvres de Kupka et de Kandinsky), et, bien sûr, les œuvres de l'avant-gardiste strasbourgeois Hans (Jean) Arp, qui a participé à la création du mouvement Dada. Le premier étage est consacré aux grands courants de l'art contemporain. Ne ratez pas la salle consacrée au Strasbourgeois Gustave Doré : on est frappé par le gigantesque *Christ quittant le prétoire* (1867), une toile impeccablement mise en valeur.

Musée Vodou   Art vaudou

(📞 03 88 36 15 03 ; www.chateau-vodou.com ; 4 rue de Koenigshoffen ; tarif plein/réduit/enfant

14/11/8 € ; ⊘mer-dim 14h-18h). Le premier musée d'art vaudou en Europe est né de la volonté d'un collectionneur. Dans un ancien château d'eau, Marc Arbogast présente ses trésors : fétiches, amulettes, masques... fascinant ! Prenez l'audioguide (compris dans l'entrée) pour mieux saisir cette religion et ses pratiques.

◉ Petite France, Grand'Rue et Finkwiller

Une carte postale grandeur nature. La Petite France a un charme fou avec ses maisons à colombages, ses rues pavées et ses canaux. Admirez le panorama depuis la place Benjamin-Zix et la rue des Moulins. La Grand'Rue (la *Langstross*, en alsacien), qui concentre des commerces indépendants, délimite le quartier au nord. Au sud, le quartier Finkwiller vit sous l'influence de l'hôpital civil, une sorte de ville dans la ville.

Église
Saint-Thomas   Art roman et gothique

(☎03 88 32 14 46 ; pl. Saint-Thomas ; ⊘tlj 14h-17h fév, 10h-17h mars et nov-déc, 10h-18h avr-oct). Facilement repérable grâce à ses deux tours aux toits pentus, au bord de l'Ill, cette église est surnommée "la cathédrale du protestantisme alsacien". Dans sa forme actuelle, elle remonte à 1196. Dominée par la tour-porche, la façade intègre des caractéristiques gothiques (rosace, ouvertures en arc brisé) et des réminiscences romanes (arcature lombarde). À l'intérieur, on découvre une superbe église-halle (autrement dit, la nef centrale et les nefs latérales sont de même hauteur), typique de l'influence gothique germanique.

Musée
alsacien   Arts et traditions populaires

(☎03 68 98 51 52 ; www.musees.strasbourg. eu ; 23-25 quai Saint-Nicolas ; tarif plein/ réduit 6,50/3,50 € ; ⊘10h-18h tlj sauf mar). Installé dans d'anciennes maisons strasbourgeoises à l'architecture remarquable, reliées par une série d'escaliers, de cours et de coursives en bois, ce musée rassemble des milliers d'objets qui témoignent de la vie quotidienne en Alsace aux XVIIIe et XIXe siècles. On y entre comme dans l'intimité des familles paysannes et bourgeoises, grâce aux reconstitutions de pièces de la maison et d'ateliers. La chambre à coucher, avec son lit forcément douillet (ici, l'hiver est rude), la *stub*, pièce commune où l'on se réchauffait autour du poêle en fonte ou en faïence, la cuisine, avec son billot de bois et ses poteries de Soufflenheim... Avant ou après votre visite, longez le **quai Saint-Nicolas** pour découvrir d'autres superbes demeures bourgeoises et hôtels particuliers.

Ponts couverts   Remparts

Impossible de ne pas remarquer les trois tours carrées qui ponctuent le pont au-dessus de l'Ill et ferment le quartier de la Petite France, à l'ouest. Vestiges des anciens remparts de la ville (XIIIe siècle), les tours – quatre, à l'origine – étaient reliées par des ponts en bois, couverts de toits de tuiles, qui furent remplacés par de simples ponts en pierre au XIXe siècle.

Barrage Vauban   Architecture militaire

Également appelé Grande Écluse, ce barrage-écluse est un long bâtiment en grès composé de 13 arches, jeté sur toute la largeur de l'Ill. Il fut bâti selon les plans de Vauban à partir de 1681 pour compléter le système défensif des ponts couverts, jugé inopérant. Le système était ingénieux : une fois fermées, les vannes qui équipaient les arches condamnaient l'accès à la ville et inondaient l'arrière-pays. La terrasse panoramique aménagée en 1967 offre l'une des plus belles vues sur la Petite France.

Place de l'Hôpital
et hôpital civil   Patrimoine

(Cave des Hospices de Strasbourg ☎03 88 11 64 50 ; www.vins-des-hospices-de-strasbourg. fr ; 1 pl. de l'Hôpital ; ⊘8h30-12h et 13h30-17h30 lun-ven, 9h-12h30 sam). La place de l'Hôpital se caractérise par la présence d'une structure tout en hauteur : la **porte de l'hôpital** (XIIIe siècle, remaniée

La Petite France

La Petite France, c'est Strasbourg comme on l'imagine. Un quartier de tous les clichés (inévitable "Petite Venise"), avec ses ruelles piétonnes bordées de magnifiques maisons à colombages se reflétant dans les canaux de l'Ill.

Pourtant, la Petite France cache une histoire nettement moins romantique : au Moyen Âge, le quartier regroupait les tanneries, connues pour leurs effluves nauséabonds. Au XVIe siècle, on y construisit un hospice pour soigner les malades atteints de la petite vérole, que l'on appelait alors le "mal français". L'hôpital, surnommé "Zum Französel" ("Aux petits Français"), a donné son nom au quartier. Aujourd'hui, c'est un endroit magnifique en toutes saisons, que même les Strasbourgeois fréquentent assidûment.

Promenez-vous rue des Dentelles : voie d'accès à la Petite France quand on vient de la place Saint-Thomas, cette agréable ruelle piétonne se signale par quelques belles maisons, dont l'ancien hôtel de Rathsamhausen du XVIe siècle, au n°9, et l'ancienne maison d'un tanneur (1565) au n°10. Empruntez ensuite la rue du Bain-aux-Plantes. Vous êtes dans le cœur de l'ancien quartier des tanneurs, dont les ateliers occupaient les superbes demeures à colombages bâties en encorbellement qui bordent la rue. La plupart datent des XVIe et XVIIe siècles (Renaissance alsacienne), et ont été restaurées au XIXe siècle, comme la maison des Tanneurs (n°42), ou la maison Lohkaes (n°25), occupées par des restaurants. N'oubliez pas la rue des Moulins, qui traverse les canaux de l'Ill. On bénéficie de points de vue splendides sur le quartier et sur le pont Saint-Martin. Elle est bordée par un hôtel de luxe, installé dans les anciennes glacières de la ville (n°5).

au XVIIe siècle). Sur le côté, remarquez la fresque figurant une crucifixion (XIVe siècle). Attenante, la chapelle Saint-Erhard fut élevée au XVe siècle. S'étendant sur plus de 30 ha, l'**hôpital civil** (1718-1741) est une vraie ville dans la ville. Mais les anciens pavillons sont petit à petit délaissés au profit du nouvel hôpital civil, un bâtiment moderne construit dans la même enceinte. La bâtisse principale de l'ancien hôpital civil, longue de 145 m, se distingue par son toit pentu, orné de 4 étages de lucarnes et surmonté d'un beau clocheton élancé. Cet ensemble architectural abrite la **cave des Hospices de Strasbourg**, de très belles caves voûtées reposant sur des colonnes gothiques. Elles sont utilisées par des viticulteurs de la région, qui font vieillir leur récolte dans d'impressionnants foudres, dont certains sont vieux de plus de cinq siècles.

◉ Krutenau et Esplanade

Autrefois quartier des bateliers et des pêcheurs, la Krutenau est aujourd'hui investie par les étudiants et les bobos, attirés par ses beaux bâtiments et sa qualité de vie. Ils font leur marché sur la place de Zurich, se retrouvent autour d'un verre sur les péniches du quai des Pêcheurs ou dans les bars branchés de la place d'Austerlitz. Vers l'est, le quartier de l'Esplanade, impersonnel avec ses hautes tours, ne présente aucun intérêt.

Quai des Bateliers — Édifices Renaissance

Ancien fief des pêcheurs, des constructeurs de bateaux et des bateliers, ce quai est flanqué d'un bel ensemble de maisons de maître. Au n°1, dissimulé derrière une façade neutre, l'ancien hôtel du Corbeau, qui fit office de relais postal dès 1528, possède une jolie cour pavée, dotée d'un ensemble à colombages, de galeries, de tourelles d'escalier et de passerelles. Il a fermé ses portes au milieu du XIXe siècle. À l'issue d'une longue restauration, ce monument historique a été transformé en hôtel 4 étoiles. Au n°9, attardez-vous devant l'ancien siège de la corporation des bateliers (dit "L'Ancre"), avec sa belle façade d'origine (vers 1750).

École supérieure des Arts décoratifs (p. 108)

Église Sainte-Madeleine   Néobaroque

(Rue Sainte-Madeleine). La structure originelle de cette église date de la fin du XVe siècle. En 1904, un incendie détruisit la plus grande partie de l'édifice, dont il subsiste un vestige de l'ancien chœur, qui fait office de chapelle et renferme plusieurs fresques du XVe siècle. La nouvelle église (1911), de style néobaroque, abrite un remarquable chemin de croix, au style très réaliste, œuvre du peintre alsacien René Kuder (1882-1962).

Enceinte médiévale   Vestige

Derrière l'église, au fond de la place Sainte-Madeleine, vous pourrez voir un tronçon de l'enceinte médiévale, crénelée (XIIIe siècle). Le portail, de style Renaissance (1576), provient d'un hôtel particulier de la rue Brûlée, détruit au début du XXe siècle.

Manufacture des Tabacs   Patrimoine industriel

(7 rue de la Krutenau). Ce site de grande ampleur – il se déploie sur un pâté de maisons –, de style néoclassique, traduit l'importance économique de la culture du tabac dans le Bas-Rhin depuis le XVIIIe siècle. Le bâtiment en grès rose, achevé en 1863, accueillait une usine de fabrication de cigares dont l'activité a cessé en 2010. La ville planche sur une reconversion du site en lien avec l'université de Strasbourg.

Église Saint-Guillaume   Patrimoine religieux

(Angle rue Saint-Guillaume et quai des Pêcheurs). Cette église à la silhouette élancée et au clocher légèrement décentré se détache nettement, en retrait du quai. Construite au tout début du XIVe siècle, elle est passée au culte protestant au XVIe siècle. En 1667, le pasteur luthérien décida de transformer la façade d'origine (un étage percé de trois fenêtres ogivales surmontées de trois pignons) pour créer un clocher classique. Le charpentier auquel les travaux furent confiés se retrouva condamné à la bastonnade : son clocher était de guingois. L'église vaut le coup d'œil pour ses vitraux

SI VOUS AIMEZ…
L'art contemporain

Seuls les plus curieux les auront remarquées. Disséminées un peu partout dans la ville, d'intéressantes sculptures contemporaines s'offrent au regard… Morceaux choisis.

⊙ Aqueduc sculpté (angle square Markos-Botzaris et quai Schoepflin). Cette œuvre réalisée par l'artiste strasbourgeois Tomi Ungerer (voir p. 110), à l'occasion de la célébration du bimillénaire de Strasbourg (1988), représente un fragment d'aqueduc en brique, doté de trois travées ; au pied du pilier central, la double tête en bronze figure Janus, tourné vers l'est et l'ouest, symbole de la double identité alsacienne.

⊙ La Femme qui marche vers le ciel Cette sculpture signée Jonathan Borofsky (1994) est située à côté de la station de tram Synagogue-Les Halles et apporte une petite note de fantaisie à la place des Halles.

⊙ Allée des Sculptures (av. du Général-de-Gaulle). Dans le cadre de l'accompagnement artistique de la ligne B du tramway, en 1999, la ville a installé, dans l'avenue la plus imposante du quartier de l'Esplanade, des œuvres contemporaines de la construction de ce dernier, sorti de terre dans les années 1960. Parmi les sculptures figurent des œuvres de Zadkine, Émile Gilioli ou André Bloch.

⊙ Le Bar des plantes (pl. Saint-Pierre-le-Vieux). De Jean-Luc Vilmouth (2006), ce dôme vitré fonctionne comme une serre et un café-fleuriste l'occupe. Craquez pour l'une des magnifiques roses et profitez-en pour prendre un petit café.

⊙ La spirale Aby Warburg (pl. de la République). Ce banc en spirale ascendante, réalisé en lattes de bois laquées blanc, contraste avec la rigueur de la place de la République.

VAUT LE DÉTOUR
La presqu'île André-Malraux

C'est un nouveau quartier à vocation culturelle, commerciale et résidentielle, qui s'étire autour des bassins Austerlitz et Dusuzeau. Amarré à la Krutenau et à l'Esplanade par trois élégantes passerelles, il fait la jonction entre le centre historique et les faubourgs sud de la ville. De ce paysage singulier et non dénué d'attrait d'une friche portuaire reconvertie se détachent les imposantes silhouettes des deux grues à portique comme deux bras ballants, laissées là en souvenir d'une époque révolue. La **médiathèque André-Malraux** (03 88 45 10 10 ; 1 presqu'île André-Malraux ; 12h-19h mar et jeu, 10h-19h mer et sam, 12h-20h ven, fermé dim et lun) en impose. Elle est la figure de proue de la "Presqu'île" à laquelle elle a donné son nom. Les briques rouges d'origine ont été recouvertes d'une peinture métallique et de citations d'écrivains. Plus loin, la **Tour Seegmuller**, ancien silo à céréales réhabilité, où se trouve notamment la fabrique du numérique **Le Shadok** (03 68 98 70 35 ; www.shadok.strasbourg.eu ; 25 presqu'île André-Malraux ; 10h-19h mer-jeu et sam, 10h-22h ven, 11h-18h un dim sur 2). En traversant un pont, on rejoint le **centre commercial Rivétoile** (03 88 55 29 29 ; www.rivetoile.com ; 3 pl. Dauphine ; boutiques 10h-20h lun-ven, 9h-20h sam, restaurants 10h-23h tlj), plutôt agréable à fréquenter. Il a été imaginé comme une grande rue commerçante. S'égrènent de part et d'autre 90 boutiques et restaurants qui disposent de terrasses au bord de l'eau, à l'abri de l'agitation. Autre bâtiment majeur, la **Cité de la musique et de la danse** (03 88 43 68 00 ; www.conservatoire-strasbourg.fr ; 1 pl. Dauphine ; 8h-22h lun-ven, jusqu'à 20h sam). Inaugurée en mai 2006, elle abrite les salles du conservatoire de Strasbourg, un auditorium de 500 places et un café.

des XIVe et XVe siècles (figurant, entre autres, le Couronnement de la Vierge, la vie de sainte Catherine et de saint Guillaume), le tombeau à gisants des comtes de Werd (dans l'abside ; XIVe siècle) et son buffet d'orgues Silbermann (1728). C'est un lieu de concerts très prisé.

École supérieure des Arts décoratifs · Art nouveau
(1 rue de l'Académie ; petit parc en accès libre hors vac. scol., dim et jours fériés). Ce bâtiment (1892) entouré de végétation se signale par sa superbe façade, ornée de compositions de céramique réalisées d'après les dessins d'Anton Seder, directeur de l'école de 1889 à 1916. On distingue les allégories de la Peinture, de l'Architecture, de la Sculpture, de la Science, de l'Archéologie et de la Géométrie, ainsi que des ornements végétaux *Jugendstil* (Art nouveau).

Esplanade · Architecture moderne
Le quartier de l'Esplanade abrite le campus de l'Unistra, l'université de Strasbourg. Il se signale par des réalisations architecturales modernes aux styles très hétérogènes, comme **L'Escarpe** (4 rue Pierre-Montet), avec sa structure en demi-cylindre et sa verrière inclinée, l'**église du Christ-Ressuscité** (angle rue du Maréchal-Juin et rue de Palerme), en forme de main, la tour de l'**ancienne École de chimie** (1 rue Blaise-Pascal), ou encore la **statue de Pallas Athéna** (pl. d'Athènes), une sculpture de François Cacheux (1969), qui dépare au milieu de grands immeubles.

Parc de la citadelle · Ancienne citadelle
(Accès par la rue de Boston). Ce parc de 12,5 ha, entre le quartier de l'Esplanade et le quai des Belges, a été aménagé sur l'ancienne citadelle construite par Vauban en 1681. On y trouve d'ailleurs quelques vestiges de ces fortifications et il fait bon se promener le long des douves peuplées de cygnes, de canards et de nénuphars. Joliment fleuri à la belle saison, le parc comporte quelques terrains de sport en libre accès et de nombreux jeux de plein air pour les enfants, notamment l'aire de jeux aquatiques de 500 m^2 (partie est du parc), prise d'assaut dès les beaux jours.

◉ Neustadt (quartier allemand)

Contrastant avec le lacis des ruelles du centre historique, le quartier impérial est traversé par de grandes avenues, très aérées. Ses réalisations architecturales monumentales très "prussiennes", construites après l'annexion de 1870, sont tout à la gloire de la germanité.

Palais de justice   Néo-hellénique

(6 quai Finkmatt). Tout rappelle l'Antiquité dans cette construction de style néo-hellénique réalisée entre 1894 et 1897 : le portique à colonnes ioniques, le fronton triangulaire, ou encore le décor sculpté inspiré de la Grèce antique. Le palais de justice connaît actuellement d'importants travaux d'agrandissement.

Église catholique   Art
Saint-Pierre-le-Jeune   romano-gothique

(quai Finkmatt). Cette belle construction en grès rose, de style romano-gothique, repérable à sa grosse coupole néo-Renaissance encadrée de deux tours, a été érigée entre 1889 et 1893. À ne pas confondre avec l'autre église Saint-Pierre-le-Jeune, vouée au culte protestant, rue de la Nuée-Bleue (voir p. 100).

Place de la République   Parc

Composée de plates-bandes impeccablement délimitées et d'allées taillées au cordeau, l'ex-*Kaiserplatz* (place de l'Empereur) séduit par son ordonnancement aéré et son espace végétal où s'élèvent des *Gingko biloba* (offerts par l'empereur du Japon à Guillaume II). Les bâtiments monumentaux qui l'encadrent et les larges avenues qui convergent vers elle contribuent à lui donner cette impression de puissance. Au centre, le monument aux morts (1936), sculpture d'une grande beauté de Léon-Ernest Drivier, est une allégorie du destin de l'Alsace dans l'histoire récente : une *mater dolorosa* (Strasbourg) tient ses deux fils mourants sur ses genoux, après qu'ils ont combattu l'un contre l'autre dans des armées adverses. Dans leur ultime soupir, ils se donnent la main, symbole de leur réconciliation.

Palais du Rhin   Patrimoine civil

(2 pl. de la République). Sur la place, on ne voit que lui, et pour cause : ce colossal

Musée Tomi Ungerer (p. 110)

SI VOUS AIMEZ...
L'époque impériale

Pour poursuivre l'exploration du quartier impérial :

◉ Église Saint-Paul (1 pl. du Général-Eisenhower). Élément familier du paysage strasbourgeois, avec ses deux flèches symétriques hautes de 76 m dressées sur une pointe séparant l'Ill et l'Aar, la majestueuse église Saint-Paul a été construite entre 1889 et 1892, dans le style néogothique, en grès rose.

◉ Palais universitaire (9 pl. de l'Université). Inauguré en 1884, cet édifice fait écho au palais du Rhin, auquel il est relié par un axe monumental. L'extérieur du bâtiment, dans le style de la Renaissance italienne, fait forte impression. Au milieu de la place trône la **statue de Goethe**, qui fut étudiant à Strasbourg en 1770-1771.

◉ Jardin botanique de l'Université (☏ 03 68 85 18 65 ; jardin-botanique. unistra.fr ; accès par l'allée Anton-de-Bary ; ⊙ tlj 14h-18h mars-avr et sept-oct, 14h-19h mai-août, 14h-16h nov à mi-déc, fermé mi-déc à fin fév). **GRATUIT** Ce jardin botanique a été inauguré en 1884. Il réunit plus de 6 600 espèces de plantes. Ne manquez pas la serre tropicale.

◉ Planétarium de l'observatoire (☏ 03 68 85 24 50 ; jardin-sciences.unistra. fr/planetarium ; 13 rue de l'Observatoire ; séance planétarium tarif plein/réduit/- 14 ans 6/5/4 €, visite guidée de la coupole tarif plein/réduit/-14 ans billet combiné 4/3/2 €). À l'extrémité sud-est du jardin botanique. Une visite familiale par excellence.

◉ Bains municipaux (☏ 03 88 25 17 58 ; www.strasbourg.eu ; 10 bd de la Victoire ; sauna et bains romains tarif plein/réduit 14/7 €, piscine tarif plein/réduit 3,80/1,90 €). L'imposante façade rouge des bains municipaux, inaugurés en 1908, cache de vrais trésors, où l'Art nouveau domine dans la décoration.

rectangle en grès, construit entre 1883 et 1888, était destiné à loger le Kaiser (l'empereur Guillaume Ier, puis ses successeurs) lors de ses séjours en Alsace ; il devait aussi symboliser de manière éclatante l'implantation du IIe Reich en Alsace. Bel exemple de l'éclectisme germanique, le style s'inspire de la Renaissance florentine, du baroque et de l'Antiquité. L'intérieur ne se visite pas.

Bibliothèque nationale universitaire
Architecture néoclassique et contemporaine

(☏ 03 88 25 28 00 ; www.bnu.fr ; 6 pl. de la République ; ⊙ en fonction des salles, fermé dim). Voisine du Théâtre national de Strasbourg (p. 110), la BNU date de la même époque et a été construite dans un style identique par les mêmes architectes. C'est la deuxième bibliothèque de France par l'importance de son fonds. La salle de lecture est coiffée d'une coupole et la façade est ornée de médaillons sculptés aux effigies de personnalités du monde des lettres et des sciences. Sur le fronton de l'avant-corps central, notez les sculptures allégoriques figurant la Photographie, la Lithographie et l'Imprimerie. Trois années de travaux (2011-2014) ont littéralement transformé les lieux. Sans carte de lecteur, accédez au centre de la bibliothèque redessinée par Nicolas Michelin : il est nourri d'une lumière naturelle descendant du dôme. Admirez l'escalier monumental (acier et bois) qui dessert les 4 niveaux, aérés et lumineux.

Théâtre national de Strasbourg (TNS)
Salle de spectacles

(7 pl. de la République ; www.tns.fr). Le TNS a été érigé entre 1888 et 1892 dans un style néoclassique. À l'origine, il accueillait le Landtag (le parlement ou diète) d'Alsace et de Lorraine. Aujourd'hui, il prête son cadre à des représentations théâtrales de qualité et héberge une troupe de comédiens permanents, ainsi que l'École supérieure d'art dramatique.

Musée Tomi Ungerer
Illustrateur

(☏ 03 68 98 51 53 ; www.musees.strasbourg. eu ; villa Greiner, 2 av. de La Marseillaise ; tarif plein/réduit 6,50/3,50 € ; ⊙ 10h-18h tlj sauf mar)

Dessinateur, illustrateur et graphiste, Tomi Ungerer a fait don de 11 000 œuvres à la ville de Strasbourg qui, en 2007, a ouvert ce musée dans une maison particulière du quartier allemand. Sur trois niveaux sont présentés affiches publicitaires, caricatures, dessins satiriques, érotiques, ou pour les enfants. Un échantillon représentatif d'une œuvre abondante, multiple, singulière.

Né en 1931 à Strasbourg, Tomi Ungerer se passionne très tôt pour le dessin. À 25 ans, il débarque à New York ; deux ans plus tard, tandis qu'il devient *cartoonist* pour les plus célèbres revues américaines et le *New York Times*, son premier livre pour enfants est un succès. Provocateur, anticonformiste, Tomi Ungerer n'hésitera pas à publier *The Party* (1966), critique virulente de la haute société new-yorkaise et *Fornicon* (1969), où il dénonce la mécanisation de la sexualité. L'Alsacien quittera New York pour l'Irlande (où il vit toujours) en 1976. Il continue de s'engager dans la lutte contre le sida, contre le nucléaire et surtout pour l'amitié franco-allemande. À la fin des années 1990, il a repris la création de livres pour enfants.

La découverte de son œuvre prolifique, à la fois engagée, critique et émouvante, ne laissera personne indifférent, d'autant que les domaines explorés par l'artiste sont très variés.

Musée zoologique   Animaux naturalisés

(☎03 68 98 51 53 ; www.musees-strasbourg.org ; 29 bd de la Victoire ; tarif plein/réduit 6,50/3,50 € ; ◷10h-18h tlj sauf mar). Ce musée rassemble des animaux naturalisés originaires de toute la planète (régions polaires, Andes, déserts), sans oublier la faune régionale, les espèces protégées, rares ou disparues. Les invertébrés, avec une remarquable galerie des insectes, et les oiseaux, figurent aussi en bonne place. Des expositions temporaires et des ateliers d'éveil scientifique pour les plus jeunes complètent la visite.

Synagogue de la Paix   Patrimoine religieux

(Angle av. de la Paix et rue René-Hirschler). La synagogue de style néoroman bâtie en

VAUT LE DÉTOUR
Le jardin des Deux-Rives

Pour l'Alsacien, il est tout à fait naturel d'utiliser les deux rives du Rhin, particulièrement à Strasbourg où les partenariats en tous genres se sont multipliés avec Kehl, la toute proche voisine allemande. Le **jardin des Deux-Rives** (rue des Cavaliers, quartier du Port-du-Rhin ; ◷côté français 7h-minuit, tte l'année ; côté allemand pas de fermeture ; 🚋2 ou 21 arrêt Jardin-des-Deux-Rives) avec sa magnifique passerelle réservée aux piétons et aux cyclistes, célèbre la relation entre les deux villes. La communauté urbaine de Strasbourg et la ville de Kehl ont même prévu à l'horizon 2017 le prolongement de la ligne D du tram, qui traversera ainsi le Rhin. Ce jardin est un symbole de l'amitié franco-allemande et une conséquence du développement de l'idée européenne. Sa magnifique passerelle, conçue par l'architecte Marc Mimram, est un trait d'union entre Allemands et Français qui passent indifféremment d'une rive à l'autre. Préférez le côté allemand, plus étroit, mais plus convivial et plus familial. De magnifiques aires de jeux attirent les enfants, particulièrement l'aire aquatique, qui ne désemplit pas en été. Le *biergarten*, qui jouxte les premières habitations de Kehl, est ouvert toute l'année. Rien ne vaut un bon *Apfelschorle* frais (mélange d'eau minérale gazeuse et de jus de pomme) pour se désaltérer en été. Côté allemand toujours, les 210 marches de la tour panoramique, haute de 44 m, mènent à une vue enthousiasmante en toute saison.

1898 sur le quai Kléber ayant été incendiée par les nazis en 1940, elle fut remplacée par cette imposante synagogue en béton, aux formes anguleuses, construite en 1954 dans le style rationaliste. La façade est égayée d'un immense candélabre à six branches, au-dessus d'un auvent de béton soutenu par 12 colonnes qui représentent les 12 tribus d'Israël. La synagogue donne sur le **parc du Contades**, principal espace vert du secteur, aménagé au XVIIIe siècle à l'emplacement d'un ancien champ de tir.

◉ Orangerie et quartier de l'Europe

Parc de l'Orangerie   Parc

(Av. de l'Europe ; ☺7j/7 24h/24). Un rayon de soleil ? Besoin de se dégourdir les jambes ou envie d'un moment de détente avec les enfants ? Direction le parc de l'Orangerie. Ce havre de paix, cher au cœur des Strasbourgeois, s'étend sur 26 ha, à deux pas des institutions européennes. C'est un lieu de promenade idéal en famille, avec son mini-zoo, sa mini-ferme et diverses aires de jeux pour enfants. Quelques kiosques proposent glaces, crêpes, gaufres… mais seulement à la belle saison. Le **bowling** (☺à partir de 10h lun-sam, dès 9h dim et jours fériés), installé au bord du lac, comprend un restaurant, un salon de thé et une terrasse ensoleillée.

Palais de l'Europe   Institution européenne

(☎réservation visite guidée 03 88 41 20 29 ; www.coe.int ; av. de l'Europe ; ☺lun-ven sur rdv, fermé jours fériés). GRATUIT Siège du Conseil de l'Europe, dont la création remonte à 1949, le palais de l'Europe a été inauguré en 1977. La structure, en forme de quadrilatère massif, renferme plus de 1 000 bureaux. Les façades, légèrement inclinées, donnent l'impression d'une ébauche de pyramide, et des traverses verticales de couleur rose rompent la monotonie de l'ensemble. La mission du Conseil de l'Europe, qui rassemble actuellement 47 États, est de promouvoir la démocratie et de protéger l'État de droit et les droits de l'Homme en Europe. Visites guidées uniquement (environ 1 heure), sur réservation.

Palais des Droits de l'Homme   Institution européenne

(☎03 88 41 20 18 ; www.echr.coe.int ; angle allée des Droits-de-l'Homme et quai Ernest-Bévin ; audiences publiques (1 heure 30) ; visites guidées sur réservation via le formulaire sur le site Internet ; ☺calendrier des audiences sur le site

Parlement européen

Internet). GRATUIT Institution créée en 1959, la Cour européenne des droits de l'Homme a pour mission d'examiner les allégations de violation de la Convention européenne des droits humains. Le palais des Droits de l'Homme, réalisé par l'architecte britannique Richard Rogers et inauguré en 1995, se distingue par sa conception très contemporaine et son aspect symbolique (les deux édifices sur pilotis représentent les deux plateaux d'une balance). Dans l'enceinte du palais, on peut voir des vestiges du Mur de Berlin. Pour les visites guidées, il est recommandé d'adresser sa demande au moins deux mois à l'avance.

Parlement européen – bâtiment Louise-Weiss   Institution européenne

(📞 03 88 17 20 07 ; www.europarl.europa.eu ; allée du Printemps ; séances plénières publiques ; visites guidées (groupes 20 pers min) sur réservation ; 🕐 calendrier des séances sur le site Internet). GRATUIT Le Parlement européen occupe ses propres locaux depuis janvier 1999. Le bâtiment principal est une prouesse architecturale : une immense façade en verre, en forme d'ellipse, sur les berges de l'Ill, enserre une partie de la haute tour circulaire de 60 m, évidée en son centre, et échancrée en direction de la cathédrale. Il est possible d'assister aux séances plénières pendant les sessions (4 jours, une fois par mois). Il suffit de se présenter à l'entrée des visiteurs durant la séance, muni d'une pièce d'identité. Pour les visites guidées, il est recommandé d'adresser sa demande au moins deux mois à l'avance (formulaire en ligne).

⊕ Circuits organisés

Batorama   Circuits en bateau

(📞 03 88 32 75 25 ; www.batorama.fr ; embarcadère du palais Rohan, à 150 m de la cathédrale ; adulte/enfant circuit "20 siècles d'histoire" 12,50/7,20 €, circuit "Grande Île" 9,50/5,80 € ; 🕐 horaires variables, consultez le site Internet). Plus de 700 000 personnes visitent chaque année Strasbourg en empruntant l'un des nombreux bateaux touristiques. Le tour de l'île se fait en

VAUT LE DÉTOUR
Le parc de Pourtalès à la Robertsau

Au nord de Strasbourg, le quartier de la Robertsau était, jusqu'au XIXᵉ siècle, un coin de campagne dédié au maraîchage. Aujourd'hui, sa vocation est essentiellement résidentielle. Il possède un bel endroit pour se ressourcer : le **parc de Pourtalès** (161 rue Mélanie ; 🕐 7j/7 24h/24). Ce parc à l'anglaise, parcouru de superbes allées arborées, abrite le château de Pourtalès. Agrandi et embelli au cours du XIXᵉ siècle, cet édifice est rehaussé de tourelles et d'une jolie toiture d'ardoise percée de lucarnes. Autre curiosité : le parc est jalonné d'une série de sculptures contemporaines (dont l'étonnant *Les Arbrorigènes*, du plasticien Ernest Pignon-Ernest, ou *À travers l'arbre*, de l'Allemand Stephan Balkenhol).

Ce parc se confond peu à peu avec la forêt de la Robertsau (près de 500 ha). Chênes pédonculés, frênes, peupliers, saules, ormes, pommiers sauvages, lianes, lierre et vignes sauvages sont le reflet d'une nature exubérante. Des itinéraires pédestres et cyclables ainsi que des panneaux didactiques jalonnent cette forêt.

Pour le dîner, filez à **La Vignette** (📞 03 88 31 38 10 ; www.lavignette-strasbourg-robertsau.com ; 29 rue Mélanie ; 🕐 midi et soir lun-ven et sam soir), le repaire gourmand du quartier.

1 heure 15 : toutes les langues sont au programme d'un commentaire très bien documenté, disponible dans des casques individuels.

Local-trotter   Circuits pédestres

(www.local-trotter-strasbourg.com). Des guides bénévoles passionnés, baptisés *local-trotters*, organisent des balades gratuites dans la ville (comptez deux à trois heures pour le centre-ville). Ils ont lancé une application iPhone gratuite Local-trotter

Parc de l'Orangerie (p. 112)

Alsace. Sa particularité ? Elle présente essentiellement des informations insolites sur la région, des curiosités.

🛏 Où se loger

Bonne nouvelle : pour une capitale européenne, touristique de surcroît, les tarifs restent abordables et fluctuent peu au cours de l'année, excepté durant la période du marché de Noël et pendant les sessions parlementaires (trois jours et demi par mois). Là, les prix s'envolent et les hôtels affichent rapidement complet.

Le Graffalgar   Hôtel arty €

(📞 03 88 24 98 40 ; www.graffalgar-hotel-strasbourg.fr ; 17 rue Déserte ; s/d/tr/qua 70-80/90-100/100-110/110-120 € ; petit-déj buffet 10-12€ ; 📶 🅿). Le meilleur rapport qualité/prix de Strasbourg, à condition d'accepter d'être excentré. Situé dans le quartier de la gare, cet établissement est le plus *arty* de la ville. Ses 38 chambres, le hall, le couloir, les escaliers… tout a été décoré par des graffeurs et illustrateurs. Le résultat ? Des univers singuliers, tantôt colorés,

enfantins, sombres ou graphiques. Parking (10-12 €/24h), bagagerie et cafétéria.

Hôtel Patricia   Hôtel historique €

(📞 03 88 32 14 60 ; www.hotelpatricia.fr ; 1 rue du Puits ; s/d/lits jum/tr 40-54/48-81/60-86/62-98 € ; ⏰ réception 8h-11h et 14h-20h lun-ven, 8h-12h dim et jours fériés). Un bâtiment du XVIᵉ siècle dans une ruelle tranquille, un monumental escalier de bois, des chambres sobres, des prix démocratiques… Une bonne affaire si on est prêt à partager sa salle de bains ! Il n'y en a en effet qu'une seule dans tout l'établissement pour les chambres les moins chères. Certaines ont vue sur une jolie cour alsacienne. Pas de TV : tant mieux, il y a tant de choses à faire à Strasbourg !

Hôtel des Arts   Central €

(📞 03 88 37 98 37 ; www.hotel-arts.fr ; 10 pl. du Marché-aux-Cochons-de-Lait ; s/d/tr 46-90/51-99/60-115 € ; ❄ @ 📶 🅿). Vu l'emplacement de rêve, à proximité immédiate des plus célèbres winstubs de la ville et de l'embarcadère des bateaux-mouches, on pardonne facilement à ce deux-étoiles l'absence d'ascenseur, ainsi que le mobilier basique et l'étroitesse de la salle du petit-déjeuner. Mais les chambres sont d'une propreté irréprochable et l'accueil est sympathique. Parking 20 €/jour selon disponibilité.

Le Grillon — Petits prix €

(03 88 32 71 88 ; www.grillon.com ; 2 rue Thiergarten ; s/d avec douche et wc commun 43-66/48-75 €, s/d avec sdb 52-79/57-87 € ; P). Les chambres 404 à 412, mansardées, sont de vraies petites pépites pour les petits budgets, avec des poutres apparentes, des lavabos très propres, des sanitaires communs impeccables et l'accès Wi-Fi gratuit. Les autres chambres sont plus conventionnelles, mais mieux équipées. Emplacement très pratique, tout près de la gare et de la Grand' Rue. Tarif négocié avec le parking Wodli 8,40 €/jour.

Hôtel des Anges — Hôtel contemporain €

(03 88 32 47 38 ; 48 rue du Vieux-Marché-aux-Poissons ; s/d 69-95/79-115 € ; variables ;). Son emplacement est idéal : à deux pas de la cathédrale et du Musée historique. Les chambres (certaines minuscules) sont modernes et épurées, décorées dans des tons brun, noir et blanc. Les salles de bains avec douche sont bien équipées et agencées. Et les prix restent abordables.

La Cruche d'or — Hôtel central €€

(03 88 32 11 23 ; www.cruchedor.com ; 6 rue des Tonneliers ; s 55-70 €, d avec douche/bain 75-90/85-100 €, tr 97-112 €). Cet hôtel est idéalement situé au cœur du vieux Strasbourg, celui des maisons à colombages et des petites rues piétonnières. Les chambres sont chaleureuses, avec des têtes de lit en bois assorties de grands miroirs donnant un charme particulier. Accueil très familial. Également restaurant.

Hôtel Suisse — Hôtel de charme €€

(03 88 35 22 11 ; www.hotel-suisse.com ; 2-4 rue de la Râpe ; d/qua 89-137/127-137 € ;). Occupant un immeuble d'angle, avec une avancée en encorbellement sur le côté (vue très agréable depuis presque

toutes les chambres), ce bel écrin donne envie de roucouler dans une chambre douillette et confortable, au charme alsacien d'antan. Seuls les retentissants "ding dong" des cloches de la cathédrale, toute proche, viennent rappeler l'existence du monde extérieur. Agréable salon-bar au rez-de-chaussée. Bon accueil. L'idéal pour un week-end en amoureux, sans se ruiner.

Hôtel Au Cerf d'or — Hôtel calme €€

(03 88 36 20 05 ; www.cerf-dor.com ; 6 pl. de l'Hôpital ; s/d/tr 75-98/85-118/135-155 € ;). Nous n'avons eu d'yeux que pour la petite piscine, le Jacuzzi et le sauna – une oasis zen, agréable hiver comme été ! Pour le reste, le Cerf d'or loue des chambres classiques et confortables dans deux bâtiments séparés, l'un de style alsacien traditionnel, à colombages, l'autre dans une annexe moderne située juste à côté. Emplacement calme et pratique, à quelques pas des Hospices de Strasbourg.

Hôtel Rohan — Hôtel chic €€€

(03 88 32 85 11 ; www.hotel-rohan.com ; 17 rue du Maroquin ; s 75-170 €, d 99-330 €, prestige 109-350 €, suite 189-410 € ; P). Situé dans le quartier historique de la cathédrale, l'hôtel Rohan joue dans la cour des grands. La déco est design et luxueuse mais l'établissement conserve une ambiance douillette grâce aux pierres et ardoises apparentes. Salon de petit-déjeuner lumineux. Possibilité de goûter aux spécialités régionales dans le restaurant de l'hôtel L'Irokoi. Parking 20 €/nuit.

✪ Où se restaurer

✪ Cathédrale et place Gutenberg

Naegel — Sur le pouce €

(03 88 32 82 86 ; 9 rue des Orfèvres ; 8h30-18h30 mar-jeu, 8h-18h30 ven-sam). Cette pâtisserie réputée dispose d'un petit comptoir de dégustation. Spécialités salées (parts de quiche, tartines et tourtes) et sucrées (viennoiseries, cakes, entremets). Excellents sandwichs (environ 5€).

Chez Yvonne   Alsacien €€

(☏03 88 32 84 15 ; www.chez-yvonne.net ; 10 rue du Sanglier ; ☺tlj midi et soir jusqu'à minuit).
Yvonne n'est plus là, mais la magie perdure. On aime les petites *stub* (pièces) intimistes, comme dans une maison de poupées, et la cuisine à base de produits régionaux. Les spécialités de la maison ? Le jarret de porc braisé à l'amère bière et le coq au riesling. À la carte, tous les classiques de la winstub.

Le Tire-Bouchon   Alsacien €€

(☏03 88 22 16 32 ; www.letirebouchon.fr ; 5 rue des Tailleurs-de-Pierre ; ☺midi et soir tlj). Tout rappelle l'Alsace gourmande dans cette winstub cachée dans une minuscule ruelle : l'authenticité du cadre (murs aux tons clairs, poutres, fresques, lumière jaune tamisée) et la cuisine de terroir (mention spéciale pour la choucroute et le bœuf gros sel avec sa salade de pommes de terre). Autres atouts : des prix abordables et le service jusqu'à minuit.

Le Clou   Cuisine du terroir €€

(☏03 88 32 11 67 ; www.le-clou.com ; 3 rue du Chaudron ; ☺11h45-14h et 17h30-minuit lun-sam, tlj déc). Nous avons un faible pour cette winstub et son univers familial et convivial, à deux pas de la cathédrale. La cuisine rabelaisienne ne déçoit pas : *fleischkiechele* (boulettes de viande), *waedele* (jarret de porc braisé, une petite merveille), *presskopf* (pâté de tête)... Marqueteries et bibelots typiquement alsaciens, grande table commune (la *stub*) et petites tables.

Au Petit Tonnelier   Cuisine de saison €€

(☏03 88 32 53 54 ; www.aupetittonnelier.com ; 16 rue des Tonneliers ; ☺midi et soir tlj sauf dim). Ni choucroute ni entrecôte-frites : ici, le maître mot, c'est la cuisine de saison, classique, avec une touche personnelle (sauté de bœuf au munster, magret de canard aux fruits d'été...). Jolie déco épurée, alternant tons noir et blanc virginal. Expositions d'artistes peintres.

Au Bon Vivant   Tartes flambées €€

(☏03 88 23 17 42 ; aubonvivant.eu ; 4 pl. du Marché-aux-Cochons-de-Lait ; ☺tlj midi et soir mar-ven, en continu 11h-23h sam-lun).

Étonnamment, manger une bonne tarte flambée n'est pas chose aisée à Strasbourg. Ici, vous trouverez parmi les meilleures (9,50-9,90 €). Seul regret, et de taille, pendant le marché de Noël elles ne sont servies que de 15h à 18h le week-end et le lundi. Formule à volonté (salées et sucrées) à 20 € par personne.

🍴 Place Broglie et place Saint-Étienne

La Petite Mairie   Cuisine du terroir €€

(☏03 88 32 83 06 ; 8 rue Brûlée ; ☺midi et soir lun-ven). À deux pas de la place Broglie, à l'arrière de l'hôtel de ville, Marie accueille ses hôtes avec chaleur. Ici, les classiques des winstubs tels que le jarret grillé ou le cordon-bleu sont parfaitement exécutés et servis copieusement, dans une ambiance de brasserie.

231 East Street   Burgers €

(☏03 88 16 96 13 ; www.231-east.fr ; 3 pl. Saint-Étienne ; ☺11h-1h tlj). L'endroit idéal pour une rapide pause déjeuner. Dans un décor pop art hyper coloré, installez-vous sur des banquettes pour savourer de bons burgers. Ici tout est frais. La viande (cuisson au choix) est délicieuse, le pain moelleux à souhait et les frites maison servies dans un cornet. Le tout à un prix plus que raisonnable.

🍴 Place Kléber et les Halles

L'Épicerie   Tartines €

(☏03 88 32 52 41 ; www.lepicerie-strasbourg. com ; 6 rue du Vieux-Seigle ; ☺tlj midi-minuit). Spécialité de tartines chaudes ou froides (4,80-9,50 €), servies de midi à minuit. Hmm, la tartine au brie de Meaux, noix et miel d'acacia, avec un délicieux jus de pomme-cannelle-calvados... Cadre rigolo, qui vous transporte dans les années 1960, grande table centrale. Bruyant et bondé aux heures de pointe.

Square Delicatessen   Pizza à la part €

(☏03 88 32 11 05 ; 12 rue du Vieux-Marché-aux-Grains ; ☺tlj 9h-0h30). Dans un décor épuré à la new-yorkaise, on mange sur le pouce,

Hôtel Au Cerf d'or (p. 115)

à toute heure, des pizzas vendues à la part (3,90-4,90 €). La pâte est faite sur place et les garnitures, généreuses, sont préparées avec des bons produits frais. Du côté des desserts, on se régale avec le cheese-cake, accompagné d'un *ristretto* à l'italienne.

✖ Petite France, Grand'Rue et Finkwiller

La Vieille Tour — Cuisine du marché €€€
(📞03 88 32 54 30 ; 1 rue Adolphe-Seyboth ; 🕐fermé dim et lun soir). On aime la petite salle aux allures de pension de famille, aux couleurs ensoleillées, et décorée de jambons et de grands bocaux de fruits. On s'y régale d'une savoureuse cuisine de marché, qui plaira à tous les palais ; l'immense tableau vert fourmille de tentations variées, de la roulade de bœuf confite 72 heures à l'andouillette rôtie. Belle carte des vins et terrasse en été. Une bonne adresse pour une dînette en amoureux.

Pur etc. — Sur le pouce €
(📞09 83 78 38 79 ; www.pur-etc.fr ; 122 Grand'Rue ; 🕐11h30-20h30 lun-sam, 11h-18h dim, brunch jusqu'à 15h). Muffins au potimarron et feta, scones au fromage, soupe de courgettes, tajine de légumes sont à déguster sur place, à emporter ou à se faire livrer à vélo. Ici, tout est fait maison. Les fruits et légumes sont cultivés par des producteurs locaux. L'adresse idéale pour les locavores et végétariens. Jolie terrasse aux beaux jours.

La Choucrouterie — Alsacien €€
(📞03 88 36 52 87 ; www.restaurantdelachouc. com ; 20 rue Saint-Louis ; 🕐fermé lun, sam midi et dim midi). L'inclassable "Chouc'", au même endroit que le cabaret (voir p. 121), attire les amateurs de... choucroute bien sûr (jusqu'à 7 sortes en saison), mais aussi de *bibeleskas* (fromage blanc alsacien). Atmosphère très *heimlich*.

Les Haras — Brasserie chic €€
(📞03 88 24 00 00 ; www.les-haras.fr ; 23 rue des Glacières ; 🕐tlj midi et soir). Cuisine ouverte sur la salle, escalier en bois monumental, fauteuils en cuir et charpente apparente à l'étage... Une somptueuse brasserie a trouvé sa place dans les anciens haras de Strasbourg. La carte, qui veut rester

Terrasses de la place du Marché-Gayot

abordable, est signée Marc Haeberlin, chef triplement étoilé de l'Auberge de l'Ill.

Krutenau et Esplanade

Au Diable Bleu
– Soul Meat   Viande €€
(03 88 35 26 84 ; 1 rue Saint-Guillaume ; tlj midi et soir, jusqu'à 1h ven et sam). Bienvenue aux carnivores ! Ici, on sert des pièces de bœuf (excellentes), exposées derrière une vitrine de boucherie, dans la salle de repas. Le prix varie selon le poids de la viande commandée… et peut vite s'envoler. Faux-filet à partir de 19 €, côte de bœuf à partir de 58 €. Brunch pantagruélique le dimanche à 22 €.

Le Rutsch   Spécialités régionales €€
(03 88 25 20 20 ; le-rutsch.fr ; 9 rue du Renard-Préchant ; 12h-14h et 19h-22h mar-sam). Le Rutsch tient son nom du *rutscherle*, ce petit verre typiquement alsacien où l'on sert le vin et que l'on retrouve à table ici. Avec ses nappes en *kelsch* et ses luminaires tendance, cette nouvelle winstub réussit à marier le moderne et le traditionnel, sans faute de goût. Dans les assiettes, les plats régionaux sont bien exécutés. Escalope de noix de veau et *spaetzle*, *maennerstoltz* (pour les gros appétits, la saucisse est plus grande que l'assiette!) et sa choucroute… Terrasse en été.

Coffee Stub   Coffee shop €
(03 88 16 08 62 ; 12 quai des Pêcheurs ; mar-ven 9h-19h, sam-dim 10h-19h). Ici, tout est local et *trendy*. Les chaises typiquement alsaciennes ont été revisitées par des designers strasbourgeois, les tables en bois gravées reprennent les motifs des colombages. Le café est torréfié par l'Alsacien Sati, les légumes proviennent du maraîcher Jean-Michel Obrecht, les terrines de Betschdorf. On vient siroter un café (quatre méthodes douces d'extraction proposées) avec un *carrot-cake* en profitant de la vue sur l'Ill, ou manger un bon petit plat du jour (tajine, pot-au-feu, galettes de légumes, etc.).

Neustadt

Les Innocents   Brasserie €€
(09 53 03 91 98 ; les-innocents.fr ; 4 rue Paul-Muller-Simonis ; 12h-14h mar-ven, 17h30-23h

mar-ven, 19h30-23h sam). Notre coup de cœur ! Sur les murs, des photos de bandits australiens ; dans la salle, un beau zinc surplombé par des luminaires et une prison pour conserver les flacons. Ambiance prohibition version Chicago, cuisine fine et de saison. Le rapport qualité/prix de la formule du midi (entrée-plat 16 €) est imbattable.

⊗ Orangerie et quartier de l'Europe

Chez Franchi   Café-glacier €

(📞 03 88 36 34 34 ; 8 av. de l'Europe ; ⊙10h-14h lun, 10h-22h mar-ven et dim). Ce café, glacier et restaurant italien est idéalement situé, entre le parc de l'Orangerie et les institutions européennes. Les pizzas sont savoureuses, toutes les classiques figurent à la carte et les prix sont corrects (7,40-13,10 €). Goûtez les excellents raviolis alla maremmana et les glaces, l'autre grande spécialité de la maison. Agréable décor. Brasserie l'après-midi. Chez Franchi vend également ses délicieuses glaces au centre-ville, au 5 rue des Francs-Bourgeois.

🍷 Où prendre un verre

Les Douze Apôtres   Brasserie

(📞 03 88 32 08 24 ; 7 rue Mercière ; ⊙12h-minuit tlj en haute saison, 16h-23h dim-ven et 12h-minuit sam le reste de l'année). Ici, la bière est une culture, un art de vivre. Appréciez l'accueil ultrarustique et appréciez ce pour quoi vous êtes venu : une bonne bière fraîche, au pied de la cathédrale. La carte change régulièrement et l'établissement propose incontestablement la meilleure sélection de bières de la ville.

Jeannette et les Cycleux   Bistrot

(📞 03 88 23 02 71 ; www.lenetdejeannette. com ; 30 rue des Tonneliers ; ⊙11h30-1h30 dim-jeu, jusqu'à 2h30 ven-sam). Ce bar original et alternatif prépare des planchettes de fromage ou de charcuterie (7-19 €) à arroser de l'un de leurs cocktails du mois (6-9 €). *Happy hour* "mojito" tous les jours de 17h à 20h30 et le mercredi toute la soirée.

Taverne des Serruriers – Schlosserstub   Brasserie

(📞 03 88 32 02 60 ; 25 rue des Serruriers ; ⊙8h30-1h30 lun-jeu, jusqu'à 3h ven-sam, dim 15h-21h). Café-brasserie convivial (dites "la Schloss", comme tout le monde), où se retrouve une clientèle mélangée, autour d'un noyau d'étudiants et d'intellos désargentés.

La Mandragore   Bar

(📞 03 88 22 38 71 ; barlamandragore.blogspot.fr ; 1 rue de la Grange ; ⊙15h-1h mar-sam, 16h-minuit dim). On adore la déco animalière de ce bar, véritable cabinet de curiosités avec ses animaux empaillés et ses peaux de bêtes. Le bon plan ? Le mardi, de 15h à 1h le demi de bière est à 1,50 €.

Le Trolleybus   Bar

(📞 03 88 32 47 96 ; 14 rue Sainte-Barbe ; ⊙11h-1h30 lun-sam, jusqu'à 4h ven et sam, 14h-1h30 dim). L'un des Q.G. de la jeunesse branchée de Strasbourg, tout près de la place Kléber, dans une rue piétonne et calme. À l'intérieur, en revanche, c'est franchement animé autour du bar, surtout le week-end. Prix légers et déco sans chichis.

Salon de thé Grand'Rue   Salon de thé

(📞 03 88 32 12 70 ; www.salondethegrandrue. fr ; 80 Grand' Rue ; ⊙8h45-18h45 tlj sauf dim, excepté lors du marché de Noël). Bol de lait chaud au miel, chocolat chaud au gingembre ou aux épices de Chine et tartes aux fruits irrésistibles dans ce salon de thé cosy, boisé de rouge. Bon choix de petits-déjeuners (5,90/6,90/9,50 €).

Le Phonographe   Bar

(2 rue de l'Arc-en-Ciel ; ⊙18h-1h30 dim-mer, jusqu'à 2h30 mer-sam). Une ambiance joyeusement rétro qui ne plaît pas qu'aux geeks. Étudiants et trentenaires un brin bobos s'emparent du lieu dès la fin de la journée. Il faut venir tôt pour trouver une place assise. Chaque boisson est accompagnée de très bons biscuits salés faits par la maman du patron. Gourmandes planchettes de charcuterie et fromages (1,50 € l'ingrédient).

Le Gayot — Bar-terrasse

(📞 03 88 36 31 88 ; 18 rue des Frères ; 🕐 11h-1h lun-sam, 12h-21h-22h dim). C'est un classique dans le secteur. Jolie sélection de vins au verre, petits gâteaux apéro. La terrasse donne sur la superbe "PMG" (place du Marché-Gayot), à l'arrière. Clientèle éclectique, plutôt branchée.

Barco Latino — Péniche-bar

(📞 03 88 23 59 06 ; www.barcolatino.fr ; quai des Pêcheurs ; 🕐 17h-1h30 dim-mar, 17h-4h mer-jeu, 16h-4h ven-sam). Le Che est omniprésent sur cette péniche très inspirée de Cuba, qui attire les étudiants la semaine, et une clientèle très variée le week-end. Ambiance chaude et 100% latino, cours de salsa les jeudis, concerts les mercredis.

✪ Où sortir

Le Mudd Club — Club alternatif

(📞 03 88 32 14 02 ; www.mudd-club.fr ; 7 rue de l'Arc-en-Ciel ; 🕐 lun-jeu 18h-1h, ven-sam 20h-4h). Vous cherchez un petit concert sympa, un peu alternatif ? Vous avez frappé à la bonne porte. Tous les styles musicaux sont ici représentés : punk, rock, jazz, électro mais aussi hip-hop. Retrouvez toute la programmation sur le site Internet du club.

Fat Black Pussycat — Bar-clubbing

(📞 09 67 15 25 60 ; 3 rue Klein ; 🕐 22h-4h dim, 19h-4h lun-sam). Au rez-de-chaussée, des radiographies décorent le bar. Au sous-sol, les clients marchent sur des livres. Dans un lieu décalé, légèrement underground, étudiants et trentenaires viennent déguster un bon rhum ou de la vodka vieillie en fût de chêne. Soirées DJ électro, hip-hop, soul mais aussi rock et jazz.

La Salamandre — Clubbing

(📞 03 90 41 87 27 ; www. lasalamandrestrasbourg.com ; 3 rue Paul-Janet ; 🕐 23h-7h jeu-sam). Cette boîte de 400 m², qui a vu défiler des générations d'étudiants, n'arrête pas de muer. Cadre contemporain branché "passe-partout". Le restaurant sert jusqu'à 6h. Entrée 8 € avec une conso, vestiaire (2 €) obligatoire.

Le Living-Room — Club

(📞 03 88 24 10 10 ; 11 rue des Balayeurs ; 🕐 20h30-4h mer-sam). Haut lieu des nuits branchées à Strasbourg, cette boîte/bar

La Salamandre

VINCENT FROEHLY ©

Opéra national du Rhin

dansant est installée au rez-de-chaussée d'un immeuble quelconque. Dedans, l'ambiance est chaude en fin de semaine lorsque la clientèle, qui se la joue VIP – triée sur le volet par un portier –, se trémousse sur de la house. Esprit plus lounge en semaine.

La Laiterie   Concerts
(☎03 88 23 72 37 ; www.laiterie.artefact.org ; 13 rue du Hohwald). *La* salle emblématique de Strasbourg. Installée un peu à l'écart du centre, dans une ancienne laiterie, cette "salle de musiques actuelles" offre une programmation musicale tous azimuts. Ambiance alternative.

La Choucrouterie   Théâtre-cabaret
(☎03 88 36 07 28 ; www.choucrouterie.com ; 20 rue Saint-Louis ; ⏰billetterie 10h30-12h30 et 14h-19h lun-ven, 14h-19h sam, spectacles à 20h30 en semaine, 17h dim). Un théâtre-cabaret très alsacien dans son esprit et son expression, créé par le chansonnier Roger Siffer. Spectacles légers et humoristiques, présentés presque simultanément en alsacien et en français. Restaurant attenant (voir p. 117).

Opéra national du Rhin   Spectacles
(☎03 88 75 48 00, réservations ☎0825 84 14 84 ; www.operanationaldurhin.fr ; 19 pl. Broglie ; ⏰billetterie 12h30-18h30 lun-ven et sur place 1 heure avant la représentation). Tous les grands classiques de l'opéra et du ballet, ainsi que de la musique de chambre, des récitals et du théâtre en alsacien. Une vingtaine de productions différentes sont présentées chaque année. Billets de spectacles en vente également à la boutique Culture (voir p. 123).

Théâtre national de Strasbourg   Théâtre
(☎03 88 24 88 00, réservations ☎03 88 24 88 24 ; www.tns.fr ; 1 av. de la Marseillaise ; ⏰billetterie 14h-18h lun, 10h-18h mar-ven, 10h-12h et 14h-18h sam ; les spectacles débutent tous les soirs à 20h, le dim à 16h). Un élément phare du paysage culturel strasbourgeois, avec un répertoire théâtral de qualité, classique et contemporain. Le seul théâtre de province à bénéficier du statut de Théâtre national. Billets de spectacles en vente également à la boutique Culture (voir p. 123).

🔒 Achats

Christian   Pâtisserie-salon de thé
(☎️03 88 22 12 70 ; 10 rue Mercière ; ⏱️7h30-
18h30 lun-sam). Christian confectionne
les pains d'épices (en hiver) et les
chocolats les plus savoureux qui soient.
Quant à ses glaces et sorbets, ils sont
incontestablement parmi les meilleurs
de Strasbourg, avec chaque année de
savoureuses inventions. Autre adresse rue
de l'Outre, derrière la place Kléber.

Arts et Collections
d'Alsace   Textiles et faïences
(☎️03 88 14 03 77 ; 4 pl. du Marché-aux-
Poissons ; ⏱️13h30-18h30 lun, 10h-12h30 13h30-
18h30 mar-sam). Une enseigne renommée,
avec un choix varié de faïences de l'Est et
de linge de table et de lit, dont le célèbre
kelsch, le tissu le plus caractéristique de
l'Alsace, le plus souvent en lin et coton, rayé
ou à carreaux, que seuls quelques ateliers
artisanaux fabriquent encore.

Pain d'Épices   Pains d'épices
(☎️03 88 32 33 34 ; www.mireille-oster.com ;
14 rue des Dentelles ; ⏱️10h-19h dim-lun, 9h-19h
mar-sam). Les créations artisanales en pain
d'épices de Mireille Oster, délicieusement
mises en valeur dans son envoûtante petite
boutique, font un tabac. Laissez-vous tenter
par les "7 épices" (9 € le sachet de 250 g).

Maison alsacienne de biscuiterie
Saint-Thomas   Épicerie fine-confiserie
(☎️03 88 32 27 75 ; 9 rue des Serruriers ; ⏱️10h-
19h lun, 9h-19h tlj). Une caverne d'Ali Baba
pour les amateurs de biscuits (alsaciens,
bien sûr). Autre boutique au 16 rue du
Dôme.

Un Noël en Alsace   Décorations de Noël
(☎️03 88 32 32 32 ; www.noelenalsace.fr ;
10 rue des Dentelles ; ⏱️10h30-12h30 et 13h30-
18h30 lun-sam mars-nov, 10h-19h tlj déc, fermé
jan-fév). Une boutique spécialisée dans la
déco de Noël : petits sujets en bois ou en
étain peints à la main, dentelles et bois
découpés.

Poterie d'Alsace   Poteries
(☎️03 88 32 23 21 ; www.poterie-alsace-
strasbourg.eu ; 3 rue des Frères ; ⏱️14h-19h lun,
10h-19h mar-sam). Dans ce magasin central
sont joliment présentées les plus belles

Gare de Strasbourg (p. 103)

VINCENT FROEHLY ©

poteries traditionnelles d'Alsace (voir l'encadré p. 74) : celles de Betschdorf (gris et bleu) et celles de Soufflenheim (ocre vernissé).

ⓘ Renseignements

Boutique Culture (📞 03 88 23 84 65 ; boutiqueculture@strasbourg.eu ; 10 pl. de la Cathédrale ; 🕙 12h-19h mar-sam). Tout sur les lieux de sortie et l'actualité culturelle ; vente de billets sans supplément.

Office du tourisme (📞 03 88 52 28 28 ; www. otstrasbourg.fr ; 17 pl. de la Cathédrale ; 🕙 9h-19h tlj). Également une annexe à la gare SNCF et au parc de l'Étoile.

ⓘ Depuis/vers Strasbourg

AVION

L'**aéroport international de Strasbourg-Entzheim** (📞 03 88 64 67 67 ; www.strasbourg. aeroport.fr) est à 10 km de Strasbourg par l'autoroute. Une navette ferroviaire relie l'aéroport à la gare de Strasbourg (9 minutes), d'où l'on rejoint rapidement le centre-ville, à pied ou en tramway. Le billet combiné navette TER + tram (4,30 €) permet d'emprunter la navette puis le bus ou le tram. La navette fonctionne 1 à 5 fois par heure (pour les horaires tardifs, un autocar remplace le train).

Hop! (www.hop.fr), la compagnie régionale d'Air France, propose des vols directs depuis Bordeaux, Lille, Toulouse, Nantes et Lyon.

Volotea (📞 0899 232 050 ; www.volotea.com/fr), la compagnie low cost espagnole, assure des vols à destination de différentes villes françaises : Nantes, Bordeaux, Biarritz, Toulouse, Montpellier, Marseille, Nice.

Brussels Airlines (depuis la France 📞 0892 64 00 30, depuis la Belgique 📞 0902 51 600 ; www. brusselsairlines.com ; 🕙 9h-19h lun-ven et 9h-17h sam) assure 2 vols quotidiens, en semaine (lun-ven), entre Strasbourg et Bruxelles. Il n'y a pas de vol direct depuis la Suisse.

TRAIN

La ligne du **TGV Est-Européen** met désormais Strasbourg à 1 heure 50 de Paris-Gare de l'Est,

 Le Strasbourg Pass

La montée à la plateforme de la cathédrale, la découverte de l'horloge astronomique, la visite d'un musée, la balade en bateau-promenade, un vélo pour une demi-journée... Toutes ces activités deviennent gratuites pendant trois jours grâce au Strasbourg Pass. Ce précieux sésame vous permet en plus de bénéficier de réductions sur d'autres animations. Il est en vente à l'office de tourisme de Strasbourg. Tarifs adulte/enfant 18,90/9,45-12,45 €.

avec une fréquence moyenne de 16 allers-retours quotidiens. Depuis Strasbourg, certaines rames du TGV Est vont jusqu'à Bâle (1 heure 20), en passant par Colmar et Mulhouse, et Zurich (2 heures 20 à plus de 3 heures).

Strasbourg n'est plus qu'à 3 heures de Lille, 5 heures de Nantes ou Rennes et 6 heures de Bordeaux ! Grâce au TGV Rhin-Rhône, Strasbourg est aussi reliée quotidiennement à Lyon (3 heures 50) et Marseille (5 heures 30). Liaisons directes et quotidiennes vers : Bruxelles (3 heures 40) et Munich (3 heures 50).

VOITURE

Strasbourg est un important carrefour routier. La ville est reliée à Paris (via Metz et Reims) par l'autoroute A4 (488 km, environ 5 heures) et à Mulhouse (puis Bâle) par l'A35 gratuite. Vous pouvez aussi prendre la N4 jusqu'à Nancy et Lunéville puis la direction de Raon-l'Étape et du col du Donon ou encore mieux et plus rapide, par le col de Saverne et la petite ville du même nom.

La vallée du Rhône et les Alpes sont facilement accessibles par l'autoroute en suivant la direction de Besançon et de Beaune (A36) depuis Mulhouse. Depuis l'ouest de la France, il faut passer par Paris. De Marseille et du Sud, passez par Lyon. Du Nord, il faut transiter par Reims puis prendre l'A4.

Depuis la Suisse, une solution rapide consiste à passer par Bâle, puis à rejoindre Kehl ou Offenbourg, en Allemagne par l'autoroute ;

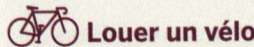 **Louer un vélo**

Inauguré en septembre 2010, **Vélhop**, le vélo partagé strasbourgeois, est arrivé dans le contexte spécifique d'une ville où la pratique du vélo était déjà très répandue, tout comme la possession d'une bicyclette. La particularité du système Vélhop : le vélo doit être rendu là où il a été loué. Vélhop propose des formules de location de courte durée et de longue durée, assez compliquées. Toutes permettent de disposer d'un bon vélo, loué avec panier et cadenas.

Pour ne pas se compliquer la vie, les visiteurs ont intérêt à se rendre en boutique Vélhop avec une pièce d'identité et une caution de 150 € (non encaissée, restituée si le vélo est rendu en état). Tarifs : 5 € la journée ; 15 € la semaine.

Pour prendre un vélo en station automatique (1 €/heure, 5 €/jour), il faut posséder une carte bancaire. Appelez le 📞 09 69 39 36 67 pour obtenir un code d'accès, en station, et une clé de Vélhop. Ensuite, grâce à cette clé, vous pourrez récupérer un vélo et le restituer à la même station. La carte bancaire sera débitée du montant correspondant à la durée de location.

● **Boutique Gare** (📞 09 60 17 74 63 ; niveau -1 de la grande verrière ; 🕐 basse saison 8h-19h lun-ven, 9h-12h30 et 14h-17h30 sam, haute saison 8h-19h lun-ven, 9h30-19h sam, dim et fêtes)

● **Boutique Centre** (📞 09 65 27 97 25 ; 3 rue d'Or ; 🕐 basse saison 8h-19h lun-ven, 9h-12h30 et 14h-17h30 sam, haute saison 8h-19h lun-ven, 9h30-19h sam, dim et fêtes)

● **Boutique Université** (📞 09 62 32 06 46 ; 23 bd de la Victoire ; 🕐 basse saison 9h-12h30 et 13h30-18h30 lun-ven ; haute saison 9h-18h30 lun-ven)

ensuite, il n'y a plus qu'à franchir le Rhin par l'une des voies rapides.

Depuis la Belgique, suivre l'autoroute E411 jusqu'à Luxembourg puis l'A31 jusqu'à Metz et l'A4 pour Strasbourg ou, si vous avez un peu de temps, depuis Sarrebruck vers Haguenau, par la N 61 et la D919.

ℹ **Comment circuler**

TAXI

La société **Taxi 13** (📞 03 88 36 13 13 ; www.taxi13.fr) assure un service 24h/24 et 7j/7.

TRANSPORTS EN COMMUN

Pour tout renseignement sur le réseau de bus et de tram, contactez la **CTS** (Compagnie des transports strasbourgeois ; 📞 03 88 77 70 70 ; www.cts-strasbourg.fr ; 🕐 7h30-19h lun-ven, 8h30-12h15 et 13h15-17h15 sam). Tarifs identiques et titres de transport valables sur les deux réseaux : 1,70 € le ticket à l'unité ; 14 € le carnet de 10 ; 6,80 € le ticket Trio, valable pour 2-3 personnes, permettant un nombre de voyages illimité dans la même journée ; 4,30 € le ticket Alsa+ individuel pour un nombre de voyages illimité pendant 24 heures, valable sur les lignes de bus, tram et TER de la communauté urbaine de Strasbourg.

Bus

La CTS exploite une trentaine de lignes de bus couvrant toute l'agglomération strasbourgeoise. Elles complètent le réseau du tram, mais ne sont pas indispensables pour les visiteurs de passage (le tram suffit largement), sauf pour se rendre en Allemagne ou au jardin des Deux-Rives. Le tramway devrait rejoindre la mairie de Kehl d'ici fin 2017.

Les bus sont aussi pratiques pour les noctambules. Le jeudi, le vendredi et le samedi soir, trois lignes spéciales fonctionnent de 23h30 à 5h30. Elles partent toutes de l'arrêt Corbeau, à la jonction du quai des Bateliers et du quai Saint-Nicolas, un emplacement commode.

Tram

C'est le moyen de transport idéal pour circuler à Strasbourg, outre le vélo. Le réseau comporte 6 lignes identifiées par des lettres (de A à F). Toutes les lignes de tramway permettent d'accéder au centre-ville. Un nom à retenir : la station "Homme-de-Fer", véritable nœud du réseau, où 5 des 6 lignes se croisent (seule la

Tram de Strasbourg

ligne E l'évite ; elle relie le sud de l'agglomération au quartier de la Robertsau, via les institutions européennes). Chaque station est équipée de distributeurs automatiques de titres.

Le tram circule de 4h20 à 0h45, selon les lignes, du lundi au samedi, et de 5h30 à 0h30 le dimanche et les jours fériés. Les fréquences varient de 5 à 15 minutes. La gare est reliée au centre-ville par les lignes A, C et D.

VÉLO

Strasbourg est la ville française la mieux équipée en matière de pistes cyclables (+ de 400 km !). Le réseau, qui couvre toute la ville, rend la découverte très facile (et très économique). Il s'étend cependant bien au-delà, ce qui permet de visiter la campagne environnante.

Vous pouvez transporter votre vélo gratuitement dans le tram (dans la dernière rame uniquement!) ainsi que dans certains trains du réseau TER-Alsace, hors heures de pointe (entre 6h et 9h et 16h et 19h), ou louer un deux-roues dans une station ou une boutique **Vélhop** (voir page ci-contre).

VOITURE

Plusieurs loueurs de voiture sont installés à la gare et à l'aéroport. Le stationnement est problématique au centre, et peu d'hôtels disposent de parkings. Vous trouverez néanmoins des parkings publics (7,50-44 €/24 h). Plutôt que de vous garer dans les parkings de l'hypercentre, utilisez le parking Bateliers (près du quai des Bateliers), le parking Sainte-Aurélie (à côté de la gare) ou le parking des Halles-Sébastopol, moins chers, à 5 minutes à pied du centre-ville. Infos et tarifs sur **www.parcus.com** (☎03 88 27 09 09 ; ⏱9h-11h30 et 14h-17h).

Façades d'Obernai (p. 136)

DE LA PLAINE D'ALSACE AUX VOSGES MOYENNES

De la plaine d'Alsace aux Vosges moyennes

Des vignes des contreforts vosgiens aux prairies humides du Ried en passant par de magnifiques vallées vertes, la région du sud de Strasbourg possède une étonnante diversité de paysages aux identités très marquées. Le nord de la route des Vins, tout d'abord, qui traverse les collines sous-vosgiennes. Dominés par le Mont-Sainte-Odile, ses villages de vignerons typiques aux maisons à colombages fleuries de géraniums regorgent de joyaux d'architecture médiévale et Renaissance. Plus hostile, situé au cœur de la plaine d'Alsace, entre Sélestat et Strasbourg, le Grand Ried s'étend à perte de vue. Riches d'une faune et d'une flore exceptionnelles, ses prairies humides aux allures de bayou se découvrent lors d'escapades à pied ou en barque à fond plat. Enfin, sur les hauteurs, les Vosges moyennes abritent de pittoresques villages de montagne. Le val de Villé et la vallée de la Bruche sont des terres bénies pour les adeptes du tourisme vert.

☑ Dans ce chapitre

À gauche : Dans le Grand Ried en barque à fond plat (p. 155). À droite : Hôtel de ville de Dambach-la-Ville (p. 148)
SONIA DE ARAUJO ©

LE NORD DE LA ROUTE DES VINS

Les villages du nord de la route des Vins ne sont pas les plus connus, et l'on s'en réjouit. Épargnés par les foules qui envahissent les villages haut-rhinois, ils s'offrent aux visiteurs au travers d'agréables flâneries dans leurs ruelles aux charmantes maisons.

Marlenheim

C'est ici que débute la fameuse route des Vins d'Alsace. Ce village, avec ses vignes à flanc de collines, est réputé pour son restaurant étoilé Le Cerf, et surtout pour sa grande fête folklorique qui se tient en août : "le mariage de l'ami Fritz", interprétation grandeur nature d'un roman d'Erckmann-Chatrian. Vous pouvez y faire une escale rapide pour grimper jusqu'à sa petite chapelle, qui offre un magnifique panorama sur la plaine d'Alsace. Les plus chanceux distingueront au loin la cathédrale de Strasbourg.

◉ À voir

Chapelle de la Vierge douloureuse
Chapelle

Son toit à bulbe recouvert d'ardoises et son petit clocheton sont visibles depuis l'entrée du village. La chapelle a été construite en 1683 à la demande de Bartholomé Sieger, le curé de Marlenheim. Selon la légende, elle aurait été érigée à l'emplacement d'un oratoire bâti au XIVe siècle par trois frères. Piégés par une tempête, ces Marlenheimois auraient fait vœu, s'ils en réchappaient, d'élever une chapelle dans leur village. Pour accéder à l'édifice, empruntez la rue de la Chapelle. À côté du cimetière, découvrez la première des stations d'un très beau chemin de croix baroque. Il a été financé par de riches vignerons.

✖ Où se restaurer

Au Relais des saveurs
Cuisine de saison €€

(03 88 87 50 05 ; relais.fr ; 1 pl. du Kaufhaus ; menus 18/36 € ; ⏱fermé dim soir, lun et sam

Chapelle de la Vierge douloureuse

SONIA DE ARAUJO ©

Andlau (p. 145)

À NE PAS MANQUER ⭐

La célèbre route des Vins d'Alsace

De Marlenheim à Thann, la route des Vins d'Alsace s'étend sur plus de 170 km. Elle traverse 70 villes et villages alsaciens typiques, facilement reconnaissables à leurs maisons à colombages fleuries. Le Haut-Rhin compte les plus emblématiques, Riquewihr, Ribeauvillé, mais aussi Colmar. Moins touristiques, les villages du Bas-Rhin ne sont pourtant pas dépourvus de charme. Barr, Mittelbergheim ou encore Andlau ont notre préférence.

Tout au long de ce parcours, quelque 1 000 producteurs vous ouvriront la porte de leur cave pour vous faire découvrir leurs précieux nectars : le léger sylvaner, le riesling plus sec, le muscat fruité, le gewurztraminer doux et floral ou encore le pinot blanc, noir ou gris et le crémant. On compte 51 AOC Alsace Grands Crus ! Un annuaire en ligne (www. vinsalsace.com) du vignoble d'Alsace recense les entreprises viticoles accueillant les particuliers. Les meilleures périodes sont juin et septembre. Évitez le pic d'affluence du 15 août et réservez vos dégustations, pour mieux vous organiser.

Prenez le temps de flâner dans les ruelles de chacun des villages et découvrez leur riche patrimoine architectural : les remparts et les châteaux forts, les églises romanes ou gothiques, les somptueuses demeures Renaissance. Presque toutes les communes proposent aux visiteurs de parcourir les vignes via un sentier viticole de deux heures maximum, jalonné de panneaux d'information. La plupart offrent de magnifiques points de vue comme celui de Dambach. Enfin, le musée de Kientzheim propose d'en apprendre plus sur la vie et le travail du vigneron alsacien.

La route des Vins se découvre également au travers des nombreuses animations organisées de juin à octobre : fêtes du vin, des vignerons, des vendanges, du pinot noir, etc. Un calendrier est disponible sur le site de la route des Vins. Celles de Mittelbergheim et d'Eguisheim font partie des plus belles.

Les plus sportifs n'hésiteront pas à enfourcher leur vélo : une Véloroute balisée relie Marlenheim à Thann. Elle emprunte en majorité des pistes non motorisées.

midi) Une cuisine du marché inventive, des produits locaux joliment mis en musique, voici la recette du chef. Foie gras ou escargots à l'alsacienne en entrée, magret de canard aux fruits du moment ou pluma de cochon ibérique à tomber (parmi les suggestions à l'ardoise) se savourent en terrasse l'été, au son du clapotis de la fontaine. La salle du restaurant est chic et sobre, décorée dans les tons beige et brun. On est loin des décos surchargées des winstubs omniprésentes sur la route des Vins, et ça fait du bien.

Le Cerf   Gastronomique €€€
(📞 03 88 87 73 73 ; www.lecerf.com ; 30 rue du Général-de-Gaulle ; menus 47/85/115 € ; 🕐 fermé mar-mer) L'institution du village. Le chef Michel Husser (1 étoile au guide Michelin) revisite avec finesse les grands classiques de la cuisine alsacienne comme le *presskopf* de tête de veau, le cordon-bleu ou la bouchée à la reine. Une valeur sûre qui a son prix. Comptez entre 35 et 45 € le plat.

INSOLITE !
Le mythe Bugatti

On peut se demander pourquoi c'est à Molsheim que le Milanais Ettore Bugatti, le constructeur automobile réputé pour ses précieux bolides, a fait construire son usine en 1909. C'est qu'il avait fait ses premiers pas avec De Dietrich à Reichshoffen : lorsqu'il lança sa propre marque, il resta donc en Alsace. Des ateliers de Molsheim sortirent de luxueuses autos, la Roland-Garros et la Royale. Les passionnés d'automobiles emprunteront le **circuit découverte** (à faire en voiture évidemment…) à travers Molsheim, Dorlisheim et Duppigheim. En 10 étapes, il retrace la vie de la famille Bugatti. Découvrez le château Saint-Jean où Bugatti accueillait ses richissimes clients, l'usine, qui fut active de 1909 à 1956, et, bien sûr, trois Bugatti, exposées à la fondation Bugatti. Renseignements à l'office du tourisme.

🛈 Renseignements

Office du tourisme (📞 03 88 87 75 80 ; www.laporteduvignoblealsace.fr ; 42 av. du Général-de-Gaulle)

🛈 Depuis/vers Marlenheim

Le **Réseau 67** (📞 09 72 67 67 67) du conseil général du Bas-Rhin rallie Strasbourg en 25 minutes (ligne 230) et Molsheim en 25 minutes (ligne 235).

Molsheim

Au XVIᵉ siècle, Molsheim a été un centre important de la Contre-Réforme. Résistant au protestantisme, la cité épiscopale a accueilli plusieurs ordres religieux chassés de Strasbourg : les jésuites en 1580 et les chartreux en 1598. Elle a conservé de cette époque ce qui fait aujourd'hui son principal attrait : sa magnifique église des jésuites et sa Chartreuse. Il est agréable de flâner dans son centre cossu, pour découvrir, au détour d'une rue, l'hôtel de la Monnaie (1573) ou encore la porte des Forgerons, entrée principale de la cité médiévale, érigée au XIVᵉ siècle.

👁 À voir

Metzig   Renaissance
(1 pl. de l'Hôtel-de-Ville). Située au cœur de la ville, cette belle maison Renaissance a été construite à partir de 1583 par la Corporation des bouchers de Molsheim. Admirez sa tourelle à bulbe, son double escalier joliment façonné et son horloge Jacquemart – deux angelots sonnent les heures. Le rez-de-chaussée, qui a longtemps servi d'abattoir, est aujourd'hui un agréable restaurant. L'intérieur voûté en arcades est magnifique.

Église des Jésuites   Style gothique
(rue Notre-Dame ; 🕐 mars-oct 10h-12h et 15h-17h lun-ven, 14h-18h sam-dim ; reste de l'année 10h-12h et 14h-16h lun-ven, 14h-18h sam-dim). D'allure imposante, cette église est la plus grande d'Alsace après la cathédrale de

Metzig

SONIA DE ARAUJO ©

Strasbourg. Remarquez son étonnante et minuscule tourelle à bulbe. À l'intérieur, une nef majestueuse et d'impressionnants hauts murs frappent d'emblée le visiteur. Deux chapelles latérales richement ornées de stucs et un lumineux chœur surélevé distinguent aussi l'édifice, qui possède un orgue Silbermann de 1781. En sortant, notez à gauche le Mont-des-Oliviers, auparavant situé à la Chartreuse.

Chartreuse   Ancien monastère

(03 88 49 59 38 ; 4 cour des Chartreux ; tarif plein/réduit 3/1,50 € ; mi-juin à mi-sept lun et mer-ven 10h-14h et 14h-18h, sam-dim et jours fériés 14h-17h, début mai à mi-juin et mi-sept à mi-oct tlj sauf mar 14h-17h ; visites guidées sur rdv). C'est l'unique chartreuse (1598-1792) installée au cœur d'une ville. Les moines de l'ordre fondé en 1084 en Isère par saint Bruno n'avaient jusqu'alors bâti leurs couvents que dans des lieux isolés. Détruit en grande partie au cours de la Révolution, le monastère situé sur 3 ha est, depuis plus de 25 ans, rénové à la force du poignet par un groupe de bénévoles. De l'église ne restent que des vestiges de fondations au sol. En revanche, une partie du cloître et

des 18 cellules monacales a été restaurée. Optez pour une visite guidée, pour mieux saisir le quotidien des religieux. La visite s'achève notamment par une cellule de chartreux entièrement réaménagée. Elle permet d'embrasser en un regard la vie d'un moine : le *cubiculum* (la pièce de vie), le *studium* dédié à l'étude, l'atelier et le jardinet. Le musée de la ville installé sur le site ne présente que peu d'intérêt.

🛏 Où se loger

Villa Diana   Appart-hôtel €

(03 88 38 51 59 ; www.villa-diana.fr ; 14 pl. de la Liberté ; app 89-130 €). Cette bâtisse du XIXᵉ siècle a été transformée en appart-hôtel par les gérants de la Villa Diana. Les appartements, modernes et de bon goût, sont très spacieux. Chacun dispose d'une kitchenette et d'une agréable salle de bains. L'emplacement est idéal pour découvrir à pied le centre-ville.

🍴 Où se restaurer

La Metzig   Winstub chic €

(03 88 38 26 24 ; www.restaurant-lametzig-molsheim.fr ; 1 pl. de l'Hôtel-de-Ville ; menus

VAUT LE DÉTOUR
Le fort de Mutzig

Ce **fort** (📞 06 08 84 17 42 ; www.fort-mutzig.eu ; 18 bd Clemenceau, Mutzig) utilisé pendant la Première Guerre mondiale est méconnu. À tort ! Construit par l'empereur Guillaume II sur la colline de Mutzig, entre 1893 et 1916, il s'agissait à l'époque de la plus grande forteresse existante. Son but ? Barrer la plaine du Rhin et empêcher toute offensive française en Alsace, alors allemande. Il aura fallu plus d'un demi-million de tonnes de béton pour bâtir cette forteresse qui s'étend sur 254 ha et possède une capacité de tir de 6,5 tonnes d'obus à la minute. Des passionnés l'ont entièrement retapée et organisent des visites guidées. Leur durée, de 2 heures 30, peut freiner le visiteur et pourtant, vous ne verrez pas le temps passer. En cheminant le long de galeries humides, découvrez le quotidien des 7 000 militaires qui ont occupé les lieux en août 1915, visitez les dortoirs, les communs, les salles des machines mais aussi l'hôpital ou la boulangerie, qui fonctionnait la nuit pour ne pas alerter l'ennemi.

22-28 € ; 🕐 tlj sauf mar soir et mer). Le cadre est magnifique. Ce restaurant aménagé au rez-de-chaussée de l'ancien siège de la Corporation des bouchers n'est, pour notre plus grand plaisir, pas pris d'assaut uniquement par les touristes. Parmi les spécialités de la maison, optez pour le délicieux fromage blanc que l'on assaisonne à son goût, le fameux *bibeleskas*, accompagné de pommes sautées, jambon blanc et fumé, ou encore le jarret rôti à la bière, suivi en dessert d'une bonne tarte maison. Agréable terrasse.

À la Ville de Paris   Cuisine française €

(📞 03 88 04 97 32 ; 16 pl. de l'Hôtel-de-Ville ; plats 11,50-18,50 € ; 🕐 mar-dim, fermé dim-lun). Que l'on aime ou pas les chaises en trompe l'œil, imitation cuir capitonné, ou les lustres en bois blanc, on y profitera de bons petits plats façon bistrot – faux-filet grillé, escalope de porc panée, etc. – ou alsaciens – munster frit, quenelle de fromage blanc, etc. Les parts de tartes faites maison sont pantagruéliques. Petite terrasse l'été.

ℹ️ Renseignements

Office du tourisme (📞 03 88 38 11 61 ; www.ot-molsheim-mutzig.com ; 19 pl. de l'Hôtel-de-Ville)

ℹ️ Depuis/vers Molsheim

Le **TER** (www.viaalsace.eu) relie Strasbourg à Molsheim en 17 minutes pour les lignes directes.

Rosheim

Moins touristique que sa voisine Obernai, la petite ville de Rosheim, installée dans un vallon typique des collines sous-vosgiennes, a pourtant un cachet indéniable. Dès l'entrée dans la "ville à la rose" – son emblème – les portes monumentales, vestiges des anciennes fortifications, impressionnent. Étape incontournable de la route romane, elle abrite deux joyaux de l'architecture du Moyen Âge : l'église Saints-Pierre-et-Paul et une maison romane. Sous ses faux airs de ville-rue, elle déploie pourtant de nombreuses ruelles le long de son axe principal.

◉ À voir

Église Saints-Pierre-et-Paul   Art roman

(rue du Général-de-Gaulle ; 🕐 été tlj 9h-18h, hiver 10h-17h). Cette église du XIIe siècle, en grès rouge et jaune, est le chef-d'œuvre de l'art roman alsacien. Son clocher octogonal, construit à la fin du XIIIe siècle, est, lui, de style gothique. Sur la façade extérieure, remarquez les animaux et les monstres sculptés, symboles des tentations et des dangers menaçant la population : un ours grignote une galette, un lion repose ses pattes sur les épaules d'un homme ou encore un chevalier libère un compagnon attaqué par un dragon ailé. À l'arrière, sur l'abside richement décorée, l'ange, l'aigle, le taureau et le lion représentent les évangélistes. À l'intérieur, la sobriété des proportions et la discrétion des décorations, dont un fameux chapiteau à 21 têtes auréolées, sont remarquables.

Maison romane (maison païenne) — Art roman

(📞03 88 49 27 06 ; 23A rue du Général-de-Gaulle ; tarif plein/réduit/-14 ans 2,50/1,50 €/ gratuit ; ⏰mai-sept mer-dim 15h-18h, oct-déc et mars-avr sam-dim et jours fériés 15h-18h). Cette maison en pierre, l'une des plus anciennes bâtisses civiles d'Alsace, a été construite en 1154. Avec ses petites fenêtres et sa structure carrée, elle a des allures de tour fortifiée. Notez son bel escalier en bois qui permet d'accéder au 1er étage, la pièce à vivre. Plusieurs maisons du même type ont été construites à Rosheim au Moyen Âge. Y logeaient des personnalités importantes, des chevaliers ou de riches marchands. En 2011, un petit musée a été aménagé à l'intérieur. Des panneaux colorés retracent l'histoire du bâtiment et donnent un rapide aperçu de la vie quotidienne à l'époque.

Portes — Fortifications

Contrairement à Obernai, les portes de la ville, vestiges des deux enceintes médiévales, n'ont pas toutes été détruites. La tour de l'Horloge (Zittgloeckel en alsacien), près de l'hôtel de ville, avenue du Général-de-Gaulle, et, dans son prolongement, la tour de l'École, ont été érigées au XIIIe siècle avec le premier rempart. De la seconde fortification (XIIIe-XIVe siècles), seules les portes Basse à l'est et celle du Lion au nord subsistent.

🛏 Où se loger et se restaurer

La Rose d'Alsace — Chambres d'hôtes €

(📞03 88 50 10 44 ; www.larosedalsace.com ; 10 rue de l'Église ; d/ste 75-85/125-145 €,

La guerre des caves de Rosheim

Parfois surnommés les *Rosemerschnacke* (les "escargots"), les Rosheimois ne sont pourtant pas du genre à se laisser faire, comme le confirme la légende de la "guerre des caves". Au XIIIe siècle, le duc de Lorraine fit gage à Frédéric II de ses biens et droits à Rosheim. À la mort du duc, l'empereur prit possession de ce qui lui revenait de droit. Une décision qui déplut fortement à Thiebault de Lorraine, fils et héritier du défunt, qui chargea alors Lambycin d'Arches de s'emparer de Rosheim. Ce qui fut chose faite. Avec son armée, il pénétra dans la ville, pendant que les habitants travaillaient dans les champs. Sûrs de leur victoire, les envahisseurs lorrains s'en donnèrent à cœur joie, pillèrent les habitations, entrèrent dans les celliers et… s'enivrèrent. Les Rosheimois, menés par le chevalier Otto de Rodesheim, prirent alors les armes et égorgèrent leurs ennemis, déjà vaincus par l'ivresse.

petit-déj inclus). Un cadre idyllique pour séjourner et profiter de Rosheim et de ses environs. Dans un ancien corps de ferme retapé, Peggy Riehl et son époux ont aménagé avec goût quatre chambres spacieuses. D'une propreté immaculée, elles sont raffinées et romantiques. Le matin, leurs hôtes se régalent de délicieuses confitures maison.

Auberge du Cerf — Cuisine de saison €€

(📞03 88 50 40 14 ; 120 rue du Général-de-Gaulle ; menus 14-21 € ; ⏰fermé mar soir, mer et sam midi). Voici une jolie auberge à colombages située sur l'axe principal de Rosheim, reprise par un jeune couple, Élodie et Arnaud Collet. Les menus du midi sont d'un bon rapport qualité/ prix mais on leur préfère les plats à la carte, notamment les poissons, l'une des spécialités du chef, à l'exemple du raffiné

VAUT LE DÉTOUR
Le cimetière juif de Rosenwiller

Au cœur de la forêt, des centaines de stèles en pierre bientôt envahies par la végétation... Sur les hauteurs du village de Rosenwiller se trouve le plus vaste cimetière juif d'Alsace - l'un des plus anciens également. Créée vers 1350, cette nécropole n'était qu'un champ ; les tombes, elles, n'étaient signalées que par des planches de bois. Aujourd'hui, après plusieurs agrandissements successifs, notamment au XVIIIᵉ siècle, elle s'étend sur plus de 4 ha et compte 6 470 tombes répertoriées. Sur certaines, des symboles sont gravés dans la pierre. La partie la plus ancienne est située au fond à droite. Les membres d'une vingtaine de communautés juives des alentours et de nombreux rabbins y reposent. Accès par le chemin communal Neuestrasse. Ouvert tous les jours, sauf le samedi, jour du shabbat.

carpaccio de Saint-Jacques et courgettes mariné. Terrasse agréable en été, déco des plus simples à l'intérieur, rehaussée de quelques touches écarlates.

Le Rosenmeer
Winstub Cuisine traditionnelle €€

(03 88 50 43 29 ; www.le-rosenmeer.com ; 45 av. de la Gare ; menu 35 € ; tlj sauf dim soir et lun). Le chef étoilé Hubert Maetz a eu l'ingénieuse idée d'accoler une winstub à son hôtel-restaurant. On s'y régale d'une cuisine moins onéreuse mais tout aussi délicieuse : filet de barbue aux girolles, bœuf au pinot noir, etc. Une réussite, malgré la déco un tantinet impersonnelle et l'emplacement (à proximité d'une belle gare en grès mais à 3 km du centre-ville).

🔒 Achats

Sabotier Speisser Artisanat
(03 88 68 99 93 ; www.sabots-speisser.com ; 2 rue du Coin ; lun-jeu 9h-12h et 13h30-17h, sam 9h-12h et 13h30-16h).

Romain Speisser est l'un des derniers sabotiers de France. Après avoir travaillé dans le commerce, il fabrique depuis 2012 ses chaussures de bois dans le respect des traditions. Intarissable passionné (vous voilà prévenu), ce trentenaire natif de Geispolsheim sait comme nul autre parler de son artisanat et émaille son discours d'amusantes expressions alsaciennes. Comptez entre 35 et 50 € pour une paire adulte.

ℹ️ Renseignements

Office du tourisme (03 88 50 75 38 ; www.tourisme-rosheim.com ; 94 rue du Général-de-Gaulle)

ℹ️ Depuis/vers Rosheim

Rosheim est à 7 minutes d'Obernai et à 25 minutes de Strasbourg en **TER** (www.viaalsace.eu). La gare se situe à 3 km du centre-ville.

Obernai

Ce ne sont pas les charmants villages qui manquent sur cette portion de la route des Vins d'Alsace. Pourtant, Obernai a, au fil des ans, tiré son épingle du jeu en devenant la deuxième ville touristique du Bas-Rhin après Strasbourg. Certes, cette cité médiévale de la plaine d'Alsace possède certains atouts : de jolis remparts bien conservés à découvrir à pied, une adorable place du Marché, des monuments Renaissance, des restaurants étoilés qui en font une destination de choix pour les gastronomes. Mais Obernai ne parvient pas complètement à nous séduire. Sans doute en raison des cars de touristes qui la prennent d'assaut et de l'omniprésence de la voiture.

👁️ À voir

Place du Marché Renaissance
Cette très belle place est entourée de magnifiques édifices de style Renaissance, datant de l'âge d'or d'Obernai. Au

XVIᵉ siècle, l'artisanat et la viticulture y étaient prospères. L'hôtel de ville (de 1523, agrandi en 1848) se reconnaît à ses jolies façades peintes et à sa balustrade de style gothique flamboyant. La halle aux blés (1554) dispose d'arcades et d'un toit percé de lucarnes. Elle est occupée par un restaurant : c'est aujourd'hui l'une des tables appréciées des visiteurs. Sa façade est ornée de deux têtes de bovins et des armoiries de la ville. Se trouve également sur cette place la fontaine Sainte-Odile (1904), un hommage rendu à la patronne de l'Alsace. Le livre ouvert et deux yeux symbolisent sa guérison miraculeuse (voir l'encadré p. 139).

Beffroi (Kapellturm)   Clocher

(Pl. du Beffroi). Ce clocher est l'un des derniers vestiges de la chapelle de La Vierge (construite vers 1285 et détruite en 1873) avec son chœur gothique. Culminant à plus de 59 m, il a également servi de beffroi et de tour de guet à la ville. Remarquez, à son pied, la dague creusée dans la pierre. Elle indiquait la taille des

armes tolérées. Une toise permettait, elle, de mesurer ses achats.

Puits aux Six Seaux
(Sechseimerbrunnen)   Renaissance

(Rue du Chanoine-Gyss). Situé sur un trottoir, à proximité de l'hôtel de ville, le *Sechseimerbrunnen* est l'un des plus beaux puits Renaissance de la région. Symbole de richesse de la ville, il a été construit en 1579 par des artisans strasbourgeois. Admirez la finesse et le détail des sculptures : les caissons à motifs végétaux sur la margelle, l'ange qui porte les armes des Habsbourg sur la corniche. Sur le baldaquin, supporté par trois colonnes à base torsadée, figurent des extraits en allemand de l'Évangile selon saint Jean. Détruit accidentellement en 1970, le puits a été reconstruit à l'identique deux ans plus tard.

Remparts   Fortifications

Vers 1240, Obernai s'est affranchie de la tutelle monastique pour accéder au rang de ville libre. Ce statut lui a permis de se doter d'une organisation judiciaire

Obernai

SONIA DE ARAUJO ©

Le Mont-Sainte-Odile

Situé sur la route de Compostelle, le Mont-Sainte-Odile attire de nombreux visiteurs venus se recueillir devant le tombeau de sainte Odile et profiter de la quiétude des lieux.

Perché à 763 m d'altitude, le monastère a été fondé au début du VIIIe siècle par Odile, fille du duc d'Alsace (voir page ci-contre). Après la mort de la sainte, l'abbaye prospéra jusqu'en 1546, date à laquelle un terrible incendie obligea les religieuses à quitter le mont. Sous l'impulsion de l'évêque de Strasbourg, des moines prémontrés rebâtirent l'église et une partie de l'ancien couvent, et contribuèrent à forger le culte de sainte Odile, avant d'être expulsés en 1790 lors de la Grande Révolution. En 1853, l'évêque de Strasbourg racheta le site et entreprit sa restauration. L'hôtel et le restaurant furent créés. De nos jours, d'importants travaux de rénovation ont été menés de 2008 à 2011.

Ne manquez pas, dans l'église du couvent, le magnifique chemin de croix en marqueterie d'art signé du célèbre Alsacien Charles Spindler (1865-1938), la colonne aux mains dans la chapelle de la Croix mais aussi la chapelle des Anges, perchée sur son rocher (XIe-XIIe siècle), et celle des Larmes, où Odile venait prier pour son père. Puis dirigez-vous vers la belle terrasse du monastère qui propose l'une des plus impressionnantes vues sur les Vosges.

Infos pratiques

Monastère (☎03 88 95 80 53 ; www.mont-sainte-odile.com ; entrée libre, audioguide 5 €/ pers ; ⏱tte l'année 8h30-19h30). Le calendrier des célébrations est disponible sur le site Internet. La ligne de bus 257 du **Réseau 67** (sam-dim du dim de Pâques au 1er nov ; tlj juil-août) dessert le Mont-Sainte-Odile, depuis Strasbourg ou Obernai, en passant par Bœrsch et Ottrott. Pour qui veut faire l'ascension à pied, le sentier des pèlerins part de ce dernier village.

et fiscale, de tenir un marché mais aussi d'ériger d'impressionnantes fortifications. Une double enceinte a été construite, constituée d'une quarantaine de tours et de douze portes. Si les portes ont toutes été détruites, il est possible aujourd'hui d'effectuer une très agréable promenade le long de ces remparts, encore bien conservés.

Où se loger

La Diligence Hôtel central €

(03 88 95 55 69 ; www.hoteldiligence. fr ; 23 pl. du Marché ; d/tr/qua 60-120/75-120/120 € ;). Son principal atout : on ne fait pas plus central. Cerné par l'hôtel de ville, le beffroi et la halle au blé, cet établissement propose une magnifique vue sur la place du Marché. Bien entretenu, il a gagné en standing, passant à trois étoiles après avoir entièrement refait ses chambres. Exit les rideaux fleuris et les dessus-de-lit assortis qui faisaient mal aux yeux. La déco est plus moderne et passe-partout. Le petit plus ? L'ascenseur.

Le Gouverneur Hôtel de charme €

(03 88 95 63 72 ; www.hotellegouverneur. com ; 13 rue de Sélestat ; s/d/tr/qua 55-85/65-110/78-135/88-150 € ; P). Cette très belle demeure historique du XVIe siècle a été rénovée en 2010. On est conquis dès l'entrée par sa magnifique cour fleurie et ses colombages. La déco moderne et (très) colorée des chambres se décline en fonction des quatre saisons. Très bon rapport qualité/prix. Bémol : les tarifs grimpent en haute saison. Et l'été, l'absence de climatisation dans les chambres rend la chaleur difficile à supporter, malgré les ventilateurs mis à disposition.

Où se restaurer

La Stub du Parc Winstub €

(03 88 95 50 08 ; www.hotel-du-parc.com ; 169 rte d'Ottrott ; plats 12-24 € ; mar-sam 12h-14h). Légèrement excentré, cet élégant hôtel-spa dispose d'une adorable *stub*.

La légende d'Odile de Hohenbourg

La légende murmure que sainte Odile, la patronne de l'Alsace, serait née à Obernai, plus précisément rue Athic, dans une bâtisse en pierre (qui abrite aujourd'hui la Maison de la musique et des associations). Nous sommes en 660. Son père, Étichon, duc d'Alsace, attend avec impatience la naissance de son premier enfant. Mais sa déception est grande. En guise d'héritier, il découvre une petite fille aveugle. Furieux, il décide de la faire tuer. Son épouse contrecarre ses plans et sauve l'enfant. Recueillie par une abbesse, la petite est élevée dans un couvent en Bourgogne, jusqu'au jour où un événement inattendu se produit. Lors de son baptême, l'enfant recouvre la vue. Un miracle ! On l'appelle alors Odile, fille de lumière. Cette dernière décide de consacrer sa vie à Dieu. De retour chez elle, elle se voit confier le château de Hohenbourg par son père. Elle y fonde un couvent de femmes (voir page ci-contre) avant de mourir en 720. Elle sera canonisée au XIe siècle.

Marc Wucher, le propriétaire, a créé cette pièce cosy, avec ses boiseries, ses vieux moulins à café chinés et ses photos d'époque, en l'honneur de sa grand-mère. L'accueil est chaleureux. Les plats familiaux, d'une belle fraîcheur, sont bien exécutés.

Le Freiberg Winstub €€

(03 88 95 53 77 ; www.le-freiberg.com ; 46 rue du Général-Gouraud ; menus 27/34/40,50 € ; tlj sauf mer). Nappes à carreaux, boiseries, petits cœurs rouges sur les coussins... Voilà une table typiquement alsacienne, située à deux pas du cœur historique. Aux commandes, le chef Sacha Bender, qui a fait ses armes dans de nombreux restaurants étoilés. À la carte, on retrouve les incontournables de la cuisine régionale. Le *bibeleskas* (fromage blanc alsacien aux herbes), le munster frit, la choucroute ou encore la tête de cochon sauce gribiche… On a tout testé. Bon et copieux ! Tartes flambées le soir.

 Achats

Distillerie Lehmann　　Eaux-de-vie
(03 88 50 41 29 ; www.distillerielehmann. com ; chemin des Peupliers ; 12,50 à 53 € la bouteille ; lun-ven 9h-12h et 14h-18h, sam 9h-12h et 14h-16h). À la sortie de la ville, en direction de Bischoffsheim, caché derrière Heineken, la distillerie familiale d'Yves Lehmann est labellisée Entreprise du Patrimoine Vivant. Depuis 1850, de père en fils, les Lehmann concoctent, dans leurs vieux alambics en cuivre, des eaux-de-vie remarquables, mais aussi du whisky alsacien ! Visite guidée, dégustation et vente sur place. Accueil chaleureux assuré.

 Renseignements

Office du tourisme (03 88 95 64 13 ; www.tourisme-obernai.fr ; pl. du Beffroi)

Mur païen

Depuis/vers Obernai

Obernai est à 35 minutes de Strasbourg en **TER** (www.viaalsace.eu).

Ottrott

Petit village fleuri au pied du Mont-Sainte-Odile, Ottrott prospère aujourd'hui grâce à son hôtellerie de luxe et à sa viticulture. Point de départ du sentier des pèlerins menant au Mont-Sainte-Odile, la commune abrite les châteaux forts de Rathsamhausen et de Lutzelbourg, en ruine et fermés à la visite.

Les marcheurs pourront se rattraper en empruntant le **circuit des Cinq-Châteaux**. Long de 12,6 km, de difficulté moyenne, il s'effectue en 4 heures 30, depuis le parking de l'ancienne gare. Il permet notamment d'admirer les ruines du Koepfel (quelques pierres au sol quasi invisibles), la grande arche du château du Hagelschloss, construit au XIIIe siècle avec des pierres du mur païen (voir page ci-contre) et celles du château du Dreistein, abandonné après la guerre de Trente Ans, et sa vue imprenable sur la vallée de l'Ehn.

Où se loger et se restaurer

Hostellerie du Mont-Sainte-Odile Calme et confort €

(03 88 95 80 53 ; www.mont-sainte-odile. com ; 1/2/3/4 pers 78/92/135/172 € ; tte l'année sauf 2e et 3e semaine de nov et de jan). Une expérience unique dans un lieu d'exception. Passé 18h, une fois les touristes partis, sérénité et quiétude enveloppent le Mont-Sainte-Odile et son hôtel. Fonctionnelles et confortables, les 105 chambres ont presque toutes été remises à neuf. Ici, pas de TV, mais le Wi-Fi quand même. Coup de cœur pour l'une des chambres, celle de Sainte-Odile avec son lit à baldaquin, son joli secrétaire et ses vitraux. Ouvert à tous, pèlerins comme touristes. Le Mont-Sainte-Odile dispose en outre de quatre salles de restaurant.

L'Ami Fritz Cuisine traditionnelle €€€

(03 88 95 80 81 ; www.amifritz.com ; 8 rue des Châteaux ; menus 32/47/70 € ; tlj sauf mer). Cette institution située sur les hauts du village propose une cuisine régionale copieuse dans un cadre typiquement alsacien mais chic. Hébergement possible dans la **Maison de Sophie**, charmante demeure comprenant chambres et suites douillettes.

Le Clos des Délices Table gastronomique €€€

(03 88 95 81 00 ; www.leclosdesdelices.com ; 17 rte de Klingenthal ; menus 29/49/65/79 € ; tlj). À la sortie d'Ottrott, cet ancien couvent des sœurs bénédictines a été transformé en un très chic hôtel spa. Baies vitrées ouvertes sur la nature, mobilier design, service soigné, le **restaurant Le Châtelain** veut jouer dans la cour des grands. Dans les assiettes, une cuisine jeune et inventive, des produits de saison et du terroir. Si vous ne résidez pas à l'hôtel, pensez à réserver : les clients sont prioritaires. Plusieurs formules sont proposées. Notre préférée : nuit et dîner à partir de 156 € par personne. L'espace

 ## INSOLITE ! Le mur païen

Aucun historien ni archéologue n'est parvenu à percer le mystère de la création de cette étrange muraille en pierre. À quelle époque a-t-elle été construite ? À quoi servait-elle ? Aucune réponse convaincante n'a jamais été proposée. Long d'une dizaine de kilomètres, situé en contrebas du Mont-Sainte-Odile, au cœur de la forêt, ce mur, bien préservé, intrigue et fascine. Une atmosphère étrange se dégage du site, construit entre le néolithique et le Moyen Âge. Plusieurs hypothèses ont été avancées quant à sa fonction. Selon la première, il s'agirait d'une fortification contre d'éventuels envahisseurs, mais aucune trace d'habitation n'a été trouvée. Selon la deuxième, ce serait un enclos de pâturage. Problème, aucun point d'eau ne figure dans ce périmètre. Enfin, troisième hypothèse, et la plus vraisemblable, le mur entourait un temple celte. Mais là encore, aucune preuve tangible ne vient étayer cette théorie.

Pour découvrir ce site étonnant, empruntez le sentier de randonnée, une boucle de 10 km qui longe le mur, extrêmement bien balisée par le Club vosgien (détails sur www.alsacerando. com). Accès depuis le parking P3 du Mont-Sainte-Odile.

spa, c'est dommage, est exigu. On attend avec impatience son agrandissement prévu fin 2018.

 ## Achats

Fritz-Schmitt Vin

(03 88 95 98 06 ; www.fritzschmitt.com ; 1 rue des Châteaux ; tlj 9h-19h, jan-avr fermé mer et dim après-midi). Inenvisageable de visiter Ottrott sans goûter le "rouge d'Ottrott", le fameux pinot noir fruité aux arômes de cerise noire et myrtille, cultivé

VAUT LE DÉTOUR
La Maison de la manufacture de Klingenthal

Ce musée présente l'histoire fascinante de l'un des plus jeunes villages de la région : Klingenthal. En 1730, le roi Louis XV décida de créer, dans la vallée verdoyante de l'Ehn, une manufacture d'armes blanches. Elle employait à l'origine une dizaine d'ouvriers, mais ils furent rapidement plus d'une centaine à fabriquer les lames des sabres et des épées des troupes françaises. La manufacture se fit village. Rachetée en 1840 par la famille Coulaux, l'entreprise ferma définitivement en février 1962. Sur trois niveaux, à l'aide d'une belle muséographie didactique, la **Maison de la manufacture** (03 88 95 95 28 ; www.klingenthal.fr ; 2 rue de l'École, Klingenthal ; adulte/enfant/famille 5/3/11 € mars-déc mer-dim et jours fériés 14h-18h, fermé 1er mai et 25-26 déc) montre, étape par étape, la fabrication de ces fines lames. Des démonstrations de forge sont effectuées chaque premier dimanche du mois. Klingenthal est situé au pied du Mont-Sainte-Odile, à l'ouest d'Ottrott.

sur le ban de la commune. Sa spécificité par rapport aux autres vins d'Alsace ? Il tire son nom de son terroir et non de son cépage. Catherine, sympathique épouse du viticulteur, est en charge de la dégustation de ce breuvage.

 Renseignements

Office du tourisme (03 88 95 83 84 ; www.ottrott.com ; 46 rue Principale)

Bœrsch

Cette petite ville au nord-ouest d'Obernai est préservée et séduisante, avec son hôtel de ville Renaissance, ses remparts et ses trois portes médiévales abritant un réseau de ruelles pentues et quelques-unes des plus jolies maisons à colombages de la région. Le charme suranné qui se dégage de l'ensemble mérite qu'on s'y attarde.

⊙ À voir

Marqueterie d'art Spindler Artisanat d'art

(03 88 95 80 17 ; www.spindler.tm.fr ; 3 cour du Chapitre, Saint-Léonard ; lun-sam 10h-12h et 14h-18h). GRATUIT Pour accéder à l'atelier, il faut quitter Bœrsch en direction du hameau de Saint-Léonard. Niché au cœur de l'ancienne abbaye de Saint-Léonard, la marqueterie d'art Spindler, réputée dans le monde entier pour son savoir-faire, se visite, mais attention, les ateliers ne sont pas ouverts au public. Les visiteurs se contenteront de s'émerveiller devant les œuvres fascinantes exposées à la galerie : les fameuses scènes de vie de la campagne alsacienne qui ont fait la réputation de la famille Spindler, et d'autres plus modernes et abstraites.

⊗ Où se restaurer

Le Schtampfel Cuisine du marché €

(09 82 22 06 26 ; www.leschtampfel ; 1 rue des Remparts ; plats 11,20-21,50 € ; fermé lun soir, mar et sam midi). Hervé (en cuisine) et Fanny (en salle) Fuchs ont repris l'ancienne poste du village. Fraîcheur et produits de saison, voici leur credo. La formule du midi vaut le détour : bruschetta de poisson mariné et raie au beurre citronné, câpres et amandes avec son écrasé de pommes de terre. On ne s'attend pas à autant d'originalité à ce prix : 9,80 € (entrée-plat) ! On n'a qu'une envie : revenir pour goûter aux suggestions alléchantes. Attention : réservez votre table ! Le restaurant affichait complet lors de notre venue.

🛈 Renseignements

Syndicat d'initiative de Bœrsch (03 88 95 82 43 ; 18 rue Monseigneur-Barth)

Marqueterie d'art Spindler

Barr

Ce petit bourg paisible, longtemps spécialisé dans la tannerie – on en trouve de nombreuses traces dans la ville –, est l'un de nos coups de cœur. Barr jouit d'une situation exceptionnelle, au pied du vignoble. Partez à la découverte de son joli centre, de ses rues pentues qui mènent toutes à la place de l'Hôtel-de-Ville. Depuis la Grand'Rue, l'axe commerçant, des ouvertures permettent d'avoir un joli point de vue sur les vignes et le château d'Andlau. Un lieu de choix pour faire une agréable escale et rayonner dans les environs.

◉ À voir

La vieille ville est agréable à découvrir à pied. Débutez par l'adorable **place de l'Hôtel-de-Ville**, entourée de belles maisons à colombages fleuries et embellie d'une fontaine. Construit à l'emplacement de l'ancien château fort, l'hôtel de ville possède un balcon et un oriel de style Renaissance. Pénétrez ensuite dans la cour pour observer l'escalier monumental où les seigneurs de Strasbourg recevaient les bourgeois. À droite de l'hôtel de ville, des marches mènent à l'**église protestante Saint-Martin** et à sa belle tour romane (1180). Au bas de la rue de l'Église se trouve la très colorée **rue Neuve**, dont les remarquables maisons à colombages ont été construites après l'incendie de 1678. Toutes possèdent de belles cours pavées et d'agréables jardins. S'ils sont présents, les propriétaires des n°28 et n°20 se feront un plaisir de vous les montrer. De nombreux tanneurs étaient installés le long de la **rue Kirneck** et on y distingue la tour de la tannerie Gustave Degermann, la dernière encore en activité.

Musée de la Folie Marco Arts décoratifs

(☎ 03 88 08 94 72 ; 30 rue Dr-Sultzer ; tarif plein/réduit 5/2 € ; ⏰ mai-sept tlj sauf mar 10h-12h et 14h-18h, reste de l'année sur rdv à partir de 10 pers auprès de l'office du tourisme). Cette magnifique demeure construite par le bailli Louis Félix Marco au XVIIIe siècle a été transformée en musée. Dans les différentes pièces sont exposés du mobilier alsacien du XVIIᵉ au XIXᵉ siècle, des faïences et de la porcelaine.

Où se loger et se restaurer

Hôtel Le Manoir   Hôtel de charme €€

(03 88 08 03 40 ; www.hotel-manoir.com ; 11 rue Saint-Marc ; s/d/tr à partir de 72/82-92/102-112 € ; P). Un décor Belle Époque à deux pas du centre. Moulures, cheminée, lit à baldaquin… les chambres sont résolument romantiques. Cette maison de maître dispose en outre d'un agréable et lumineux salon où prendre le petit-déjeuner, ainsi que d'une terrasse et d'un grand jardin pour se détendre après une longue balade.

Charvet & Co   Gastronomique €€

(09 80 42 57 44 ; www.charvetandco.fr ; 29 Grand'Rue ; menus 47-67 € ; mar-dim soir). L'adresse idéale pour un dîner chic en tête à tête. La déco est contemporaine et épurée, avec tables en bois brut et chaises en cuir. Attaché à travailler les plus beaux produits (gambas royales, bœuf black

Angus, foie gras poêlé) et à respecter les saisons, le chef Benoît Charvet change sa carte toutes les deux semaines. Sa cuisine est inventive et gourmande. En salle, sa compagne Sophie Hauser assure un service discret et efficace.

Au Potin   Brasserie €

(03 88 08 88 84 ; www.aupotin.com ; 11 rue du Général-Vandenberg ; plats 8-19 € ; fermé lun et mar). Une adresse surprenante dans cette cité viticole. Ambiance jazzy, brasserie parisienne. Aux plats traditionnels, préférez la cuisine du marché concoctée par le chef Jérôme Marquart. Parmi les suggestions : carré de veau et polenta croustillante, filet de dorade royale et risotto au potiron.

Achats

Klipfel   Cave

(03 88 08 08 63 ; www.klipfel.com ; 1 rue Rotland ; tlj 10h-12h et 14h-18h). Depuis six générations, les Klipfel bichonnent leurs 40 ha de vignes. Ils vous accueillent dans leur spacieux (et prisé) caveau pour

Centre de Barr

SONIA DE ARAUJO ©

vous faire déguster leurs grands crus kastelberg, wiebelsberg, kirchberg, et leurs vendanges tardives.

🛈 Renseignements

Office du tourisme (📞 03 88 08 66 65 ; www. pays-de-barr.com ; 1 pl. de l'Hôtel-de-Ville)

🛈 Depuis/vers Barr

Le **TER** (www.viaalsace.eu) dessert Strasbourg en une heure, Sélestat en 20 minutes.

Andlau

Traversé par la rivière Andlau, qui prend naissance au Champ du Feu, ce petit village pittoresque de la route des Vins s'enorgueillit de posséder trois grands crus de riesling : le moenchberg, le kastelberg et le wiebelsberg. Possédant déjà deux beaux châteaux forts sur les hauteurs, une abbatiale fameuse (Saints-Pierre-et-Paul) et de belles maisons médiévales et Renaissance, Andlau vient de se doter d'un centre d'interprétation du patrimoine. Une mine d'informations sur les trésors de la région.

◉ À voir et à faire

Abbatiale
Saints-Pierre-et-Paul   Église

(Rue Deharbe). Fondée au IXe siècle par l'impératrice Richarde (voir p. 146), cette ancienne abbaye bénédictine de femmes a connu de nombreuses modifications au cours des siècles. Les différents styles (roman, gothique, baroque) s'entremêlent pourtant harmonieusement. Avant de franchir le seuil, admirez, sur la façade, la remarquable frise sculptée, typique de l'art roman. De 30 m de long, elle comporte 48 panneaux qui sont tout autant de saynètes. Cette frise mène jusqu'au portail richement sculpté (XIIe siècle) représentant le Saint-Sauveur, entouré de saint Pierre et saint Paul. L'intérieur de l'édifice est, lui, baroque, avec ses grandes tribunes, ses fenêtres amples et ses balustrades.

🡒 VAUT LE DÉTOUR
Lips à Gertwiller

Lips (📞 03 88 08 93 52 ; www. paindepices-lips.com ; 110 rue Principale ; tarif plein/-13 ans 2,70€ avec dégustation incluse/gratuit ; 🕐 magasin lun-ven 8h-12h et 13h30-18h30, sam 8h-12h et 14h-18h, dim 9h-12h et 14h-18h ; musée lun-ven 8h30-12h et 14h-18h, sam 8h-12h et 14h-18h, dim 9h-12h et 14h-18h), la petite maison vert anis aux trompe-l'œil, ne passe pas inaperçue dans le village de Gertwiller. On la croirait tout droit sortie d'un conte pour enfants. C'est ici que Michel Habsiger confectionne et vend ses pains d'épices. C'est l'un des deux derniers fabricants du village, qui en comptait auparavant une petite dizaine. Touchant personnage, ultradisponible, il accueille les visiteurs dans son atelier et leur explique les différentes étapes de préparation de ses pains d'épices. Collectionneur compulsif, il a accumulé des vieux outils et ustensiles pour préparer ces douceurs mais aussi des meubles et des vêtements qu'il expose à l'étage. Un musée fourre-tout.

Au fond, une chapelle (1707) conserve le sarcophage de sainte Richarde.

Ateliers
de la Seigneurie   Centre d'interprétation

(📞 03 88 08 65 24 ; www. lesateliersdelaseigneurie.eu ; pl. de la Mairie ; tarif plein/réduit 6/4,50 € ; 🕐 tlj sauf lun, juil-août 11h-18h, mars, oct, déc 14h-18h, avr-juin et sept 10h-13h et 14h-18h, fermé jan, 1re sem de fév et nov). Dans un magnifique édifice de la Renaissance (1592), ancienne résidence des seigneurs d'Andlau, les ateliers explorent sur trois étages le riche patrimoine du pays de Barr-Bernstein : l'architecture des maisons à pans de bois, des bâtisses fortifiées, des lieux de culte et les différents métiers qui participaient à leur construction. Les intéressantes informations délivrées sur les panneaux sont complétées par de nombreux jeux

Richarde et la légende de l'ourse

Sur la place principale du village d'Andlau, une fontaine du XIXᵉ siècle illustre la légende qui entoure sainte Richarde, fondatrice de l'abbaye Saints-Pierre-et-Paul. Nous sommes en 887. La rumeur accuse d'adultère la pieuse Richarde, alors épouse de l'empereur Charles le Gros. Afin de prouver son innocence, elle décide de se soumettre à la terrible épreuve du feu. Miraculeusement, elle traverse les flammes sans une brûlure. Lavée de tout soupçon mais meurtrie, Richarde quitte le château. Alors qu'elle traverse une forêt, elle aperçoit un ange qui l'interpelle : "Là où tu trouveras une ourse en train de gratter, tu bâtiras la maison de Dieu." L'animal lui apparaît à l'entrée du val d'Éléon. À cet emplacement, elle choisira de fonder son abbaye. Aujourd'hui, dans la crypte romane de l'édifice, qui accueille le sarcophage de la sainte, on retrouve une statue de l'ourse à l'endroit même où l'animal aurait creusé le sol.

de construction, des maquettes tactiles et des vidéos. À vous de construire un château fort en bois ou de reconnaître différents types de pierre ou de bois présents en Alsace. Didactique et ludique.

Château du Haut-Andlau   Château fort

Il se découvre après une rapide randonnée sans grande difficulté à travers la forêt. Sa muraille en granit, puis ses deux hauts donjons se détachent fièrement d'entre les arbres. Perché à 451 m d'altitude, le château fort du Haut-Andlau a été construit au XIVᵉ siècle. Il est percé de nombreuses fenêtres gothiques en arc brisé, créées pour apporter confort et luminosité au logis seigneurial, au risque de rendre l'édifice plus vulnérable à une attaque. Par chance, il n'a pas été rasé lors des conflits successifs dont

il a été témoin. Aujourd'hui, le site est remarquablement bien entretenu et préservé. Départ du parking de la maison forestière du Hungerplatz, balisage cercle rouge. Comptez 45-55 minutes aller-retour. Le **château du Spesbourg** (XIVᵉ siècle) est également accessible depuis le parking (30 minutes aller-retour, balisage chevalet rouge).

Chemin du Wiebelsberg   Randonnée

Il serait dommage de passer à côté du beau point de vue qu'offre le chemin du Wiebelsberg sur la vallée (30 minutes aller-retour). En face de l'hôtel du Kastelberg (10 rue du Général-Kœnig), suivez le balisage à cercle bleu. Après une montée raide au cœur des vignes, vous accéderez au **kiosque du Kastelberg**. Faites-y une pause bien méritée et profitez du paysage.

Où se loger et se restaurer

Zinck Hôtel   Hôtel confort €

(☎03 88 08 27 30 ; www.zinckhotel.com ; 13 rue de la Marne ; d 65-111 € ; 🛜 P). À chaque chambre son thème – zen, jazzy, pop, vigneronne ou encore alsacienne – et la déco originale et ultracolorée qui va avec. Dessus-de-lit fleur de lys, mur vert anis ou armoire zébrée… La famille Zinck n'a pas lésiné sur les détails. Elle reçoit sympathiquement dans cet ancien moulin dont l'impressionnant rouage a d'ailleurs été conservé dans la lumineuse salle du petit-déjeuner. Possibilité, aux beaux jours, de se détendre dans le jardinet.

Au Bœuf rouge   Traditionnel €€

(☎03 88 08 96 26 ; www.andlau-restaurant. com ; 6 rue Docteur-Stoltz ; plats 7,60-27,30 € ; ⏱tlj sauf mer soir et jeu oct-juil). Élégante cheminée, tommettes rouges et chandeliers côté restaurant gastronomique, banquettes et nappes à carreau côté winstub. Ambiance chic ou rustique. Le carré d'agneau rôti au four ou les fameuses quenelles de brochet de la grand-mère Anna ? Quel que soit votre choix, vous ne serez pas déçu. Les Kieffer

Place principale d'Andlau

sont en poste depuis trois générations dans ce relais du XVIIe siècle et leur réputation n'est pas usurpée.

🛍 Achats

Jean Wach   Cave
(☎03 88 08 09 73 ; www.vins-wach-alsace.fr ; 16A rue du Maréchal-Foch). Dans le caveau de Jean Wach et fils, l'ambiance est conviviale. Lors de notre venue, le fils Raphaël s'est chargé de la dégustation en bon pédagogue et fin connaisseur. Pour ne rien gâcher, ses vins savoureux, muscat comme riesling, sont à prix doux.

ℹ Renseignements

Office du tourisme (☎03 88 08 66 65 ; www.pays-de-barr.com ; 1 pl. de l'Hôtel-de-Ville à Barr)

Mittelbergheim

Perchée sur le flanc d'une colline, cette coquette commune est d'une rare tranquillité, tout juste perturbée par le chant des oiseaux. Classée parmi les "plus

beaux villages de France", elle possède de splendides demeures décorées d'enseignes de vignerons et un ravissant hôtel de ville Renaissance. Difficile d'imaginer la folle ambiance qui règne ici le dernier week-end de juillet lors de la fête du Vin. Tables et bancs en bois sont installés de part et d'autres des ruelles et des centaines de visiteurs (de plus en plus jeunes) envahissent les lieux.

🛏 Où se loger et se restaurer

Hôtel-restaurant Gilg
                 Winstub gastronomique €€
(☎03 88 08 91 37 ; www.hotel-gilg.com ; 1 rue Rotland ; d 68-98 € ; menus 36-56 € ; ⏱tlj sauf mar et mer ; P). Dans cette belle demeure familiale, on a mis les petits plats dans les grands. Dans un cadre de winstub chic (nappes blanches et chaises sculptées typiques), le chef Vincent Reuschlé régale ses convives d'une cuisine bourgeoise plaisante, comme par exemple une gourmande (c'est peu dire) tourte vigneronne (l'une des spécialités de la

Maisons de la place du Marché, Dambach-la-Ville

maison) suivie de goujonnettes de turbot façon matelote et d'un succulent dessert maison. L'hôtellerie est à la hauteur de la cuisine. On accède aux chambres, calmes et classiques, par un magnifique escalier à vis datant de 1614.

🔒 Achats

Domaine Boeckel   Cave
(☎ 03 88 08 91 02 ; www.boeckel-alsace.com ; 2 rue de la Montagne ; 🕐 lun-ven 9h-12h et 14h-18h, sam 9h-12h et 14h-17h). L'accueil est très agréable, le cadre magnifique : une belle cour et son oriel du XVIᵉ siècle. Thomas Boeckel fait déguster avec passion et sans langue de bois les vins de qualité qu'il cultive avec son frère Jean-Daniel sur leur domaine de 21 ha. Laissez-vous tenter par la finesse du seul grand cru sylvaner de la région, le zotzenberg, ou encore par le boisé pinot noir Terres Rouges.

Dambach-la-Ville

Séduisante petite cité médiévale ayant conservé ses remparts et trois de ses quatre portes, plus grand village viticole de la route des Vins, Dambach-la-Ville n'offre pourtant pas une image très dynamique et pâtit d'une offre en restaurants et en logements limitée. Heureusement, elle s'anime l'été grâce à son important marché paysan et artisanal qui se tient le lundi à 17h.

👁 À voir

Sur les hauteurs du village, la place du Marché fait belle impression. L'hôtel de ville Renaissance (1547), avec son pignon à redents couronné par un beffroi, est entouré de belles maisons médiévales à pans de bois fleuries. Remarquez notamment l'hôtel À la Couronne qui a abrité le siège de la corporation des tonneliers (son élégant oriel a été rajouté au XVIIᵉ siècle) et une étonnante maisonnette qui a pour particularité d'être extrêmement étroite (1686). Sur la place, la fontaine de l'Ours, de style Renaissance (1543), est surmontée d'un ours portant une cruche. N'hésitez pas à poursuivre votre découverte de la ville en empruntant les ruelles adjacentes, ouvrez l'œil et remarquez, rue des Jardins notamment, ses nombreux soupiraux et ses poteaux corniers sculptés.

Sentier viticole   Balade dans les vignes

Ce parcours balisé de 45 minutes mène sur les hauteurs du village, au cœur des vignes. Départ de l'office du tourisme. Profitez de la vue magnifique qu'il offre sur le village et arrêtez-vous à la **chapelle Saint-Sébastien**, ancienne église d'un village aujourd'hui disparu, Oberkirch. Ce bel édifice au clocher roman possède un somptueux retable baroque, richement sculpté dans du bois de tilleul et de poirier (1690-1692), et un glaçant ossuaire. Les historiens s'opposent sur l'origine de ses ossements. Il pourrait s'agir des squelettes des "rustauds" massacrés pendant la bataille des paysans à Scherwiller (voir l'encadré p. 151) ou, moins romanesque, des restes des corps de l'ancien cimetière d'Oberkirch.

Château du Bernstein   Château fort

À l'intérieur du donjon de ce château fort du XIIᵉ siècle, un escalier en fer permet d'accéder au sommet. La vue sur les ruines et plus loin sur la plaine d'Alsace et le val de Villé est à couper le souffle. Accès depuis la chapelle Saint-Sébastien en suivant les disques bleus (50 minutes). Sinon, dirigez-vous en voiture vers Blienschwiller, puis en direction du Hohwarth. À gauche, une route forestière mène jusqu'au parking Schulwaldplatz. Empruntez le GR®5, rectangle rouge, gentille montée de 20 minutes.

ℹ️ Renseignements

Office du tourisme (☎ 03 88 92 61 00 ; www.pays-de-barr.com ; 11 pl. du Marché)

Scherwiller

Une étape rapide et mignonne sur la route des Vins. Traversé par la rivière de l'Aubach, Scherwiller se caractérise par ses nombreuses passerelles en pierre (ou en béton !) et ses anciens lavoirs. Chaque année, en été, le théâtre de rue des Joyeuses Lavandières propose une jolie reconstitution de cette époque où on lavait son linge en public.

Vue depuis le château du Bernstein

SI VOUS AIMEZ...
Les villages
de la route des Vins

La route des Vins est ponctuée de villages tous aussi charmants les uns que les autres. Impossible de tous les présenter. En voici toutefois quelques-uns de plus sur votre parcours :

o Itterswiller Entre Andlau et Blienschwiller, ce village de carte postale s'étire à flanc de coteau. Réputé pour être l'un des plus joliment fleuris de la route des Vins, il offre en outre un magnifique panorama sur le vignoble jusqu'à Sélestat.

o Blienschwiller Entouré de vignes, ce petit village, avec ses maisons à colombages typiques et ses façades fleuries, possède l'une des meilleures tables du secteur, le très raffiné **Pressoir de Bacchus** (03 88 92 43 01 ; 50 rte des Vins ; menus 15/32/48 € ; fermé lun soir, mar, mer midi). Sa carte des vins fait la part belle à la trentaine de viticulteurs du village ! Ne repartez pas sans avoir dégusté le grand cru winzenberg.

o Heiligenstein Dans ce discret village, accroché au Piémont-des-Vosges, se déguste un vin blanc unique, le klevener de Heiligenstein, produit à partir du cépage du savagnin rose. Une charmante balade, entre vignes et montagnes, mène jusqu'aux vestiges de l'abbaye de Truttenhausen.

Où se restaurer

À la Couronne Winstub €€
(03 88 92 06 24 ; www.couronne.com ; 2 rue de la Mairie ; menus 16/23,50/29,50 € ; tlj). Adresse conviviale sur les berges fleuries de l'Aubach. Maître-restaurateur, Didier Roeckel est réputé pour être l'inventeur de la Ries'soup, une soupe à base de riesling. Appréciez ses savoureuses tartes flambées, la classique, celle aux champignons frais ou, pour les plus gourmands, celle au crottin de Lapoutroie.

Achats

Domaine Dussourt Cave
(03 88 92 10 27 ; www.domainedussourt.com ; 2 rue de Dambach ; lun-sam 8h-12h et 13h30-18h30 en été, dim matin et jours fériés sur rdv). Paul Dussourt et son épouse Josée sont incollables sur les accords mets-vins. Après une petite visite de leur cave, avec des anecdotes sur l'entretien des foudres, ils vous guident pendant la dégustation, décrivant avec précision les différents arômes de leurs vins, crémant, sylvaner ou riesling.

Renseignements

Office du tourisme (03 88 58 87 20 ; www.selestat-haut-koenigsbourg.com)

Kintzheim

Pimpant village alsacien comme tant d'autres, Kintzheim accueille deux des principales attractions touristiques du secteur, la Montagne des singes et la Volerie des aigles.

À voir

Montagne des singes Parc
(03 88 92 11 09 ; www.montagnedessinges.com ; La Wick ; tarif adulte/enfant 9/5,50 € ; tlj mi-mars à début nov, mars-avr et oct-nov 10h-12h et 13h-17h, mai-juin et sept 10h-12h et 13h-18h, juil et août 10h-18h). Une expérience unique. Imaginée en 1969 par un passionné de nature, Jacques Renaud, cette réserve de 24 ha est habitée par plus de 200 macaques de Barbarie. Le long d'une balade de 800 m, on découvre ces animaux évoluant en totale liberté. Ici, un couple s'épouille. Là, des jeunes singes s'amusent à sauter d'une branche à l'autre. Sur le parcours, de nombreux guides rappellent les consignes de sécurité et renseignent les plus curieux sur le comportement de ces étonnants singes magots. Une navette rallie le parc au départ de la gare de Sélestat.

Volerie des aigles   Rapaces

(03 88 92 84 33 ; www.voleriedesaigles. com ; château de Kintzheim ; tarif adulte/enfant 9,50/6 € ; ☉fin-mars à mi-nov, basse saison tlj 13h30-17h ou 17h30 ou 18h30 sauf jours fériés et week-ends prolongés 10h-18h30, haute saison tlj 10h-18h30). Cette attraction est, elle aussi, née de l'imagination fertile de Jacques Renaud. Une année avant de créer la Montagne des singes, en 1968, ce fana de rapaces a ouvert une volerie d'aigles, la première du genre en France. Il a choisi pour cadre l'exceptionnel **château de Kintzheim** construit à partir de 1250 par Frédéric II de Hohenstaufen. En même temps que le visiteur découvre les 70 oiseaux présents sur le site, il admire à loisir le donjon, le rempart et le corps de logis. La réputation de la volerie tient à son spectacle de 45 minutes, durant lequel milans noirs, faucons ou aigles évoluent au plus près des spectateurs. Sensations fortes garanties. Navette au départ de la gare de Sélestat.

Où se restaurer

Auberge Saint-Martin   Auberge €

(03 88 82 04 78 ; www.auberge-saintmartin. fr ; 80 rue de la Liberté ; menus 19-21 € ; ☉tlj sauf mar mai-oct et mar-mer reste de l'année). Impossible de ne pas goûter à la tarte flambée cuite au feu de bois, la spécialité de la maison. Nature, au munster ou aux pleurotes, elles sont crémeuses à souhait. Malgré la foule qui s'y presse le midi, en salle ou sur la terrasse, le service reste prévenant et efficace. Pensez à réserver !

 Renseignements

Office du tourisme (03 88 58 87 20 ; www.selestat-haut-koenigsbourg.com)

Depuis/vers Kintzheim

Une navette du **Réseau 67** (09 72 67 67 67) dessert la Montagne des singes ainsi que la Volerie des aigles depuis Sélestat. Renseignements sur les sites Internet respectifs des deux attractions.

La guerre des paysans

Sur la route en direction de Châtenois, avant de traverser le Giessen, un petit calvaire commémore la fameuse bataille des paysans, l'une des plus meurtrières, qui se déroula à Scherwiller au XVIe siècle. Séduits par les idées de la Réforme, désireux de plus de liberté (droits de pêche, de chasse...) et de moins d'impôts, de nombreux paysans se révoltèrent au début du XVIe siècle en Alsace et en Lorraine. À la tombée de la nuit, le 20 mai 1525, de terribles affrontements éclatèrent entre les "rustauds" et le duc de Lorraine, sur le ban de la commune de Scherwiller. Après plusieurs heures de combats, les mercenaires du duc de Lorraine écrasèrent l'insurrection. Le village fut incendié, dit-on, pour éclairer le champ de bataille. Et plusieurs milliers de paysans massacrés. C'est en souvenir de cette bataille sanglante que les paysans alsaciens portaient, traditionnellement, le dimanche, un gilet rouge.

SÉLESTAT ET LE GRAND RIED

Sélestat

Malgré la présence du FRAC et de la prestigieuse Bibliothèque humaniste (malheureusement fermée pour encore plusieurs années en raison d'importants travaux de restructuration), la ville de Sélestat a longtemps fait pâle figure à côté de ses voisines Colmar et Strasbourg. Moins visitée, elle dispose pourtant d'atouts qu'elle tente de promouvoir, notamment de superbes monuments hérités des XVe et XVIe siècles, âge d'or de la ville. Déambulez dans son vieux centre, de placette en placette, pour les découvrir.

◉ À voir et à faire

À l'entrée nord de la vieille ville, le rez-de-chaussée de la **commanderie Saint-**

Rue des Chevaliers

Jean est occupé par l'office du tourisme. Mélange réussi de gothique et de Renaissance, ce bâtiment a été construit en 1525 pour les hospitaliers de Saint-Jean de Jérusalem. Dans la tourelle se cache un bel escalier à vis. Non loin, la place Gambetta, malheureusement occupée par de nombreuses voitures, recèle le joyau de la ville, la **Bibliothèque humaniste** (fermée pour travaux). Elle se cache au premier étage de l'ancienne halle aux blés (1843) à la magnifique façade peinte.

Entre la place Gambetta et la place d'Armes, l'**hôtel d'Ebersmunster** est un élégant bâtiment Renaissance, qui appartenait aux moines bénédictins de l'abbaye éponyme : ils venaient s'y réfugier en cas d'attaque. Son grenier pointu, sur trois niveaux, permettait de stocker les vivres. Non loin, la **rue des Chevaliers**, la plus ancienne de Sélestat, est bordée de belles demeures Renaissance et se termine à la **tour Neuve** (XIIe siècle), l'une des trois portes conservées des anciens remparts. Notez sa coquette toiture avec lanterne et girouette, héritée du XVIIe siècle.

La place du Vieux-Port et le **quai des Tanneurs** rappellent que Sélestat était autrefois traversée par un cours d'eau servant au tannage des peaux. Le "quai" très coloré est la voie la plus pittoresque de la ville.

L'**arsenal Sainte-Barbe** (pl. de la Victoire), avec son si caractéristique pignon à redents, était initialement un entrepôt de marchandises avant de devenir, de 1534 au XIXe siècle, un arsenal. Profitez ici du décor des coquettes rues piétonnes pour siroter un verre en terrasse.

Église Sainte-Foy   Art roman

(pl.du Marché-Vert). L'édifice surprend d'abord par ses trois tours, une rareté en Alsace. Puis, par son mélange de grès et de granit, de sobriété dans les formes et de richesse dans les décors. De fait, cette église romane du XIIe siècle a été beaucoup remaniée : au XVIIe siècle dans un style baroque par les jésuites, puis au XIXe siècle dans un style néoroman rhénan par les Allemands. On leur doit notamment les deux belles flèches. Dans la nef, impossible de ne pas remarquer la chaire baroque des jésuites de 1753. La crypte renferme un vestige de la chapelle du Saint-Sépulcre de Jérusalem sur laquelle l'église a été construite.

Église Saint-Georges   Art gothique
(pl. Saint-Georges). Située à quelques mètres à peine de l'église Sainte-Foy, l'église Saint-Georges a été bâtie sur plusieurs siècles. Édifiée dès 1220 dans un style roman, elle est achevée vers 1490 avec sa belle tour occidentale de style gothique flamboyant, qui s'élève à 60 m de hauteur. L'entrée sud est étonnamment la plus décorée, une façon sans doute de tourner le dos au prieuré Sainte-Foy. À l'intérieur, au niveau du chœur, les vitraux lumineux (partiellement du XVe siècle) semblent occuper toute la surface du mur.

Bibliothèque humaniste   Bibliothèque
(1 rue de la Bibliothèque ; actuellement fermée). Installée depuis 120 ans dans la halle aux blés, la Bibliothèque humaniste, témoignage du bouillonnement intellectuel à Sélestat aux XVe et XVIe siècles, est en pleine restructuration et restera fermée jusqu'en 2018. Le projet imaginé par l'architecte Rudy Ricciotti, concepteur du MuCEM à Marseille, respectera l'architecture néoromane de la halle aux blés et mettra en valeur la nef originelle. Une extension lumineuse en grès rose tout en colonnes et en verre est également prévue. Une fois ces travaux d'un coût de 13 millions d'euros achevés, son précieux fonds, comprenant notamment la bibliothèque de l'école latine et celle personnelle de Beatus Rhenus, soit 450 manuscrits, 550 incunables et près de 2 600 imprimés du XVIe siècle, sera à nouveau visible.

FRAC   Art contemporain
(☏03 88 58 87 55 ; www.culture-alsace.org ; rte de Marckolsheim ; ☉mer-dim 14h-18h). GRATUIT Sa belle façade en verre reflète admirablement les rives de l'Ill. À l'intérieur, l'espace atypique, en forme de croissant de lune, de la salle d'exposition est régulièrement investi par des artistes contemporains.

La légende du géant Sletto

Selon la légende, Sélestat a été fondée par… un géant. Plus précisément par Sletto. C'est lui qui, avec ses grosses paluches, aurait creusé la vallée de la Lièpvre. Il arrachait les pierres et les arbres et les lançait dans la plaine. Avec le tas ainsi constitué, il construisit un château fort et créa Sélestat.

Avant la fermeture de la Bibliothèque humaniste, on pouvait y voir l'impressionnante côte du géant accrochée à l'entrée. C'est elle qui permit de déduire que Sletto mesurait environ 20 pieds de haut, soit 6 m à peu près.

Illwald   Réserve naturelle
(☏03 88 58 85 12 ; D424 en direction de Marckolsheim). C'est l'une des richesses et des particularités de Sélestat. À 15 minutes à pied du centre-ville, cette magnifique réserve naturelle régionale s'étend sur plus de 1 800 ha. Constituée d'une majestueuse forêt et de prairies avec bocages de saules, cette zone humide offre une vue imprenable sur le Haut-Kœnigsbourg. L'Illwald se caractérise par sa grande diversité d'espèces animales et végétales. On y croise par exemple le crapaud sonneur à ventre jaune avec ses pupilles en forme de cœur, mais aussi la plus grande population de daims sauvages de France.

Une boucle de 3 heures 30 (balisage cercle rouge) parcourt le site au départ du parking de la chapelle du Chêne. Méfiez-vous des moustiques, nombreux dans cette zone humide, et des crues qui la transforment en un gigantesque lac.

Où se loger et se restaurer

Auberge des Alliés   Auberge de charme €
(☏03 88 92 09 34 ; www.aubergedesallies.fr ; 39 rue des Chevaliers ; s/d 52-58/62-75 € ; @).

À NE PAS MANQUER ⭐

Le château du Haut-Kœnigsbourg

Le Haut-Kœnigsbourg est l'un des sites alsaciens les plus visités. Plus d'un demi-million de personnes se promènent chaque année dans ce château féerique accroché à près de 800 m d'altitude. Bâti au XIIᵉ siècle au cœur du massif vosgien, il a vu se succéder de nombreuses familles, les Hohenstaufen, les Habsbourg puis les Thierstein, avant d'être réduit en cendres pendant la guerre de Trente Ans. Le château a été restauré, entre 1901 et 1908, pour des motifs politiques. L'empereur allemand Guillaume II de Hohenzollern avait décidé d'en faire un musée et d'y célébrer l'Alsace germanique.

La reconstruction fut confiée à l'architecte Bodo Ebhardt qui, en s'appuyant sur un relevé précis des débris archéologiques, reproduisit l'édifice tel qu'il était au Moyen Âge. Ou presque. Le Kaiser s'est en effet permis quelques fantaisies : un moulin à vent – on n'en trouve aucun en Alsace –, et les armoiries du Saint-Empire romain germanique, l'aigle, que l'on retrouve disséminées un peu partout dans le château.

Le donjon et l'architecture chaotique de l'ensemble impressionne. Le circuit de 45 minutes donne accès à certaines salles remeublées du logis seigneurial et à deux tours d'artillerie. Chaises, tables, lits, coffres, etc. forment un joli panachage de tout ce que le château a pu abriter du XIIᵉ au XVIIᵉ siècle. Des visites ludiques, en costumes, sont proposées pour les familles, durant les vacances scolaires (2 €).

Infos pratiques

Château (☎ 03 69 33 25 00 ; www.haut-koenigsbourg.fr ; Orschwiller ; tarif plein/réduit 9/7 €, audioguide adulte/enfant 4,50/2 € ; ☉ tlj sauf 1ᵉʳ jan, 1ᵉʳ mai, 25 déc, jan-fév et nov-déc 9h30-12h et 13h-16h30, mars et oct 9h30-17h, avr-mai et sept 9h15-17h15, juin-août 9h15-18h). Une **navette** (adulte/-4 ans 2 €/gratuit ; ☉ mars à fin déc sam-dim et jours fériés, tlj mi-juin à mi-sept et vac. scol. de Pâques et Toussaint) circule entre la gare de Sélestat et le château.

Son emplacement est idéal, au cœur du centre historique. Dans cette demeure du XVIe siècle, une quinzaine de chambres spacieuses ont été aménagées. L'accueil sympathique fait oublier la décoration un tantinet vieillotte. Très bon rapport qualité/prix. Bonne cuisine régionale au restaurant.

La Vieille Tour — Cuisine de terroir €€

(✆ 03 88 92 15 02 ; www.vieille-tour.fr ; 8 rue de la Jauge ; menus 14-43 € ; ⊙tlj sauf lun). Dans un décor classique, Nicolas et Samy Ruhlmann proposent une cuisine de terroir de très belle facture, flirtant avec le gastronomique. On s'y attable le midi pour profiter de ses deux menus à des prix défiant toute concurrence. Notre préféré, le menu du marché (20,50 €) est très prisé. L'été, on se régale par exemple d'une salade de lentilles vinaigrée crème de raifort et saumon fumé maison, suivie d'une poitrine de volaille sur polenta crémeuse et d'une pannacotta à l'anisette.

Au Pied de bœuf — Traditionnel €€

(✆ 03 88 92 11 29 ; www.pieddeboeuf.fr ; 17 rue du Président-Poincaré ; plats 12,40-17 € ; ⊙fermé mar soir et mer). Adresse réputée pour ses assiettes copieuses et sa viande. Lors de notre passage, le service était rapide malgré une terrasse et une salle bondées. L'araignée, copieux morceau du boucher de 200 g, et sa sauce chasseur étaient décevantes. Préférez les plats alsaciens.

ⓘ Renseignements

Office du tourisme (✆ 03 88 58 87 20 ; www.selestat-tourisme.com ; 10 bd du Général-Leclerc)

ⓘ Depuis/vers Sélestat

Sélestat se situe à 20-30 minutes de Strasbourg, 30 minutes de Mulhouse et 10 minutes de Colmar en **TER** (www.vialsace.eu).

Grand Ried

Au cœur de la plaine d'Alsace, bordé par l'Ill à l'ouest et par le Rhin à l'est, le Grand Ried possède une flore et une faune remarquables. Longtemps considéré comme un milieu hostile pour l'humain en raison de ses inondations récurrentes, ce magnifique espace naturel est aujourd'hui préservé et valorisé. Cheminez à travers ces prairies humides d'où émergent des bosquets, des saules et où la nappe phréatique affleure parfois. À pied, à vélo ou en barque, partez à la rencontre des castors, des courlis cendrés ou des daims qui évoluent sur ce site hors du temps. Des balades inoubliables en perspective !

✪ Activités

Randonnée à vélo

Les offices du tourisme du Grand Ried (Benfeld, Erstein, Marckolsheim et Rhinau) louent des vélos classiques ou électriques (classique/électrique 9/13 € la demi-journée, 12,50/20 € la journée). Pratiques, ils permettent de découvrir le Ried et les bords du Rhin. Des cartes des itinéraires cyclables sont distribuées gratuitement dans les offices (et sont téléchargeables sur le site Internet www.grandried.fr). Le circuit transfrontalier Rhinau, Kappel, Weisweil (42 km, 3 heures 30 à 5 heures) parcoure l'île de Rhinau (p. 159).

Canoë

Pour découvrir le Grand Ried en ramant, adressez-vous aux **Canoës du Ried** (✆ 06 08 91 85 56 ; www.canoes-du-ried.com ; 35 rte de Marckolsheim, ancienne maison forestière de la Redoute), à Sélestat. De mi-avril à mi-octobre, ils proposent des balades dans le Ried en fonction de vos envies et de vos capacités physiques. Une formule à la **demi-journée** (adulte/13-18 ans/-13 ans 24,50/12,25 €/gratuit) offre une traversée de la forêt de l'Illwald (p. 153) et des prés du Ried avec possibilité de se promener dans la zone humide du Rohrmatten.

Ebersmunster

D'aucuns le surnomment la "petite Venise rustique". Ce village fleuri, traversé par le Muhlbach, est réputé pour son harmonieuse et majestueuse abbaye

Châtenois

Châtenois, petite commune située à 3 km de Sélestat, tire son charme d'une double enceinte construite entre les XIIe et XVe siècles au pied des vignes, à côté du centre actuel. Ces remparts bien conservés entouraient ce qu'on appelle un "cimetière fortifié" : une église romane dédiée à Saint-Georges (dont subsiste encore un beau clocher à baies géminées), un cimetière (désaffecté en 1854 à la suite d'une épidémie de choléra), un presbytère et des habitations. On peut aujourd'hui en faire le tour à pied. Certains visiteurs, conquis par le cadre, s'allongent sur l'herbe pour une courte sieste, d'autres sortent la nappe pour pique-niquer. Le parcours est ponctué de huits panneaux explicatifs qui reviennent sur l'histoire de ces remparts, attirent l'attention sur certains détails, comme les échauguettes du clocher datant du XVIe siècle, qui permettaient à un veilleur de surveiller l'horizon et de donner l'alerte en cas de danger. Pénétrez dans l'enceinte par la tour des Sorcières, rue de l'Église. Cette porte gothique datant du XVe siècle et remaniée au XIXe siècle a séduit nombre d'artistes. On la retrouve notamment dans les fameuses illustrations de Hansi.

baroque, mais aussi pour sa gastronomie. Les amateurs de poissons de rivière se régaleront de la matelote typique du Ried.

 À voir

Abbatiale Saint-Maurice Art baroque
Les trois clochers à bulbe vernissés de cette église se distinguent de loin. Majestueuse et imposante, l'abbatiale Saint-Maurice détonne dans ce si petit village. À l'origine (VIIe siècle), elle appartenait à une abbaye bénédictine et avait été édifiée par le duc Étichon, père de sainte Odile. Détruite en 1632 puis

brûlée en 1717, elle a été reconstruite de 1720 à 1726. À l'intérieur, l'édifice s'avère incroyablement lumineux et le décor, de style baroque allemand, d'une rare beauté. Le chœur, plus étroit, guide le regard jusqu'au maître-autel flamboyant surmonté d'une immense couronne. Les harmonieuses fresques de la nef représentent le martyre de saint Maurice. Remarquez également les très beaux confessionnaux et l'orgue du célèbre facteur André Silbermann (1678-1734).

Où se restaurer

Aux Deux Clefs Poissons €€
(03 88 85 71 55 ; www.restaurantauxdeuxclefs.fr ; 23 rue du Général-Leclerc ; plats 21,50-26,50 € ; tlj sauf lun et mer). Les clients se pressent dans cette auberge cossue tenue par la famille Baur depuis cinq générations, et située en face de l'abbatiale, sur les bords du Muhlbach. On y déguste la fameuse matelote du Ried aux quatre poissons (anguille, sandre, brochet et truite saumonée), la spécialité de la maison. C'est la meilleure de la région.

Muttersholtz

Ce petit village paisible est réputé pour son artisanat, du tissage du *kelsch* à la création de girouettes.

À voir et à faire

Batelier du Ried Visite en barque
(03 88 85 13 11 ; www.batelier-ried.com ; 21 Ehnwihr ; adulte/enfant 20/10 € ; Pâques-Toussaint). À bord de sa barque à fond plat, Patrick Unterstock, l'un des derniers "batelier du Ried", vous emmène pour une virée de trois heures sur l'Ill, entre Muttersholtz et Ebersmunster. Avec sa gouaille, il explique l'histoire du Ried, sa faune, sa flore, ses castors, pour lesquels il se passionne, mais aussi l'histoire de l'abbatiale d'Ebersmunster. Retour pédestre, en attelage ou en véhicule. Possibilité de louer un tipi (adulte/enfant 22/12 €) ou un gîte (400 à 490 € la semaine).

Ebersmunster

Maison de la nature, du Ried et de l'Alsace centrale   Balade

(03 88 85 11 30 ; www.maisonnaturemutt. org ; 35 Ehnwihr ; tlj 8h30-17h en été, reste de l'année lun-ven 8h30-17h). Cette structure sensibilise les visiteurs à la protection du milieu naturel du Ried. Ses animateurs proposent toute l'année de nombreux ateliers et des balades thématiques, dont une en calèche (adulte/enfant 17/13 €). C'est aussi le point de départ de trois circuits de découverte avec panneaux explicatifs dont le sentier sensoriel (1 heure 30) à faire pieds nus !

Tissage Gander   Kelsch

(03 88 57 75 84 ; www.tissage-gander.fr ; 10A rue de Verdun ; lun 14h-17h30, mar-ven 9h30-12h et 14h-17h30, sam 10h-12h et 14h-17h30, fermé dim et jours fériés). Michel Gander est le dernier tisserand à perpétuer la fabrication du *kelsch*, ce tissu typique à carreaux – rouge, bleu ou vert – qui orne les tables de la plupart des winstubs de la région. Dans son point de vente, il présente ses modèles : les classiques en lin ou les plus contemporains aux formes

géométriques simples et aux tons clairs. À défaut de pouvoir visiter les ateliers de confection, les visiteurs se contenteront d'une vidéo et de vieux métiers à tisser présentés dans une grange annexe.

Girouette Bernard Stinner   Girouettes

(03 88 85 16 65 ; www.girouette-stinner. com ; 6 Ehnwihr ; tlj 10h-18h). Difficile de parvenir à trouver son atelier. Bernard Stinner se cache dans une petite ruelle du hameau de Ehnwihr. Ce ferronnier d'art, spécialisé depuis plus de vingt ans dans la fabrication de girouettes, aime travailler au calme. Pour satisfaire la curiosité de ses visiteurs, il expose une vingtaine de ses créations, classiques ou plus modernes.

Erstein

Situé au cœur du Ried, ce petit bourg réputé au tournant du XIXe et du XXe siècle pour sa filature (dont il reste quelques traces, notamment une jolie cité ouvrière rue du Général-Leclerc) s'est aujourd'hui fait un nom grâce à sa sucrerie et à son musée, perdu en pleine zone industrielle.

À voir

Musée Würth   Art contemporain
(☎ 03 88 64 74 84 ; www.musee-wurth.fr ; ZI
Ouest, rue Georges-Besse ; tarif plein/réduit
6/4 € ; ⏱ tlj mar-sam 10h-17h, dim 10h-18h). Le
musée a été bâti à côté du siège social de
l'entreprise Würth France, dans la zone
industrielle ouest d'Erstein. Rectangle de
béton et de verre, il accueille, dans de vastes
pièces pénétrées par une douce lumière
naturelle, les œuvres de l'impressionnante
collection d'art contemporain de
l'entrepreneur Reinhold Würth. Peintures,
sculptures ou photographies, les
expositions sont monographiques ou
thématiques. Restauration sur place.
L'agréable bosquet qui entoure le musée
est idéal pour pique-niquer.

✖ Où se restaurer

Jean-Victor Kalt   Cuisine bourgeoise €€
(☎ 03 88 98 09 54 ; www.jean-victor-kalt.fr ;
41 av. de la Gare ; menus 28-62 € ; ⏱ tlj sauf
dim soir et lun). Sans conteste, la meilleure
table de la ville. Le chef Jean-Victor Kalt,
toujours sur le feu et pourtant d'une rare

disponibilité, régale ses convives d'une
cuisine sérieuse et gourmande. Craquez
pour ses suggestions : une salade de
homard au foie gras ou un turbot sur un
velouté de petit pois à la française et, pour
finir, une pannacotta aux framboises. Très
belle carte des vins.

ℹ Renseignements

Office du tourisme (☎ 03 88 98 14 33 ; www.
grandried.fr ; 16 rue du Général-de-Gaulle)

Benfeld

Son vieux centre historique a été détruit
pendant la Seconde Guerre mondiale.
Seuls le magnifique hôtel de ville et son
horloge Jacquemart ont miraculeusement
échappé aux bombes.

◉ À voir

**Horloge
Jacquemart**   Horloge monumentale
(pl. de la République). Arrivez quelques
minutes avant que ne sonne l'heure pour
voir en action cette fascinante horloge,

Horloge Jacquemart

située sur la tourelle de l'hôtel de ville (1531). Trois automates sculptés en bois de chêne entourent les cadrans – celui du haut indique les différentes phases de la lune, le plus grand donne l'heure de Paris, le dernier, l'heure locale de Benfeld. À droite, la Sagesse est représentée par un homme en armure, le prince-évêque de Strasbourg. Au-dessus de lui, la Justice personnifiée par le *Schultheiss* (le maire). Enfin, sur la gauche, la Mort, nous rappellant la fugacité de notre existence.

Où se restaurer

Au Zoll   Cuisine traditionnelle €
(03 88 08 48 74 ; 1 rte du Rhin ; plats 15-29 € ; tlj sauf lun soir, mar soir et mer). Jean-Christophe Roos a réalisé son rêve de gosse : reprendre le restaurant Au Zoll, à la sortie de Benfeld, un établissement longtemps tenu par sa grand-mère. Avec son épouse Cynthia, il propose une cuisine traditionnelle : cordon bleu de veau, entrecôte (trois sauces au choix), magret de canard, filet de sandre rôti. Ou plus originale (et délicieuse), une bruschetta de filet de rouget, tapenade et tomates confites. Le midi, la terrasse et la salle sont bondées : la formule à 11 € avec son buffet d'entrées est un succès. Mieux vaut réserver.

ⓘ Renseignements

Office du tourisme (03 88 74 04 02 ; www. grandried.fr ; hôtel de ville, pl. de la République)

Réserve naturelle nationale de l'île de Rhinau

C'est l'une des plus magnifiques balades en barque à fond plat de la région. Avec les bateliers bénévoles de l'**association Rhinau Rhin Ried** (03 88 74 68 96 ; forfait 1 à 4 pers 44 € ; tlj avr-oct), partez à la découverte de l'île de Rhinau. Dans cette zone protégée, étonnant résultat des travaux de canalisation du Rhin, la nature a repris ses droits et, au fil de l'eau, on croise une famille de cygnes, un nuage

de libellules ou une souche renversée transformée en nichoir par des martins-pêcheurs.

LES VOSGES MOYENNES
Val de Villé

La vallée, lieu de passage historique entre la Lorraine et la plaine d'Alsace, est le repaire idéal des amoureux de la nature. Moins encaissées que celles de la Bruche, ses douces collines promettent de belles escapades à pied (plus de 350 km de sentiers balisés), à VTT, à cheval, dans les airs ou encore en raquettes.

Villé

La petite ville de Villé possède un joli centre. La place de l'église Notre-Dame, construite en 1758, est entourée de quelques maisons à colombages colorées et fleuries. L'artiste peintre René Kuder (1882-1962), réputé notamment pour ses aquarelles, est un enfant de Villé. Si vous avez le temps, empruntez le sentier du patrimoine pour découvrir caché, à côté de l'église, un magnifique cimetière bourgeois, jadis fortifié par un mur et un fossé.

Activités

VTT

Sept circuits balisés au départ de Villé sont proposés par l'office du tourisme. Rouge ou noir, ils s'adressent aux vététistes expérimentés, à l'instar du circuit des trois cols, niveau noir très difficile, qui chemine depuis Villé jusqu'au Climont, puis au col d'Urbeis et s'achève à Fouchy. D'une durée de trois heures, il possède un dénivelé de 844 m ! Le topoguide VTT est en vente à l'office du tourisme (3,50 €).

Randonnée

Les novices comme les randonneurs de l'extrême trouveront ici leur bonheur. Le Club vosgien a balisé quelque 350 km de sentiers. Notre préféré, le circuit des Roches (12 km, 3 heures 30), s'effectue principalement en forêt. De difficulté

Villé

moyenne, il débute au parking situé à la sortie en amont de Breitenau. Le chemin forestier offre rapidement une belle vue sur la vallée de Villé, Saint-Gilles et l'Ungersberg. Arrivé au Schlossplatz, autrement dit la place du Château, un crochet permet d'accéder aux ruines du **château de Frankenbourg** (20 minutes aller-retour). S'offre alors un très beau panorama sur les ruines de l'Ortenbourg, le Ramstein et le château du Haut-Kœnigsbourg. La balade permet ensuite de découvrir de belles formations rocheuses, les **Rondes roches**, la **roche des Fées** ou encore le **rocher de la Salière**.

Le circuit du Climont conduit au **sommet du Climont**, fameuse montagne en forme de trapèze où la Bruche, le Giessen et la Fave prennent leur source.

Un topoguide en vente à l'office du tourisme recense 15 circuits (3 €).

Parapente
Club-école Grand vol
Parapente

(03 88 57 11 42 ; www.grandvol.com ; Breitenbach ; vol biplace 60 €, cours demi-journée 60 € ; ◷9h30-17h30). Survolez le val de Villé et les environs avec ce club sérieux.

🛏 Où se loger et se restaurer

Chambres du Beau-Regard
Chambres d'hôtes €

(📞03 88 57 10 14 ; www.chambres-beau-regard-alsace.com ; 2A rue du Beau-Regard ; ch 65 € petit-déj inclus). Christiane Frantz a aménagé deux belles chambres dans sa coquette demeure située sur les hauteurs de Villé. L'une rouge, l'autre verte, elles sont toutes deux de très bon goût et disposent de magnifiques meubles anciens. Les hôtes profitent d'un grand jardin avec transats et tables et d'une belle vue sur le bourg. Seul inconvénient, il n'y a pas d'entrée indépendante.

Wendling traiteur
Poissons €

(📞03 88 57 26 36 ; www.restaurant-wendling.fr ; 5 pl. Charles-de-Gaulle ; plats 13-24,80 € ; ◷juil-août du mar midi au dim midi, reste de l'année tlj sauf lun, mar soir, mer soir, dim soir). Le chef Rémy Wendling aime tout particulièrement travailler les poissons. Filet de sandre sauce forestière, dos de saumon aux cèpes ou encore dos de cabillaud en croûte de chorizo se partagent la carte. Les amateurs de viande trouveront également leur bonheur. Excellent menu à 10 € le midi en semaine ! L'accueil est attentionné et la situation centrale. Belle terrasse l'été.

Renseignements

Office du tourisme (03 88 57 11 69 ; www.ot-valdeville.fr ; 14 pl. du Marché)

Albé

Au nord de Villé, Albé est le village viticole le plus élevé d'Alsace. Ses maisons de vignerons datent des XVIIIᵉ et XIXᵉ siècles. Pendant trois jours, en août, la commune se pare de mille feux, et les habitants de costumes d'époque, pour "Albé en habit de lumière".

À voir

Musée du Val de Villé   Écomusée

(03 88 57 08 42 ; www.maisonduvaldeville. com ; 4 pl. du Tilleul ; 3,50 € ; avr-oct jeu-dim et jours fériés 14h-18h, reste de l'année pour les groupes sur réservation). Plus grand et plus fourni que le musée des Arts et Traditions populaires de Neuviller-la-Roche (p. 169) dans la vallée de la Bruche, le musée du Val de Villé n'a toutefois pas le même charme. Comme lui, il présente le quotidien et les activités des hommes d'autrefois au travers d'objets et d'outils. Si la maison datant du XVIIIᵉ siècle est magnifique, la visite (avec audioguide gratuit) laisse un sentiment d'inachevé.

Activités

Équivallée   Équitation

(03 88 58 97 72 ; www.equivallee67.com ; lieu-dit Sonnenbach ; 20 €/heure). Pendant une ou deux heures, baladez-vous à cheval sur la montagne de l'Ungersberg, entre les bouleaux, les chênes et les sapins, aux côtés de la directrice du centre équestre, Isabelle Feltz. Vous surprendrez peut-être une biche et profiterez à coup sûr d'une belle vue sur Triembach-au-Val. Pour les petits, dès 2-3 ans, promenade à poney d'une demi-heure (15 €).

Vue depuis le sommet du Climont

SONIA DE ARAUJO ©

Albé (p. 161)

Steige

Ce village-rue possède de belles maisons vosgiennes aux linteaux de porte décorés (XVIIIe siècle). Son nom germanique désigne la montée vers le col. Pour l'anecdote, c'est ici qu'est né le premier homme vacciné contre la rage, le 6 juillet 1885, par Louis Pasteur. Il s'agissait du fils du boulanger, Joseph Meister (1876-1940).

Une petite **route des eaux-de-vie** a été imaginée pour valoriser le savoir-faire ancestral des trois distillateurs de la vallée. Elle débute à Steige, se poursuit à Hohwarth et s'achève à Dieffenbach-au-Val. Les alcools sont à consommer avec modération, le parcours s'effectuant en voiture.

Où se loger et se restaurer

Ferme du Manou   Gîtes €

(☎ 03 88 58 98 56 ; www.fermedumanou.com ; 5 rue du Bas-des-Monts ; gîte 2 ch/3 ch à partir de 400/500 € par semaine ; 🐾). Emmanuel Schieber alias Manou, et son épouse Rachel ont repris l'exploitation d'un de leurs parents. Ancien charpentier, Manou a lui-même meublé trois gîtes spacieux sur son terrain. Les petits plus : la piscine couverte et le sauna.

Auberge Chez Guth   Auberge chic €

(☎ 03 88 58 12 05 ; www.auberge-chez-guth. fr ; 5A rue du Bas-des-Monts ; menus 26-68 € ; 🕐 mar-mer 19h-21h, jeu-dim 12h-15h et 19h-21h). Ne vous fiez pas aux apparences. Ici, vous ne dégusterez pas d'assiette de charcuterie ou de tarte aux myrtilles. Si, de l'extérieur, ce restaurant ressemble à nombre d'auberges en bois des alentours avec ses ânes qui paissent, à l'intérieur, l'ambiance est chic : cuisine ouverte, nappes blanches, lumière tamisée. Yannick Guth a travaillé auprès de grands chefs étoilés. Sa cuisine est d'un extrême raffinement et pourtant les prix restent doux. On aime son goût pour les associations de saveurs inédites : l'anguille fumée avec la pastèque et le concombre, la fraise avec sa pannacotta de persil. Terrasse avec vue.

🔒 Achats

Confitures du Climont
Confitures

(☏ 03 88 97 72 01 ; www.confituresduclimont. com ; La Salcée, 14 rte du Climont, Ranrupt ; ⊙ mar-dim 10h-19h). Fabrice Krencker, sacré meilleur confiturier de France, vient de passer la main à sa fille et à son gendre Perrine et Frédéric Hilberer. Ensemble, ils préparent dans leurs chaudrons en cuivre, et à l'aide d'étonnants outils fabriqués par Fabrice Krencker, quelques-unes des meilleures confitures de la région, classiques (fraises, cerises, myrtilles) ou plus insolites (poires au gingembre, carottes au marc de gewurztraminer).

Le Hohwald

Il était de bon ton au XIXᵉ siècle de venir en villégiature au Hohwald, cette "région de sapins qui montent tout droit et lèvent au ciel une fine et verte aiguille", comme l'écrivit Anatole France. Il n'est pas le seul personnage illustre à avoir respiré l'air pur de cette station d'altitude. Sarah Bernhardt et le maréchal Joffre en furent

également. Aujourd'hui, ce village de 400 âmes, situé à 10 minutes du Champ du Feu, possède encore de remarquables hôtels. À 2 km du centre, une jolie **cascade**, accessible par un sentier de randonnée, vaut le coup d'œil.

◉ À voir et à faire

Champ du Feu
Site naturel

Avec son sommet culminant à 1 099 m – le plus haut du Bas-Rhin –, le Champ du Feu attire de nombreux randonneurs l'été et tout autant de skieurs l'hiver. Les randonneurs apprécient beaucoup ce beau site naturel constitué de chaumes d'altitude, de tourbières et de forêts. La petite **station de ski** (☏ 03 88 97 30 53 ; www.lechampdufeu-ski.com ; 154 rte de la Serva, Belmont) située à moins d'une heure de la capitale européenne, fait le bonheur de nombreux Strasbourgeois. Son domaine skiable fait la part belle au ski de fond (100 km de pistes). Quatorze pistes de ski alpin (pas de noire) sont aussi aménagées, ainsi que des pistes de *tubbing*.

Cascade, Le Hohwald

Activités

Parc Alsace
Aventure   Parcours aventure

(03 88 08 32 08 ; www.parc-alsace-
aventure.com ; col du Kreuzweg, Breitenbach ;
adulte/7-15 ans/3-6 ans 20-24/14-18/12 € ;
juil-août tlj 10h-19h, avr-juin et sept-oct mer,
sam et vac. scol. 13h-18h, dim 10h-18h). Une
dizaine de parcours dans les arbres pour
tous les niveaux, vallée des tyroliennes
(à partir de 12 ans), toboggan géant...
Amateur de sensations fortes, ce parc,
situé à une quinzaine de minutes du
Hohwald, est fait pour vous !

Où se loger
et se restaurer

Le Lindenhof   Ferme-auberge €€

(03 88 08 31 98 ; www.ferme-auberge-
lindenhof.fr ; 11 rte du Kreutzweg ; s/d 47/59 € ;
plat 14,50-20€ ; tlj sauf jeu, midi et soir en
saison, midi seulement reste de l'année). Sur les
pâturages, de belles vaches vosgiennes
broutent. Autour de la ferme-auberge,
une dizaine de chevaux gambadent. Dans
un écrin de verdure, à 600 m d'altitude,
les visiteurs dégustent des petits plats
familiaux préparés avec les produits
de la ferme. Croustillant à la tomme
(fabriquée sur place), rôti de veau, palette.
Réservation conseillée. Vincent gère avec
allant les quatre chambres d'hôtes à la
déco simple et rustique.

Renseignements

Office du tourisme (03 88 08 33 92 ;
www.pays-de-barr.com ; 15 rue Principale)

Vallée de la Bruche

Ici, vous ne trouverez ni cigognes,
ni maisons à colombages, mais de
rustiques demeures en pierre. La vallée
de la Bruche est l'Alsace inattendue.
Entouré de montagnes, le Donon d'un
côté et le Champ de Feu de l'autre, ce
territoire sillonné par la Bruche dispose
de magnifiques sentiers de randonnée et
d'agréables hôtels-restaurants.

Plus encore, avec le camp du Struthof,
le Centre européen du résistant déporté
à Natzwiller et le mémorial d'Alsace-

Temple au sommet du Donon

Moselle à Schirmeck, la vallée de la Bruche, traditionnelle destination de villégiature des Strasbourgeois, est devenue une étape à ne pas négliger pour qui s'intéresse à l'histoire et à l'identité alsacienne.

Schirmeck

La création d'un contournement routier a rendu la flânerie dans son centre plus agréable, même si de nombreux poids-lourds la traversent encore. Surplombée par un sympathique château, Schirmeck vaut surtout pour le mémorial d'Alsace-Moselle qui la surplombe.

 À voir

Mémorial d'Alsace-Moselle
Centre d'interprétation historique
(☎ 03 88 47 45 50 ; www.memorial-alsace-moselle.com ; lieu-dit du Chauffour, allée du Souvenir-Français ; tarif plein/réduit/famille 10/8/25 € ; billet commun avec le Struthof 11 € ; ⏱ tlj mi-avr à fin sept 10h-18h30, mar-dim le reste de l'année, fermé 1er mai, 24 déc-26 déc et 31 déc-1er jan). Le mémorial d'Alsace-Moselle revient sur l'histoire tumultueuse, souvent méconnue ou incomprise, de deux régions ballottées par l'Histoire, de 1870 jusqu'au lendemain de la Seconde Guerre mondiale. En 75 ans, au gré des combats et des traités, les Alsaciens ont changé quatre fois de nationalité, de langue... et d'uniforme. Scénographie vivante et décors plus vrais que nature. Le bâtiment moderne fait face au camp du Struthof, situé de l'autre côté de la vallée. Fermé pour travaux depuis décembre 2016, le mémorial d'Alsace-Moselle doit rouvrir ses portes en septembre 2017 : un nouvel espace sera consacré à l'Europe.

Sentier du patrimoine mennonite
Balade instructive
Une boucle de 6 km revient, grâce à six bornes d'interprétation, sur la passionnante histoire de la communauté mennonite dans le secteur. Réputés pour leur savoir-faire agricole et leur refus de porter les armes, ces anabaptistes

---

VAUT LE DÉTOUR
Le Donon

Le massif du Donon, culminant à 1 009 m d'altitude, offre un splendide panorama à 360° de quatre départements, les Vosges, la Moselle, la Meurthe-et-Moselle et le Bas-Rhin. Une atmosphère magique émane de cet ancien lieu de culte celte puis gallo-romain.

L'accès au sommet se fait à pied (compter 2 heures 30 aller-retour). Au bord du sentier (balisage rectangle rouge du GR®5) jalonné de panneaux explicatifs qui part de la maison forestière du Haut-Donon, on distingue encore les traces de trois temples gallo-romains consacrés à Mercure. Les copies de sept stèles votives entourent un parc archéologique. Les originaux (IIIe siècle) sont aujourd'hui conservés au Musée archéologique d'Épinal (Vosges). Tout en haut se dresse un étonnant temple, non pas gallo-romain, mais d'inspiration grecque... Édifié sous Napoléon III, en 1869 plus précisément, par un architecte colmarien, il est devenu, depuis, l'emblème du Donon.

---

originaires de Suisse, longtemps persécutés, se sont installés en 1708 à Salm. Une importante partie de la communauté, aujourd'hui connue sous le nom d''"amish", a émigré vers les États-Unis. Départ depuis le parking de la maison forestière de Salm. Plaquette disponible à l'office du tourisme.

Où se restaurer

La Schlitte
Cuisine traditionnelle €
(☎ 03 88 97 06 07 ; www.restaurant-schlitte.com ; 26 rte de Freconrupt, La Broque ; menus 11,10-36 € ; ⏱ tlj sauf lun soir, mar soir, mer et, l'hiver, jeu soir). Dans ce mignon chalet en bois de Laponie, Christophe Munch mitonne une cuisine de terroir gourmande. Ses spécialités ? La *totsche*,

Mémorial d'Alsace-Moselle (p. 165)

une galette de pommes de terre qu'il sert gratinée au chèvre avec du jambon fumé, ou encore les galettes de pied de porc. Le cuistot fait la part belle aux producteurs locaux.

ⓘ Renseignements

Office du tourisme (☎ 03 88 47 18 51 ; www.valleedelabruche.fr ; 114 Grand'Rue)

ⓘ Depuis/vers Schirmeck

Le **TER** dessert Strasbourg en moins de 50 minutes.

Le **Réseau 67** (☎ 0972 67 67 67 ; www.vialsace.eu) dessert, au départ de Schirmeck, le Champ du Feu (ligne 252) en 50 minutes et le Struthof (ligne 253) en 30 minutes.

Natzwiller

Ce village pentu est aujourd'hui tristement connu pour avoir accueilli sur son territoire un camp de concentration nazi. Au début du XXe siècle, le lieu-dit de Struthof était pourtant un lieu de villégiature prisé. Les touristes y venaient été comme hiver pour faire de la luge ou participer aux nombreux bals organisés. Aujourd'hui, la flamme stylisée et la silhouette sculptée du mémorial de la déportation, inauguré en 1960 par le Général de Gaulle, y rappellent les horreurs de la Seconde Guerre mondiale.

◉ À voir

Camp du Struthof   Camp de concentration

(☎ 03 88 47 44 67 ; www.struthof.fr ; D130 ; adulte/enfant 6/3 € ; ⏱mars à mi-avr et mi-oct au 24 déc 9h-17h, mi-avr à mi-oct 9h-18h30, fermé 25 déc à fin fév). Le "KL-Natzweiler-Struthof" est le seul camp de concentration nazi situé sur le territoire français (l'Alsace avait alors été annexée par les Allemands). Le cadre bucolique et paisible du mont Louise produit un contraste saisissant avec la barbarie qui a eu lieu dans ses multiples camps. Près de 52 000 personnes, originaires de toute l'Europe, des prisonniers politiques pour la majorité, ont été détenues au Struthof et dans son réseau de camps annexes : vingt-deux mille y ont été assassinées.

L'enceinte barbelée, les miradors et les baraquements accrochés à flanc de montagne sont toujours en place. Dans un premier bloc, une exposition revient sur les origines et le fonctionnement du camp, de mai 1941 à l'automne 1944. Deux baraques, les blocs crématoire et cellulaire, viennent d'être restaurées.

Avant de débuter la visite du camp lui-même, parcourez les différents espaces du **Centre européen du résistant déporté**. Dans le hall, des bornes interactives expliquent le fonctionnement des principaux camps de concentration et d'extermination nazis. La mezzanine accueille des expositions temporaires. Un espace de "vigilance" permet de se recueillir. La visite se poursuit dans un silo de béton armé à moitié enterré, le *Kartoffelkeller*, une cave à pommes de terre construite par les déportés du camp. Elle accueille une exposition sur les origines du nazisme.

Où se loger et se restaurer

Auberge Metzger   Hôtel-restaurant €€

(☎03 88 97 02 42 ; www.hotel-aubergemetzger. com ; 55 rue Principale ; d à partir de 85-95 € ; menus 22-60 € ; ☺juil-août fermé lun, fermé lun et dim soir le reste de l'année). Corinne et Yves Metzger régalent leurs convives, habitués et visiteurs, d'une cuisine de marché raffinée et gourmande. Lors de notre venue, nous avons craqué pour les suggestions : une délicieuse poêlée de girolles en cassolette suivie d'un filet de daurade au jus d'herbe bien exécuté et d'une tarte aux myrtilles à tomber. Une table paisible et un service attentionné. Les 15 chambres de l'auberge sont douillettes ; certaines ont un balcon et un bain bouillonnant.

Ferme-auberge du Charapont   Volailles €

(☎03 88 97 98 46 ; 5 rte de Rothau ; menus 14-29 € ; ☺fermé mi-nov à mi-mars sauf boutique,

Le pasteur Oberlin

Né en 1740 à Strasbourg, Jean-Frédéric Oberlin se voit attribuer en 1767 la place de pasteur à Waldersbach, l'un des villages les plus défavorisés de la vallée de la Bruche. Il décide alors de se battre pour améliorer les conditions de vie, tant matérielles que spirituelles, de ses paroissiens, et met en œuvre un véritable programme de développement économique et social : amélioration des voies de communication, création d'une caisse d'entraide et d'emprunt, développement de l'industrie textile et création des fameux "poêles à tricoter", ancêtres des écoles maternelles. Dans ces petites écoles qu'il confie à "des conductrices de la petite enfance", il développe une pédagogie de l'éveil, respectueuse des rythmes de l'enfant et qui mêle étroitement jeu et enseignement. Il meurt en 1826 et repose au cimetière de Fouday.

mai-fin août tous les midis sauf lun, reste de l'année dim midi et sur réservation). Ne vous fiez pas à l'allure peu avenante de cette bâtisse située en bord de route. Colette et Christian Baecher ont installé leur ferme-auberge dans une ancienne usine textile. Depuis 20 ans, ce charmant duo mitonne de bons petits plats avec les volailles qu'ils ont eux-mêmes élevées. Un poulet rôti, du filet de canard fumé, de la terrine de canard, accompagnés de délicieux légumes. Vente des produits fermiers sur place.

Fouday

Installé sur la rive droite de la Bruche, ce village de la petite enclave protestante du Ban-de-la-Roche conserve de nombreuses fermes-blocs des XVIIIe et XIXe siècles, typiques des vallées vosgiennes, regroupant sous le même toit logis, étable et grange. Son austère

VAUT LE DÉTOUR
Collégiale Saint-Florent de Niederhaslach

Située au cœur du village de Niederhaslach, dans la vallée de la Hasel, cette splendide collégiale gothique date du XIIIe siècle. Avec sa tour massive de 42 m de haut, son portail magnifiquement sculpté rappelant celui de la cathédrale de Strasbourg, sa rosace et ses deux tourelles, ainsi que ses arcs-boutants et ses contreforts avec pinacles, elle impressionne. Saccagé pendant la guerre des paysans puis bombardé durant la guerre de Trente Ans, ce magnifique édifice ne fut restauré qu'au XIXe siècle, puis dans les années 1990. À l'intérieur, le chœur (1274) est la partie la plus ancienne et la plus intéressante. Il abrite les reliques de saint Florent, ermite et 7e évêque du diocèse de Strasbourg. Les vitraux du XIIIe siècle aux coloris denses sont d'une très grande beauté. Si vous avez la chance de visiter la collégiale pendant le solstice d'été, vous verrez le soleil levant les éclairer d'une douce lumière.

église protestante (XVIIIe siècle) possède une charmante tour romane et un chœur peint, vestige de l'église médiévale Saint-Jean-Baptiste. À l'intérieur, un poêle à bois, des bancs, des tribunes et une chaire habillent simplement l'espace, conformément à la volonté du pasteur Oberlin (voir l'encadré p. 167).

Où se restaurer

Hôtel-restaurant Julien   Adresse de charme €€€

(03 88 97 30 09 ; www.hoteljulien.com ; 750 rte de Strasbourg ; d 157-260 € ; menus 23,50-58 € ; tlj sauf mar et mer ;). La réputation de ce charmant hôtel-restaurant a dépassé les frontières de la vallée de la Bruche. Simple bistrot dans les années 1960, la maison familiale dispose aujourd'hui d'un agréable parc, d'un spa de plus de 2 000 m² avec piscine, et de plus d'une quarantaine de chambres douillettes. Quant à la cuisine, raffinée, elle utilise des produits du terroir de qualité. Un ravissement.

Waldersbach

Autre petit village typique du Ban-de-la-Roche, Waldersbach a été profondément marqué par la figure du pasteur Oberlin. Il dispose d'un très joli temple et d'un musée dédié à Oberlin, aménagé dans l'ancien presbytère.

À voir

Musée Oberlin   Musée

(03 88 97 30 27 ; www.musee-oberlin.eu ; 25 montée Oberlin ; adulte/enfant/famille 5/3/13 €, visite guidée 2 € en sus ; tlj sauf mar, avr-sept 10h-19h, oct-mars 14h-18h). Le musée retrace la vie remarquable du pasteur humaniste Jean-Frédéric Oberlin, l'un des précurseurs des écoles maternelles (voir l'encadré p. 167). Idée originale, le musée se découvre en faisant coulisser un tiroir puis un autre. Une véritable chasse aux trésors. Le visiteur doit regarder, écouter, lire, manipuler. Il découvre le cabinet scientifique du pasteur, son herbier, mais aussi tout le matériel pédagogique qu'il a imaginé. Des jeux instructifs sont d'ailleurs mis à la disposition des enfants.

Où se restaurer

Ferme de la Perheux   Viande et charcuterie €

(03 88 97 96 07 ; www.fermedelaperheux. com ; col de la Perheux, Wildersbach ; menu 16 € ; tlj sur réservation). Manger à la ferme de la Perheux, ça se mérite. Perdue en pleine nature, entre les villages de Wildersbach et de Waldersbach, elle apparaît au bout d'un chemin de terre de 700 m. Nicole Hoeffgen et sa fille Nora mettent un point d'honneur à tout

Collégiale Saint-Florent de Niederhaslach

préparer elles-mêmes, jusqu'au pain. Rôti, pot-au-feu, émincé de bœuf, charcuterie... leurs produits sont joliment mis en valeur. Réservation impérative, la veille au plus tard.

Neuviller-la-Roche

Ce modeste village, à flanc de coteau du Ban-de-la-Roche, a conservé quelques beaux linteaux et encadrements de fenêtres du XVIIIe siècle. Son minuscule et charmant musée des Arts et Traditions populaires est né de la mobilisation de ses habitants.

⊙ À voir

Musée des Arts et Traditions populaires   Musée

(☎ 03 88 97 98 44 et 03 88 97 98 17 ; 19 rue Principale ; adulte/enfant 4/2 € ; ⊗ juil-août dim 14h-18h30, reste de l'année sur rdv). Grâce à de nombreux dons, les habitants de Neuviller ont rassemblé des objets de la vie quotidienne, du mobilier et des outils d'époque pour aménager une maison typique de la vallée de la Bruche. Des bénévoles se relaient à l'accueil pour permettre au visiteur de découvrir la vie modeste de ces ouvriers paysans de montagne.

Église Saint-Jacques-le-Majeur, Hunawihr (p. 200)

COLMAR ET LE SUD DE LA ROUTE DES VINS

Colmar et le sud de la route des Vins

C'est ici que bat le cœur de l'Alsace : dans la plaine, à Colmar et dans ces villages viticoles qui parsèment les collines sous-vosgiennes. Colmar, petite mais riche préfecture du département du Haut-Rhin, concentre un patrimoine architectural exceptionnel et des bonnes tables reflétant l'art de vivre alsacien. Le vignoble alentour, dont les origines remontent à l'Antiquité romaine, produit, dit-on, les meilleurs vins d'Alsace. Protégé des influences océaniques par le massif des Vosges, c'est l'un des plus secs de France. Quant aux nombreux grands crus, ils témoignent de l'originalité et de la diversité des terroirs. Le long de la route des Vins, les villages fleuris aux opulentes maisons, souvent anciennes, reflètent la prospérité de ce vignoble. Au contact des habitants, le visiteur découvrira aussi leur générosité.

☑ Dans ce chapitre

À gauche : Rue pittoresque de Kaysersberg (p. 208). À droite : Vignoble près d'Hunawihr (p. 200)
VINCENT FROEHLY ©

COLMAR

Pour ses admirateurs, la "capitale" du vignoble alsacien, préfecture du Haut-Rhin, est la plus belle ville du monde, un véritable musée à ciel ouvert. Ses détracteurs, du nord et du sud de l'Alsace, ne voient quant à eux en Colmar qu'une petite ville bourgeoise (moins de 70 000 habitants), très, voire trop touristique. Mais tous admettent qu'il est difficile de résister, aux beaux jours comme en hiver, au charme si alsacien de ses rues et places bordées d'édifices du Moyen Âge, de la Renaissance, du XVIIIe siècle baroque et classique, du XIXe siècle "français" ou de la période allemande (1871-1919). Impossible de rester de marbre en se promenant dans cette célèbre "Petite Venise", d'être insensible face au *retable d'Issenheim,* au musée Unterlinden, ou encore devant *La Vierge au buisson de roses*, dans l'église des Dominicains.

Plateforme commerciale, la cité se développa dès le Moyen Âge. Le Ladhof – le port de Colmar, au confluent de la Thur et de la Lauch – servait de lieu d'expédition des vins locaux vers la Suisse ou vers Strasbourg et les pays rhénans. En 1278, Rodolphe de Habsbourg signa le Freiheitsbreif, ou Charte de franchise de Colmar, qui renforça l'autonomie de la ville et permit aux bourgeois de maîtriser son destin. En 1354, Colmar intégra la Décapole, ligue réunissant dix villes alsaciennes soucieuses de leurs privilèges et de la protection directe de l'Empire. Au XVIe siècle, la communauté juive de Colmar, déjà victime de massacres lors de l'épidémie de peste, fut chassée de la ville, où elle ne retrouva droit de cité qu'à la Révolution. Puis, en 1575, la réforme luthérienne fut introduite. En pleine guerre de Trente Ans, la ville se plaça sous la protection du roi de France, mais ce n'est qu'en 1679 qu'elle devint ville royale française, à l'issue de son occupation par les troupes du roi de France, dans le contexte de la guerre de Hollande. Désignée chef-lieu du département du Haut-Rhin en 1790, Colmar scelle son destin à celui de l'Alsace, tantôt allemande, tantôt française. La ville fut libérée le 2 février 1945, deux mois et demi après Strasbourg, à l'issue des

Maison des Têtes

terribles combats hivernaux de la poche de Colmar, qui coûtèrent la vie à plus de 10 000 soldats alliés, et davantage encore du côté allemand.

 À voir

⊚ Autour du musée Unterlinden

Les Catherinettes Ancien couvent
(9 rue Kléber). Fondé en 1310 par les sœurs dominicaines de Sainte-Catherine, ce couvent, qui abrite aujourd'hui des équipements de la ville, comprend notamment une église du XIVe siècle, surmontée d'un clocheton gothique singulier. Les bâtiments conventuels ont été reconstruits au XVIIIe siècle.

Théâtre municipal Classique
(Pl. du 18-Novembre). Œuvre de l'architecte Louis-Michel Boltz (qui réalisa aussi le marché couvert, p. 185), ce théâtre empreint de classicisme fut inauguré en 1849, puis agrandi en 1902. Il se tient juste derrière le musée Unterlinden et accueille toute l'année une riche programmation.

⊚ Place des Dominicains

Maison des Têtes Renaissance
(19 rue des Têtes). Ce bel édifice de la Renaissance allemande est l'un des plus célèbres de Colmar, grâce à son foisonnant décor. Il doit son nom aux 106 têtes ou masques grotesques ornant les montants et les meneaux des fenêtres, ainsi que les panneaux de l'oriel de trois étages. La maison a été construite en 1609 pour le compte du riche marchand Anton Burger. En 1898, la Bourse aux vins (société créée pour promouvoir la vente des vins d'Alsace, alors en crise) s'y installa : c'est elle qui commandera la statue d'un Tonnelier (réalisée en étain), œuvre d'Auguste Bartholdi, mise en place en 1902 au sommet du pignon. La demeure abrite aujourd'hui un hôtel-restaurant qui jouit d'une belle réputation.

Musée Hansi Boutique et musée
(☎ 03 89 41 44 20 ; 28 rue des Têtes ; tarif plein/réduit/-5 ans 5/3 €/gratuit ; ☺ mar-dim 10h-18h30, lun 12h-18h). Le célèbre illustrateur, aquarelliste et dessinateur colmarien, chantre d'une "Alsace éternelle", a enfin un espace qui lui est entièrement dédié dans sa ville natale. À l'étage, un musée à la scénographie moderne, très plaisante et très claire, revient sur la vie de Jean-Jacques Waltz, dit Hansi (1873-1951), connu pour son antigermanisme, à travers quantité d'œuvres originales, de panneaux explicatifs et de vidéos. Au rez-de-chaussée, une boutique de produits régionaux labellisés "La maison de l'Oncle Hansi", dans un décor de village alsacien reconstitué, fera le bonheur des touristes. Hansi, qui réalisa de célèbres publicités (qu'on pense à la fameuse cigogne de la "Potasse d'Alsace"), est devenu à son tour un produit marketing...

⊚ Nord du vieux Colmar

Poêle des Laboureurs Renaissance
(Rue de l'Ange). La corporation des laboureurs, parmi les plus importantes et influentes de Colmar, fit reconstruire son "poêle" (lieu de réunion) en 1626. Son style architectural est typique de la Renaissance tardive, notamment l'encadrement du portail, les meneaux et linteaux moulurés des fenêtres. Au-dessus du portail, une inscription qui signifie : "La critique est aisée, l'art est difficile."

Musée du Jouet Musée
(☎ 03 89 41 93 10 ; www.museejouet.com ; 40 rue Vauban ; adulte/8-18 ans/-8 ans 5/3,90 €/gratuit ; ☺ jan-juin et sept-oct tlj sauf mar 10h-17h, juil-août et déc tlj 10h-18h, sept tlj 10h-17h). Petits et grands enfants vont adorer ce musée créé par la Ville de Colmar, dans un ancien cinéma, à partir de la collection de jouets du peintre Georges Trincot. Le rez-de-chaussée accueille des expositions temporaires et des tables de jeux pour tous les âges. Au premier étage, le musée expose ses poupées : la Barbie à travers les âges (elle était rousse à la fin des années 1950), de délicates poupées de porcelaine et de solides baigneurs. Au deuxième étage, c'est le royaume des petits trains. Clou du spectacle : un théâtre de

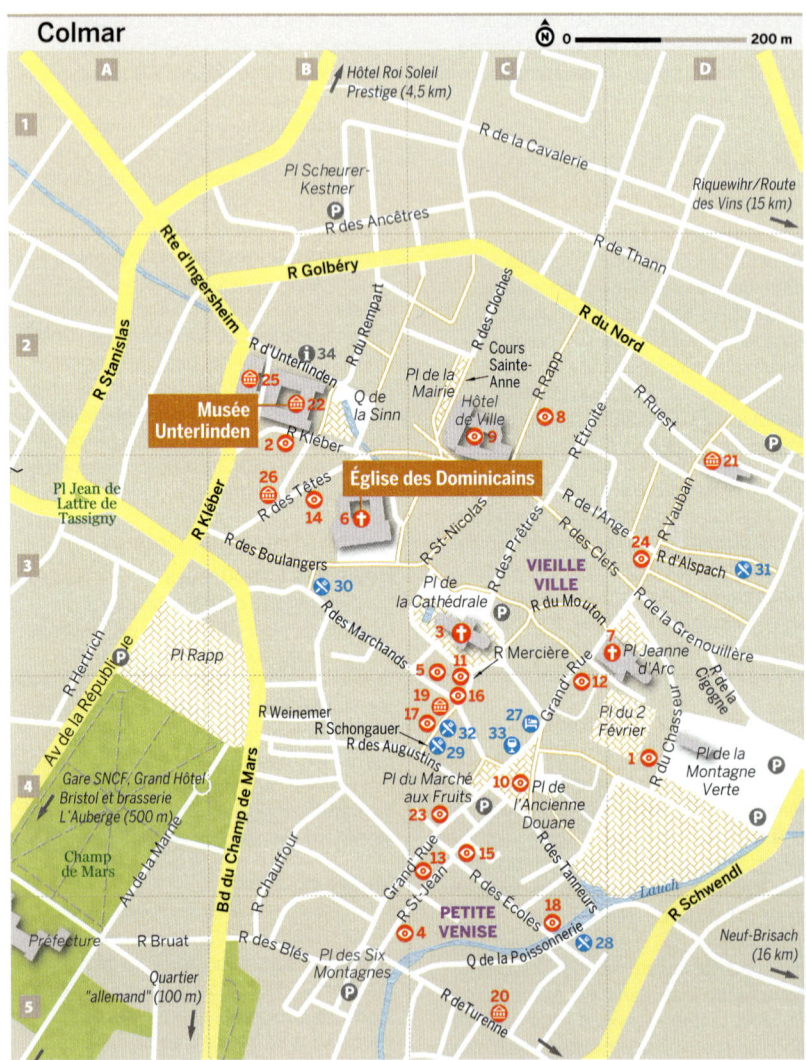

marionnettes animées qui jouent *Le Renard et la Cigogne* dans un décor alsacien du XVIIᵉ siècle.

Hôtel de ville   Néoclassique

(48 rue des Clefs). Après son rachat par l'abbaye cistercienne de Pairis, le bâtiment a été reconstruit (1778-1782) dans un style néoclassique. Confisqué à la Révolution, il fut le siège de l'administration départementale, en 1790, puis de la préfecture, sous le Premier Empire, avant de devenir l'hôtel de ville en 1866.

Espace d'art contemporain André-Malraux   Art contemporain

(03 89 20 67 59 ; www.colmar.fr/espace-malraux ; 4 rue Rapp ; entrée libre ; mar-mer et sam-dim 14h-18h, jeu 12h-17h). GRATUIT Ce lieu, inauguré en 1996 dans une ancienne

Colmar

choucrouterie, n'est pas un musée, mais un espace géré par la Ville, qui accueille des expositions temporaires. De juillet à octobre, elles sont généralement consacrées à un artiste de renommée internationale (Ernest Pignon-Ernest, Nils-Udo...). Au moins une fois par an, le lieu est réservé à un artiste de la région.

Autour de l'église Saint-Matthieu

Église Saint-Matthieu — Médiévale
(Grand'Rue ; mi-avr à mi-juin et fin juil à début oct 10h-12h et 15h-17h, sauf cultes et concerts). Construite à partir de la fin du XIIIe siècle, achevée vers le milieu du XIVe siècle, l'ancienne église des franciscains est caractéristique de l'architecture dépouillée des ordres mendiants. Elle est dévolue au culte protestant depuis 1575. On y remarque notamment un élégant jubé (vers 1340) composé de sept travées voûtées, ainsi que le chœur, lumineux, qui illustre l'idéal de verticalité mystique caractéristique de l'époque. Plusieurs restaurations ont permis à l'église de retrouver son état primitif, en découvrant

notamment les plafonds en bois ornés de rinceaux. L'église, qui jouit d'une excellente acoustique, est un lieu prisé pour les concerts.

Ancien hôpital — Néoclassique
(7 pl. du Deux-Février). L'ancien couvent des franciscains, qui servait d'hôpital, fut détruit par la foudre en 1735. La ville le fit donc rebâtir, à l'aide des pierres issues des fortifications de la ville (démantelées en 1673). En 1744 fut achevé cet édifice, un bel exemple de l'architecture française du XVIIIe siècle, de style néoclassique. Restaurés, les bâtiments accueillent la médiathèque de Colmar.

Maison des Arcades — Renaissance
(11-19 Grand'Rue). Élevé en 1606, cet immeuble, construit dans le style de la Renaissance allemande, comporte à chaque face un pignon à volutes et aux angles sur rue un oriel de trois étages à toiture effilée. Il était destiné à héberger les pasteurs et leur famille. Son architecte est Albert Schmidt, également auteur de la maison dite des chevaliers de Saint-Jean (p. 184) et de la Maison des Têtes (p. 175).

À NE PAS MANQUER ⭐

Le musée Unterlinden

Ce musée des Beaux-Arts, installé dans un ancien couvent dominicain, mérite à lui seul le voyage à Colmar. Le sanctuaire, fondé au XIIIᵉ siècle "sous les tilleuls" (Unterlinden), a été transformé en musée dès 1853, sous l'impulsion de la Société Schongauer, qui gère toujours les lieux.

Une nouvelle architecture

L'établissement a fait l'objet de récents travaux (qui ont pris fin en 2016) avec une spectaculaire réhabilitation et une extension par les architectes Herzog & de Meuron. Le résultat est séduisant : l'ancien couvent est aujourd'hui relié aux anciens bains municipaux (le bâtiment situé en face) par une galerie souterraine et est doté d'une nouvelle aile contemporaine, l'Ackerhof (nom qui évoque l'ancien corps de ferme du couvent), qui s'inscrit parfaitement dans le paysage urbain de Colmar. Quant à la place Unterlinden, elle a été totalement réaménagée, avec la réouverture du canal de la Sinn.

Les œuvres médiévales et Renaissance

Les salles d'exposition autour du magnifique cloître médiéval, très bien conservé avec ses 54 arcades géminées, accueillent sur trois niveaux les collections anciennes, de la préhistoire à la Révolution. On y découvre, notamment, des sculptures romanes, des tapisseries, des vitraux et des peintures des primitifs allemands et plus particulièrement rhénans. Parmi les œuvres peintes exceptionnelles, le retable de la collégiale Saint-Martin (1462-1465) de Gaspard Isenmann, un *Portrait de femme* (vers 1510) exécuté par Hans Holbein l'Ancien ou la célèbre allégorie de *La Mélancolie* (1532) peinte par Lucas Cranach l'Ancien, ainsi que des chefs-d'œuvre du peintre et graveur colmarien du XVᵉ siècle Martin Schongauer. Provenant de divers ateliers du Rhin supérieur et des régions voisines, la collection de sculptures du XIIᵉ au XVIᵉ siècle est remarquable, en particulier les sculptures religieuses en bois polychrome de la fin du gothique, tels que le bas-relief *Le Martyre de Sainte-Catherine* (vers 1520-1530) ou le *Christ de douleur* (vers 1515), en bois de tilleul polychromé, attribué à Martin Hoffmann.

Le retable d'Issenheim

Dans la chapelle du cloître trône, en harmonie parfaite avec l'ex-sanctuaire, le trésor du musée : le célèbre *retable d'Issenheim*. Par ses qualités formelles exceptionnelles et l'expression puissante de la souffrance, ce polyptyque à double volets fascine. Il se présente sous forme de panneaux peints par Mathis Gothart Nithart, dit Matthias Grünewald, entre 1490 et 1515, qui s'articulent autour d'une caisse centrale dont les sculptures ont été réalisées par Nicolas de Haguenau. Il est donc conçu pour permettre trois représentations différentes : une lorsqu'il est fermé, les deux autres à différentes ouvertures. À l'origine, il ornait le maître-autel de l'église de la commanderie des Antonins d'Issenheim, qui accueillait les malades atteints du mal des ardents, ou feu de Saint-Antoine (l'ergotisme, un fléau à l'époque). Les malades étaient portés devant le retable pour prier et implorer saint Antoine le Grand. On aperçoit le saint attaqué par un monstre envoyé par Satan, sur l'un des panneaux. Le couronnement du retable manque, ayant disparu lors du démantèlement de l'œuvre à la Révolution.

Les arts décoratifs et traditions populaires

Au niveau 1 des salles du cloître, les collection d'arts décoratifs et d'histoire régionale illustrent l'aspect encyclopédique du musée : céramique, orfèvrerie (le remarquable trésor des Trois-Épis des XVIᵉ-XVIIᵉ siècles), ébénisterie ou instruments de musique, tel le somptueux clavecin Rückers (1624), réalisé par le facteur Hans Rückers II, originaire d'Anvers.

L'art moderne et contemporain

Les collections d'art moderne et contemporain ont été remarquablement mises en valeur par le nouvel agencement. La galerie souterraine accueille les œuvres du XIXᵉ siècle (Monet, Bonnard, Rodin...). L'Ackerhof est, lui, voué à l'art du XXᵉ siècle : on y admire des œuvres d'Otto Dix, Nicolas de Staël, Serge Poliakoff, Jean Dubuffet, Pierre Soulages ou encore l'immense tapisserie de Guernica, réalisée par Jacqueline de La Baume à la demande de Picasso.

Infos pratiques

Musée (📱03 89 20 15 50 ; www.musee-unterlinden.com ; pl. Unterlinden ; tarif plein/ réduit/12-17 ans et étudiant/-12 ans 13/11/8 €/gratuit ; ☺lun, mer, ven-dim 10h-18h, jeu 10h-20h, fermé mar). Expositions temporaires. Boutique. Restauration sur place.

À NE PAS MANQUER ★

L'église des Dominicains

Dominant massivement le centre-ville, l'église des Dominicains de Colmar est la plus accomplie et la plus représentative des églises-halles élevées par les ordres mendiants en Alsace. Sa première pierre fut posée en 1283 par le roi Rodolphe de Habsbourg, mais sa construction date pour l'essentiel de la première moitié du XIVe siècle : chassés de la ville en 1330, les Dominicains y revinrent en 1346 et achevèrent alors la réalisation de la triple nef. Celle-ci possède les plus hautes arcades jamais construites en Alsace, avec celles de l'église Saint-Thomas de Strasbourg : une impression de vertige s'en dégage.

L'installation d'un décor baroque en 1720 a quelque peu rompu l'austérité de l'église – qui a conservé, notamment, de beaux vitraux du XIVe siècle. Durant la majeure partie du XIXe siècle, elle fut affectée à des fonctions laïques, avant de redevenir un lieu de culte en 1898. L'église, pour laquelle Martin Schongauer réalisa un retable en 1475 (le retable des Dominicains, visible au musée Unterlinden, p. 178), abrite finalement en son chœur un autre chef-d'œuvre du peintre colmarien, *La Vierge au buisson de roses* (1473). Assise dans un jardin, la Vierge à l'Enfant y apparaît surmontée de deux anges portant une couronne. Le tableau, empreint de mysticisme et de mélancolie, a malheureusement été amputé puis, au début du XXe siècle, placé dans un retable. À l'origine, au-dessus des anges figuraient Dieu le Père et la colombe. Mais l'harmonie et la finesse de la composition demeurent.

L'église accueille régulièrement des expositions en tous genres.

Infos pratiques

Église (1 pl. des Dominicains ; tarif plein/-12 ans 2 €/gratuit ; ⊙ tlj 10h-13h 15h-18h).

◎ Autour de la collégiale Saint-Martin

Collégiale Saint-Martin   Gothique

(Pl. de la Cathédrale ; ⊘mai-oct tlj 8h-19h, nov-avr tlj 8h-18h30, dim matin réservé aux offices). Les Colmariens l'appellent la "cathédrale", rang qu'elle occupa durant… une dizaine d'années, de la Révolution à la signature du Concordat en 1801 – elle fut alors ravalée au rang d'église paroissiale. La collégiale n'en demeure pas moins l'un des édifices gothiques majeurs de la région. Sa construction, sur le site d'un sanctuaire roman, s'étala de 1235 à 1365 environ. Le lanternon à bulbe, de style Renaissance, a été ajouté en 1573, après un incendie. L'ensemble a été réalisé en grès jaune de Rouffach. Le portail sud du transept marque la transition entre l'art roman et l'art gothique. La façade occidentale est massive, marquée par de puissants contreforts à passage. Le portail central est le seul à être décoré : en haut, un saint Martin à cheval partage son manteau ; le style du tympan sculpté du début du XIVᵉ siècle (le *Jugement* et l'*Adoration des Mages*) se rattache à celui de la façade de la cathédrale de Strasbourg. Au-dessus du portail, une vaste verrière à huit lancettes surmontées d'une rosace. À l'intérieur, une impression d'équilibre et d'harmonie se dégage, rappelant le style épuré des ordres mendiants, fortement implantés dans la ville. Les grandes verrières du chœur proviennent pour la plupart de l'église des Dominicains. La plus belle est un Christ imberbe au transept nord (début du XIIIᵉ siècle).

Corps de garde   Renaissance

(17A pl. de la Cathédrale). Le bâtiment a été aménagé à partir de 1575, à l'occasion de l'introduction de la Réforme, dans l'ancienne chapelle Saint-Jacques (mentionnée dès 1286). Au-dessus d'un ossuaire voûté, on éleva un corps de garde, au rez-de-chaussée, et des salles à l'étage. L'oriel en triptyque voûté d'ogives et son décor prolifique, ainsi que le portail à colonnes toscanes sont de véritables

Voltaire ou l'ingratitude

La maison nobiliaire du 10 de la rue Berthe-Molly, reconstruite en 1609, a accueilli un pensionnaire célèbre d'octobre 1753 à novembre 1754. Voltaire, envoyé par le roi de Prusse Frédéric II, profitait là des riches bibliothèques des conseillers et avocats du Conseil souverain pour travailler à ses *Annales de l'Empire*. L'ouvrage devait être imprimé aux presses colmariennes Schoepflin. Commentaires du philosophe, qui s'était opposé aux jésuites locaux : "Colmar est une petite ville dévote, remplie de tracasseries, où tout le monde se confesse, où tout le monde se déteste, et où il n'y a de ressources que parmi quelques avocats qui savent le droit public d'Allemagne…"

joyaux de la Renaissance rhénane. L'édifice accueillit aussi un marché aux noix et oléagineux, et fut un lieu de justice. La loggia était alors utilisée comme tribune, lors de l'annonce des condamnations.

Maison Adolph   Gothique

(16 pl. de la Cathédrale). Bâtie vers 1350, elle serait la plus ancienne construction civile de Colmar. La famille Adolph, qui en devint propriétaire à la fin du XIXᵉ siècle, fit dégager les baies gothiques d'origine. Celles-ci témoignent, avec les fenêtres en arc brisé, de l'influence de l'art religieux sur les habitations. Le troisième étage et le pignon à pans de bois datent du XVIᵉ siècle. Accolé à la maison se trouve un puits (1592) surmonté d'une potence avec deux têtes de lions.

Maison Pfister   Renaissance

(11 rue des Marchands). Commandée par Ludwig Scherer, un riche chapelier, elle fut construite en 1537 et devint l'un des premiers exemples architecturaux de la Renaissance à Colmar. Emblème de la vieille ville, elle se distingue par son oriel

Quartier de la Petite Venise (p. 184)

d'angle à deux étages, sa galerie en bois, sa haute tourelle d'escalier octogonale et ses peintures murales (1577), probablement réalisées par Christian Vacksterffer. Elle doit son nom à la famille Pfister qui la restaura et l'occupa de 1841 à 1892.

Musée Bartholdi · Sculpture classique
(☏ 03 89 41 90 60 ; www.musee-bartholdi.com ; 30 rue des Marchands ; tarif plein/réduit/-18 ans 5,50/3,50 €/gratuit ; ⏱ tlj sauf mar 10h-12h et 14h-18h, fermé jan-fév et 1er mai, 1er nov et 25 déc). Le créateur de *La Liberté éclairant le monde* (plus connue sous le nom de *Statue de la Liberté*) a bien failli sombrer dans l'oubli. Le désintérêt suscité par l'art académique du XIXe siècle au milieu du siècle suivant entraîna la relégation de nombre de ses œuvres dans des réserves, et la fermeture du musée qui lui était consacré dans sa maison familiale. Rouvert en 1979, le musée dédié à Auguste Bartholdi (1834-1904), labellisé "Maison des Illustres", occupe toujours cette demeure où le sculpteur ne vécut que les deux premières années de sa vie, mais dans laquelle il effectua de nombreux séjours. Dans la cour du

musée, on admire *Les Grands Soutiens du monde*, un groupe en bronze représentant les allégories de la Justice, du Patriotisme et du Travail soutenant un globe terrestre. Au rez-de-chaussée, on découvre des maquettes et sculptures préparatoires aux monuments conçus pour Colmar (une salle renferme des collections d'art juif appartenant au Consistoire israélite de Colmar). Au premier étage, une salle d'exposition renferme documents et travaux préparatoires pour le colossal *Lion* (1873-1875) qui se dresse au pied de la citadelle de la ville de Belfort. Une autre présente le plâtre teinté du *Vercingétorix* inauguré en 1903 à Clermont-Ferrand. Les salles du deuxième étage sont consacrées aux monuments conçus pour les États-Unis. Le musée conserve notamment la maquette la plus ancienne de *La Liberté éclairant le monde* et divers travaux préparatoires à la réalisation de l'œuvre la plus célèbre de l'artiste.

Maison Zum Schwan · Gothique
(2 rue Schongauer). La maison au cygne, aussi appelée maison Schongauer, possède

un décor flamboyant : un large oriel, des linteaux de porte sculptés... Le peintre et graveur Martin Schongauer y installa son atelier en 1477. Après son décès en 1491, son frère Ludwig, également graveur, l'occupa jusque vers 1495.

Autour de la place du Marché-aux-Fruits

Palais du Conseil souverain   Néoclassique

(Pl. du Marché-aux-Fruits). Ce bâtiment, qui abrite le tribunal de grande instance, doit sa façade néoclassique à des travaux exécutés entre 1769 et 1771, mais son histoire remonte jusqu'au XVIe siècle. Les frontons gauche et droit (1769-1771) figurent des allégories de la Justice, comme la statue qui surmonte le fronton central, orné de l'emblème royal. Dans une niche, sur la façade rue des Augustins, se trouve une réplique du *Manneken-Pis*, offerte en 1922 à Colmar par la ville de Bruxelles.

Rue des Tanneurs   Colombages

Les hautes maisons à colombages qui bordent la rue des Tanneurs datent pour la plupart des XVIIe et XVIIIe siècles. Elles appartenaient alors à des tanneurs, qui y travaillaient leurs peaux et les faisaient sécher au grenier, souvent ajouré. Un programme de restauration entrepris dans les années 1960 a transformé ce quartier autrefois populaire.

Koïfhus   Gothique

(Grand'Rue). L'ancienne douane a été érigée au confluent de la Grand'Rue et de la rue des Marchands, deux grands axes de circulation au Moyen Âge. Sa construction, dans un style gothique, fut achevée en 1480, mais deux bâtiments contigus furent ajoutés au XVIe siècle. Le rez-de-chaussée servait d'entrepôt pour les marchandises soumises à l'impôt municipal. À l'étage se trouvait la salle d'apparat de la diète de la Décapole. Avec la Révolution et l'abolition des privilèges commerciaux, le Koïfhus perdit ses fonctions initiales. Au XIXe siècle, son état vétuste faillit le condamner à la démolition, mais il bénéficia alors d'une restauration qui le dota de son clocheton à horloge et de ses tuiles vernissées. La dernière restauration,

Koïfhus

terminée en 2002, a permis de remettre en place la balustrade en grès de style Renaissance. Il accueille aujourd'hui des manifestations publiques.

Commanderie Saint-Jean   Gothique

(3 rue Saint-Jean). De l'ancienne commanderie des chevaliers de Saint-Jean de Jérusalem, érigée au XIIe siècle, et où logèrent les rois, ducs et empereurs en visite à Colmar, ne demeurent que quelques éléments de façade et le riche portail gothique de l'ancienne église, englobé dans le mur d'enceinte.

Maison des Chevaliers de Saint-Jean   Renaissance

(Rue Saint-Jean). Son nom est trompeur, puisque cette maison n'a jamais appartenu aux chevaliers de Saint-Jean, mais la proximité de la commanderie expliquerait sa dénomination. Elle serait une reconstitution à l'identique d'une maison réalisée en 1608, par l'architecte Albert Schmidt, pour des particuliers. Son style a été influencé par la Renaissance italienne :

son architecture rappelle celle des palais vénitiens, deux ailes perpendiculaires encadrant une cour fermée.

Maison Kern   Renaissance

(1 rue du Conseil-Souverain). Édifiée en 1594, c'est l'une des plus belles maisons Renaissance de la ville. Son haut pignon à rampants curvilignes agrémentés d'ailerons et d'obélisques en impose. Des plafonds stuqués ornés de têtes et de motifs végétaux y ont été mis au jour.

◉ La Petite Venise

Ce quartier, parmi les plus touristiques de la ville, commence derrière le Koïfhus, passe par le quai de la Poissonnerie, et rejoint les ponts Turenne et Saint-Pierre. C'est sans doute le décor plein de charme de ces maisons, alignées le long du cours de la Lauch, qui a inspiré le nom de "Petite Venise". Elle se situe au début de la Krutenau, autrefois lieu de cultures maraîchères (*krut* signifie chou). Les visiteurs au cœur romantique ne manqueront pas la promenade en barque (voir p. 186).

Le Petit Vigneron alsacien, sculpture de Bartholdi, à l'angle du marché couvert

Quartier de la Poissonnerie   Colombages

Les pêcheurs de la ville, réunis en une puissante corporation, vivaient le long du quai de la Poissonnerie, la Lauch permettant la conservation des poissons dans des viviers. La petite maison située à l'angle avec la rue Schwendi servait de logement au gardien de la grille inférieure de la Lauch qui, le soir, empêchait l'accès à la ville par la rivière. En 1706, un énorme incendie ravagea les 48 maisons des pêcheurs, qui furent ensuite reconstruites.

Musée d'Histoire naturelle et d'Ethnographie   Musée

(📞 03 88 23 84 15 ; www.museumcolmar. org ; 11 rue de Turenne ; tarif plein/7-18 ans/- 7 ans 5/2 €/gratuit ; 🕐 lun et mer-sam 10h-12h et 14h-17h, dim 14h-18h, fermé jan). Installé dans une demeure Renaissance, le musée présente les collections de la vénérable Société d'histoire naturelle et d'ethnographie de Colmar, fondée en 1859. Depuis plus de 150 ans, dons et dépôts ont alimenté les collections d'ethnographie issues de tous les continents. Si les objets d'Océanie sont présentés de façon permanente, les autres apparaissent au fil d'expositions thématiques. Des salles sont consacrées par exemple à l'égyptologie, aux Coptes, à la géologie. Mammifères et oiseaux empaillés offrent un aperçu de la diversité de la faune locale actuelle et passée. On y découvre aussi un aquarium qui reproduit le biotope d'une zone de récifs. Enfin, le musée accueille des expositions thématiques, souvent axées sur la protection de la nature.

Marché couvert   Produits locaux

(Rue des Écoles ; 🕐 mar-mer 8h-18h, jeu 7h-18h, ven 8h-19h, sam 8h-17h). Cette halle, dont la construction fut achevée en 1865, est placée en un lieu stratégique : entourée de trois rues, elle borde aussi la Lauch, d'où les maraîchers débarquaient leurs produits transportés en barque à fond plat. L'architecture en fer, fonte et briques témoigne du passage à l'ère industrielle. Restaurée, la halle accueille à nouveau un

SI VOUS AIMEZ...
Auguste Bartholdi

Pas besoin de se rendre à New York pour découvrir une œuvre de Bartholdi : Colmar en est parsemée. Après la visite de son musée (p. 182), vous en découvrirez une au sommet de la Maison des Têtes (p. 175) et beaucoup d'autres dans les rues de la ville. Voici les principales :

● **Fontaine Schwendi** (Pl. de l'Ancienne-Douane). Installée en 1898, la fontaine originale fut démolie en 1940, puis reconstruite plus petite, après la guerre. Mais la statue en bronze qui la surmonte, d'Auguste Bartholdi, est d'origine. On y voit Lazare de Schwendi (1522-1583) brandir un pied de tokay, le cépage dont la légende raconte qu'il l'aurait introduit en Alsace (voir p. 208).

● **Fontaine Roesselmann** (Pl. des Six-Montagnes-Noires). Le prévôt Jean Roesselmann, symbole de l'indépendance colmarienne, est représenté sous les traits d'Hercule de Peyerimhoff, le maire de Colmar qui refusa de se soumettre aux Prussiens. Un pied-de-nez aux Allemands.

● **Monument Hirn** (Bd du Général-Leclerc, square Hirn). Cette statue de bronze (1894) représente le physicien colmarien Gustave Adolphe Hirn (1815-1890), l'un des pionniers de l'industrie moderne.

● **Monument du général Rapp** (Champs-de-Mars). Ce bronze monumental est une œuvre de jeunesse (1854) consacrée au général d'Empire colmarien Jean Rapp (1771-1821). Abattue en 1940, elle a été restaurée et rétablie en 1948.

● **Fontaine Bruat** Cette œuvre de 1864 rend hommage à l'amiral colmarien Armand-Joseph Bruat (1796-1855). Les allégories des continents ne sont pas celles d'origine, qui ont été démolies par les nazis (les têtes ont été sauvées et sont visibles au musée Bartholdi).

Le chic des enseignes

Au fil de vos promenades dans la vieille ville, levez un peu les yeux pour découvrir les enseignes réalisées entre les deux guerres mondiales et jusqu'aux années 1950. Ce sont de petits chefs-d'œuvre de ferronnerie et, souvent, d'humour. Certaines d'entre elles – parmi les plus belles – ont été dessinées par Hansi (voir p. 204). Ainsi celle de la charcuterie Fincker Frères (22 rue des Têtes), aujourd'hui disparue mais dont l'enseigne est restée en place. Dans un cercle inscrit dans la potence, on découvre saint Antoine qui fait la lecture à un cochon – pour éloigner la tentation de le dévorer ! Sur la potence est représentée la figure traditionnelle de la Gänselisel ou "Lison aux oies", une jeune Alsacienne menant ses oies au pré. Et, dans le panonceau, figurent les deux frères charcutiers, portant des plats de cochonnailles. D'autres enseignes remarquables dessinées par Hansi : boulangerie Musslin (25 rue des Têtes), pharmacie du Cygne (29 rue des Têtes), charcuterie Zimmerlin (7 rue des Serruriers), café Kléber (pl. de la Cathédrale)... Celle créée en 1937 par l'opticien Stoerr, pour sa boutique, mérite également le coup d'œil : elle a suivi le transfert du magasin au 40 rue des Têtes. L'office du tourisme propose des visites guidées des enseignes colmariennes.

marché permanent que viennent compléter des stands extérieurs, chaque jeudi. Traiteurs, tables et comptoirs pour boire un verre et manger un petit plat le midi.

◎ Le Colmar "allemand"

Ce quartier résidentiel qui s'étend au sud de la vieille ville regroupe des constructions de la fin du XIXe et du début du XXe siècle. Si vous prenez le temps de vous promener le long de ses larges avenues, ne manquez

pas la **maison au Raisin** (7 rue Bartholdi), somptueuse villa Art nouveau bâtie en 1904. À voir également, le **cercle Saint-Martin** (13 av. Joffre), bâtiment qui allie les styles néoroman et néogothique et qui a été érigé en 1895 par la paroisse Saint-Martin pour les réunions du cercle des Hommes. L'ancien **château d'eau** (av. Raymond-Poincaré), de style néogothique allemand, a été construit dans les années 1880. À proximité, le **monument Bartholdi** (1907) est un hommage posthume au célèbre sculpteur par ses fidèles collaborateurs, Hubert Louis-Noël et Antoine Rubin, qui l'ont représenté à côté de La Liberté éclairant le monde. Toujours avenue Raymond-Poincaré, au n°9, la **cour d'appel** occupe le bâtiment inauguré en 1906, pour le tribunal supérieur du Reichsland, de style néobaroque wilhelmien. À l'extrémité ouest de l'avenue Poincaré se dresse la **gare**, un beau bâtiment construit par l'Empire allemand, entre 1903 et 1906, et inspiré de la gare centrale de Gdansk, ville polonaise également annexée jusqu'à la Première Guerre mondiale. Le même style néogothique et architecture néo-Renaissance.

Îlot arboré au nord du quartier allemand, le **Champ-de-Mars** était déjà, en 1745, une promenade publique hors des murs. C'est en 1793 que l'endroit fut dénommé "Champ-de-Mars", avant d'être réaménagé, sous le Premier Empire, pour dessiner une croix de la Légion d'honneur. À cette occasion, 193 tilleuls y furent plantés. On peut y admirer deux œuvres de Bartholdi, la fontaine Bruat et le monument du général Rapp (voir p. 185). Un carrousel y fait le bonheur des enfants.

⊙ Circuits organisés

Autrefois, les maraîchers utilisaient des barques à fond plat pour transporter leur production jusqu'au marché du centre-ville, sur la Lauch. Aujourd'hui, elles sont dotées d'un discret moteur électrique et servent à des promenades commentées de la Petite Venise jusqu'au quartier des maraîchers et ses berges verdoyantes. **Sweet Narcisse**

(📱03 89 41 01 94 ; 6 €, gratuit -10 ans ; ⏱avr-
sept tlj 10h-12h et 13h30-18h30) embarque ses
passagers sous le pont Saint-Pierre pour
30 minutes de promenade. **La Krutenau**
(📱03 89 41 18 80 ; 1 rue de la Poissonnerie ; 6 €,
gratuit -5 ans ; ⏱avr-oct lun-sam 10h-18h30, dim
10h-17h) embarque ses passagers devant la
winstub du même nom.

🛏 Où se loger

L'hôtellerie colmarienne n'est pas bon
marché, surtout durant la période des
marchés de Noël. Mais si on a envie d'une
petite folie, il y a de quoi se faire plaisir.

Hôtel Roi Soleil
Prestige   Surprenant €€
(📱03 89 30 50 50 ; www.hotel-roi-soleil.
com ; 26 rue des Métiers ; s ou d 80 € ;
📍). L'environnement de cet hôtel de
100 chambres, une zone commerciale
excentrée sans charme, et la façade bleu
roi avec portrait de Louis XIV laissent
présager le pire de la part de cette petite
chaîne régionale. À l'intérieur, c'est
pourtant le meilleur qui attend le client :
un accueil sympathique, des chambres

cosy et parfaitement insonorisées, une
literie neuve, des salles de bains modernes
et spacieuses. Autre point positif : les tarifs
ne font pas la culbute en haute saison
touristique.

Hôtel
Turenne   Traditionnel modernisé €€
(📱03 89 21 58 58 ; www.turenne.com ; 10 rte
de Bâle ; s/d 75-140 €, tr 95-150 €, f 170 €
selon confort et saison ; 📍10 €). La Petite
Venise est toute proche de cet hôtel
qui, derrière sa façade traditionnelle,
propose des chambres très bien équipées,
fonctionnelles, dont beaucoup ont
été rénovées et décorées de manière
contemporaine. Situées dans le bâtiment
principal, les chambres standards sont
plus petites que les autres. La propreté est
irréprochable. Un bon rapport qualité/prix.
Petit-déjeuner (buffet) 10 €.

Hôtel Saint-Martin   Traditionnel €€€
(📱03 89 24 11 51 ; www.hotel-saint-martin.
com ; 38 Grand'Rue ; s 85-120 €, d 85-140 €, ste
150-180 €, f 130-160 € selon confort et saison ;
❄🛜). Un joli hôtel idéalement situé en

Enseigne de la charcuterie Zimmerlin

plein cœur de ville, à proximité immédiate de l'ancienne douane et de la Petite Venise. Les 40 chambres sont décorées dans un style traditionnel qui sied à la maison (une demeure historique du XVIe siècle), et l'accueil est sympathique. Certaines salles de bains sont un peu étroites. Petit-déjeuner à 12 €. Stationnement sur l'un des parkings publics voisins.

Villa Élyane   Chambres d'hôtes €€€

(06 99 04 55 23 ; www.villa-elyane.com ; 26A rue Camille-Schlumberger ; d/ste 160-195/245 € petit-déj inclus ;). À deux pas du centre-ville, cette demeure construite en 1925 dans le style Art nouveau abrite trois chambres d'hôtes et deux suites ultraconfortables et fonctionnelles. Les boiseries, les vitraux et les beaux volumes de la maison ont été conservés. Ils se marient sans fausse note avec la décoration et le confort contemporains. L'accueil des propriétaires est prévenant, et le petit-déjeuner (servi dans le jardin en saison) met les produits régionaux à l'honneur. Sauna, billard, salon-bibliothèque et vélos à disposition.

Grand Hôtel Bristol   Hôtel 4 étoiles €€€

(03 89 23 59 59 ; www.grand-hotel-bristol.com ; 7 pl. de la Gare ; d 128-195 €, tr 195 € ; 15 €). Juste en face de la gare, cet hôtel de charme de la chaîne Best Western propose, au choix, des chambres à la décoration contemporaine ou traditionnelle et des prestations en rapport avec ses tarifs. Sauna, hammam et fitness pour se délasser après une journée de visites. Possibilité de dîner sur place à la brasserie L'Auberge (voir ci-après).

Où se restaurer

Brasserie L'Auberge   Alsacien €€

(03 89 23 17 57 ; www.grand-hotel-bristol.com ; 7 pl. de la Gare ; formule midi 14,90 €, menus 25/40 €, plats 15-30 € ; tlj midi et soir). Dans une vaste et élégante salle boisée au sein du Grand Hôtel Bristol, on déguste des plats de brasserie et des spécialités alsaciennes copieusement servis et d'une qualité constante : bouchées à la reine, volaille au riesling, saumon sur

Fontaine Roesselmann (p. 185)

choucroute... Le service est sympathique et prévenant, malgré l'affluence. Terrasse extérieure aux beaux jours.

La Soï
Pépite locale €

(☎ 03 89 29 63 50 ; 17 rue des Marchands ; carte 7,50-12 € ; ⏱ tlj midi et soir sauf mer). Dans une des rues les plus parcourues du centre-ville, une adresse à la devanture si discrète que les touristes n'osent s'y attarder. Pourtant, ce tout petit restaurant, connu surtout des locaux, propose – uniquement – des tartes flambées qui passent, selon certains Colmariens, pour les meilleures de la ville ! Il y en a pour tous les goûts, de la plus traditionnelle (crème, oignons, lardons) à la plus sophistiquée (cumin, ail des ours, orties, etc...), de la plus épicée (piment) à la plus sucrée (pommes streusel). Cadre traditionnel, intime et chaleureux. Patrons sympathiques. Les places sont comptées : il faut absolument réserver.

La Table du brocanteur
Intime €€

(☎ 03 89 23 45 57 ; 23 rue d'Alspach ; menu du jour (mar-ven) 14/17 €, plats 18-23 € ; ⏱ mer soir-dim midi, fermé jan). L'un des restaurants préférés des Colmariens, situé dans le centre-ville mais quelque peu à l'écart des rues touristiques. Dans un décor d'objets chinés, quelques tables sont disposées. Inutile d'espérer vous y asseoir sans avoir réservé – l'énergique patron répond dès 8h30 le matin. La carte est restreinte, car les produits sont ultrafrais : cassolettes d'escargots à l'ail des ours, tartare de canard, cordon-bleu de veau... Également des suggestions selon la saison et l'inspiration. Copieux et bien cuisiné.

La Cocotte de Grand-Mère
Cuisine du marché €€

(☎ 03 89 23 32 49 ; www.lacocottedegrandmere. com ; 14 pl. de l'École ; plat du jour 9,90 €, formules midi 12,90-14,90 €, plats 15-20 €, menu enfant 8,50 € ; ⏱ lun-ven midi et soir, aussi sam-dim lors du marché de Noël). La formule adoptée par ce petit restaurant-bistrot, en plein centre-ville, est simple : un menu unique à midi et, le soir, des suggestions à l'ardoise (blanquette de veau avec nouilles alsaciennes, pavé de maigre grillé...). Les ingrédients du succès : un charmant décor, très convivial (les tables sont très proches les unes des autres), un accueil sympathique et des produits de première fraîcheur cuisinés maison. Pensez à réserver.

Aux Trois Poissons
Poissons €€

(☎ 03 89 41 25 21 ; 15 quai de la Poissonnerie ; menus 23-55 €, plats 18-40 € ; ⏱ mar-sam, aussi dim midi lors du marché de Noël). Produits de la mer et poissons d'eau douce sont à l'honneur dans cette excellente adresse située dans une maison à colombages au bord de la Lauch, dans l'ancien quartier de la corporation des pêcheurs. Soupe de poisson, sole meunière, matelote au riesling, cuisses de grenouille, filet de sandre et bien d'autres spécialités d'une fraîcheur irréprochable régalent les convives. Belle carte des vins. Cadre élégant et chaleureux. Seul bémol : service un brin longuet les jours d'affluence.

L'Atelier du peintre
Gastronomique €€€

(☎ 03 89 29 51 57 ; www.atelier-peintre.fr ; 1 rue Schongauer ; menus du midi en semaine 25-30 €, menus 45-80 €, plats 30-40 € ; ⏱ fermé mar midi, dim-lun, ouvert mar midi fin-nov déc). Cette maison du XVe siècle, située face à l'ancienne demeure du peintre Martin Schongauer, abrite l'atelier de Loïc Lefebvre, un jeune chef étoilé au Michelin qui exerce son art en virtuose. Dans les assiettes, superbement présentées, tout est aussi bon que beau, goûteux que raffiné. La palette des saveurs mêle l'ancien et le moderne. Quelques exemples pour vous mettre en bouche : "pavé de truite, spaghettis de radis blancs aux moules, bouillon dashi et pomme verte", "orange en gelée de crémant d'Alsace, sorbet pamplemousse et écume à la rose"... Le décor est chic et cosy, les murs offerts aux peintres qui souhaitent exposer. Terrasse ombragée, idyllique aux beaux jours.

Où prendre un verre et sortir

Le Murphy's Pub

(03 89 29 06 66 ; 48 Grand'Rue ; tlj 15h-1h30). Un sympathique et chaleureux petit pub irlandais, face au Koïfhus, où se mêlent locaux et touristes autour d'une pinte de bière. Concerts très réguliers. Terrasse aux beaux jours.

 ## Renseignements

Office du tourisme (03 89 20 68 92 ; www.tourisme-colmar.com : pl. Unterlinden ; lun-sam 9h-18h, dim et jours fériés 10h-13h). Il propose notamment des visites guidées pédestres de la vieille ville au départ de l'office du tourisme d'une durée de 1 heure 15 (tarif plein/12-18 ans/-12 ans 4/2,50 €/gratuit ; sur rdv) et des visites thématiques (Colmar insolite, les enseignes, la "magie de Noël", etc.).

 ## Depuis/vers Colmar

À proximité du centre-ville, la **gare SNCF** (36 35 ; www.ter.sncf.com/alsace) permet de rallier très facilement et rapidement les principales villes alsaciennes. De nombreuses liaisons sont assurées quotidiennement depuis/vers Strasbourg (30-50 minutes), Mulhouse (20-40 minutes), Saint-Louis (40 minutes), mais également Bâle, en Suisse (45 minutes). Un Paris-gare de l'Est/Colmar, en TGV, sans changement, prend en moyenne 2 heures 30. Possibilité également, depuis Colmar, de rejoindre en TER Munster en 20-30 minutes, Sélestat et Turckheim en 10 minutes.

ENVIRONS DE COLMAR

Neuf-Brisach

Polygone parfait surgi de terre ex nihilo dans la plaine du Rhin, la place forte de Neuf-Brisach est probablement l'œuvre la plus aboutie de Vauban. Rien d'étonnant à ce qu'elle figure parmi les douze sites de Vauban inscrits au Patrimoine mondial de l'Unesco. Pour comprendre Neuf-Brisach,

il faut savoir que le Rhin ne devint une frontière politique et militaire qu'en 1697. Par le traité de Ryswick, qui mit fin à la guerre de la ligue d'Augsbourg, la France perdit, entre autres, Breisach (aujourd'hui Breisach-am-Rhein, en Allemagne - en français, Vieux-Brisach). Dès lors, l'Alsace étant vulnérable, privée de protection sur le Rhin entre Strasbourg et Huningue, Louis XIV ordonna la construction d'une ville fortifiée sur la rive gauche, à mi-chemin entre Colmar et Fribourg-en-Brisgau. En avril 1698, Vauban partit en quête du lieu idéal pour ériger la nouvelle place forte. Le site retenu est à 2 km du Rhin, face à Breisach, mais hors de portée de ses canons.

 ## À voir

Fortifications Ouvrage d'art

Un circuit pédestre de 2,4 km, jalonné de panneaux explicatifs, offre un bel aperçu de la ville et des remparts. Le départ se situe sur la place d'Armes, au cœur de la ville. Il permet d'apprécier cette œuvre tardive de Vauban, seule réalisation de son "troisième système" (amélioration des deux précédents). L'architecte mise sur une multiplication des ouvrages extérieurs pour renforcer la défense et retarder la brèche. L'enceinte de sûreté principale, octogonale, est flanquée de huit tours bastionnées reliées entre elles par des courtines. Elle est protégée par l'enceinte de combat, composée de contre-gardes (qui veillent sur les tours bastionnées) et de tenailles (devant les courtines). Enfin, les demi-lunes, ouvrages triangulaires cernés de fossés, sont placées à l'avant des tenailles : ce sont les positions les plus avancées du système de fortifications. L'ensemble formait une étoile à seize branches, l'une d'entre elles ayant été "perdue" lors de l'installation de la voie ferrée Colmar-Fribourg, à la fin du XIXe siècle. Finalement, Neuf-Brisach ne fut assiégée qu'une seule fois, en 1870... et la garnison de 5 500 hommes ne résista pas face aux troupes allemandes. Intégrée à l'Empire allemand, la place forte de

Neuf-Brisach fut adaptée aux nouvelles stratégies guerrières et équipée de matériels "modernes".

Musée Vauban Histoire

(☎ 03 89 72 03 93 ; 7 pl. de la Porte-de-Belfort ; 2,50 € ; ☺ mai-sept tlj sauf mar 10h-12h et 14h-17h). Les deux grandes salles voûtées, au rez-de-chaussée du pavillon de la porte de Belfort, sont consacrées à l'histoire et à la construction de la ville. Un plan-relief éclairé et sonorisé offre une vue globale sur le système défensif et sa stratégie. On découvre également divers plans de la ville et de ses principaux bâtiments, son acte de naissance, des documents relatifs au siège de 1870 et à la Seconde Guerre mondiale...

Portes Architecture

Seules quatre portes permettent d'accéder à la cité ; elles sont dénommées Strasbourg, Bâle, Colmar et Belfort. Les deux dernières ont été dessinées par l'architecte Jules Hardouin-Mansart. Toutes étaient ornées de statues, qui ont disparu à la Révolution et à l'occasion des changements de nationalité de l'Alsace.

Si les portes de Belfort et Bâle sont bien conservées, ce n'est pas le cas des deux autres.

Ville intérieure Architecture

Autour de la place d'Armes, au centre, sont géométriquement disposés 48 îlots de dix maisons. À cause de ce rigoureux quadrillage, Neuf-Brisach ne concourra pas au titre de la plus riante cité d'Alsace... Donnant sur la place, le palais du gouverneur (actuel office du tourisme), construit au XVIIIe siècle, et l'église royale Saint-Louis (1731-1777).

Parmi les bâtiments remarquables, ne manquez pas la **mairie**, construite en 1700, puis modifiée en 1758 et à la fin du XIXe siècle. L'ancienne **caserne Suzonni** (rue Suzonni) est la seule des quatre casernes construites par Vauban à être encore intacte.

ℹ **Renseignements**

Office du tourisme du pays de Brisach

(☎ 03 89 72 56 66 ; www.tourisme-paysdebrisach.com ; 6 pl. d'Armes).

Porte de Belfort

LE SUD DE LA ROUTE DES VINS

Faites de la place ! D'abord, dans le coffre de votre voiture : entre Saint-Hippolyte et Rouffach sont élevés les meilleurs vins d'Alsace, il serait donc dommage de ne pas pouvoir embarquer quelques bouteilles de pinot blanc ou noir, de riesling, de gewurztraminer ou de muscat. Les caves sont ouvertes en journée et les vignerons se feront un plaisir de vous faire déguster (gratuitement) leur production. Ensuite, veillez aux capacités de la carte mémoire de votre appareil photo. À la belle saison, les villages de la route des Vins rivalisent de beauté : châteaux, clochers, vignes, balcons fleuris, colombages, oriels, fontaines... Vous ne saurez plus où donner de la tête !

Saint-Hippolyte

Dominé par la silhouette du château du Haut-Kœnigsbourg (voir p. 154), Saint-Hippolyte est réputé pour son pinot noir, que les ducs de Lorraine importèrent de Bourgogne au Moyen Âge. Le breuvage bénéficie de l'appellation rouge de Saint-Hippolyte. Tout le charme de la cité tient à ses maisons de vignerons et aux vestiges des fortifications érigées à partir de 1316. Dès le XIe siècle, et 600 ans durant, la "ville" de Saint-Hippolyte restera une possession des ducs de Lorraine, hormis de courtes périodes d'appartenance aux seigneurs de Ribeaupierre, à l'évêque de Strasbourg et aux Armagnacs.

À voir

Remparts　　　Fortifications médiévales
Un sentier balisé court le long des anciens remparts. À l'entrée du village (en venant de Colmar ou de Sélestat), on croise la Wesch. À proximité se situe le départ de la balade : elle permet de découvrir les remparts, remaniés à la fin du XVe siècle, bien conservés, et surmontés de maisons. Impossible de rater la tour des Cigognes, tour d'angle sud-est conservée en totalité

et surmontée... d'un nid de cigognes. À l'angle nord-est, la base d'une deuxième tour est visible, mais les trois autres ont été démolies.

**Église
Saint-Hippolyte**　　Patrimoine religieux
Reconstruite au XIVe siècle et agrandie en 1821, l'église paroissiale comprend un beau chœur voûté caractéristique du XIVe siècle. Il contient des reliques qui seraient celles de saint Hippolyte, et des vitraux qui retracent la vie du saint. L'édifice abrite aussi un orgue conçu en 1736-1738 par Jean André Silbermann : son buffet en chêne et ses sculptures en font l'un des chefs-d'œuvre du célèbre facteur d'orgues.

 Où se loger et se restaurer

Le Parc　Hôtel, restaurant et winstub €€€
(☎ 03 89 73 00 06 ; www.le-parc.com ; 6 rue du Parc ; s/d/tr/qua 95/105-200/160-200/220-270 € ; resto menu midi 36 €, menus 48-70 €, carte 28-40 €, winstub menus 25-32 €, carte 15-28 € ; ⏰ resto fermé dim soir, lun et mar, winstub fermée lun et mar midi ; ✿ 🖥).
Un hôtel de charme, à l'extérieur des remparts, qui a su garder une ambiance familiale et un accueil chaleureux. Le style est classique dans les chambres standards et plus contemporain dans les suites. Les clients peuvent profiter d'un très bel espace "balnéo". Le **restaurant Joséphine** est réputé pour sa cuisine inventive et gastronomique qui marie les saveurs d'ici et d'ailleurs : terrine de foie gras de canard gelée aux châtaignes, filet de sole farci aux trompettes de la mort... Beau choix de fromages également. La **winstub Rabseppi-Stebel** propose, à des tarifs plus abordables et dans un cadre plus rustique, une cuisine de terroir raffinée (cuisses de grenouille, dos de sandre façon blanquette, choucroute...), ainsi qu'un choix de viandes et de poissons, selon la saison. Alléchante carte des desserts. Superbe vue sur le vignoble en prime.

VINCENT FROEHLY ©

Saint-Hippolyte

Hupsa Pfannala Winstub €€

(☎ 03 89 73 03 65 ; www.hupsapfannala.com ;
59 rte du vin ; carte 10-22 € ; ⏰ tlj midi et soir).
Au sein d'une belle maison à colombages
au cœur du village, une winstub sans
chichis, fréquentée par les touristes
comme par les locaux, pour déguster des
mets typiquement alsaciens à des tarifs
très abordables : escargots, bouchée à la
reine, *baeckeoffe*, jambonneau braisé à la
bière et, surtout, la spécialité de la maison,
les "Hupsa pfannala", des pommes de
terre sautées aux petits lardons et aux
oignons, coiffées du fromage alsacien de
votre choix (munster, tomme du Ried,
ribeaupierre...). L'établissement propose
également trois élégantes **chambres
d'hôtes**, à partir de 80 €.

Bergheim

La découverte de Bergheim est un réel
enchantement : jalonnés de tours et
dominés par la Porte haute, les remparts
du XIVᵉ siècle enserrent une cité dont
la quasi-totalité des demeures datent
de la Renaissance, de l'époque baroque

ou néoclassique. Les habitants de cette
commune viticole prennent grand soin de
ce patrimoine, rénové et fleuri avec goût.
Petite curiosité, à l'entrée de la cité, dans le
"jardin de ville" : un tilleul, qui serait vieux
de sept siècles, fleurit toujours... Le plus
vieil arbre d'Alsace ?

◉ À voir

Remparts Fortifications médiévales

L'état de conservation remarquable
de ses remparts font de Bergheim
l'un des meilleurs exemples de cité
médiévale fortifiée en Alsace. C'est
Henri II de Ribeaupierre qui fit édifier ces
fortifications en 1312, juste avant de vendre
Bergheim aux Habsbourg. Le dispositif
est double, les murs étant séparés par un
fossé aujourd'hui transformé en jardins.
La promenade débute devant la **Porte
haute** (Obertor), de style gothique. Côté
route, sa façade est de pierre ; côté ville
apparaissent des colombages. Son toit
est couvert de tuiles vernissées au motif
bourguignon. En partant sur la droite, en
laissant la ville derrière soi, on se dirige

vers les tours de flanquement du rempart nord. La **tour de la Poudrière** se distingue par sa frise lombarde, ses gargouilles en bec d'oiseau et ses ouvertures destinées au tir. La **tour dite des Sorcières** était autrefois dotée d'un toit conique, mais sa canonnière à tir plongeant est toujours visible. Vient ensuite, au niveau du rempart est, la **tour carrée**, l'une des plus anciennes de Bergheim. Les deux tours des remparts sud ont été baptisées Fulweber et Pelzkappel.

Ville intérieure Architecture

Passée la Porte haute, au n°57 de la Grand'Rue, la **cour du Bailli** est désormais celle d'un hôtel (voir page ci-contre). Elle mérite cependant le coup d'œil : la maison a conservé des galeries et des escaliers en bois du XVIIIe siècle. L'aile droite date de 1582. Au n°44 de la même rue se trouve l'un des plus beaux **cadrans solaires** d'Alsace, daté de 1711. La maison située au n°55 rue des Vignerons abritait la **cour dîmière** (lieu où était entreposé l'impôt en nature). Elle est percée de deux portes datant du XVIe siècle : une porte

charretière en plein cintre avec l'emblème des laboureurs et les armes de Bergheim, et une porte piétonne au riche décor sculpté. Construite entre 1860 et 1863 sur l'emplacement de synagogues médiévales antérieures, l'**ancienne synagogue** (17-19 rue des Juifs) est aujourd'hui un centre culturel (le lieu a été désacralisé faute de pratiquants). On peut y admirer une remarquable mosaïque, découverte en 2006, qui atteste de la construction de la cité sur un ancien camp romain. L'**église Notre-Dame-de-l'Assomption**, de style gothique, fut consacrée en 1347. En 1817, la nef a été profondément remaniée : des colonnes toscanes et des arcades en plein cintre ont remplacé les éléments médiévaux. Cependant, le chœur, le clocher et un portail sculpté subsistent de cette époque, ainsi que des fresques et des statues en bois polychrome.

Maison des Sorcières Musée

(☎ 03 89 73 18 64 ; 5 rue de l'Église ; 3 €, gratuit -14 ans ; ☺ juil-août mer-dim 14h-18h, fin juin et sept-oct dim 14h-18h). Installé dans un bâtiment du XVIe siècle qui servit un

Bergheim

temps d'ossuaire, ce musée est petit, mais l'histoire qu'il raconte est passionnante. Il s'agit des 40 procès pour sorcellerie qui se sont tenus à Bergheim entre 1582 et 1683. La Société d'histoire de Bergheim, qui a créé ce lieu, a pris le parti d'une scénographie originale qui laisse la part belle à l'image. À travers elle, se dessine une histoire des mentalités et celle de la représentation de la femme. Au pied du musée se trouve un "jardin des simples", un petit jardin médiéval de plantes médicinales et aromatiques.

✪ Activités

L'office du tourisme de Ribeauvillé-Riquewihr (p. 199) propose, en juillet et août, une visite commentée gratuite du **sentier viticole** de Bergheim, suivie d'une dégustation chez un viticulteur. Départ le mercredi à 15h devant le centre socio-culturel, situé à l'extérieur des remparts (17 route du Vin).

🛏 Où se loger et se restaurer

La Cour du Bailli Hôtel-résidence **€€**
(📞 03 89 73 73 46 ; www.cour-bailli.com ; 57 Grand'Rue ; ch 89-181 € selon confort et saison ; menus 25-34 € ; ☺resto tlj, fermé 2 sem en nov, fermé mi-jan à mi-fév ; ♿ P 4 €). Autour de la magnifique cour historique du Bailli (voir page ci-contre), des studios et appartements au charme un peu désuet, avec mobilier et électroménager anciens, mais à la literie récente et très bien tenus. Dans la partie "spa", les chambres et suites (avec kitchenette) ont été aménagées plus récemment, avec douches à l'italienne, et un mélange réussi de mobilier ancien et moderne. Les prix sont un peu plus élevés qu'autour de la cour. Les clients de cet établissement familial ont accès à une belle piscine couverte et au Jacuzzi. Sauna et sanarium payants (6 € l'heure). La salle de restaurant a été aménagée dans la cave à vin de 1582, et l'été c'est une terrasse ombragée et fleurie qui accueille la clientèle. Le vin de la famille Halbeisen

est proposé pour accompagner les plats du terroir, fins et copieux. Demi-pension possible.

La Wistub du sommelier Bistronomique **€€**
(📞 03 89 73 69 99 ; www.wistub-du-sommelier. com ; 51 Grand'Rue ; plats 16-25 €, formule midi 18 €, menus 29-63 €, menu enfant 12 € ; ☺fermé mer-jeu). Une excellente adresse, installée dans une demeure du XVIIIe siècle au cœur de Bergheim, où le maître-restaurateur Patrick Schneider fait la part belle aux produits du terroir (filet d'omble chevalier, foie gras d'oie, quenelle de brochets *presskopf*…) savamment cuisinés et présentés. L'établissement fait honneur à son nom : les vins recommandés peuvent être bus les yeux fermés ! Accueil souriant.

La Bacchante Traditionnel **€€**
(📞 03 89 71 18 91 ; www.la-bacchante.fr ; 11 Grand'Rue ; formules midi 14-22 €, menus 23-51 € ; ☺tlj sauf ven midi et mar). Un accueil très sympathique, des produits frais du marché, une carte, concoctée par le maître-restaurateur Jacky Danner, qui met à l'honneur d'alléchants produits du terroir : *presskopf* de veau maison, truite d'Alsace aux amandes, carré d'agneau et polenta… à noter, un menu "zéro allergène" et un menu végétalien. L'endroit bénéficie d'une terrasse très agréable aux beaux jours, dans une pittoresque cour intérieure.

Ribeauvillé

"Capitale" du domaine des seigneurs de Ribeaupierre, au Moyen Âge, Ribeauvillé est dominé par les vestiges des trois châteaux forts que ceux-ci firent construire au XIIe siècle. Les Ribeaupierre, dont le tempérament belliqueux s'est, semble-t-il, transmis de génération en génération, s'illustrèrent dans les croisades. Leur lignée ne s'éteignit qu'au milieu du XVIIe siècle. Durant les cinq siècles de leur domination, le village au pied des châteaux prit de l'ampleur, fut doté de fortifications et reçut le statut de ville. Les remparts et les tours-portes ont presque tous disparu au XIXe siècle.

Aujourd'hui, viticulture et tourisme aidant, c'est une cité très active : son territoire compte trois AOC Grands Crus (geisberg, kirchberg, osterberg) et 67 viticulteurs. Le territoire de Ribeauvillé est aussi riche en sources, la plus connue étant la Carola, dont l'eau en bouteille est distribuée dans toute la région.

◉ À voir

Les principales curiosités du centre historique s'égrènent de part et d'autre de la Grand'Rue. La place de la République, dans le haut de la ville, est un bon point de départ. La place du Bouc, attenante, est charmante : ici coule le Stadtbach, autrefois rendez-vous des lavandières. Le long du ruisseau, la **maison Dissler** comporte un superbe poteau d'angle sculpté d'un forgeron.

Plus bas, la **place de la Sinne** possède en son centre une fontaine sculptée par le Ribeauvilléen André Friederich en 1862. Elle représente la ville, son agriculture et son industrie. Sur la place toujours, l'auberge du Soleil était autrefois le rendez-vous des ménétriers et l'auberge du Mouton est la plus ancienne de la ville (XIVe siècle). À deux pas de là, l'auberge au Cerf (81 Grand'Rue) occupe un ancien hôtel particulier construit par un comte de Ribeaupierre au XVe siècle. C'est là qu'est décédé le dernier seigneur de cette lignée.

Église Saint-Grégoire   Gothique
Située rue de l'Église, l'église paroissiale, de style gothique, date des XIIIe et XIVe siècles, mais son chœur fut reconstruit en 1876. Elle est dotée d'un beau portail à tympan sculpté, avec une Crucifixion et une Vierge à l'Enfant, et d'un orgue Claude Legros à buffet baroque (1702).

Tour des Bouchers   Porte médiévale
Au XIIIe siècle, la ville fut divisée en quatre quartiers ayant chacun ses propres fortifications, les tours-portes permettant le passage de l'un à l'autre. Parmi celles-ci, la tour des Bouchers, qui enjambe la Grand'Rue, est la seule rescapée : son nom provient des abattoirs et étals de bouchers situés à proximité. Elle fut rehaussée en 1536 : la balustrade de style Renaissance

Tour des Bouchers

porte les armes des Ribeaupierre. Elle servait notamment de beffroi et de prison. C'est désormais l'emblème de la ville.

Hôtel de ville   Musée

(☎ 03 89 73 20 00 ; 2 pl. de l'Hôtel-de-Ville ; visites guidées uniquement ; ⊙ mai-sept 10h, 11h et 14h tlj sauf lun et sam). Le bâtiment fut construit à partir de 1773 dans le style classique, à l'emplacement d'une auberge. La salle du Trésor renferme une remarquable collection de hanaps (grandes coupes à boire) en argent massif offerts par les seigneurs de Ribeaupierre. Sont également exposées deux œuvres remarquables : *Pfifferdaj*, une peinture monumentale à l'huile réalisée par Léo Schnug (vers 1900), l'un des meilleurs illustrateurs de son époque. Elle représente une scène médiévale : un petit groupe de musiciens en cortège vers Ribeauvillé. La seconde œuvre est un panneau japonisant offert en 1964 par la manufacture ribeauvilléenne Steiner, reproduction de quatre panneaux présentés à l'Exposition universelle de Paris en 1900 et achetés par l'empereur du Japon pour la salle à manger du palais impérial. Un chef-d'œuvre de l'impression sur étoffes dont la ville s'était fait une spécialité.

De l'autre côté de la place se dresse l'**église du couvent des Augustins** (⊙ dim 15h-17h) bâtie au XIVe siècle. Dépourvue de transept, elle est coiffée d'un petit clocher à la jonction de la nef (dont la décoration baroque provient d'un remaniement opéré au XVIIIe siècle) et du chœur. L'église est dotée d'un cadran solaire, à l'angle de la sacristie.

Ancienne halle aux blés   Patrimoine

(Rue des Tanneurs). Mentionnée dès 1431, elle abritait les céréales des redevances seigneuriales, hissées à l'aide d'une poulie en haut du pignon. Un marché aux grains se tenait devant la maison. En façade : deux porches gothiques, dont l'un abritait l'entrée de l'écurie de l'ancienne auberge À l'Éléphant (aujourd'hui restaurant de la Poste).

Auberge des Ménétriers   Patrimoine

(14 Grand'Rue). Cette belle maison à colombages fut transformée en auberge en 1840 seulement... les ménétriers n'y ont donc pas tenu leurs assises annuelles, contrairement à ce que son nom laisse croire. Son magnifique oriel de 1663 est décoré d'une Annonciation en bois.

Musée de la Vigne et de la Viticulture   Écomusée

(☎ 03 89 73 61 80 ; www.vins-ribeauville.com ; 2 rte de Colmar ; entrée libre, avr-août visites guidées gratuites lun-ven 11h et 16h30, et sur réservation ; ⊙ lun-ven 9h-12h et 14h-18h, sam-dim et jours fériés 10h-12h et 14h30-19h, fermé durant les vendanges). **GRATUIT** La cave vinicole de Ribeauvillé, élue en 2016 meilleure cave coopérative de France par la Revue du vin de France, fait découvrir aux visiteurs le métier de vigneron à travers un petit espace muséographique en sous-sol. La salle des foudres abrite des tonneaux en chêne centenaires qui contiennent chacun plus de 7 000 litres de vin. De la vigne à la vinification, la salle de musée présente toutes les étapes du travail, ainsi que les outils anciens du vigneron. Une visite qui pourra se conclure au caveau de dégustation.

Notre-Dame de Dusenbach   Néogothique

L'église et les chapelles de Dusenbach reconstruites au XIXe siècle dans un style néogothique constituent l'un des principaux sites de pèlerinage alsacien. La tradition remonte au XIIIe siècle, lorsque le seigneur de Ribeaupierre Eguenolphe rapporta d'Orient une statue de la Vierge. Le chemin de croix qui conduit jusqu'au site depuis le parking à la sortie de Ribeauvillé (route de Sainte-Marie-aux-Mines) constitue une belle promenade.

Où se loger

Hôtel-restaurant du Mouton   Central €€

(☎ 03 89 73 60 11 ; www.hoteldumouton.fr ; 5 pl. de la Sinne ; s et d/tr 60-90/95-110 € ;

La ville des ménétriers

Au Moyen Âge, Ribeauvillé était le siège de la corporation des ménétriers – conteurs, amuseurs, jongleurs, musiciens... – placée sous la protection des seigneurs de Ribeaupierre. Une charte signée en 1400 par Maximin Iᵉʳ de Ribeaupierre indique que Henselin, son musicien personnel et ambulant est nommé "roi des Ménétriers". Jusqu'à la Révolution, lors de la Nativité de la Vierge, les ménétriers d'Alsace tenaient à Ribeauvillé leur réunion annuelle et demandaient la protection de la Vierge du Dusenbach (voir p. 197). Chaque année, le premier dimanche de septembre, le Pfifferdaj, ou fête des Ménétriers, rappelle cette tradition. Cette fête, qui remonte au XIVᵉ siècle, est la plus ancienne d'Alsace. Près de 1 500 amateurs s'investissent dans la fabrication des chars et durant le défilé. Véritable fête populaire, le Pfifferdaj rassemble chaque année plus de 20 000 spectateurs.

⏲fermé jan ; 🛜). Un petit hôtel d'une dizaine de chambres, sans prétention et bien tenu, en plein centre historique, côté ville haute. Installé dans un ancien relais de poste, c'est aussi la plus vieille auberge de Ribeauvillé (XIVᵉ siècle). Ses atouts : des tarifs abordables et une situation très centrale. Préférez les chambres qui donnent sur la place, avec vue sur la fontaine Friederich.

Hôtel de la Tour Familial et central €€
(📞03 89 73 72 73 ; www.hotel-la-tour.com ; 1 rue de la Mairie ; s/d 79-104/85-112 € , lit supp 10,50 € ; 🛜 🅿 6 €). Dans le centre historique, face à la tour des Bouchers, cet établissement familial, installé dans une belle demeure du XVIIᵉ siècle, dispose d'une trentaine de chambres modernes et fonctionnelles, mais qui ont gardé un certain cachet avec mobilier en bois et tentures colorées. Sauna, hammam et

Jacuzzi sont à disposition de la clientèle, gratuitement. Un très bon rapport qualité/prix et une situation idéale. Bar à prix doux.

Le Clos Saint-Vincent Hôtel chic €€€
(📞03 89 73 67 65 ; www.leclossaintvincent.com ; Osterbergweg ; s/d/tr 140-330/160-330/270-335 € selon confort et saison, lit supp 30 € mais gratuit -7 ans ;). Posé dans un écrin de verdure sur les hauteurs de Ribeauvillé, cet hôtel, de style moderne et plutôt chic, possède une vingtaine de chambres et suites dont les terrasses offrent des vues apaisantes sur le vignoble, les Vosges ou la plaine d'Alsace. Piscine intérieure chauffée, sauna, Jacuzzi et salle de sport en accès libre. Le tarif des chambres, certes très fonctionnelles et ultraconfortables, paraît cependant un poil élevé, tout comme celui du petit-déjeuner, à 18,50 €. Le restaurant de l'hôtel, proposant une cuisine traditionnelle, jouit d'une bonne réputation.

✖ Où se restaurer

Hôtel-restaurant du Mouton Traditionnel €
(📞03 89 73 60 11 ; www.hoteldumouton.fr ; 5 pl. de la Sinne ; plats 15-25 € , menus 23-37 € ; ⏲tlj midi et soir sauf mer). Le restaurant de l'hôtel du Mouton, repris il y a quelques années par un jeune couple, propose une cuisine simple et goûteuse, à base de produits frais : terrines et rillettes maison, coq au riesling, cassolette de saint-jacques au safran alsacien et suggestions selon la saison.

Restaurant Au Cheval noir Alsacien €€
(📞03 89 73 37 83 ; 2 av. du Général-de-Gaulle ; plats 6-18 € , formule midi 10,50 € , menus 16-22 € ; ⏲fermé lun soir et mar). Dans une demeure typiquement alsacienne, un restaurant traditionnel à l'ambiance chaleureuse, avec une grande capacité en salle, réputé pour ses tartes flambées servies sur de grands plateaux rectangulaires. Goûtez celle au fromage de Ribeaupierre, un délice ! Terrasse.

Auberge du Parc Carola

Raffiné €€€

(📞 03 89 86 05 75 ; www.auberge-parc-carola. com ; 48 rte de Bergheim ; plats 20-32 €, menus 32-63 € ; 🕐 fermé mar-mer). Un établissement excentré qui vaut le détour. Aux fourneaux, deux chefs : Michaela Peters, passée par deux restaurants étoilés de la région, et Laurent Pelligrini. Ils composent une cuisine inventive et raffinée qui fait la part belle aux produits de la mer et de la rivière, notamment. À la carte : cromesquis d'escargots et pied de porc avec velouté de cresson, risotto de saint-jacques grillées aux truffes noires... À ce niveau de qualité, le menu Carola, à 32 €, est une aubaine. En été, profitez de la belle terrasse qui donne sur le parc, à proximité des sources Carola. Probablement la meilleure table de Ribeauvillé.

Achats

Beauvillé

Nappes et linge de maison

(📞 03 89 73 74 74 ; www.beauville.com ; 19-21 rte de Sainte-Marie-aux-Mines ; 🕐 lun-ven 9h-12h et 14h-18h30, sam 9h30-18h30, aussi dim 14h-18h en déc). Labellisée "Entreprise du patrimoine vivant", Beauvillé, avec plus de deux siècles d'histoire, est l'une des rares héritières de la grande tradition de l'impression sur étoffes en Alsace. Les tissus aux motifs très colorés sont produits à Ribeauvillé. Le magasin d'usine propose toute la gamme de produits, ainsi que des coupons. Certains articles (fins de série, défauts) sont à prix bradés.

Renseignements

Office du tourisme du pays de Ribeauvillé et Riquewihr

(📞 03 89 73 23 23 ; www. ribeauville-riquewihr.com ; 1 Grand'Rue). L'été, il propose une découverte, commentée par un vigneron, d'une portion du sentier viticole des grands crus (voir p. 204). Chaque jour (lun-ven à 17h, comptez 1 heure 30 à 2 heures), le départ s'effectue dans l'une des six communes traversées par le sentier : le lieu de rendez-vous est communiqué par téléphone. L'office met à disposition du public la carte complète

 VAUT LE DÉTOUR
Les trois châteaux

Accessibles uniquement à pied, les trois châteaux des Ribeaupierre, qui dominent Ribeauvillé, constituent de magnifiques buts de promenade, entre montagne et vignoble, avec vue sur la plaine et la vallée. À droite du restaurant Aux Trois Châteaux, place de la République, se situe le départ du GR®5 et de la randonnée très bien balisée menant aux châteaux (comptez 2 heures 30 aller-retour). Attention, ça grimpe : chaussures de marche conseillées.

Premier château sur le parcours, **Saint-Ulrich** est le plus ancien et le mieux conservé. On l'appelle aussi Grand Ribeaupierre. Fondé avant 1038, il est reconstruit en pierre au XIIe siècle, sur la partie nord du rocher. De cette époque datent le donjon carré et le corps de logis, toujours visibles. Au début du XIIIe siècle, on construit un deuxième château, sur la partie sud du même rocher : la salle des chevaliers et la tour d'habitation témoignent encore de cette époque. Au XIVe siècle, un rempart à l'ouest relie les deux châteaux et l'entrée est dotée d'une barbacane, toujours visible.

Tout petit château, le **Girsberg** a été construit vers 1250, face au Saint-Ulrich, sur un éperon rocheux. Son donjon pentagonal, dont l'angle est orienté vers la pente, prolongé par une courtine qui suit le tracé du rocher, est toujours là. En 1316, il est inféodé à une famille noble, les Girsberg, qui le restaurent et l'occupent jusqu'au milieu du XVe siècle. De leur époque reste le logis jouxtant le donjon.

Le **Haut-Ribeaupierre** ou Altenkastel a été conçu au XIIe siècle pour renforcer la sécurité du Saint-Ulrich. Son donjon rond est caractéristique du XIIIe siècle : il servait de protection au logis construit en enfilade. Le château a sans doute été abandonné après la guerre de Trente Ans.

du sentier (17 km), ainsi que des brochures décrivant le patrimoine architectural des villages et leur histoire.

Hunawihr

Sans doute plus discret que les cités voisines, Ribeauvillé et Riquewihr, le village de Hunawihr, qui possède également le label des "Plus Beaux Villages de France", est moins couru par les touristes. Pourtant, avec son église fortifiée surplombant des maisons de vignerons typiques des XVIe-XVIIIe siècles et une mer de vignes, il compose un vrai paysage de carte postale.

◉ À voir

Situées de part et d'autre de la Grand'Rue, l'artère principale du village, les maisons de vignerons se composent, pour la plupart, d'un rez-de-chaussée en maçonnerie, occupé par les celliers, et d'un étage en pans de bois abritant le logement. Belle exception, la maison Renaissance (5 Grand'Rue), entièrement en pierre, qui abritait le poêle communal, c'est-à-dire le conseil du village. Sur le porche de la maison du n°10 figure l'emblème du tonnelier : un maillet croisé de deux serre-joints. Une curiosité : les nombreux clous plantés sur le colombage de la demeure du n°12 avaient pour fonction de faire tenir l'enduit dont la maison fut couverte au XVIIe siècle. La maison du n°19 porte l'emblème des boulangers, le bretzel, et celle du n°26 l'emblème des bouchers, un hachoir. La maison à colombages à l'angle de la rue Saint-Jacques est la plus ancienne du village. De style gothique, son porche en plein-cintre, ajouté en 1566, est décoré de têtes. Dans le prolongement de la Grand'Rue, l'ancienne halle aux blés (1 rue de la Mairie), édifiée à partir de 1517 dans un style Renaissance, abrite la mairie depuis la Révolution française. Sur le chemin menant à l'église, l'auberge À la Clef (Zum Schlussel, n°8 rue de l'Église) possède un porche dont le linteau en grès rose porte des étoiles, l'emblème du gourmet. Ce personnage assermenté

servait d'intermédiaire entre les marchands de vin ou les consommateurs et les vignerons producteurs, une tâche souvent confiée aux aubergistes.

Église Saint-Jacques -le-Majeur   Église fortifiée

L'église actuelle a été construite aux XVe et XVIe siècles à l'emplacement d'une église primitive du XIe, très fréquentée durant le Moyen Âge et jusqu'à la Réforme du fait du pèlerinage à la tombe de sainte Hune. Ce sont les dons des pèlerins qui financèrent la construction de la nouvelle église. Elle se distingue par une nef en deux parties inégales et plafonnée (une architecture typique de l'époque). Originalité unique dans la région : l'accès à la chaire s'effectue, via l'escalier, par un passage percé dans le pilier. Les murs intérieurs du clocher sont recouverts de très belles fresques représentant la vie de saint Nicolas (à gauche) et le couronnement de la Vierge par la Trinité. Sur la tribune se trouve le plus ancien orgue Callinet d'Alsace (1765). Le simultaneum a été instauré dans le village en 1687 : l'église sert alternativement aux protestants et aux catholiques.

Jardin des Papillons   Parc animalier

(☎ 03 89 73 33 33 ; www.jardinsdespapillons. fr ; rte de Ribeauvillé ; adulte/5-14 ans/- 5 ans 8/5,50 €/gratuit ; ☉ mars et oct-nov tlj 10h-17h, avr-sept tlj 10h-18h). Une promenade fascinante dans des serres où vivent des papillons exotiques multicolores (d'Asie, d'Afrique, d'Amérique du Sud) qui viendront peut-être se poser sur vous. Au fil des saisons, les visiteurs peuvent découvrir 200 espèces de papillons, le cycle complet de leur vie, ainsi que l'utilité du papillon dans son environnement. Grenouilles tropicales, phasmes, dragons et caméléons sont aussi de la partie.

NaturOparc   Parc animalier et naturaliste

(☎ 03 89 73 72 62 ; www.cigogne-loutre.com ; rte des Vins ; tarif plein/13-18 ans/5-12 ans 10/9/7 € ; ☉ avr-mai et sept lun-ven 10h30-12h30 et 14h-17h30, sam-dim et jours fériés 10h30-18h30, juin-août tlj 10h-18h30, oct lun-ven 14h-17h30,

Cigognes, NaturOParc

sam-dim, jours fériés et vac. scol. 10h30-12h30 et 14h-17h30, nov jusqu'au 11 sam-dim, jours fériés et vac. scol. 10h30-12h30 et 14h-16h30). Ce parc de 5 ha, créé en 1976 dans une zone humide pour réintroduire la cigogne en Alsace, permet de découvrir différentes espèces locales : la cigogne blanche, donc, mais aussi la loutre d'Europe et le grand hamster, ainsi que des cormorans, des canards, des oies, des cygnes... Grâce à une terrasse perchée à 7 m, vous serez à la hauteur des nids de cigognes ! Un tunnel vitré permet de voir les loutres évoluer sous l'eau. L'après-midi, le centre propose un instructif et amusant spectacle d'animaux pêcheurs. Également un espace pédagogique, un labyrinthe sur le thème des cinq sens et une aire de jeux.

⊗ Où se restaurer

Restaurant
Suzel   Traditionnel alsacien €

(03 89 73 30 85 ; suzel-hunawihr.com ; 2 rue de l'église ; menus 19-22 € , menu enfant 8,90 € ; plats 9-17 € ; fermé dim soir, jeu soir et lun, ouvert de Pâques à Noël). Au cœur du village, dans une demeure vigneronne du XVIe siècle, une excellente option pour un déjeuner rapide ou un dîner plus élaboré le soir. Les plats sont simples, mais généreusement servis et bien mijotés. Salade de cervelas, cuisse de poulet sauce riesling, croustillant de munster, choucroute garnie... Tout est fait maison, y compris le pain ! Terrasse ombragée et accueil souriant. L'établissement dispose également d'un **gîte**, à partir de 50 € pour deux personnes la nuit.

Riquewihr

Cette cité fortifiée posée dans un vallon ouvert, entourée de vignes qui font sa prospérité depuis des siècles, est l'une des plus séduisantes de la route des Vins. Certains diront même la plus belle... Revers de la médaille : d'avril à décembre, elle est prise d'assaut par les visiteurs. Stationner aux abords immédiats de l'enceinte fortifiée est alors compliqué (prévoyez de la monnaie pour les horodateurs, stationnement limité à 3 heures). En outre, les boutiques de souvenirs pas toujours du

SI VOUS AIMEZ...
Les villages viticoles

Presque chaque village ponctuant la route des Vins peut concourir au titre de "Plus beau village de France". Quelques suggestions pour prolonger votre exploration de cet univers pittoresque :

○ Rodern Au pied du château du Haut-Kœnigsbourg, légèrement en retrait de la route des Vins, ce village est réputé pour son grand cru gloeckelberg et sa fête du pinot noir, en juillet. Cerné par les vignes, il possède de jolies maisons vigneronnes construites entre le XVIe et le XVIIIe siècle.

○ Beblenheim Ce petit village viticole mérite une halte, ne serait-ce que pour déguster un grand cru de sonnenglanz ("éclat du soleil"), qui fait la fierté du lieu. On peut admirer de belles maisons de vignerons construites entre le XVIe et le XIXe siècle.

○ Zellenberg Perché au sommet d'une colline, ce village est situé entre Hunawihr et Riquewihr. Depuis l'ancienne chapelle Saint-Michel, on profite de l'une des plus belles vues sur le vignoble haut-rhinois. Bon plan pour se loger, les trois chambres d'hôtes du **Clos Froehn** (📞 03 89 47 95 68 ; www.clos-froehn.com ; 46 rue du Schlossberg ; d/ste 75-85/95 €, petit-déj inclus), nichées dans une demeure de caractère flanquée d'une tour médiévale.

○ Niedermorschwihr Encore un charmant village, au nord de Turckheim, au fond d'un vallon, entre forêt et vignoble. Outre de belles maisons de vignerons, il possède une église dotée d'un clocher tors, le seul d'Alsace, et même une rareté en Europe. Sa charpente, qui présente une vrille de 45°, aurait été construite aux XIIe-XIIIe siècles. Goûtez les confitures artisanales très renommées de Christine Ferber, au **Relais des Trois-épis** (📞 03 89 27 05 69 ; 18 rue des Trois-Epis ; ⏱ mar-ven 7h30-12h30 14h-18h30 sam 7h30-18 dim 9h-13h).

meilleur goût pullulent et les restaurateurs ont tendance à prendre le touriste pour un pigeon. Mais n'est-ce pas le prix à payer pour tant de beauté ?

À voir

Protégé par une double enceinte, le centre historique de Riquewihr a conservé un tissu urbain essentiellement constitué de maisons bâties du XVe au XVIIIe siècle, parfaitement entretenues et restaurées. Pour commencer votre visite de la vieille ville, vous pouvez passer sous le porche de l'hôtel de ville et remonter la rue du Général-de-Gaulle.

En guise d'introduction à la visite, face au mur de l'hôtel de ville, la reproduction d'une gravure de Riquewihr en 1644 : une seule tour d'angle a disparu, ainsi que la porte basse. La première fortification date de 1291, le second rempart a été érigé vers 1500. Au n°12 de la rue du Général-de-Gaulle, une maison avec un oriel remarquable (1606) et, juste à côté, au n°14, le "gratte-ciel". Cette bâtisse compte cinq étages en pans de bois : avec ses 25 m de haut, c'est l'une des plus hautes maisons à colombages d'Alsace. Sous les fenêtres du dernier niveau, le colombage forme des motifs de "chaises curules", symbole de puissance et de notoriété, signifiant que la maison appartenait à un notable.

Faites une incursion dans la rue de la Couronne jusqu'à la maison Dissler (n°6), caractéristique de la Renaissance rhénane avec son pignon à volutes et obélisques et son oriel.

Plus haut dans la rue du Général-de-Gaulle, au n°42, une maison de style baroque (1686) offre l'une des façades les plus décorées de la cité, avec le motif de la chaise curule, des poteaux corniers (poteaux d'angle), des fenêtres et encadrements richement sculptés, et une enseigne d'un aubergiste-gourmet (intermédiaire assermenté entre les vignerons et les marchands de vin ou les consommateurs) tenant cruche et gobelet. La maison du n°45 (1667) possède aussi de beaux poteaux corniers, l'un représentant le métier de cloutier de son propriétaire. Au-delà du Dolder (voir ci-dessous), la Porte haute remonte à la fin du XIIIe siècle (avec des remaniements ultérieurs) : elle comporte l'une des plus vieilles herses en bois d'Europe. De part et d'autre : les fortifications de 1291 et celles de 1500.

Juste avant la porte, la rue du Cerf, sur la gauche, mérite une incursion jusqu'à la façade de la maison du gourmet Conrad Ortlieb (1574) pour admirer ses bas-reliefs et lire ses inscriptions. Dans la rue du Cheval, que l'on gagne par la rue Latérale, l'Adrihof, ou cour de l'abbaye d'Autrey, a été construit à la fin du XVIe siècle : l'oriel à deux étages, le puits de 1587 et une tourelle d'escalier polygonale en font un ensemble architectural exceptionnel.

Musée du Dolder Tour de guet

(📞 03 89 73 23 23 ; 57 rue du Général-de-Gaulle ; tarif plein/-14 ans 4 €/gratuit ; ⏱ avr-oct sam-dim et jours fériés 14h-18h, tlj mi-juil à fin-août 14h-18h et durant le marché de Noël). Le Dolder, c'est la tour de guet (haute de 25 m) du Riquewihr médiéval et aussi la porte d'entrée supérieure. Érigée en 1291, elle est devenue l'un des symboles de la cité et, sous l'impulsion d'une association locale, le siège d'un petit musée qui retrace l'évolution de Riquewihr du XIIe au XVIIe siècle. Sur quatre niveaux sont exposés maquettes, plans, armes et objets de la vie quotidienne. Du quatrième niveau, la vue sur Riquewihr et la plaine est splendide.

Tour des Voleurs et maison de vigneron Prison et habitation

(📞 03 89 73 23 23 ; 14 rue des Juifs ; tarif plein/-14 ans 4 €/gratuit, billet groupé avec le musée du Dolder 6 €/gratuit ; ⏱ avr-oct tlj 10h30-13h et 14h-18h). Par un escalier raide et étroit, on accède au chemin de ronde des sentinelles, puis à cette tour des Voleurs, ouvrage défensif de l'angle nord-ouest de la cité médiévale, construit vers 1335, moins haut que le Dolder (18 m). On remarquera au passage l'épaisseur des

Hommage républicain

À l'entrée de Beblenheim (voir page ci-contre), bordant la route des Vins, le **monument Jean Macé** (1815-1894) rend hommage à une célébrité du village. Né à Paris, ce républicain fuit la capitale après le coup d'État de Louis-Napoléon Bonaparte et vint enseigner au pensionnat de jeunes filles du Petit-Château de Beblenheim, de 1852 à 1872. Ami de Jules Ferry et de Jules Verne, il défendit l'école laïque et républicaine et se rendit célèbre grâce à ses ouvrages de vulgarisation scientifique. Il est le fondateur de la Ligue de l'enseignement. Conformément à sa volonté, ses cendres reposent sous le monument.

murs, de 2 à 5 m ! Dès le XVe siècle, la tour fut une prison qui n'accueillait pas que des voleurs. En témoignent les différents éléments de torture exposés dans la chambre de torture et l'ancienne salle de garde. Cette tour communique avec une maison de vigneron du XVIe siècle. Elle donne l'occasion d'observer les conditions de vie de l'époque.

Musée de la Communication en Alsace Château et musée

(📞 03 89 47 93 80 ; www.shpta.com ; 3 cour du Château ; tarif plein/réduit 5/2,50 € ; ⏱ tlj 10h-17h30 avr-oct et marchés de Noël). Le musée de la Communication a été installé dans le château des comtes de Wurtemberg-Montbéliard, édifié en 1539-1540, après que le comte Georges de Wurtemberg eut fait démolir l'ancien château. Avec son pignon crénelé, il est typique de l'art rhénan du XVIe siècle. Très vaste, le musée raconte la passionnante histoire des moyens inventés par les hommes pour communiquer entre eux. Au rez-de-chaussée sont exposées des reconstitutions de diligences et une authentique voiture de la poste impériale datant de 1900. Également présentée ici, une belle maquette d'un relais tel qu'il en

VAUT LE DÉTOUR
Randonnée à la découverte des grands crus

Le **sentier viticole des grands crus** traverse six villages qui offrent un formidable panorama de l'Alsace viticole. Ce territoire permet de découvrir sept grands crus parmi les 51 de la région : sonnenglanz à Beblenheim, marckrain à Bennwihr, rosacker à Hunawihr, schoenenbourg à Riquewihr et Zellenberg, sporen à Riquewihr, froehn à Zellenberg et mandelberg à Mittelwihr et Beblenheim. Les 16 km de la grande boucle peuvent être parcourus en 4 heures 30, à pied, ou en 1 heure 30, à vélo. Tout au long du parcours, des panneaux évoquent le vin et le travail de la vigne au rythme des quatre saisons, ils signalent aussi des panoramas remarquables. Bien entendu, cette petite randonnée est l'occasion rêvée de rendre visite à des viticulteurs, généralement bien disposés à faire déguster leur production. Si vous êtes pris par le temps, cantonnez-vous à trois communes remarquables : Hunawihr, Zellenberg et Riquewihr (comptez 2 heures 15). Le sentier est bien balisé, mais la carte, disponible à l'office du tourisme du pays de Ribeauvillé et Riquewihr (voir p. 199), est très utile pour mieux se repérer. De plus, l'office du tourisme organise des visites guidées en saison.

existait tous les 28 km le long des routes de poste. À l'étage, le télégraphe Chappe, le télégraphe électrique, le développement de la poste ambulante, du téléphone... Un musée qui n'intéressera pas que les amateurs de vieilles choses.

Maison de l'Oncle Hansi
Musée

(📞 03 89 47 97 00 ; 16 rue du Général-de-Gaulle ; tarif plein/réduit/-5 ans 3/2 €/gratuit ; 🕑 fév-mai tlj 10h-12h30 et 13h30-18h, juin-déc

tlj 9h30-12h30 et 13h30-18h30). Longtemps, la "maison" (il n'y a jamais vécu) de l'oncle Hansi fut tenue par le petit-neveu de celui-ci. Mais les droits de son œuvre ont changé de mains : Hansi est devenu une marque de produits régionaux, vendus dans la boutique située au rez-de-chaussée et passage obligé pour accéder à l'espace muséographique, au premier et deuxième étage. Aquarelles, affiches publicitaires, eaux fortes, objets personnels y sont regroupés sur deux niveaux. Le musée paraît aujourd'hui quelque peu désuet, après l'ouverture du Musée Hansi à Colmar (voir p. 175).

Où se loger

Les visiteurs qui séjournent un minimum de trois jours sur place ont droit à une très utile "carte visiteur" (3 € par jour) pour pouvoir stationner en dehors de l'enceinte fortifiée.

Le Sarment d'or
Hôtel-restaurant €€

(📞 03 89 86 02 86 ; www.riquewihr-sarment-dor.fr ; 4 rue du Cerf ; s-d/tr 73-90/98-100 €). À proximité du Dolder, un charmant petit hôtel de neuf chambres décorées avec goût et bien équipées. L'accueil est très sympathique et les prix modérés. La demi-pension est une affaire vu la qualité du restaurant (page ci-contre).

Hôtel À l'Oriel
Traditionnel €€

(📞 03 89 49 03 13 ; www.hotel-oriel.com ; 3 rue des Écuries-Seigneuriales ; s-d/tr-qua/ste 76-137/155/162-192 € selon confort ; 🅿 4,50 €). Installé dans une ruelle dans une belle demeure datée de 1577 avec oriel, l'hôtel s'organise autour d'une petite cour intérieure où le petit-déjeuner est servi en été. Les 22 chambres, confortables, ont toutes une décoration différente, dans un style qui reste traditionnel. Attention, certaines chambres sont situées dans une annexe. Petit-déjeuner un peu cher (12,90 €). L'hôtel dispose d'un sympathique caveau voûté en pierre, ouvert de 18h à 0h45, où l'on s'installe avec plaisir pour prendre un verre de vin.

Où se restaurer

Winstub
Au Tire-bouchon   Traditionnel €€

(☎ 03 89 47 91 61 ; 29 rue du Général-de-Gaulle ;
menus 18-46 €, plats 14-25 € ; ◷ jan-avr tlj
sauf lun, mer midi et dim soir, mai-nov tlj sauf
lun et dim soir). Dans la rue principale du
village, une winstub à la façade bleue
immanquable, où l'on sert, dans un cadre
traditionnel particulièrement chaleureux,
des spécialités alsaciennes à des tarifs
raisonnables : choucroute, *bibeleskas*,
pommes de terre au munster et aux
lardons fumés... Privilégiez la pittoresque
salle ornée de trophées de chasse. Service
agréable, mais un peu longuet les jours
d'affluence.

La Grappe d'or   Restaurant et winstub €€

(☎ 03 89 47 89 52 ; www.restaurant-grappedor.
com ; 1 rue des Écuries-Seigneuriales ; menus
21-38 €, plats 16-23 € ; ◷ tlj midi et soir sauf jeu).
Le chef prépare une cuisine du marché
savoureuse (dos de lapin farci aux abricots,
carré de veau aux girolles, paupiette
de truite, samoussas au munster...)

servie dans une salle au décor rustique,
typiquement alsacien, aux murs couverts
d'outils anciens. Le service est aimable et
efficace.

Au Trotthus   Terroir et sushis €€

(☎ 03 89 47 96 47 ; www.trotthus.com ; 9 rue des
Juifs ; menus 32-65 €, plats 15-35 € ; ◷ fermé
dim soir, mar soir et mer). Ce restaurant plutôt
gastronomique, aménagé dans une maison
vigneronne du XVIᵉ siècle adossée aux
remparts, offre une surprenante alliance.
Le chef breton Philippe Aubron propose
aussi bien des mets qui puisent avec
inventivité leur inspiration dans le terroir
alsacien que des spécialités asiatiques.
Le plateau déjeuner à 23 €, gourmand,
alsacien ou japonais, avec entrée, plat,
fromage et dessert est aussi délicieux
qu'original. Les sushis, makis et sashimis
sont concoctés par "Mademoiselle Aï",
maître sushi.

Le Sarment d'or   Gastronomique €€€

(☎ 03 89 86 02 86 ; www.riquewihr-sarment-dor.
fr ; 4 rue du Cerf ; menus 28-39 €, plats 22-40 €,
menu enfant 12 € ; ◷ fermé dim soir au mar midi).

Poteau cornier de la maison du Cloutier (p. 203)

VINCENT FROEHLY ©

Cour de Riquewihr

La carte de cet établissement renommé, au cadre élégant et chaleureux à la fois, varie au fil des saisons et de l'inspiration du chef qui pêche ses idées du côté de l'Alsace, de la Méditerranée et d'ailleurs. Filet de bar en croûte d'agrumes, risotto de merlu aux champignons, et en automne, des plats à base de gibier savoureux (perdreau rouge rôti, filet de chevreuil sauce grand veneur...). Le tout est artistiquement présenté dans l'assiette.

🔒 Achats

Féerie de Noël   *Déco*
(☎ 03 89 47 94 02 ; www.feeriedenoel.fr ; 1 rue du Cerf ; ⏰ mi-fév à Pâques tlj 10h30-12h30 et 13h45-18h, Pâques à fin juin et sept-nov tlj 10h-12h30 et 13h45-18h30, juil-août tlj 10h-18h45, déc tlj 10h-19h, fermé jan à mi-fév). C'est Noël toute l'année à Riquewihr grâce à cette vaste boutique (une reconstitution de village alsacien en hiver) qui vend des objets liés à la décoration de Noël (boules, guirlandes, santons...) et des figurines artisanales en pierre ou en bois finement ouvragées.

ℹ️ Renseignements

Office du tourisme du pays de Ribeauvillé et Riquewihr (☎ 03 89 73 23 23 ; www.ribeauville-riquewihr.com ; 2 rue de la 1ère Armée)

Kientzheim

Avant de filer vers Kaysersberg, il serait dommage de ne pas faire une halte dans ce village viticole ceint de remparts médiévaux, doté de charmantes rues pavées, et relativement épargné par le tourisme de masse. Son vignoble, qui jouit d'une exposition exceptionnelle, a très bonne réputation.

👁️ À voir et à faire

En se promenant le long des rues, on découvre de belles maisons à colombages, certaines à pans sculptés. Sur la place Schwendi se tient une belle fontaine Renaissance. La chapelle Saints-Félix-et-Régule contient une émouvante exposition d'ex-voto des XVIIIe et XIXe siècles et un magnifique Saint Sépulcre en grès jaune daté du XVe siècle. Le château de

Reichenstein, bâti au XIVᵉ siècle par la famille de Reichenstein, affiche un style Renaissance – notamment l'oriel – fruit de modifications ultérieures. Fortement touché lors des combats de la Libération, il a été admirablement restauré.

Remparts   Fortifications médiévales
Certaines portions des remparts (XVᵉ et XVIᵉ siècles) sont bien conservées, notamment deux tours (il y en avait cinq à l'origine), celle des Bourgeois et celle des Fripons, récemment restaurées.

La **porte du Lalli** est une curiosité ! Érigée au XVᵉ siècle, elle est surmontée d'une figurine en pierre qui représente un masque grimaçant, dont la langue métallique pouvait être actionnée afin d'exciter l'ennemi (en alsacien, "lalli" signifie "à la langue bien pendue" ou "bavard"). Mais le trou de cette bouche servait aussi de canonnière.

Musée du Vignoble et des Vins d'Alsace   Musée
(☎ 03 89 78 21 36 ; www.musee-du-vignoble-alsace.fr ; 1b Grand'Rue ; tarif plein/réduit/-10 ans 5/2 €/gratuit ; ☺ mai sam-dim et jours fériés, juin à mi-oct tlj 10h30-12h30 et 15h-18h). Dans une annexe du château Schwendi, 300 m² d'exposition indispensables pour tout connaître du travail de la vigne et de son évolution. Au rez-de-chaussée du musée, une cave a été reconstituée, avec ses fûts de diverses contenances, d'anciens pressoirs à vis ou encore un petit pressoir ambulant, principalement utilisé dans les secteurs de plaine, où la production de vin était destinée à l'autoconsommation. Au premier étage, à travers différents outils, le visiteur découvre le travail du vigneron, mais également celui du tonnelier et du verrier, deux professions qui lui sont liées. Au deuxième étage, la viticulture est abordée de façon technique : le musée présente l'évolution des méthodes pour lutter contre les maladies de la vigne et différentes machines utiles au travail en cave (filtreuses, tireuses, bouchonneuses…).

Sentier viticole   Circuit pédestre
Des panneaux explicatifs sont disposés le long de cet agréable parcours balisé dans les vignes. Ils expliquent le travail des vignerons et les secrets des grands crus schlossberg et furstentum. En prime, de beaux points de vue sur la plaine. Départ du parking à proximité de la tour des Fripons, pour le circuit Schlossberg (3 km) et du monument Schwartz pour le circuit Furstentum (2 km). Les deux circuits combinés se parcourent en 1 heure 30 à 2 heures.

🛏 Où se loger et se restaurer

Hostellerie Schwendi   Hôtel-restaurant €€
(☎ 03 89 47 30 50 ; www.schwendi.fr ; 2 pl. Schwendi ; s-d/tr/qua 77-119/116-137/147-155 € selon confort ; menus 25-50 €, plats 15-30 € ; ☺ établissement fermé jan-fév, resto tlj sauf mer et jeu midi ; 🛜). Un hôtel-restaurant labellisé Logis de France, tenu de manière professionnelle par la famille vigneronne Schillé-Gisie. Spacieuses, confortables et rustiques à la fois, les 29 chambres se répartissent entre le bâtiment principal et une annexe. Au restaurant, les spécialités alsaciennes (coquelet au vin, *baeckeofe*, truite du val d'Orbey…) sont finement cuisinées et bien présentées. Accueil chaleureux. Une excellente étape où l'on peut opter pour la demi-pension sans hésiter.

Côté vigne   Semi-gastronomique €€
(☎ 03 89 22 14 13 ; www.cote-vigne.fr ; 30 Grand'Rue ; formules midi en semaine 13-17 €, menus 29-46 €, plats 20-30 €, menu enfant 10 € ; ☺ fermé lun, sam midi, dim soir). Dans une belle salle aux murs de pierre d'une maison alsacienne, en plein cœur du village, on déguste des mets raffinés (filet de canette rôtie aux épices…) très bien présentés, et quelques spécialités régionales (choucroute aux poissons, avec safran alsacien…). Les formules proposées le midi sont d'un excellent rapport qualité/prix. Une valeur sûre de la route des Vins, prisée des locaux.

Prise de guerre ?

Le général Lazare de Schwendi (1522-1583), statufié à Colmar par Bartholdi (voir p. 185), commanda les armées de l'empereur Maximilien II lors de la campagne contre les Turcs en Hongrie. Ses succès lui valurent, en 1563, la seigneurie de Kientzheim, où il érigea le nouveau château Schwendi. On dit qu'il aurait importé en Alsace le cépage hongrois du tokay, dont il aurait multiplié les plants sur ses terres alsaciennes. Pure légende : le "tokay" alsacien serait en réalité originaire de Bourgogne, et le pinot gris est connu dans la région depuis le Moyen âge. Cela n'empêche pas qu'en 2007, à la demande des Hongrois, le pinot gris alsacien a été privé de la mention "tokay". Le château de Schwendi est aujourd'hui propriété de la confrérie Saint-Étienne et siège du musée du Vignoble. Un bel hommage...

Kaysersberg

Petite cité active, traversée par la Weiss, Kaysersberg est aussi l'une des plus jolies d'Alsace. Elle a bâti sa prospérité sur la vigne, le commerce et l'artisanat – notamment la poterie. Et surtout sur la position stratégique qu'elle occupe pour le franchissement des Vosges. En 1227, Henri VII, fils de Frédéric II de Hohenstaufen, acheta un petit château fort pour contrôler la vallée de la Weiss, bien vite transformé en une imposante et puissante forteresse. C'est ainsi que naquit Kaysersberg, le "Mont de l'Empereur", élevé au rang de ville impériale à la fin du XIIIe siècle.

À voir

Au fil des rues, vous verrez nombre de demeures remarquables. Rue de l'Église, la maison à oriel (n°3) est l'une des deux plus vieilles de la ville (XVe siècle). Rue de l'Ancien-Hôpital, l'ancien manoir d'Étienne de Bavière et de Claire de Hunawihr possède un porche crénelé décoré des armes des époux. Rue de la Commanderie, la maison située au n°6 date de 1594. Elle a de belles allèges de fenêtres sculptées et une grande loggia de pignon. Au n°49 impasse du Père-Staub, la maison Bohn a été construite en 1601 ; elle a des poteaux corniers et des allèges sculptés. Rue du Général-de-Gaulle, au n°65, se trouve une maison du XVIe siècle. Sous la loggia, une Vierge baroque peinte au XVIIIe siècle. Au bout de la rue du Collège, la maison Voltz (1618, Renaissance) se situe au fond d'une cour. Elle possède un des puits les plus célèbres d'Alsace, sur lequel est inscrit, en allemand : "Bois modérément du vieux vin subtil, je te conseille, et laisse-moi mon eau."

Musée Albert-Schweitzer   Musée

(☎03 89 47 36 55 ; 126 rue du Général-de-Gaulle ; tarif plein/enfant 2,50/1,50 € ; ☿mi-mars à mi-nov tlj sauf mer 9h-12h et 14h-18h, et ven-sam-dim du marché de Noël). Albert Schweitzer est né dans la maison accolée au musée (au n°124), que sa famille quitta six mois plus tard pour rejoindre Gunsbach, où le père était nommé pasteur. Le musée est avant tout un lieu de souvenir regroupant objets, photos et œuvres. Prix Nobel de la paix en 1952, le docteur Albert Schweitzer est l'une des personnalités les plus célébrées en Alsace. Pourtant, il n'échappe pas à la controverse : à propos de ses relations avec les Africains, empreintes d'autoritarisme et de paternalisme, de la manière dont il a géré l'hôpital de Lambaréné au Gabon, de ses compétences médicales, de sa pensée philosophique, et même de ses qualités d'organiste... Albert Schweitzer est une personnalité à multiples facettes. Dès 1905, dans un sermon, il condamnait avec force le colonialisme et ses crimes. Celui qui a étudié la théologie protestante, la philosophie, l'orgue et la musicologie prendra la décision, à l'âge de 30 ans, de s'inscrire à la faculté de médecine de Strasbourg, pour se consacrer à une mission humanitaire en Afrique. Parallèlement à ses études de médecine, il exerça en tant que pasteur et organiste. Reçu docteur en 1913, il partit immédiatement pour Lambaréné avec son épouse. Là, sur la rive de l'Ogooué, il construisit un hôpital de brousse, qu'il agrandit au fil des ans, notamment grâce aux dons collectés en Europe, lors de ses concerts d'orgue et de ses conférences. Albert Schweitzer est mort le 4 septembre 1965 à Lambaréné, mais son hôpital lui survit toujours.

Hôtel de ville — Renaissance

Ce beau bâtiment de style Renaissance (1605) est desservi par une tourelle d'escalier et comporte un remarquable oriel sculpté et voûté. À l'intérieur, on peut admirer un plafond à caissons et des portes surmontées de marqueteries. Dans le passage vers la cour intérieure se trouve un puits de 1521.

Église Sainte-Croix — Roman et gothique

La façade occidentale, la nef centrale, le transept et l'avant-chœur de l'église Sainte-Croix datent de sa construction d'origine, au XIIIe siècle. Les autres parties

ont été ajoutées aux XVe et XVIe siècles. Quant au clocher, il a été transformé et rehaussé en 1827 pour accueillir de nouvelles cloches. Il faut admirer le tympan du portail à colonnettes, qui représente le couronnement de la Vierge. À l'intérieur de l'église se mêlent les styles roman et gothique tardif. Probablement inspiré des gravures de Martin Schongauer, le retable de Jean Bongart, qui retrace la Passion du Christ en 14 tableaux, est un chef-d'œuvre de la Renaissance (1518). L'église possède aussi une *Déploration* (XVIe siècle), dont il faut admirer l'expressivité des visages et la finesse des drapés. Quant à la statue assise de Saint-Jacques-le-Majeur (1480), elle rappelle que Kaysersberg était sur le chemin des pèlerins vers Compostelle.

S'appuyant sur le mur d'enceinte de l'église, la **chapelle Saint-Michel** (sa voûte est décorée de peintures du XVIe siècle) et l'ossuaire qui se trouve en dessous sont de 1463. À côté de la chapelle, le cimetière comprend un mémorial avec le nom des 204 militaires tombés pendant les combats de libération du bas de la vallée de la Weiss,

Église Sainte-Croix, Kaysersberg

Retable de Jean Bongart, église Sainte-Croix

en décembre 1944. À gauche de la porte du cimetière (en sortant) : un oratoire de 1474, le plus ancien d'Alsace. Sur le parvis de l'église, la fontaine est surmontée d'une statue de l'empereur Constantin, en grès jaune (1521), œuvre de Jean Bongart, comme le retable. Constantin était le fils de sainte Hélène, dont la statue moderne orne la façade de l'église.

Place Jean-Geiler   Statue

Ici s'élève la statue de Jean Geiler de Kaysersberg (1445-1510), considéré comme l'un des précurseurs de la Réforme. Il grandit à Kaysersberg, au foyer de son grand-père, et fut prédicateur à la cathédrale de Strasbourg pendant 32 ans.

Musée historique   Histoire locale

(☎ 03 89 78 11 11 ; 62 rue du Général-de-Gaulle ; tarif plein/réduit/-10 ans 2/1 €/gratuit ; ⏰ juil-août tlj sauf mar 10h-12h et 14h-18h). Ce petit musée d'histoire locale, installé dans un bel ensemble architectural du XVIe siècle, possède une belle collection d'objets d'art religieux du XIVe au XVIIIe siècle. Ses pièces maîtresses : une Vierge ouvrante provenant du couvent des Clarisses d'Alspach datant de 1380 et un Christ des Rameaux du XVe siècle. On y découvre aussi du mobilier, des objets usuels, des sabots de pénitent qui pèsent chacun 5 kg, des plaques de cheminée… Une salle présente des pièces qui témoignent de la période romaine de Kaysersberg.

Pont fortifié   Prison passante

Entre la rue de l'Oberhof et la rue du Général-de-Gaulle, cet ouvrage, devenu l'un des emblèmes de la ville, enjambe la Weiss depuis le début du XVIe siècle (au moins) et reliait la vieille ville et la ville haute. Dans l'édicule, au milieu, étaient enfermés pour quelques jours les habitants qui avaient commis des délits mineurs. À proximité, l'ancienne Hostellerie du Pont servit d'auberge et d'office de gourmet. En 1872, la ville fit installer une salle des fêtes à l'étage, les bains municipaux (Badhus) et un lavoir au rez-de-chaussée. Construite en 1391, sur la rive gauche de la Weiss, la chapelle de l'Oberhof appartenait à l'abbaye cistercienne de Pairis (Val d'Orbey).

Château impérial   Ruines médiévales

Ces ruines offrent un magnifique point de vue sur la ville. Construit au XIIIe siècle, le château eut à subir la guerre des paysans (1525) et les affres de la guerre de Trente Ans, puis fut vendu comme bien national. Classées monument historique dès 1841, les ruines souffrirent à nouveau pendant les combats de 1944. Depuis l'office du tourisme, un sentier permet d'y accéder en une dizaine de minutes.

Où se loger et se restaurer

Logis hôtel
Les Remparts   Familial et pratique €€

(03 89 47 12 12 ; www.lesremparts.info ; 4 rue de la Flieh ; d 70-98 €, pers supp 20,40 €). Un hôtel bien situé, aux abords immédiats du centre historique, qui s'orchestre autour de deux pavillons. Les chambres, modernes, sont plutôt spacieuses et bien équipées et disposent de grands balcons. Au petit-déjeuner sont servis des produits frais locaux. Le lieu est idéal pour les familles : l'hôtel propose des chambres

pour trois à cinq personnes, certaines avec kitchenette. Il loue aussi des meublés.

Les Chambres
de la Weiss   Chambres d'hôtes €€

(06 33 13 51 78 ; www.leschambresdelaweiss. com ; 64A rue de la Flieh ; d 64-75 € lit supp 20 €, roulotte 85 €, petit-déj inclus). Quatre chambres d'hôtes joliment décorées, dans une maison en bois, calme et proche du centre historique. Pour changer, on peut passer la nuit dans la roulotte (immobile) qui stationne dans le jardin. Accueil sympathique.

L'Arbre vert   Hôtel-restaurant €€

(03 89 47 11 51 ; www.hotel-restaurant-arbrevert.com ; 1 rue Haute-du-Rempart ; d/ ste 90-130/190 €). Un petit hôtel comprenant trois chambres et cinq suites, situé face au musée Albert-Schweitzer et tenue de manière très agréable par un jeune couple. La décoration est moderne et sobre, mais recherchée, et les suites peuvent confortablement accueillir des familles. Le restaurant de l'hôtel fait la part belle aux spécialités alsaciennes (choucroute, poulet au riesling…). également bar à vins.

Détail d'un pilier d'angle d'une demeure de Kaysersberg

VAUT LE DÉTOUR
Le château de Wineck

Surnommé le "château des vignes", la **forteresse de Wineck** (⏰ Pâques-1er nov dim et jours fériés 14h-18h) domine le village de Katzenthal, joliment niché dans un petit vallon et cerné par les vignes. Construit vers 1200, le château se composait d'un donjon et d'un logis, puis il a été agrandi, entouré d'une muraille d'enceinte et enfin d'un second mur délimitant la basse-cour. Aujourd'hui, les ruines se composent d'un rempart en fer à cheval et d'un spectaculaire donjon de 21 m de haut. La Société pour la conservation des monuments historiques en Alsace l'a acquis en 1866. Depuis les années 1970, il est restauré par l'association les Amis du Wineck. À l'emplacement de l'ancienne maison d'habitation, des escaliers mènent au chemin de ronde, puis au donjon où sont exposés les objets trouvés lors des fouilles effectuées dans l'enceinte du château. Comptez 20 minutes de marche.

Flamme & Co   Tartes flammées €€

(📞 03 89 47 16 16 ; www.flammeandco.fr ; 4 rue du Général-de-Gaulle ; plats 9-20 € ; ⏰ tlj midi et soir sauf mar). Exit la tarte flambée, voici la "tarte flammée" : le fond de tarte fait office d'assiette – passée au four à bois – parsemée de gambas et noix de Saint-Jacques, de foie gras, de champignons en persillade, de saumon... Une vingtaine de recettes sucrées ou salées sont proposées. Les propriétaires du Chambard, situé en face (voir ci-contre), sont les auteurs de ce "concept" qui se traduit par une déco ultramoderne et une ambiance proche d'un bar de nuit. On apprécie ou pas, mais ces tartes flammées sont délicieuses.

L'Alchémille   Restaurant €€

(📞 03 89 27 66 41 ; www.lalchemille.fr ; 53 rue Lapoutroie ; menu midi en semaine 24 €, menus 38-58 € ; ⏰ mar soir-dim midi). Le chef Jérôme Jaegle, passé par de grandes cuisines, a ouvert en 2015 dans sa ville natale un restaurant qui s'est vite imposé comme un grand rendez-vous gastronomique des environs. Il crée des plats très inventifs, voire surprenants, puisant son inspiration dans le terroir alsacien tout en allant cueillir lui-même ses champignons, plantes aromatiques et légumes. La carte change constamment au gré des saisons (excellent suprême de volaille au jus de romarin !), et dans les assiettes, c'est aussi bon que beau. Le menu du midi "retour du marché" permet de tester la magie du lieu sans se ruiner. Terrasse.

Le Chambard   Gastronomique €€€

(📞 03 89 47 10 17 ; www.lechambard.fr ; 9-13 rue du Général-de-Gaulle ; ch 200-375 € ; menu déj 50 €, menus 70-178 € ; ⏰ fermé lun, mar midi et mer midi). Le restaurant étoilé de Kaysersberg, le **64° Restaurant**, est tenu par le chef Olivier Nasti, Meilleur ouvrier de France. La démarche du chef : mettre en valeur des produits sélectionnés selon la saison et laisser parler sa créativité. "Foie gras d'oie "neige", parmesan et crème de nougat au vieux balsamique de Modène", "L'œuf à 64°, champignons, vinaigrette à l'huile de sapin et oxalis des montagnes"... Saveurs et présentation exceptionnelles ! Si votre budget ne vous permet pas cette folie, la **winstub du Chambard** sert des plats moins créatifs et plus traditionnels à des tarifs nettement plus abordables (menus 26-31 €). Également un **hôtel** haut de gamme, labellisé Relais & Châteaux.

🛈 Renseignements

Office du tourisme (📞 03 89 78 22 78 ; www.kaysersberg.com ; 39 rue du Général-de-Gaulle)

Turckheim

Son patrimoine architectural, la qualité de ses vins (notamment le grand cru brand) et son veilleur de nuit (voir l'encadré p. 214) font de Turckheim une étape incontournable de la route des Vins. Dès 1312, le bourg obtient le statut de ville et érige des fortifications. Une quarantaine d'années plus tard, elle adhère à la Décapole. Dès lors, Turckheim est gouvernée par quatre magistrats et un conseil de bourgeois. Au XVIe siècle, c'est une ville extrêmement prospère, grâce au commerce du vin. Le 5 janvier 1675, elle est le théâtre d'une célèbre bataille, qui voit Turenne vaincre les troupes impériales.

⊙ À voir

Au gré de votre promenade dans la ville, vous admirerez de belles maisons de la Renaissance. Oriels en bois sculpté (Hôtel des Deux Clés, 3 rue du Conseil) ou en grès (14 Grand'Rue ; Auberge Au Bœuf rouge, 4 rue Wickram), tourelle d'escalier (maison du Prévôt royal, 21 rue du Conseil) et enseigne (À l'Homme sauvage, 19 Grand'Rue) sont au programme.

Les trois portes   Fortifications

La **porte de France**, ornée d'un cadran solaire et des armoiries de la ville, est la plus ancienne. Érigée vers 1315, elle était précédée d'un pont-levis et menait à l'ancienne place de la Sinne, où étaient jaugés les tonneaux, sur les bords de la Fecht. Dans sa partie haute, elle possède une meurtrière et deux canonnières. La **porte de Munster**, dont la cloche servait à prévenir de l'orage, a été construite au XIVe siècle : les "sorcières" passaient par là pour rejoindre le lieu où elles allaient être exécutées, entre 1572 et 1626. Elle fut habitée jusque dans les années 1950. Quant à la **porte du Brand**, qui était également précédée d'un pont-levis, elle avait essentiellement une vocation défensive. Sa girouette date de 1843. Sa gorgone grimaçante (une canonnière) date du début du XIVe siècle.

Église Sainte-Anne   Roman

Le clocher-porche de l'église Sainte-Anne est l'un des principaux témoins de l'édifice roman de la seconde moitié du XIIe siècle. Le niveau supérieur, avec son cadran solaire, remonte au XVe siècle. Sur le toit trône un tonnelet doré coiffé d'une girouette en forme d'étoile, symbole des vignerons.

Château de Wineck

INSOLITE !
Le veilleur de nuit de Turckheim

Autrefois, le veilleur de nuit avait une fonction essentielle dans la ville : prévenir les incendies, qui faisaient des ravages étant donné les moyens de lutte dérisoires et les matériaux utilisés pour les constructions. Il parcourait les rues en adressant sa recommandation aux habitants : "Han sori zu Fir une Liacht" ("prenez soin de l'âtre et de la chandelle"). Rémunéré par les corporations, le veilleur de nuit fut aussi chargé d'annoncer l'heure, d'assurer l'ordre, de contrôler la fermeture des tavernes et, plus tard, il fit office de garde-champêtre. Durant un court intermède, à la Révolution, il disparut, avant de refaire son apparition à Turckheim, de 1795 jusqu'à la veille de la Seconde Guerre mondiale. En 1953, la société d'histoire Wickram a décidé de ressusciter le personnage qui, dès lors, refit son apparition, à 22h, dans les rues de Turckheim, du 1er mai au 31 octobre, et également durant l'Avent. Aujourd'hui, ils sont quatre veilleurs à se relayer. Chaque soir, lanterne et hallebarde à la main, l'un d'entre eux entame sa tournée devant l'ancien poêle des corporations (ou corps de garde), suivi par un cortège de visiteurs qui apprécient ses récits historiques empreints d'humour. Et son chant : "Han sori zu Fir une Liacht".

Corps de garde — Renaissance

(pl. Turenne). Construit vers 1580, il a servi de halle, puis d'hôtel de ville, avant d'abriter les réunions de différentes corporations de la ville, jusqu'à la Révolution. La cloche a été mise en place en 1658. Les armoiries peintes sur la façade sont celles de l'Empire germanique. Le bâtiment abrite aujourd'hui la police municipale et l'office du tourisme.

Hôtel de ville — Renaissance

Entre l'église et le corps de garde, c'est un beau bâtiment Renaissance construit à la fin du XVIe siècle. Il possédait à l'origine une tourelle d'escalier sur le flanc est, remplacée depuis par une aile qui renferme un escalier. Une cave avec pressoir occupait le rez-de-chaussée jusqu'à la fin du XIXe siècle – ce fut ensuite une salle de bal – tandis que le prévôt et son conseil se réunissaient au premier étage.

Musée-mémorial des Combats de la poche de Colmar — Musée

(☎ 03 89 80 86 66 ; musee.turckheim-alsace.com ; 25 rue du Conseil ; tarif plein/réduit/8-16 ans/-8 ans 4/3/2 €/gratuit ; ⏱juil-sept lun-sam 14h-18h, dim 10h-12h et 14h-18, avr-juin et début oct mer-sam 14h-18h, dim 10h-12h et 14h-18h) Le musée-mémorial des Combats de la poche de Colmar est aménagé dans un caveau du XVIIIe siècle ayant servi d'abri pendant la Seconde Guerre mondiale. Il témoigne des deux mois et demi d'enfer vécus par les combattants à Colmar et dans ses environs. Les combats acharnés, qui aboutirent à la libération du secteur le 2 février 1945, eurent lieu dans des conditions climatiques extrêmes, avec des températures qui descendirent jusqu'à -20°C. Parmi les documents, armes et objets personnels, on trouve la tenue du maréchal de Lattre de Tassigny, alors à la tête de la 1re armée française. Le musée propose une chronologie de ces tragiques événements, qui ont provoqué la mort de 10 000 à 15 000 soldats, côté français et américain. Du côté allemand, on estime les pertes bien supérieures.

Où se loger et se restaurer

Auberge du Brand — Logis de France €€

(☎ 03 89 27 06 10 ; www.aubergedubrand.com ; 8 Grand'Rue ; s/d/tr/qua 48/66-98/64-96/130 € selon confort et saison, lit supp 15 € ; menu 29 €, plats 16-28 € ; ⏱resto fermé mar-mer). Côté hôtel, aménagé dans une belle maison alsacienne au cœur de Turckheim, de jolies chambres, aux poutres apparentes, bien décorées et douillettes, et un accueil sympathique. Au restaurant, le chef fait la part belle aux spécialités locales, bien

Turckheim

servies, réalisées à partir de produits de qualité. La demi-pension est intéressante, mais la carte est restreinte (joues de porc confites au pinot noir, filet de canette mariné au miel et aux épices…). Un excellent rapport qualité/prix sur la route des Vins.

Restaurant de la Tour   Traditionnel €€
(☎03 89 27 06 29 ; 1 pl. de la République ; plats 10-21 € ; ⏰tlj sauf mar soir et mer). Les habitués se mêlent aux touristes dans cet établissement sans prétention, idéalement situé (il est accolé à la porte de France), où l'on sert de copieuses spécialités alsaciennes (bœuf gros sel, choucroute garnie, quiche au munster…) ainsi que quelques suggestions selon les produits de saison. Le cadre et l'accueil sont chaleureux, ne manque plus qu'une petite pointe d'originalité dans les plats servis.

Aux Deux Clefs   Hôtel historique €€€
(☎03 89 27 06 01 ; www.hotellerie-deuxclefs. fr ; 3 rue du Conseil ; ch 70-189 € selon confort et saison). Au pied de l'hôtel de ville, une superbe demeure alsacienne à colombages, ornée d'un oriel, qui servit

d'auberge dès le XVIᵉ siècle et accueillit le maréchal de Lattre de Tassigny, Albert Schweitzer ou encore le général de Gaulle. Tenu de manière très professionnelle, l'établissement, dans la même famille depuis quatre générations, compte une quarantaine de chambres, cossues, dans un style traditionnel, idéales pour un séjour à deux. Annexe. Petit-déjeuner-buffet à 14 €. Terrasse.

ⓘ Renseignements

Office du tourisme (☎03 89 27 38 44 ; www. turckheim.com ; 6 rue du Conseil). Situé dans l'ancien corps de garde (voir page ci-contre). C'est d'ici que sort le veilleur de nuit, chaque soir à 22h, de mai à octobre.

Eguisheim

Grand prix national du fleurissement, étiqueté parmi les plus beaux villages de France et sacré "village préféré des Français" en 2013 à l'occasion d'une émission de télévision : Eguisheim collectionne les titres et, par conséquent, attire la foule, l'été mais aussi l'hiver pour son féerique marché de Noël. La cité médiévale, dont les ruelles pavées s'enroulent tel un ruban autour de son centre ancien, est aussi considérée comme le berceau du vignoble alsacien, la culture de la vigne s'y étant développée dès l'époque romaine. C'est aujourd'hui l'un des hauts lieux de la viticulture en Alsace, grâce à deux grands crus qui mûrissent sur les coteaux alentour : l'eichberg et le pfersigberg. Au début du VIIIe siècle, le comte Eberhardt construisit sur le site un château qui deviendra le centre de la cité. Les comtes d'Eguisheim furent de puissants seigneurs et l'un d'entre eux, Bruno, devint le pape Léon IX. À partir de 1251, et jusqu'à la Révolution, Eguisheim fera ainsi partie des terres épiscopales.

⊙ À voir

Rue du Rempart nord et rue du Rempart sud   Balade

Le mur d'enceinte d'Eguisheim date du XIIIe siècle. À l'origine, les fortifications étaient composées de deux murs concentriques séparés par un fossé. Au centre : le château. Le mur extérieur a été surbâti dès le milieu du XVIe siècle : les maisons d'habitation ont été élevées de ce côté-ci, tandis que les granges et étables ont été construites entre les deux murs. Ainsi se sont formées ces rues, tels des anneaux qui enserrent la cité. La découverte de ces rues pavées, bordées de maisons à colombages (la plupart sont du XVIIIe siècle) est un enchantement. De nombreuses inscriptions et emblèmes ornent les poutres des maisons. À l'entrée de la rue du Rempart sud, ne manquez pas le fameux **pigeonnier** qui est devenu l'emblème d'Eguisheim.

Place du Château   Centre-ville

C'est le cœur du village. Au milieu, la fontaine Saint-Léon est l'une des plus grandes d'Alsace. Elle est surmontée de la statue du pape alsacien, une œuvre de Georges Hugel mise en place en 1852. Le château bas est adossé à une enceinte du XIIIe siècle ; celle-ci était entourée de fossés qui furent asséchés en 1835. Bâti entre le VIIIe et le XIIIe siècle, le château a subi maintes restaurations. L'office du tourisme

Château du Hohlandsbourg

organise régulièrement des visites de l'édifice qui, sinon, est fermé au public. La **chapelle Saint-Léon**, de style néoroman, a pris la place de l'ancien donjon en 1894. Ses vitraux symbolisent les saints alsaciens (un certain nombre sont issus de la famille des comtes d'Eguisheim) et les médaillons de la voûte représentent des scènes de la vie du pape Léon IX. Le reliquaire contiendrait le crâne de saint Léon.

Église Saint-Pierre- et-Saint-Paul   Gothique

Son clocher gothique à quatre niveaux date des années 1220. À l'intérieur du sanctuaire, en rez-de-chaussée, il possède un très beau portail romano-gothique à colonnettes et tympan sculpté. Le portail abrite également une Vierge ouvrante, sculpture en bois polychrome (vers 1300). Portant l'Enfant Jésus debout sur ses genoux, elle s'ouvre pour laisser apparaître une Vierge peinte, auréolée de gloire, encadrée par deux anges. La nef de style "grange" a été bâtie au XIXᵉ siècle.

Cours domaniales   Cours colongères

Au Moyen Âge, les riches propriétaires du vignoble d'Eguisheim (abbayes, couvents et nobles) adoptèrent le système de la cour colongère, sorte de "ferme centrale" qui gérait les terres mises en tenure. Chacune comprenait l'habitation de l'intendant, du bailli, ainsi que des bâtiments destinés à l'exploitation et au stockage des récoltes. Seize de ces cours, bien que remaniées, sont toujours visibles. Située place de l'Église (au n°17), la cour de l'abbaye d'Eschau a été fondée en 976. Dans la rue de Pairis se trouve la cour de l'abbaye de Pairis (1160) agrandie en 1262 par l'annexion de la cour de Marmoutier voisine. Rue Monseigneur-Stumpf, on découvre, au n°9, l'ancienne cour impériale, ou Kaiserhof, la plus importante de ces cours.

 Où se loger et se restaurer

Hostellerie du Château   Hôtel €€

📞 03 89 23 72 00 ; www.hostellerieduchateau. com ; 2 rue du Château ; s-d/ste 75-135/125-

VAUT LE DÉTOUR
La route des Cinq-Châteaux

Dominé par le sommet du Stauffen, le massif forestier des Châteaux abrite les vestiges de cinq châteaux reliés par la route du même nom (fermée du 15 novembre au 15 mars) à laquelle on accède depuis Wintzenheim, au nord, ou Husseren-les-Châteaux, au sud. Édifiés entre le XIᵉ et le XIIIᵉ siècle, les **trois châteaux du Haut-Eguisheim** (accès libre) se situent au point culminant de la route des Vins. Les trois donjons toujours debout formaient un seul et même château, qui fut partagé entre trois lignées issues des comtes d'Eguisheim. Le site offre un magnifique point de vue sur Eguisheim.

Le **château du Hohlandsbourg** (www.chateau-hohlandsbourg.com ; tarif plein haute/basse saison 9/7 €, 26/20 € pour les familles ; ⏰ juil-août tlj 10h-19h, reste de l'année horaires très variables) a été restauré à partir des années 1970. À 620 m d'altitude, son belvédère naturel permet d'admirer la plaine d'Alsace, les Vosges, la Forêt-Noire et, selon la météo, les Alpes bernoises. Cette forteresse a été construite en 1279, sur ordre de Rodolphe de Habsbourg, pour veiller sur Colmar. Elle fut modernisée par ses propriétaires successifs avant d'être ruinée en 1633 par les Suédois lors de la guerre de Trente Ans. On peut aujourd'hui admirer une vaste enceinte quadrangulaire défendue par deux tours et des échauguettes, ainsi que le château haut, le donjon, la citerne et les corps de logis du XVᵉ siècle. Des parcours de découverte ont été aménagés dans la cour et sur les remparts, et un espace muséographique attrayant dans les logis.

Le **Pflixbourg** (accès libre) date du début du XIIIᵉ siècle. Il eut de nombreux propriétaires dont le dernier, un comte de Ribeaupierre en guerre avec les Hattstatt, causa sa perte vers 1440. L'enceinte polygonale du château, construit en granit, renferme un donjon, une citerne et un logis.

175 €). Un petit hôtel de charme idéalement situé au cœur même du village, sur la place du Château. Très confortables, les 11 chambres bénéficient d'une décoration soignée et de spacieuses salles de bains. L'accueil est très professionnel, le petit-déjeuner buffet varié et succulent (12 €).

Auberge du Rempart   Hôtel-restaurant €€

(☎ 03 89 41 16 87 ; auberge-du-rempart.com ; 3 rue du Rempart sud ; d/qua 56-95/122 € ; menus 22-43 €, plats 13-23 € ; ⏱resto tlj sauf dim soir et lun). Avec son carrelage gris et ses murs blancs, la salle du restaurant n'est pas très avenante, mais les spécialités alsaciennes (jambonneau au munster sur lit de choucroute, poulet au riesling, *spaëtzle* maison...) sont copieusement servies et parfaitement cuisinées. Les chambres sont confortables et chaleureuses. Les plus chères ont une baignoire et la climatisation – pour un week-end romantique, demandez la "Pape". Un bon rapport qualité/prix.

Au Vieux Porche   Restaurant €€

(☎ 03 89 24 01 90 ; www.auvieuxporche.fr ; 16 rue des Trois-Châteaux ; menus 25-48 €, plats 16-28 € ; ⏱tlj sauf mar-mer). Dans un cadre soigné et chaleureux, celui d'une maison vigneronne légèrement à l'écart du cœur de ville, les patrons servent une cuisine du terroir subtile et raffinée : pot-au-feu de lotte au safran d'Alsace, croustillant de dos de porcelet, sorbet au marc de gewurztraminer.... Les assiettes sont joliment présentées, le service impeccable et l'addition ne s'envole pas. Les vins du domaine (Paul Zinck), entre autres, sont proposés notamment dans une formule accords mets-vins. Une excellente adresse, prisée des locaux.

Au Pavillon Gourmand   Valeur sûre €€

(☎ 03 89 24 36 88 ; www.pavillon-gourmand. fr ; 101 rue du Rempart sud ; menu du midi sauf dim 19 €, menus 24-45 €, menu enfant 11 € ; ⏱tlj sauf mar-mer, fermé mi-jan à mi-fév). L'une des valeurs sûres d'Eguisheim, tenue de manière très professionnelle par la famille

Schubnel, et au cadre contemporain où l'on se sent immédiatement à l'aise. On y déguste une cuisine du terroir alsacien, traditionnelle, bien concoctée, et généreuse. Au menu, foie gras de canard maison, sandre soufflé au riesling, tatin de pommes à l'alsacienne... L'addition reste très convenable. Jouxtant le restaurant, une boutique où les touristes peuvent acheter des souvenirs gourmands d'Alsace. Terrasse.

❶ Renseignements

Office du tourisme (☎ 03 89 23 40 33 ; www. ot-eguisheim.fr ; 22A Grand'Rue ; ⏱tte l'année)

Gueberschwihr

Bâti à flanc de coteau, entre vignes et forêt, le village médiéval de Gueberschwihr est encore peu touristique. Son admirable place centrale dominée par un clocher roman, ses ruelles bordées de maisons construites aux XVIIe et XVIIIe siècles, richement fleuries, et ses fontaines incitent pourtant à y faire une halte. Tout comme son grand cru goldert qui, semble-t-il, tire son nom de la couleur dorée de ses vins.

◎ À voir

Église Saint-Pantaléon   Roman

De l'édifice roman du XIIe siècle, seul subsiste le clocher monumental. Cette tour carrée en grès des Vosges possède trois niveaux de fenêtres cintrées, géminées ou groupées par trois. Suspendue au clocher, une méridienne : une horloge solaire déterminant le "vrai midi", celui qui correspond à la position la plus haute du soleil dans le ciel. Des sarcophages mérovingiens sont visibles derrière le clocher.

✖ Où se restaurer

La Taverne médiévale   Traditionnel €€

(☎ 03 89 49 20 79 ; www.taverne-medievale. com ; 11 rue Haute ; plats 13-25 €, menus 21,50-40 €, menu enfant 9 € ; ⏱tlj sauf mar-mer). Dans un caveau en pierre du XVIIe siècle, au

Église Saint-Pantaléon

décor un brin surchargé, le chef propose des spécialités alsaciennes savoureuses et copieuses : jarret braisé, croûte forestière aux champignons, *lawerknepfla* (des quenelles de foie sautées d'une rare qualité), escalope de foie gras d'oie poêlée ou, à partir de deux personnes, une fondue vigneronne au vin d'Alsace... L'accueil est très sympathique et la réservation vivement conseillée : les habitants se sont passé l'adresse.

Rouffach

Témoignage de sa splendeur passée, la ville conserve un riche patrimoine architectural qui se distingue par l'utilisation du grès jaune issu des carrières toutes proches du Strangenberg. Après les Romains, les rois mérovingiens d'Austrasie occupèrent le site, où ils firent construire un château. Au VIIe siècle, le roi Dagobert II fit don de Rouffach et de sa région à l'évêque Arbogast de Strasbourg qui, selon la légende, aurait guéri son fils... Ainsi, Rouffach devint la "capitale" du Mundat supérieur, constitué des baillages de

Rouffach, Soultz et Eguisheim, et pour longtemps territoire de l'évêché de Strasbourg. À partir du XIIIe siècle, la cité joua un rôle important de place forte, dont seule la guerre de Trente Ans stoppa le développement. Comme ailleurs en Alsace, la renaissance de la viticulture eut lieu après la Première Guerre mondiale. Ici règne le grand cru vorburg qui bénéficie d'un des climats les plus secs et ensoleillés de la région, et d'un sol calcaire.

◉ À voir

Place de la République   Cœur historique

Cœur de la ville, cette vaste esplanade pavée est bordée d'édifices qui méritent le coup d'œil. L'ancien hôtel de ville est reconnaissable à ses deux corps symétriques accolés : l'aile gauche a été réalisée en 1581, tandis que sa réplique, à droite, résulte d'un remaniement opéré au XVIIIe siècle. Les fenêtres à meneaux et les pignons chantournés sont caractéristiques de l'architecture de la Renaissance. Juste derrière, on aperçoit la tour des Sorcières ou Hexenturm, dernière tour de la ville fortifiée. Sa base ronde date du XIIIe siècle, les étages carrés des XIVe et XVe siècles. Elle servit longtemps de prison communale et, durant l'Inquisition (XVIe et XVIIe siècles), des femmes accusées de sorcellerie y furent enfermées avant le supplice. L'ancienne halle aux blés (XVIe siècle), bâtiment à pignons à redents, donne également sur la place : on y déposait et vendait le grain. À l'étage se trouve le **musée du Baillage** (⏰ mi-juil à mi-sept, tlj 15h-18h sauf lun-mar 15h-17h, gratuit), consacré à l'histoire de la ville, et présentant, notamment, deux célébrités locales : François Joseph Lefebvre (1755-1820), maréchal de Napoléon né à Rouffach (une statue le représentant trône sur la place) et son épouse Catherine Hubscher, plus connue sous le nom de "Madame Sans-Gêne".

Vieille ville et remparts   Balade
Les rues bordant la place de la République recèlent elles aussi un riche patrimoine bâti : la rue de la Poterne avec la maison de la corporation "à l'Éléphant" (n°4) et l'ancienne maison de la corporation des bouchers (n°2) ; l'impasse des Orfèvres, dont une maison possède un beau chaînage d'angle et qui se termine par le porche ogival de la cour domaniale de l'abbaye d'Eschau ; la rue du Maréchal-Lefebvre et sa maison des Trois-Dames (n°15), ainsi nommée à cause des trois piliers qui soutiennent le premier étage. Ombragée, l'allée piétonne des Remparts offre un beau point de vue sur la ville. Elle mène au parc à cigognes qui participe au programme de réintroduction de l'échassier en Alsace.

Église Notre-Dame-de-l'Assomption   Roman et gothique
Au XIe siècle, Rouffach, capitale du Mundat supérieur, voulut se doter d'une église à l'allure de cathédrale, digne de son rang. Ainsi fut érigée Notre-Dame-de-l'Assomption, en grès jaune du Strangenberg, dans un style roman ogival, transition vers l'art gothique. Mais la construction se poursuivit des années durant et déclina plusieurs styles. C'est Woelfelin de Rouffach qui créa une nouvelle façade au XIIIe siècle, dont on peut admirer

Rouffach

la magnifique rosace à vingt pétales surmontés d'une loggia gothique en trois parties. Dans le riche décor sculpté de l'église demeure, dans le chœur, les beaux visages sculptés d'une jeune fille et d'un jeune garçon qui encadrent la porte de la sacristie : ce "sourire de Rouffach", est caractéristique du XIIIe siècle.

Château d'Isenbourg XIXe siècle
Sur une colline surplombant le centre historique se dresse le château d'Isenbourg, aujourd'hui hôtel de luxe. L'édifice actuel résulte d'une construction du début du XIXe siècle entièrement restaurée vers 1885.

Colline du Bollenberg Site naturel
La colline calcaire du Bollenberg est l'un des espaces naturels les plus connus de la région. Il est classé en réserve naturelle régionale. Sur cette pelouse sèche, anciennement pâturée, une flore d'origine continentale côtoie une flore méditerranéenne. La recette : une roche calcaire, un ensoleillement optimal et une très faible pluviométrie. En suivant un sentier balisé par le Club vosgien, vous aurez peut-être la chance de voir des oiseaux (huppe fasciée, bruant jaune, linote mélodieuse, alouette des champs...), des lézards, un petit escargot (le bulime radié).

 Où se restaurer

La Poterne Winstub €
(☎ 03 89 49 36 82 ; 7 rue de la Poterne ; menu du jour 12,50 € ; menus 28-35 € ; plats environ 15 € ;

⏱ tlj sauf lun, mer soir et dim soir). Le caveau au décor un peu surchargé laisse craindre l'attrape-touristes. Mais c'est tout l'inverse : l'accueil est chaleureux, les spécialités alsaciennes (ou non) sont faites maison, à base de produits frais, et les portions sont généreuses. Au menu, blanquette de poissons aux petits légumes, cuisse de lapin confit à l'huile d'olive... Une winstub d'un très bon rapport qualité/prix. Réservation conseillée.

Les Trois Colonnes Gastronomique €€€
(☎ 03 89 27 04 85 ; www.3colonnes.fr ; 3 rue du Marché ; menus 38-52 €, plats 20-40 € ; ⏱ lun-ven uniquement le soir, sam-dim midi et soir). Le restaurant qui fait parler de lui. Le chef concocte une cuisine raffinée, moderne, à base de produits de qualité issus de la région — tous les fournisseurs sont indiqués sur la carte, qui change au moins tous les deux mois. Au menu, carré de veau de lait aux girolles, sandre sauvage en bouchée "façon siu maï", bœuf *wagyu*, truite pochée... Décor sobre mais chaleureux, et accueil souriant. On recommande !

ℹ Renseignements

Office du tourisme du canton de Rouffach
(☎ 03 89 78 53 15 ; www.ot-rouffach.com ; 12A pl. de la République). Propose en été des visites guidées (1 heure 30) gratuites de Rouffach. L'office distribue également le dépliant du circuit des remparts, qui permet de découvrir le centre historique.

Paysage de hautes chaumes au Ballon d'Alsace (p. 259)

LES BALLONS DES VOSGES ALSACIENS

Les Ballons des Vosges alsaciens

Sommets herbeux et vallées verdoyantes, lacs glaciaires et forêts épaisses, la partie alsacienne du parc naturel régional des Ballons des Vosges mérite à elle seule le voyage. En arrivant de la plaine d'Alsace, sur les contreforts du massif, il n'est question que de forêts et parfois de vignes. Mais il suffit de pénétrer dans l'une des vallées qui l'entaillent pour découvrir un autre monde, rural et religieux, industriel et bucolique à la fois. Les vallées sont des refuges mais, souvent étroites, elles donnent envie d'aller voir plus haut et d'embrasser d'un regard des horizons de sommets. De découvrir cet univers si particulier des hautes chaumes. De faire une balade à pied sur un sentier, un repas marcaire dans une ferme-auberge authentique, puis, quand la lumière baisse, de s'allonger dans l'herbe épaisse, bercé par le tintement des cloches...

☑ Dans ce chapitre

À gauche : Auberge du Haycot, près du Grand Brézouard (p. 237). À droite : Lac d'Alfeld, vallée de la Doller (p. 258)
CHRISTOPHE CORBEL ©

Mine d'argent (p. 236)

Saint-Dié-des-Vosges

Lièpvre

BAS-RHIN

N59

Sainte-Croix-aux-Mines

Taintrux

Conches

Échery

Sainte-Marie-aux-Mines

Liepvrette

D48

Le Brézouard (1 228 m)

D416

Fréland

Fraize

D148

Col des Bagenelles

D415

Lapoutroie

Corcieux

Col du Bonhomme (949 m)

Réserve naturelle du Tanet-Gazon du Faing

D48

Orbey

Les Trois-Épis

D10

VOSGES

Lac Blanc

D48II

Labaroche

Lac Noir

Lac du Forlet

D10

Fecht

Le Valtin

D148

Le Linge

Mémorial du Linge (p. 240)

Xonrupt-Longemer

Route des Crêtes

Lac Vert

Le collet du Linge

Geradmer

D417

Soultzeren

D417

Col de la Schlucht

Munster

Gunsbach

Ferme-auberge du Christlesgut (p. 247)

Jardin d'altitude du Haut Chitelet

Gaschney

Breitenbach-Haut-Rhin

Hohneck (1 362 m)

Mulbach-sur-Munster

D430

Metzeral

D10

Mittlach

Sondernach

La Bresse

D430

Schnepfenried

Petit Ballon (1 267 m)

Parc naturel régional des Ballons des Vosges

HAUT-RHIN

Route des Crêtes entre le Hohneck et le Grand Ballon (p. 226)

D27

Lac de Kruth Wildenstein

D430

Lautenbach

Cornimont

Le Frenz

Kruth

Le Markstein

Murbach

Guebwiller

Merxheim

Col d'Oderen (884 m)

D13B

Ancienne manufacture royale de Wesserling (p. 256)

Grand Ballon (1 424 m)

D431

Husseren-Wesserling

Soultz-Haut-Rhin

Randonnée jusqu'aux lacs de Neuweiher (p. 261)

Saint-Amarin

Le Vieil Armand (956 m)

Site-mémorial du Vieil-Armand (p. 228)

Thur

Tête des Perches (1 222 m)

N66

Route des Crêtes

Ballon d'Alsace 247 m)

Lacs de Neuweiher

Willer-sur-Thur

Wattwiller

D431

D83

Thur

Lac d'Alfeld

Thanner Hubel (1 183 m)

Sewen

Lac de Sewen

Col du Hundsruck (748 m)

Thann

Cernay

Wittelsheim

Dolleren

Masevaux

Bourbach-le-Haut

Doller

N

0

10 km

ROUTE DES CRÊTES

La route des Crêtes s'étend sur 70 km du col du Bonhomme (ou même Sainte-Marie-aux-Mines) jusqu'aux hauteurs de Cernay. Elle a été créée par l'armée française pendant la Première Guerre mondiale pour assurer le ravitaillement et les communications entre le nord et le sud du massif vosgien. C'est à partir des années 1930 qu'elle a commencé à s'ouvrir aux touristes avec, en parallèle, la création des premières fermes-auberges.

Elle offre des points de vues incomparables sur les sommets vallonnés du massif et sur les vallées alentour. Une bonne moitié de l'itinéraire traverse de très belles forêts (au début et à la fin en particulier). C'est entre le Hohneck et le Grand Ballon (p. 229) que la route est la plus ouverte et offre les plus beaux panoramas.

Durant les vacances scolaires et les week-ends ensoleillés, le trafic routier est dense et la route bien étroite pour les innombrables voitures, caravanes, motos et vélos qui y circulent. Et comme vous, chacun admire le paysage au lieu de surveiller la route. Prudence !

En hiver, les conditions climatiques sur les crêtes sont extrêmes. Dans les Vosges, 1 200 m d'altitude correspondent à un climat alpin à 2 000 m. La neige peut recouvrir la chaussée en quelques heures, de début octobre jusqu'à fin avril. Dès que l'hiver s'est installé, la route est coupée à la circulation entre le col de la Schlucht et le Grand Ballon. Renseignez-vous auprès des offices du tourisme sur les prévisions météo, ou sur le site www.inforoute68.fr. L'itinéraire peut se suivre du nord au sud ou inversement. En partant du nord, vous garderez le plus beau panorama, celui du Ballon d'Alsace, comme une cerise sur le gâteau !

◉ À voir

Cet itinéraire, du nord au sud, débute au **col du Bonhomme**. La route (D148) s'enfonce rapidement à travers d'épais massifs d'épineux rarement troués par des ouvertures (col de Louschbach). Au Km 6, une bifurcation permet de rejoindre le **lac**

Route des Crêtes

CHRISTOPHE LORSEL ©

Blanc (par la D48.2 ; voir p. 241). Au Km 8, on quitte le Haut-Rhin pour le département des Vosges (D61). C'est également l'entrée dans la **réserve naturelle du Tanet-Gazon du Faing**. Sa définition est dans son nom : "tanet" évoque la forêt (de l'allemand *Tannenbaum*, sapin), "gazon" les pelouses d'altitude (hautes chaumes) et "faing" est le nom local pour les tourbières. Le site, avec son tapis herbeux, a un petit air scandinave. De nombreux sentiers permettent de sillonner la réserve ; avant d'en sortir (Km 14), un parking permet de rejoindre à pied le **lac Vert** (voir p. 245).

Avec des enfants, pensez à visiter la **Ferme aux rennes du Tanet** (☎ 03 89 77 99 10 ; www.lafermeauxrennes.com ; adulte/enfant 4,50/3 € ; ⏱ jeu-lun 10h-18h, fermé mi-nov à mi-déc) qui propose un amusant parcours pédagogique permettant de voir les rennes en semi-liberté dans la forêt. On les nourrit à 16h. Pour trouver la ferme, prenez la direction de la station de ski du Tanet puis suivez le fléchage.

Au Km 20, le **col de la Schlucht** (ravin en allemand) surgit. Après quelques mètres sur la D417, la route des Crêtes reprend par la D430. À l'est, la D417 permet de gagner la vallée de Munster (voir p. 244).

Au Km 22, le **jardin d'altitude du Haut Chitelet** (www.jardinbotaniquedenancy.eu ; tarif plein/réduit 5/3 €, gratuit 1er dim du mois ; ⏱ juin 10h-12h et 14-18h, juil-août 10h-18h, sept 10h-12h et 13h30-17h), situé le long de la route, propose, sur une douzaine d'hectares, la découverte des écosystèmes des régions montagneuses. Ouvert en 1968, le site dépend de l'université de Lorraine. La meilleure période pour le visiter est fin juin-début juillet, lorsque les plantes sont en fleurs. Si vous faites le déplacement pour le visiter, il est préférable de vérifier la météo. Le brouillard est fréquent à cet endroit de la route. Plus loin, la forêt s'ouvre enfin et on peut profiter de la vue.

Au Km 23, le **massif du Hohneck** (1 363 m) marque l'entrée dans le pays des hautes chaumes. On peut rejoindre le sommet en voiture (4 km) ou à pied, pour profiter des majestueux panoramas. Autour, une multitude de sentiers

CHRISTOPHE CORBEL ©

VAUT LE DÉTOUR
La fondation François Schneider

Situé à l'extrême sud de la route des Crêtes, ce **centre d'art contemporain** (☎ 03 89 82 10 10 ; www.fondationfrancoisschneider.org ; 27 rue de la 1re Armée, Wattwiller ; tarif plein/réduit 7/5 € ; ⏱ mer-dim 10h-18h, fermé 23 déc à fin fév) expose des jeunes créateurs autour du thème de l'eau (Wattwiller signifie "le village de l'eau"). Le bâtiment, ancien atelier des sources thermales de cette commune connue pour son eau minérale, a laissé la place à un bel espace muséographique ouvert sur un agréable jardin. C'est François Schneider, ancien propriétaire des Grandes Sources de Wattwiller, qui est à l'origine de cette belle initiative.

traversent ce territoire de prairies, balayées par le vent d'ouest la plupart du temps. Pour mieux apréhender ce milieu des hautes chaumes, rendez-vous au **centre d'initiation à la nature et à l'environnement** (☎ 03 89 82 20 12 ; Rothenbach ; ⏱ lun-dim 10h-18h en été, sam-dim mi-mai à fin juin et sept à mi-oct), situé, un peu plus au sud, au croisement de la route des Crêtes et de la route des Américains (D34A). Le bâtiment se trouve à 100 m environ du parking (Km 28).

La route, ensuite, offre d'admirables panoramas sur le **lac de Kruth-Wildenstein** (voir p. 256), la **vallée de la Thur** (voir p. 255) et **Thann** (voir p. 252) et, au loin, la **vallée de la Doller** (voir p. 258). Plus loin, une route (D27) rejoint la vallée de Munster

Randonnée à vélo ou à pied dans le secteur du Grand Ballon

Envie de vous élancer à grands coups de pédale à travers les forêts de pins ? De lacer vos chaussures de randonnée et de partir pour de fabuleuses balades au fil des paysages de hautes chaumes ? Un site Internet spécialement dédié à la randonnée et au cyclisme (VTT et route) dans la région de Guebwiller vous guide dans vos pérégrinations : **www. rando-grandballon.fr**. Il donne accès gratuitement à des traces GPS, à des fiches rando au format PDF et à des conseils pratiques. Il détaille notamment deux circuits de découverte du massif du Grand Ballon dans le cadre d'une randonnée pédestre de 3 ou 5 jours.

(voir p. 244). Au Km 40, c'est l'arrivée au **Markstein** (1 206 m), la grande station de ski des Hautes-Vosges.

On quitte alors la D430 (qui rejoint la vallée du Florival et Guebwiller, voir p. 248), pour suivre la D431 vers le **Grand Ballon** (Km 48 ; voir page ci-contre), aux confins de la région Alsace. Passé le col du Grand Ballon, la route redescend vers la vallée avec toujours de magnifiques panoramas.

Dernier site à visiter, le mémorial d'**Hartmannswillerkopf** (Km 63 ; www. memorial-hwk.eu ; accès libre ; crypte et monument national ouvert tlj mai-nov 9h30-12h30 et 13h45-17h45), rebaptisé Vieil-Armand (ou la "montagne mangeuse d'hommes" par les combattants). Il fut, pour l'Alsace, le champ de bataille le plus meurtrier de la Grande Guerre. S'y dresse l'un des 4 monuments nationaux de 1914-1918 (les 3 autres se trouvent dans la Meuse, dans la Marne et dans l'Artois). Environ 25 000 soldats tombèrent au cours d'une interminable guerre de position. Le site abrite une nécropole (1 264 tombes) et 6 ossuaires. Ont été construites également une croix au sommet de la montagne et une crypte

mémorielle où reposent des milliers de soldats non identifiés. On peut également visiter le champ de bataille, l'un des mieux conservés de France. Il propose un parcours de 4,5 km, près de 150 points d'intérêt (abris, vestiges de tranchées, ouvrages) et 45 panneaux d'informations sur l'histoire et la nature. La construction du premier historial franco-allemand était en cours lors de nos recherches.

⊕ Activités

Sur chacun des principaux sites de la route des Crêtes (Grand Ballon, Markstein, Hohneck, Tanet-Gazon du Faing...), de nombreux départs de sentiers pédestres sont signalés. Cela peut être l'occasion de rejoindre une ferme-auberge ou un site naturel accessible à pied seulement, ou même une vallée (5-6 heures de marche). Le GR®5, qui traverse du nord au sud le massif des Vosges, suit à peu près la route des Crêtes. Pour plus de détails, munissez-vous de la carte du Club vosgien n°6/8 (Colmar, Munster, Hohneck, Gerardmer, Les Ballons des Vosges) ou celle de l'IGN Top 75 (Vosges du Sud, Ballon d'Alsace et Hohneck).

Les cyclistes sont nombreux à suivre l'itinéraire. Les plus courageux partent du bas des vallées (Sainte-Marie-aux-Mines ou Cernay).

⊚ Markstein

Depuis le parking du Markstein, quatre itinéraires de marche partent à travers le massif. Le circuit du Hohfried (5 km, 2 heures) offre des panoramas vers le Florival, le Grand Ballon, la vallée de la Thur et le sud du massif des Vosges. Le circuit du Lac (2 heures 30) rejoint le plan d'eau de la Lauch avec de belles traversées de forêts de résineux. Le circuit du Treh (2 heures) parcourt les prairies d'altitude des Chaumes. Enfin le circuit du Markstein (1 heure 30) rejoint la ferme du Steinlebach à travers le domaine skiable.

La **station de ski du Markstein et du Grand Ballon** (☎ 03 89 82 14 46 ; www. lemarkstein.net ; forfait journée adulte/enfant

CLAIRE ANGOT ©

Le Grand Ballon

Du haut de ses 1 424 m, le sommet des Vosges le plus élevé, appelé aussi Ballon de Guebwiller (Soultz par les Allemands), offre une vision panoramique incomparable de la plaine d'Alsace (Mulhouse, Bâle, Colmar...), de la Forêt-Noire et du Jura, jusqu'aux Alpes. Par temps clair, on peut apercevoir le mont Blanc, à 229 km à vol d'oiseau. Du parking, le sommet du Grand Ballon se rejoint par trois sentiers (de 15 à 45 minutes de marche). Au sommet, le radôme, construit en 1997 en forme de pyramide pentagonale, sert à la gestion du trafic aérien. Un peu plus loin, un petit monument rend hommage aux diables bleus, surnom donné par les Allemands aux chasseurs à pied et alpins qui réussirent à conserver le Grand Ballon de 1914 à 1918.

Outre l'ascension jusqu'au sommet, une multitude de sentiers vous permettront de profiter du panorama et d'une pause dans une ferme-auberge. Ainsi, une grande boucle de 13 km permet de passer par le lac naturel du Ballon et l'auberge du Grand Ballon. Au niveau de l'hôtel-restaurant du Sommet, une amusante piste de luge franchement rustique devrait emballer les plus petits (1/5 remontées 2,40/11 €). L'environnement du Grand Ballon est fragile mais riche, avec plus de 200 espèces floristiques et de nombreux mamifères (on trouve même des lynx). En raison des conditions climatiques extrêmes (gel, dégel et vent), le sol est fragile et il est recommandé de ne pas s'aventurer en dehors des sentiers.

Infos pratiques

Point d'accueil (☎ 03 89 77 90 20 ; www.parc-ballons-vosges.fr). Le parc naturel régional des Ballons des Vosges ouvre ce point d'accueil en été. Deux adresses pour déjeuner au Grand Ballon, l'une à son sommet, l'autre à son pied (voir p. 231).

Par-dessus les Crêtes

C'est l'un des plus beaux sites d'envol d'Europe, juste en dessous du Markstein. Certains week-ends, les voiles de parapente sont si nombreuses dans le ciel que l'on a la tête qui tourne. Le **centre d'école du Markstein** (☎ 03 89 82 17 16 ; www.centreecolemarkstein.com ; départ au chalet Le Point, Markstein ; tarifs biplace découverte/initiation pilotage/voltige 90/120/290 € ; ⏱ tlj avr à mi-sept) propose des vols en biplace (30 minutes selon le vent) et des stages. D'autres sites sont également propices dans les Hautes-Vosges : au Ballon d'Alsace, à proximité de l'auberge du Ballon (Club Pent'Air), à Sainte-Croix-aux-Mines (Club des Cigognes) et au Schnepfenried (Club Tandem Parapente).

19,50/16,50 € ; ⏱ tlj), comprise entre 1 040 et 1 265 m d'altitude, dispose d'une dizaine de pistes de ski alpin (dont 2 noires !) et d'une dizaine de remontées. Le ski de fond se pratique sur les 40 km de pistes balisées, avec en particulier la haute route nordique qui fait le lien avec le Grand Ballon. École de ski et location de matériel sur place. En hiver, on peut accéder au Markstein par 2 routes : la vallée de Guebwiller (D430) et le lac de Kruth-Wildenstein (D27).

Où se loger et se restaurer

Col de la Schlucht

Hôtel-restaurant du Chalet   Confortable €€
(☎ 03 89 77 04 06 ; www.hotel-du-chalet.com ; col de la Schlucht ; d/tr 74-80/118 € ; demi-pension 65-70 €/pers ; ⏱ tte l'année). Une solide maison au toit en ardoise, le long de la route D417, qui traverse les Vosges d'est en ouest. Chambres vastes et récemment rénovées avec de belles salles de bains. Restaurant de qualité (et paniers-repas

pour les randonneurs). Demi-pension possible pendant la saison des sports d'hiver uniquement.

Massif du Hohneck

Ferme-auberge du Hahnenbrunnen   Vie rurale €
(☎ 03 89 77 68 99 ; www.fermeauberge-hahnenbrunnen.fr ; Lautenbach ; menu marcaire 18 €, plats 4-8,50 € ; ⏱ tlj mai à mi-oct). Facilement accessible en voiture, cette ferme-auberge se trouve juste en contrebas de la route des Crêtes. Superbe vue sur la vallée de Thann, Kruth et son lac que l'on peut rejoindre à pied en 2 heures 30. Autre avantage de cette ferme-auberge, elle est située exactement à mi-chemin du Hohneck et du Grand Ballon. Salle intérieure sans charme et quelques places à l'extérieur le long du bâtiment. Les fromages sont bios.

Hôtel-restaurant du sommet du Hohneck   Sommital €€
(☎ 03 29 63 11 47 ; www.hotel-hohneck.com ; 1 rte des Crêtes ; d 75-84€ selon confort, demi-pension 62-67 € ; ⏱ tlj en été, ven-dim mai-juin et sept, fermé mi-oct à fin avr). Vous repérerez facilement cet hôtel grâce à la carapace de bardages métalliques qui enveloppe ses murs et isole le tout. Il faut dire que les températures au sommet du Hohneck, là où il est perché, sont tantôt torrides, tantôt sibériennes. Les chambres sont très simples mais qu'importe, le soir et le matin, le sommet est pour vous seul, avec vue jusqu'au mont Blanc par temps dégagé.

Markstein

Ferme-auberge du Treh   Tradition €€
(☎ 03 89 39 16 79 ; www.fermeauberge-treh.fr ; menu marcaire 21,80 €, menu fromager (soir) 22,80 €, plats 7-14 € ; ⏱ mer-dim de Pâques au 11-nov, fermé du 11-nov à Noël, ouvert week-ends et vac. scol. de Noël à Pâques). Ne manquez pas cette ferme-auberge située à 1 km du Markstein. La salle de restaurant, ancienne étable d'estive, avec sa charpente apparente, ses murs de pierre habillés de

bois et sa collection de cloches, mérite à elle seule le détour. Après votre repas et par temps clair, vous pourrez admirer les parapentes, qui prennent leur départ juste au-dessus de la ferme et virevoltent entre sommet et vallée. Ou faire un petit coucou aux cochons qui engraissent en attendant de passer à table...

Grand Ballon

**Hôtel-restaurant
du Sommet** Mythique €

(☎ 03 84 29 30 60 ; www.
hotelrestaurantdusommet.com ; s-d/tr/qua 55/60/65 €, demi-pension 45 €/pers, menus 15-34 € ; ⏱ fermé mi-nov à mi-déc). Ouvert en 1906, un premier bâtiment détruit pendant la Première Guerre mondiale fut reconstruit en 1922. Après maints rebondissements, il appartient toujours au Club vosgien, avec une gérance privée. La construction habillée de bois héberge 24 chambres, une grande salle de restaurant et une terrasse au panorama incomparable. En haute saison et pendant les week-ends, l'adresse est prise d'assaut par les touristes.

**Ferme-auberge
du Haag** De la hauteur €€

(☎ 03 89 48 95 85 ; Geishouse ; plats 9-19 €, menu 19 € ; ⏱ tlj sauf mar soir et mer, fermé mi-déc à mi-jan et 2 sem avant Pâques). Au pied du Grand Ballon, cette ferme reprise récemment par un jeune couple est tout de même à 1 230 m d'altitude, ce qui en fait la plus haute dans sa catégorie. Voilà des années que la cuisine y est toujours aussi délicieuse. Au programme, tarte au munster et poireaux, tourte à la viande et pas moins de 7 fromages à tester... Pour éliminer les calories superflues, il ne vous restera plus qu'à grimper jusqu'au Grand Ballon (25 minutes).

VAL D'ARGENT

Le Val d'Argent marque la frontière entre les moyennes Vosges et les Hautes-Vosges. À une heure de Strasbourg et de Mulhouse, la vallée, quelque peu sinistrée, s'étend

---

L'arnica, l'or du Markstein

Cousine de la marguerite, l'arnica (surnommée l'herbe aux chutes et localement le tabac des Vosges), qui soigne les petits bobos et autres douleurs, pousse en quantité sur le site du Markstein. Cette plante, connue depuis l'Antiquité pour ses vertus anti-inflammatoires, a besoin de terres acides et pauvres qui ne doivent subir aucun traitement comme celles des chaumes des Hautes-Vosges. La récolte de la fleur jaune (capitule sec) s'effectue à partir de la mi-juillet. L'essentiel de la récolte prend la route des laboratoires pharmaceutiques mais on peut également en trouver localement en pharmacie et sur les marchés. La cueillette de l'arnica est réglementée en France.

sur 23 km entre Lièpvre et le col des Bagenelles. Large jusqu'à Sainte-Marie-aux-Mines, elle est encaissée ensuite pour s'élever rapidement jusqu'au col, à près de 1 000 m d'altitude. Ses crêtes offrent de merveilleux points de vue. La vallée a été façonnée par l'exploitation minière millénaire et une importante industrie textile. Une histoire riche et dense qui fait du Val d'Argent une destination originale.

ℹ️ Depuis/vers le Val d'Argent

Accès au Val d'Argent par la ligne TER Sélestat-Saint-Dié-des-Vosges (38 minutes depuis Sélestat). En voiture, la N59 conduit de Sélestat à Sainte-Marie-aux-Mines.

Sainte-Marie-aux-Mines

La ville, étroite, s'étend sur plusieurs kilomètres. Elle fut, pendant une partie de son histoire, scindée en deux. La rive gauche, de confession catholique, appartenait aux ducs de Lorraine, tandis que la rive droite, de langue allemande et de confession protestante, était sous

CLAIRE ANGOT ©

Le Petit Ballon

Petit par la taille, mais certainement pas par la beauté des paysages, le Petit Ballon veille sur la vallée de Munster. Il est un peu oublié des brochures touristiques en comparaison avec le Grand Ballon et le Ballon d'Alsace, sans que l'on s'explique vraiment pourquoi… Du haut de ses 1 272 m, les paysages de hautes chaumes et les vues sur la vallée sont bucoliques et apaisants, et donnent jusqu'aux Alpes suisses et autrichiennes par beau temps. Depuis le parking, il vous faudra seulement 20 minutes pour vous hisser à son sommet, coiffé par une statue de la Vierge. Vous y verrez de nombreux modélistes profiter des différents courants d'air pour faire voler leurs bolides : le site est un des plus réputés de France pour la pratique de l'aéromodélisme en vol de pente. Pour les possibilités de randonnée, comptez 1 heure 15 pour le tour du Petit Ballon (jolie balade familiale), 1 heure 30 pour gagner le sommet du Steinberg (planté de menhirs et passant pour être un haut-lieu énergétique), et 6 heures pour l'aller-retour depuis Munster.

Infos pratiques

Plusieurs **fermes-auberges** se trouvent dans les environs proches du Petit Ballon : Rothenbrunnen (p. 247), la ferme du Hilsen (p. 252), Kahlenwasen à Luttenbach-près-Munster, ainsi que Buchwald et Strohberg à Wasserbourg.
Accès en voiture à partir des communes de Wasserbourg, Luttenbach et Sondernach.

domination des seigneurs de Ribeaupierre. La ville aux cent fabriques, comme elle aime à se nommer, a été modelée par une activité textile florissante durant trois siècles. Maisons ouvrières et châteaux de maîtres, anciennes filatures et mines d'argent, les témoignages de ce passé prospère ne manquent pas. Aujourd'hui, les animations se font plus rares dans le village, peut-être un peu trop tranquille...

◉ À voir

Tour de l'horloge   Monument historique (Échery). Élégant donjon carré surmonté d'un clocheton, cette tour, unique en son genre, construite au milieu du XVIe siècle, abrita le tribunal (avec un cachot au sous-sol) pour les mineurs récalcitrants. Dès 1550, les mineurs étaient soumis à une juridiction spécifique et relevaient du juge des mines. Ce dernier surveillait les exploitations minières et réglait les affaires relatives à la mine. La tour ne se visite pas, sauf pendant les Journées du patrimoine. Dans le hameau d'Échery, à l'extrémité sud-ouest de Sainte-Marie.

Musée de l'École d'Échery   Histoire
(✆ 03 89 58 35 91 ; 48 rue d'Untergrombach, Échery ; plein tarif/-12 ans 2/1,50 € ; ☺ sur rdv). À deux pas de la tour de l'horloge, ce musée est une intéressante reconstitution d'une classe des années 1930. Rappelons que l'Alsace a changé 6 fois de langue officielle en 150 ans, avec des conséquences lourdes pour l'enseignement. D'autant plus que l'obligation scolaire en Alsace date de 1871, soit près de 10 ans avant la loi nationale de Jules Ferry.

Église de Saint-Pierre -sur-l'Hâte   Simultanée
(Échery). Élevée au début du XVIe siècle, cette église a la particularité d'avoir accueilli trois cultes différents. D'abord catholique, elle est, en 1561, attribuée à la communauté réformée. En 1685, Louis XIV affecte le chœur aux catholiques tandis que les protestants luthériens et les protestants réformés se partagent la nef. L'édifice

La naissance des amish

Dès le milieu du XVIe siècle, des communautés anabaptistes chassées de Suisse arrivent par vagues successives en Alsace. Un groupe s'installe en 1693 à Sainte-Marie-aux-Mines avec, à leur tête, Jakob Amman, un anabaptiste particulièrement conservateur. Surnommé Amy, il fonde le mouvement amish qui prône un respect strict de leur religion. L'un des principes en est : "Tu ne te conformeras point à ce monde qui t'entoure." À force de travail, le groupe achète de grands domaines et contrôle la production du bois, tandis que les femmes lancent la confection de patchwork. Jalousés par les autres communautés, ils sont expulsés d'Alsace par un édit royal en 1712. Les amish se dispersent dans toute la région avant d'émigrer au XIXe siècle aux États-Unis pour s'installer principalement dans les États du Nord-Est.

devient ainsi une église "simultanée". Dans le cimetière autour, on peut voir des pierres tombales de mineurs. En été, un **festival de musique classique** se déroule à la lueur des bougies. L'église se trouve au bout du hameau d'Échery, dans la direction du chemin de Saint-Pierre-sur-l'Hâte.

➋ Activités

Randonnée
Pour les promeneurs, quatre circuits d'interprétation permettent de se cultiver tout en marchant. Un itinéraire à travers la forêt (80 essences locales et 10 panneaux d'informations ; 2 heures) est proposé au départ de Tellure. Il a été réalisé avec le concours des élèves de la section bûcheron du lycée agricole de Sainte-Marie-aux-Mines. Pour les randonneurs aguerris, un circuit de 2 jours fait le tour du Val d'Argent, par les crêtes. Plus de renseignements auprès de l'office du tourisme.

INSOLITE !
Le bout du tunnel

En approchant de Sainte-Marie-aux-Mines par la N59, vous remarquerez sur votre droite l'entrée d'un tunnel qui s'enfonce dans les parois de la montagne. Plus long tunnel routier sur le territoire français jusqu'en 2011, avec ses 6 950 m, il traverse d'est en ouest le massif vosgien jusqu'à la commune de Lusse, située dans le département des Vosges. Construit dans les années 1930 pour faire circuler des trains de marchandises, il fut affecté au seul trafic routier à partir de 1976.

VTT

Labellisé station VTT, le Val d'Argent dispose de 320 km de sentiers balisés répartis sur 18 circuits, dont une belle boucle sur les crêtes (83 km). L'office du tourisme vend une brochure avec l'ensemble de ces parcours (5 €). Pour un itinéraire sur mesure, contactez **Nicolas Dumoulin** (06 64 96 43 79, dumoulin.nicolas@hotmail.fr), l'un des guides de la vallée. Location de VTT tout simples au **camping Les Reflets du Val d'Argent** (03 89 58 64 83 ; journée 7 €). Pour des cycles un peu plus élaborés et sophistiqués, contactez **Bikeair** (06 81 11 58 99 ; www.bikeair ; 1 rue Klobb, Ribeauvillé), qui peut vous livrer à domicile (à partir de 19 €/jour).

 ## Où se loger et se restaurer

Hôtel-restaurant du Tunnel
Auberge €

(03 89 58 74 25 ; 23 les Petites-Halles ; d 45-48 € selon confort ; plats 10-15 €, menu midi 11,50 €, menus 25-30 € ; fermé Noël-jour de l'An et 2 sem en été, resto fermé ven soir, sam midi et soir et dim soir ;). Une maison sur deux étages adossée à la roche qui sent bon l'auberge familiale. Les chambres sont spartiates mais propres et économiques. Certaines peuvent accueillir 4 personnes sans supplément. Toilettes communes pour les moins chères. Au rez-de-chaussée, le restaurant habillé de patchwork accroché aux murs est agréable et les assiettes sont savoureuses (cuisses de grenouille, carpaccio de filet d'agneau, tête de veau vinaigrette...).

Aux Mines d'argent
Hôtel et winstub €

(03 89 58 55 75 ; www.auxminesdargent.com ; 8 rue du Dr-Weisgerber ; d 55 €, menus 17-35 €, plats 9,50-22 € ; tte l'année ;). Ce bâtiment, construit à l'époque de la pleine expansion des filons argentifères, servait de logement aux dirigeants de la mine et aux représentants de la famille des Ribeaupierre. Les chambres au 1er étage sont très agréables avec de larges fenêtres. La salle de restaurant est plus traditionnelle, avec assiettes habillant murs et poutres apparentes. Mais la qualité dans les assiettes est une constante. Lit supplémentaire gratuit.

Le Petit Haut
Auberge €

(09 72 88 43 48, 06 74 66 88 49 ; aubergepetithaut@gmail.com ; 56 lieu-dit Petit-Haut, rte de Ribeauvillé ; d/tr 68/88 €, demi-pension 55-58 €/pers ; menu midi 12,50 €, menus 14,50-29,90 €, plats 10-15 € ; resto fermé mar soir et mer, congés annuels en jan ; P). Une belle maison, plantée sur les hauteurs d'un vallon, au milieu des pâturages et de la forêt, dont la gérance a été reprise par des hôtes aussi dynamiques qu'accueillants ! On s'attable dans une vaste salle de restaurant décorée de meubles alsaciens et d'ustensiles de cuisine. La carte est composée de savoureuses spécialités locales : tartes flambées le week-end, röstis, choucroute, tarte à l'oignon.... À l'étage, les chambres sont correctes ; la déco est un peu passée mais le tout est propre. Du centre-ville, suivez la direction de Ribeauvillé (D416).

Achats

Dans la rue principale, vous trouverez quelques magasins de tissus qui vendent surtout des patchworks. Depuis 1995, Sainte-Marie-aux-Mines accueille le

CHRISTOPHE CORBEL ©

Vue sur la vallée de Sainte-Marie-aux-Mines

Carrefour européen du patchwork

(www.patchwork-europe.eu), manifestation qui draine, début septembre, des milliers de visiteurs dans la petite ville. L'espace **Arts et Textiles** (03 89 58 80 32 ; 5 rue Kroeber-Imlin ; mar-sam 10h-18h, dim 14h-18h), situé dans une ancienne fabrique, vend des étoffes de fabrication 100% française.

Troisième bourse internationale consacrée aux minéraux, le **salon Mineral & Gem** (www.sainte-marie-mineral.com ; fin juin) permet d'admirer et d'acheter les minéraux les plus rares.

ⓘ Renseignements

Office du tourisme du Val d'Argent (03 89 58 80 50 ; www.valdargent-tourisme.fr ; 86 rue Wilson). Une visite de la ville et de son patrimoine est proposée avec un guide conférencier (1 heure 30, gratuit).

Sainte-Croix-aux-Mines

En aval de Sainte-Marie-aux-Mines, Sainte-Croix-aux-Mines recèle un petit patrimoine qui mérite un détour.

⊙ À voir

Parc de la villa Burrus   Jardin

(www.un-jardin-passionnement.org ; 11 rue Maurice-Burrus ; 24h/24, 7j/7). GRATUIT Le parc de cette maison construite par un industriel du tabac couvre plus de 3 ha. Féru d'arboriculture, André Burrus y fit planter des essences que l'on peut encore admirer aujourd'hui. Des parcelles à thèmes (zone humide, roseraie, potager) ainsi qu'un jardin du patchwork ont été ajoutés depuis. La maison de maître abrite la médiathèque du Val d'Argent.

Musée de la scierie
Vincent   Patrimoine industriel

(03 89 58 78 18 ; scieriemuseevincent.com ; 2b rue Maurice-Burrus ; adulte/6-10 ans 6/3 € ; tlj 10h-19h mai-sept, sur rdv oct-avr). Le travail du bois fut très développé dans cette vallée forestière, comme en témoigne cette usine qui compta jusqu'à 60 ouvriers. Construite au milieu du XIXe siècle, elle a été transformée en musée à la fin des années 1990. On peut y voir un parc de machines unique en Alsace, dont une machine à vapeur datant de 1893.

OFFICE DU TOURISME DU VAL D'ARGENT ©

À NE PAS MANQUER ★

Les mines du Val d'Argent

Avec l'extraction d'argent, mais également de cuivre, de zinc, de cobalt, d'arsenic et d'antimoine, la vallée de Sainte-Marie-aux-Mines fut le théâtre d'une intense activité minière qui débuta au Xᵉ siècle, lorsque les moines de l'abbaye d'Échery s'intéressèrent aux filons argentifères. Mais les techniques rudimentaires limitaient l'exploitation des filons qui s'arrêta au XIVᵉ siècle. L'arrivée de nouvelles techniques d'exploitation issues d'Europe centrale, au XVIᵉ siècle, créa une révolution minière. On passa alors des puits creusés à la verticale à des galeries horizontales. La région compta jusqu'à 3 000 mineurs, pour la plupart venus de Suisse et d'Allemagne. Le déclin se produisit avec la chute du cours de l'argent et l'amenuisement des réserves. La découverte du cobalt au XVIIIᵉ siècle ne suffit pas pour relancer l'activité, qui s'éteignit à la fin du XIXᵉ siècle.

Au cours des dix siècles d'exploitation, 300 km de galeries ont été construites, dont une soixantaine sont accessibles. Creusées en 1549, les galeries de la **mine d'argent Saint-Louis-Eisenthür** (tarif plein/5-12 ans 12/5 €) se déploient sur plusieurs kilomètres. La section ouverte au public s'étend sur environ 750 m. Cette visite (3 heures, dont une dans le puits) offre un panorama complet des techniques minières du XVIᵉ siècle. La **mine Gabe-Gottes** (www.gabe-gottes.fr ; tarif plein/5-12 ans 8/4 €), ouverte au XVIᵉ siècle et exploitée jusqu'au début du XXᵉ siècle, offre une visite idéale pour comprendre les différentes phases d'exploitation du minerai (1 heure 30 dont 40 minutes sous terre). Dans le centre-ville, la **mine Saint-Barthélemy** est un modeste parcours de 100 m de galerie. Dans le vallon de la Petite-Lièpvre, la visite du **centre Tellure** (☎ 03 89 49 98 39 ; www.tellure.fr ; lieu-dit Tellure ; musée et mine tarif plein/5-18 ans 12/9 €, musée seul tarif plein/5-18 ans 10/8 € ; ⊗ mar-dim 10h-18h fin mars-fin oct, 10h-19h juil-août) inclut un espace muséographique des mondes souterrains et la mine Saint-Jean-Engelsbourg.

Infos pratiques

Adressez-vous à l'office du tourisme de Sainte-Marie (p. 231) ou à l'**association Asepam** (☎ 03 89 58 62 11 ; www.asepam.org ; 4 rue Weisgerber ; ⊗ tte l'année, sur rdv). Prévoyez des vêtements chauds et usagés. Casque avec lampe, bottes et imperméable sont fournis.

Col des Bagenelles

Lieu de passage entre l'Alsace et la Lorraine, le col se trouve à 903 m d'altitude. On profite d'une belle vue sur toute la vallée rectiligne de Sainte-Marie-aux-Mines.

◉ À voir et à faire

Culminant à 1 229 m d'altitude, le **Grand Brézouard** est le quatrième sommet des Vosges alsaciennes et marque le début des Hautes-Vosges. Le **Petit Brézouard**, un peu au nord-est, n'atteint que 1 203 m. On peut accéder au sommet du Grand Brézouard en 3 heures 30 depuis le col des Bagenelles (12 km aller-retour). Pour raccourcir le temps de marche, rejoignez en voiture le parking de l'auberge du Haycot (ci-contre) : depuis l'épingle en contrebas de l'auberge, vous atteindrez le sommet en 2 heures seulement. Là-haut, la vue embrasse les vallées alsaciennes, les sommets des Hautes-Vosges et en particulier le Grand Ballon, mais également, par temps clair, Strasbourg.

La liliputienne **station de ski alpin** (journée adulte/enfant -14 ans 11/8 € ; ☉mer et sam-dim) du col des Bagenelles est équipée de 2 téléskis et de 3 pistes dont une rouge. Pour le ski de fond, les raquettes et le ski nordique, le site compte 50 km de pistes environ. Pas de location de matériel sur place.

✖ Où se restaurer

La Graine Johé   Ferme-auberge €

(📞03 89 47 51 55 ; www.la-graine-johe.fr ; col des Bagenelles ; plats 5-10 € ; ☉tlj sauf mar, fermé le soir nov-mars, fermé 1er oct à mi-nov, 25 déc et 1er jan). Du parking du col de Bagenelles, vous repérerez facilement la ferme-auberge de la famille Didierjean qui fait face à la vallée. On la rejoint à pied par une petite route en contrebas du parking. La ferme produit surtout du fromage (dans le patois, une "graine" signifie la grange où l'on fabrique le fromage). À l'intérieur, deux grandes

 Bienvenue au pays welche

Le welch est un dialecte d'origine latine parlé dans les vallées et les montagnes vosgiennes jusqu'au milieu du XXe siècle. Le terme vient de l'allemand *Welsch*, qui désigne un étranger parlant une langue non-germanique. Probablement originaires de Lorraine, ces populations se sont installées dans la région au Moyen Âge et en particulier autour du château du Hohnack, à Labaroche. Pour en savoir plus sur cette culture locale, rendez-vous à la **Maison du pays welche** (📞03 89 71 90 52, horaires 📞06 62 13 89 87 ; 2 rue de la Rochette, Fréland ; adulte/enfant 4,50/2 € ; ☉ven-dim 15h-17h, fermé mi-oct à mars) : vous y visiterez une maison typique, avec mobilier et expositions sur les métiers d'autrefois.

salles lumineuses peuvent accueillir plusieurs dizaines de randonneurs. On profite toujours d'une belle vue sur la vallée de la Lièpvrette grâce aux larges baies vitrées. Dans les assiettes, les plats habituels des fermes, auxquels il faut ajouter d'excellents yaourts aux fruits et des fromages frais maison. Vente de munster nature ou au cumin et de crème de munster.

Auberge du Haycot   Pleine nature €

(📞03 89 47 21 46 ; www.aubergeduhaycot. fr ; col des Bagenelles, lieu-dit Haycot ; plats 8-14 €, menu marcaire 18 € ; ☉tlj, soirs d'hiver sur réservation uniquement). De ce robuste bâtiment orienté vers la vallée et Sainte-Marie-aux-Mines, le panorama est merveilleux ; les quelques bancs permettent de profiter de la vue, autour d'un menu marcaire. C'est une bonne étape avant ou après l'ascension du sommet du Grand Brézouard. Vous pouvez laisser votre véhicule au col des Bagenelles : un sentier pédestre rejoint l'auberge en 45 minutes.

VAL D'ORBEY

Au cœur des Vosges alsaciennes, le val d'Orbey est une succession de hameaux, le long d'une vallée et de vallons verdoyants. L'habitat dispersé et l'ambiance rurale signalent que nous entrons dans le pays welche. Le lac Blanc et le lac Noir raviront les marcheurs et les adeptes de grands espaces.

Orbey

Orbey s'étire le long d'une douce vallée verdoyante. Avec plusieurs hôtels de qualité, la petite ville peut être un agréable point de départ pour explorer cette partie du pays welche.

👁 À voir

Musée du Val d'Orbey   **Patrimoine rural**
(📞 03 89 71 27 65 ; 97 rue Charles-de-Gaulle ; 🕐 tlj 9h-12h et 14h-17h, téléphoner avant). Une petite collection privée d'objets et d'outils utilisés dans la vie quotidienne par les habitants du val d'Orbey.

🧭 Activités

Les itinéraires pédestres au départ d'Orbey sont multiples. L'office du tourisme vend un topoguide rando (4 €) et un topoguide VTT (7,50 €). Des fiches randos et VTT sont vendues à l'unité (0,50 €). Munissez-vous de la carte IGN 3718.

🛏 Où se loger et se restaurer

Aux Bruyères   Hôtel-restaurant €€
(📞 03 89 71 20 36 ; www.auxbruyeres.com ; 35 rue Charles-de-Gaulle ; d côté jardin/rue/ supérieure 54-64/79-89/87-97 € ; plats 12-16,50 €, menus 13,50-29 € ; 🕐 restau fermé mer et jeu midi en juil-août, sept-juin fermé le midi lun-jeu ; 🛜 🅿). En plein centre du bourg, face au bâtiment en grès rouge de la mairie, cet hôtel propose, sur trois étages, une trentaine de chambres. Les plus économiques sont situées sous les toits avec des petites salles de bains. Les plus vastes disposent de balcons. Un petit jardin à l'arrière permet de se mettre au vert pour une sieste ou après un passage au sauna.

Val d'Orbey

CHRISTOPHE CORBEL ©

Mémorial du Linge (p. 240)

Le restaurant propose une belle carte de spécialités locales, dont une déclinaison de la truite du val d'Orbey (meunière, au riesling, aux amandines...). Accueil familial.

Le Chat rouge   Chambres d'hôtes €€€

(📞03 89 27 33 41 ; www.lechatrouge-alsace. fr ; Les Champs-Simon, N46 ; ste 175 €, petit-déj inclus ; ⏱tte l'année ; 📶 P). Voici une adresse de charme en plein cœur de la vallée d'Orbey, logée dans une magnifique maison restaurée avec de très beaux matériaux et décorée de mobilier contemporain. Les deux suites – une 3e était en cours de création lors de notre visite – avec entrée indépendante sont équipées d'une cuisine et d'un salon privé avec de grandes baies vitrées qui ouvrent sur un charmant jardin-terrasse. Il est préférable de venir sans enfant et en amoureux. D'Orbey, prenez la direction de Labaroche (D11). À la sortie d'Orbey, sur la gauche, une petite route à fort dénivelé prend la direction des Champs-Simon. La maison se trouve à la deuxième intersection. Prêt de vélos classiques ou à assistance électrique.

Chocola'Thé   Petite faim €

(📞03 89 72 54 31 ; lechocolatthe@yahoo.fr ; 19 pl. du Marché ; sandwichs 2,80-3 €, plats chauds 6,50 € environ ; ⏱sept-mai mar-sam 8h30-18h, juin-août mar-sam 9h30-19h). Cette petite adresse, située sur la place du Marché, est idéale pour se restaurer d'un en-cas ou de pâtisseries issus de produits et d'artisans locaux, accompagnés d'un sirop, d'un jus de fruits frais ou d'un thé savoureux. Vous pouvez également y faire confectionner vos sandwichs de randonnée, à base de fromage bio ou de charcuterie. Quelques tables en devanture ; expos de peinture à l'intérieur.

Ferme-auberge
du Rain des Chênes   Ferme-auberge €

(📞03 89 71 30 42 ; www.ferme-auberge-alsace. com ; 215 Basses-Huttes ; plats 7,30-15,50 €, repas à l'ardoise dim midi ; ⏱jeu-dim 11h-minuit, fermé jan). Cette adresse mérite une visite, tant pour le bâti que pour la cuisine... sans oublier le panorama et l'ambiance ! Entièrement construite avec des grumes (troncs d'arbre), la salle de restaurant est dotée de grandes baies vitrées qui

---

VAUT LE DÉTOUR
Le Collet du Linge

En empruntant la D48 entre Orbey et Munster, on arrive à ce col où s'étend le **mémorial du Linge** (📞 03 89 77 29 97 ; www.linge1915.com ; Collet du Linge ; tarif plein/-16 ans et militaire en tenue 4 €/gratuit ; 🕐 tlj 9h-12h30 et 14h-18h avr à mi-nov). Ce site est une portion d'un champ de bataille où périrent 17 000 soldats français et allemands pendant la Grande Guerre. Il abrite un musée où sont exposés des objets témoins de ce conflit et des éléments pour comprendre les spécificités de ces batailles dont la tactique principale consistait à tenter de déborder l'adversaire par les hauteurs, avec effet de surprise. Plusieurs circuits de durée et de difficulté variables permettent de visiter le site. Le champ de bataille permet de voir les ouvrages défensifs construits en dur par les Allemands et les tranchées creusées dans la terre du côté français. Un plan (2 €) permet d'appréhender l'utilité des installations. Pour prolonger la visite, on peut rejoindre les deux cimetières, l'allemand au col de Baerenstall, le français, au col de Wettstein.

---

ouvrent sur la vallée en contrebas. Le tout est surmonté d'un toit végétal. Au sol, des grandes dalles de pierre couleur ardoise. Le résultat est magnifique et donne envie de s'attabler. Justement, côté cuisine, c'est un mélange de décontraction (planchette de viandes séchées, hamburger façon maison) et de tradition (filet de sanglier). L'ambiance est familiale et le service souriant. Demandez à voir les yaks !

Au Bois le Sire   Hôtel-restaurant €€
(📞 03 89 71 25 25 ; www.bois-le-sire.fr ; 20 rue Charles-de-Gaulle ; d 72-93 € selon confort, plats 15-21 €, menus 24-53 € ; 🕐 tlj). Ne soyez pas rebuté par la vaste salle que l'on aperçoit de l'extérieur. Celle-ci est plutôt réservée aux groupes. D'autres

salles offrent davantage d'intimité dans ce grand restaurant animé. Service efficace et assiettes bien équilibrées feront le reste. L'excellent menu du midi ne devrait pas vous appauvrir (12,60 €). Pour les petits appétits, jolies salades composées avec des toasts de chèvre frais au miel. Belle carte des vins. Les chambres affichent quant à elles une déco très standard, mais elles dépannent bien et la literie est correcte. Tarifs dégressifs dès 3 nuits, et demi-pension possible. Quelques chambres familiales avec terrasse.

Renseignements

Office du tourisme (📞 03 89 78 22 78 ; www. orbey.fr ; 48 rue Charles-de-Gaulle). Fiches randos en vente à l'unité.

Lapoutroie

Lapoutroie, sur la D415 menant au col du Bonhomme (point de départ de la route des Crêtes, voir p. 226), mérite une halte pour ses curiosités. En outre, le village peut servir de point de départ pour de jolies marches en boucle permettant de découvrir le **pic du Faudé** (773 m), la **Tête des Faux** (1 209 m) ainsi que l'**étang du Devin**, intéressante tourbière en fin d'évolution.

À voir

Haxaire – La Graine au lait   Fromagerie
(📞 03 89 47 26 37 ; www.haxaire.com ; 333a La Croix-d'Orbey ; 🕐 9h30-12h30 et 14h-18h mar-sam, sauf jours fériés). Pour tout savoir sur la fabrication du fromage et du munster en particulier. Visite, démonstration de fabrication, dégustation et boutique fromagère.

Musée
des Eaux-de-Vie   Distillerie
(📞 03 89 47 50 26 ; www.musee-eaux-de-vie. com ; 85 rue du Général-Dufieux ; 🕐 tlj 9h-12h et 14h-18h, sauf Noël). La distillation n'aura plus de secrets pour vous après la visite

Lac Blanc

de ce musée situé dans un ancien relais de poste du XVIIIᵉ siècle. À la fin du parcours, dégustation et vente de produits.

Lac Blanc et lac Noir

Tous deux d'origine glaciaire, ces lacs sont distants de 1 km environ. Le **lac Blanc** (1 054 m d'altitude) est enchâssé entre des parois rocheuses granitiques. C'est le plus profond des Vosges (72 m). Il doit son nom au sable quartzeux qui tapisse son sol. Sur les hauteurs, on peut apercevoir un bloc rocheux appelé "château Hans" dont le sommet est coiffé d'une statue de la Vierge. Le **lac Noir** (954 m d'altitude) est appelé ainsi pour son fond de tourbières. Les deux lacs sont reliés par un système hydroélectrique : grâce à leur différence d'altitude, un système de conduite forcée et de pompage fait circuler l'eau entre les deux et produit de l'électricité. Sur le flanc est du lac Noir, une nouvelle centrale électrique est en cours de construction (la précédente date des années 1930). Les travaux devraient se terminer prochainement. D'ici là, des camions circulent sur la petite route qui accède au lac. Prudence ! La baignade dans les lacs est interdite.

😀 Activités

Hiver

Station du Lac Blanc 1200
Sports d'hiver

(www.lac-blanc.net ; forfait jour tarif plein/14-25 ans/-14 ans 19,50/18/17 € lun-ven, 23,50/21,50/20,50 € sam-dim et vac. scol.). La plus importante de la partie alsaciennne des Vosges. Il y en a pour tous les niveaux et tous les goûts : 5 sentiers pour les raquettes, 77 km de pistes de ski de fond, 14 km de pistes de ski alpin, luge et écoles de ski. Location de matériel à la station.

Été

Une boucle pédestre de 4 heures (12 km) chemine en passant par le lac Blanc, le lac Vert et le lac des Truites. Ce bel itinéraire monte aussi sur les hautes chaumes et offre une belle vue sur la plaine d'Alsace. Prévoyez d'y passer la journée, avec pique-nique ou pause dans l'une des auberges

SI VOUS AIMEZ...
Les petites stations de ski

Elles sont familiales, paisibles, bon marché... Les petites stations du parc des Ballons des Vosges attirent des habitués et quelques touristes qui ne rateraient pour rien au monde la belle saison. Tant qu'il y aura de la neige !

○ **Le Gaschney** (03 89 77 21 38 ; www.gaschney1290.fr ; forfait journée adulte/enfant 16/14 € ; mer et sam-dim). Dispose de 3 remonte-pentes et de 7 pistes. Accès par Munster ; location de matériel au magasin **La Godille** (03 89 77 22 25 ; Munster).

○ **La Schlucht** (03 29 63 31 38 ; laschlucht.labellemontagne.com ; forfait adulte/enfant 15,10/13,10 € ; tlj). La plus ancienne station des Vosges (1905) possède 2 pistes de ski alpin et une piste de ski nordique (liaison avec la station du Lac Blanc, p. 241). Location de matériel et école de ski.

○ **Le Tanet** (03 89 77 27 24 ; www. letanet.fr ; forfait journée adulte/enfant 17/15 € ; mer et sam-dim). Dispose de 3 téléskis et d'une dizaine de pistes dont 2 noires. Accès par la Schlucht, direction Soultzeren-Munster, puis direction Le Tanet-La Vert. Location de matériel sur place.

○ **Le Schnepfenried** (03 89 77 61 58 ; www.leschnepf.com ; forfait journée tarif plein/-14 ans 18,50/16 € ; tlj). Équipée de 13 pistes et de 5 téléskis. Accès routier et navette par Munster (20 km par la D10). Location de matériel sur place.

○ **Le Frenz** (03 89 82 25 78 ; lefrenz. free.fr ; forfait journée 11 € ; sam-dim et vac. scol.). Dispose d'un téléski pour l'initiation au ski alpin. Accès par Kruth.

ou restaurants du lac Blanc. Nombreux départs d'itinéraires à VTT. Location de vélos à l'auberge du Blancrupt (journée 20 €). En famille, sachez qu'un jeu de piste de 2 km démarre au niveau de l'auberge

Blancrupt (avant le col du Calvaire). Il s'agit d'une initiation ludique à la lecture de carte et à la découverte de la faune des environs.

Lac Blanc
Parc Aventures   Parcours aventure
(03 89 71 28 72 ; www.lac-blanc-parc-aventure. com ; 9-22 € selon âge et parcours ; tlj en été, sam-dim et mer mai-juin et sept). Neuf parcours dans les arbres pour faire du sport en rigolant en famille ou entre copains. À partir de 3 ans (taille minimale 90 cm).

Bike Park   VTT
(03 89 71 35 45 ; www.lacblanc-bikepark. com ; demi-journée/journée 18,50/23,50 € sans le matériel ; sam-mar en été, sam-dim mai-juin et sept). Pas moins de 7 pistes de descente pour tous niveaux, de l'expert au débutant.

Sentier pieds nus
du lac Blanc   Parcours sensitif
(03 89 71 28 72 ; www.sentier-pieds-nus-lac-blanc.com ; tarif plein/3-16 ans/famille 6/4,50/17 € ; 10h-17h tlj en été, mer et sam mai-juin et sept). Vos enfants aiment marcher pieds nus ! Offrez-leur ce parcours de 1 km environ (1 heure 30 à 2 heures 30) pour piétiner sable, graviers, pierres, écorces... Nombreux ateliers ludiques, sensitifs et pédagogiques tout au long de ce parcours qui ravira petits et grands pieds !

Où se loger
et se restaurer

Auberge
du Blancrupt   Hôtel-restaurant €
(03 89 71 27 11 ; www.blancrupt.com ; Lac Blanc 1200 ; lit +12 ans/12-5 ans/-5 ans 30/25,50/18 € avec petit-déj, demi-pension 44/33,50/26 € par pers, pension 59/42,50/32 € ; fermé avr et nov ; P). Une douzaine de chambres gaies et lumineuses de 2, 3 ou 4 personnes. Bloc sanitaire à l'étage. Grand restaurant et belle terrasse en surplomb de la vallée. Location de VTT en été et de raquettes en hiver. À proximité de l'accès du sentier pieds nus et du parc aventures.

Espace des Métiers du bois et du patrimoine

Labaroche

Le village de Labaroche, sur les hauteurs du val d'Orbey, abrite un intéressant musée du bois. Non loin se dressent les ruines de la forteresse du Hohnack, propices à une balade.

À voir

Espace des Métiers du bois et du patrimoine   Pédagogique

(☎ 03 89 78 94 18 ; www.musee-bois-labaroche. com ; centre du bourg ; tarif plein/6-18 ans/ famille 6/3,50/13,50 € ; ⏲ mar-dim 9h-12h et 14h-18h avr-sept). Le nom de ce musée ne suscite pas l'enthousiasme. Et pourtant, la visite (1 heure 30 à 2 heures), menée par des guides bénévoles et passionnés, s'avère captivante. On traverse les époques et surtout les évolutions techniques qui ont fait passer les métiers de l'artisanat à la production en série. La plupart des installations fonctionnent et sont activées pour le grand bonheur des visiteurs. Le dernier étage reconstitue les différents ateliers et les savoir-faire des paysans.

Activités

Une bonne dizaine d'itinéraires de balades courtes (de 45 minutes à 3 heures) partent de Labaroche et de Trois-Épis. On peut notamment rejoindre l'ancienne **forteresse du Hohnack**, perchée à 927 m d'altitude. Ces ruines, les plus hautes d'Alsace, comprennent une enceinte qui protégeait un donjon carré. Beau panorama.

Où se loger et se restaurer

La Rochette   Hôtel-restaurant €€

(☎ 03 89 49 80 40 ; 500 lieu-dit La Rochette ; d 75-98 € ; demi-pension 75-88 € par pers ; plats 22-32 €, menus 32/44/60 € ; ⏲ restau fermé lun-mar sauf lun soir pour les hôtes ; 🛜 P). Cet hôtel cache son jeu. Il faut passer ses portes pour découvrir son intérieur au design chaleureux et intimiste : parquet en chêne, terrasse en tek, fauteuils confortables... Les chambres sont des nids douillets bien équipés. Côté cuisine, c'est un festival de saveurs, issues de produits locaux. Du mercredi au vendredi le déjeuner est à moins de 18 €.

Les Trois-Épis

Labellisé station climatique grâce à son centre de santé, le site était autrefois connu pour être un lieu de pèlerinage. De belles randonnées sont possibles autour du hameau.

Où se loger et se restaurer

Hôtel Villa Rosa   Écolo et bio €€
(03 89 49 81 19 ; www.villarosa.fr ; rte des Trois-Épis, D11 ; s/d/tr 62/65-70/85 €, lit supp 15 €, demi-pension 65 €/pers à partir de 2 nuits ; table d'hôtes 28 € ; fermé 2 sem en nov ;). Cette adresse atypique est un petit cocon douillet pour les amateurs de bio. Aux commandes, Francis et Anne-Rose, qui s'occupent des 9 chambres décorées avec goût, de l'adorable jardin et de la savoureuse table d'hôtes. Coup de cœur pour la chambre Mary-Rose qui possède un bain vapeur (6 €/pers). Vos hôtes, bons connaisseurs des itinéraires de marche, vous aideront à organiser vos sorties. Panier randonnée bio sur demande.

Renseignements

Sivom Les Trois-Épis (03 89 49 80 56 ; www.les-trois-epis.fr ; 16 rue Thierry-Schoeré)

VALLÉE DE MUNSTER

Appelée également vallée de la Fecht, ce territoire est pittoresque. À partir de Munster, lorsque l'on vient de Colmar, la vallée se sépare en deux. La verdoyante Fecht de Sondernach remonte sur la route des Crêtes (20 km par la D10 et D27), la seconde, appelée Petite Fecht, rejoint également les sommets, à proximité du massif du Hohneck (D417). C'est dire la multitude d'excursions qui vous attend sur ce territoire.

Depuis/vers la vallée de Munster

Accès par le **TER** (0800 77 98 67 ; www.ter-sncf.com/alsace), ligne Colmar-Metzeral, arrêt Munster (30 min), Luttenbach-près-Munster, Breitenbach et Metzeral.

Hohrod, vallée de Munster

Gunsbach

La petite ville de Gunsbach, en aval de Munster, est étroitement liée à la vie et à l'œuvre d'Albert Schweitzer, qui y passa une partie de son enfance et y fit construire une maison qui abrite aujourd'hui le **musée Schweitzer** (☏ 03 89 77 31 42 ; 8 rue de Munster ; tarif plein/-14 ans 5 €/gratuit avec visite guidée 1 heure ; ⊘ mar-sam 9h-11h30 et 14h-16h30, fermé Noël à mi jan). À la fois théologien, pasteur, philosophe, organiste et médecin missionnaire, il reçut le prix Nobel de la Paix en 1952. Il passa une partie de sa vie à Lambaréné, au Gabon, à combattre le paludisme et d'autres maladies tropicales. Il finança ses activités en donnant des concerts d'orgue, en Afrique et en Europe. De nombreux souvenirs sont exposés dans les pièces de cette maison-musée, en particulier un piano à pédalier d'orgue de la marque Gaveau, spécialement conçu pour résister au climat de l'Afrique équatoriale. Un peu plus loin, une salle dans la **mairie** (entrée 2 € ; ⊘ mar-sam 9h30-11h30 et 14h-16h30 en été, sur rdv reste de l'année) expose les souvenirs africains d'une proche d'Albert Schweitzer. Enfin, un itinéraire fléché parcourt les ruelles du village et s'arrête devant sa maison d'enfance, un ancien presbytère, transformée en **maison d'hôtes** (☏ 06 48 61 75 00 ; ancien-presbytere@schweitzer.org ; 3 rue Albert-Schweitzer ; s/d/tr 45-55/60-70/75-85 €, petit-déj inclus ; ⊘ tte l'année).

Munster

Grâce à sa position au cœur du massif des Hautes-Vosges et à une offre hôtelière de qualité, Munster est un bon choix pour les randonneurs et les visiteurs. Son petit centre-ville est plaisant avec une rue commerçante animée et quelques restaurants de qualité. Plusieurs édifices, dont l'église protestante, méritent le coup d'œil. Des cigognes ont été réintroduites récemment dans la ville et nichent sur les toits des bâtiments les plus hauts. Ayez l'œil !

SI VOUS AIMEZ...
Les promenades en bord de lacs d'altitude

Les lacs Blanc et Noir (p. 241) vous ont plu ? Chaussez-vous bien et partez à la découverte des suivants :

⊙ Lac de l'Altenweiher (926 m) Entouré des sommets du Kastelberg et du Rainkopf, ce lac s'étend sur 7,5 ha avec une profondeur de 14 m. Accès à pied depuis Mittlach (1 heure de marche) ou la route des Crêtes (45 minutes de descente).

⊙ Lac du Fischboedle (794 m) Le plus petit des lacs vosgiens (0,5 ha). Un pierrier s'y déverse et lui donne un joli caractère alpestre. Le lac est interdit aux véhicules. Accès à pied depuis les chalets de la Wormsa à Metzeral.

⊙ Lac du Forlet (1 061 m) Également appelé lac des Truites (on y pratique la pêche), il est situé à côté de la réserve naturelle du Tanet-Gazon du Faing. C'est le plus élevé des lacs des Vosges. Il est entouré par deux sommets, le Tanet (1 292 m) et le Gazon de Faîte (1 306 m). Sur les rives du lac, une **ferme-auberge** (⊘ mai-nov) sert aux randonneurs des repas marcaires. Accès à pied depuis Soultzeren (2 heures 15) ou la route des Crêtes (50 minutes).

⊙ Lac du Schiessrothried (930 m) Petit lac de 6 ha situé entre les Spitzkoepfe et le pied du Hohneck. Accès à pied depuis les chalets de la Wormsa à Metzeral (4 heures).

⊙ Lac Vert (1 053 m) Appelé aussi lac de Soultzeren, son nom provient du reflet des sapins qui l'entourent et d'une algue qui y prolifère en juillet. Accès à pied depuis la route des Crêtes.

Où se loger

Chambres d'hôtes
Le Tulipier   Familial €
(☏ 03 89 77 32 16, 06 30 10 20 49 ; www.letulipiermunster.com ; 46 Grand'Rue ; s/d/tr

42-55/47-60/57-70 € avec petit-déj, réduction après 2 nuits ; ⊗ fermé jan ; 🛜 P). Cette adresse tenue par Marie-Françoise et Frédérique conviendra aux familles avec enfants. Deux chambres sont doubles et la troisième dispose de 3 lits simples. On peut profiter d'un charmant jardinet et la maison est située dans la rue principale. Wi-Fi sur demande.

Hôtel Deybach   Confortable €€

(📞 03 89 77 32 71 ; www.hotel-deybach.com ; 4 chemin du Badischhof ; s/d/tr 52-70/60-80/84-95 € selon saison ; ⊗ tte l'année ; P 🛜). Une vingtaine de chambres occupent cet hôtel pratique, situé à l'entrée Est (D417) de la ville de Munster. Perpendiculaire à la route, les chambres sont épargnées par le bruit de la circulation. Les propriétaires connaissent bien la région et vous aideront à préparer le programme de votre journée. Vous pourrez prendre le petit-déjeuner dans un petit jardin aux beaux jours. Excellent accueil.

Grand Hôtel   Au vert €€

(📞 03 89 77 30 37 ; www.grand-hotel-munster.fr ; 1 rue de la Gare ; s/d 58-62/67-71 € selon saison, plats 13,20-21,50 € ; ⊗ 🛜 P). Cette adresse du centre-ville, à deux pas de la gare, conviendra parfaitement aux marcheurs qui veulent faire de Munster leur base de départ. Des chambres rénovées et des studios avec kitchenette sont logés dans un beau bâtiment du XIXe siècle situé dans un parc arboré coupé du bruit de la ville. Le restaurant propose de nombreuses spécialités alsaciennes ainsi qu'un grand choix de fondues de fromage et de fondues alsacienne. Piscine extérieure.

✖ Où se restaurer

L'Abbaye d'Anny   Cuisine et détente €€

(📞 03 89 30 58 51 ; abbaye.anny@orange.fr ; 1 cour de l'Abbaye ; plats 6,50-11,50 €, menu du jour 8,50 € ; ⊗ tous les midis sauf jeu, jeu-sam soir ; 🛜). Ce restaurant est installé dans un grand bâtiment qui fut le logement du prélat, puis un hôpital militaire avant d'héberger les bureaux de la filature Lehmann. L'adresse est parfaite pour vous sustenter tout en vous détendant. La grande salle à l'entresol est meublée de vastes canapés en cuir et de tables basses. Vous pourrez vous y prélasser en attendant vos galettes, crêpes, salades

Cigognes, Munster

ou plats traditionnels alsaciens. C'est copieux, frais et bien servi. Pour le déjeuner ou en plein été, profitez des grands fauteuils en osier dans le petit jardin. Service rapide et souriant.

Winstub S'stewla Spécialités alsaciennes €€

(📞 03 89 77 46 22 ; winstub-stewla.fr ; 3 rue Alfred Hartmann ; plats 8-15 € ; 🕒 fermé mar soir et mer). Tartes flambées fines et bien garnies, munstiflette, délicieuses quenelles de foie, belles choucroutes et service tout sourire font le succès de cette agréable adresse qui semble ne jamais désemplir. Pensez à réserver !

🔒 Achats

Rendez-vous chez **F'Utile** (3 Grand'Rue) pour des souvenirs alsaciens (arts de la table, textiles, bibelots...) et à la **maison Dischinger** (2 Grand'Rue) pour des produits alimentaires : chouchroute, saucisses, lard. Conditionnés sous vide, donc pas de problème pour les emporter. Également foie gras d'Alsace, munster, eaux-de-vie...

Ferme Versant du Soleil Munster fermier

(📞 03 89 77 01 44 ; ferme-versant-du-soleil. com ; 9A rue Principale, Hohrod ; 🕒 visite de la ferme mar, jeu, ven 10h en été, mar et jeu le reste de l'année). Ici, vous serez certain d'acheter du bon munster fermier AOP, produit à partir du lait de cette ferme et affiné de 3 à 5 semaines. Visite de la ferme et fête de la transhumance en automne (mi-sept). À la sortie de Munster, direction Soultzeren.

🛈 Renseignements

La maison du Parc naturel régional du Ballon des Vosges (📞 03 89 77 90 34 ; www. parc-ballons-vosges.fr ; 1 cours de l'Abbaye) est une excellente porte d'entrée avant de partir en balade dans le parc. Elle présente régulièrement des expositions sur les richesses naturelles et culturelles du parc et vend sur place de nombreux topoguides et guides naturalistes.

Office du tourisme (📞 03 89 77 31 80 ; www.vallee-munster.eu ; 1 rue du Couvent).

SI VOUS AIMEZ...
Manger et marcher

Trois fermes-auberges pour bien commencer (ou finir) une randonnée sur les hauteurs de la Fecht de Sondernach...

○ Ferme-auberge du Christlesgut

(📞 03 89 77 51 11 ; www.christlesgut.com ; Breitenbach ; s/d 46/62 € avec petit-déj, demi-pension 47 €/pers, dort avec petit-déj adulte/-10 ans 21/18 €, demi-pension dort 37/26 €, menu marcaire 20 €, plats 5,50-9 € ; 🕒 printemps-automne). Située en pleine nature, elle affiche des tarifs raisonnables et propose une cuisine authentique. Accueil familial, souriant et discret. Depuis Munster, direction Metzeral. À Breitenbach, à gauche sur 8 km, route de Stemlisberg. Accès à pied : Ried (30 min), Breitenbach (40 min) ou Luttenbach (50 min). Randonnée : sommet du Petit Ballon (1 heure 30).

○ Ferme-auberge du Gaschney

(📞 03 89 77 63 73 ; Muhlbach ; menus 18-20 €, plats 5-15 € ; 🕒 fermé mer et mi-nov à mi-déc). Au pied du massif du Hohneck, elle propose des plats de viandes rôties et du *roïgrabrageldis*. Terrasse à l'abri du vent. Depuis Munster, direction Metzeral. À Muhlbach, à droite jusqu'à la station du Gaschney. Accès à pied : Muhlbach (1 heure), Metzeral (1 heure 30) ou Munster (2 heures 30). Randonnées : miniboucle du Gaschney (1 heure 30), lac de Schiessrot (45 min), tour du Petit Hohneck (1 heure 30).

○ Ferme-auberge du Rothenbrunnen

(📞 03 89 77 33 08 ; rothenbrunnen.izihost. com ; Sondernach ; plats 4,40-10 €, demi-pension ch/dortoir 43/36 € par pers ; 🕒 fermé lun et jan). À 1 139 m, au pied du Petit Ballon, cette ferme est plantée au milieu des prés de fauche et de pâtures. Depuis Munster, direction Metzeral, puis Sondernach (ou Wasserbourg et Breitenbach). Accès à pied : Metzeral (2 heures 30). Randonnées : Petit Ballon (15 min), tour du Petit Ballon (1 heure 30) et Markstein et Klintzkopf (3 heures).

VALLÉE DU FLORIVAL

La vallée s'étend sur une vingtaine de kilomètres entre Guebwiller et le Markstein. Elle est donc à quelques kilomètres de la route des Crêtes (voir p. 226) mais aussi du Grand Ballon (p. 229), plus haut sommet des Vosges, qui la surplombe. Outre ses forêts et ses possibilités de balades à pied ou à VTT, la vallée du Florival possède quelques pépites de l'art roman, dont l'abbaye de Murbach et un vignoble réputé, sans oublier une longue tradition industrielle.

Guebwiller

À égale distance entre Colmar et Mulhouse, porte d'entrée vers les Crêtes et le Grand Ballon, Guebwiller attire de nombreux visiteurs. Enrichie par les vignes et le textile, la cité, labellisée Ville et Pays d'art et d'histoire, a conservé de nombreux témoignages de son glorieux passé (grandes maisons des entrepreneurs, cités ouvrières, manufacture). L'**église Saint-Léger** mérite aussi une visite pour sa belle architecture romane.

◉ À voir

Musée Théodore Deck et des Pays du Florival   Art et histoire

(📞 03 89 74 22 89 ; www.ville-guebwiller.fr ; 1 rue du 4-Février ; adulte/enfant 5/1,50 € ; 🕐 jeu-ven 14h-18h, sam-dim et jours fériés 10h-12h et 14h-18h). Installé dans une demeure canoniale du XVIIIe siècle, ce musée abrite près de 500 pièces de l'enfant du pays devenu l'un des plus célèbres céramistes français du XIXe siècle, Théodore Deck (1823-1891), qui termina sa carrière comme administrateur de la manufacture nationale de Sèvres. D'autres salles du musée présentent l'histoire de la ville de Guebwiller et en particulier son prestigieux passé industriel.

Les Dominicains de Haute-Alsace   Couvent

(📞 03 89 62 21 82 ; www.les-dominicains.com ; 34 rue des Dominicains ; audioguide 2 € ; 🕐 mar-dim 14h-17h mai à mi-oct). Découvrez l'histoire de cet ancien couvent du XIVe siècle devenu un centre culturel de premier plan, et la vie des femmes et des hommes qui l'habitaient

Vallée du Florival

grâce à un parcours audioguidé. Un son et lumière est organisé chaque vendredi en juillet (adulte/enfant 12/5 €) dans le couvent transformé en salle de spectacle.

🟢 Activités

Une multitude de sentiers parcourent la vallée. Pour une belle journée de marche, on peut faire l'ascension vers le Grand Ballon (1 000 m de dénivelé) au départ de Rimbach (près de Guebwiller) avec une halte à l'abbaye de Murbach (6-8 heures environ).

Procurez-vous auprès de l'office du tourisme le topoguide consacré aux balades dans les pays de Florival (18 circuits, 14 €) et le topoguide *Sentiers des châteaux forts* (3 €). Également disponible, un topoguide VTT sur la région de Guebwiller (20 circuits, 14 €). Location de vélos à l'office du tourisme (8 €/journée, voir p. 250). Si vous êtes un adepte du VTT, ne manquez pas de faire la route du Grand Ballon, itinéraire de 17 km qui débute à Soultz (au parc à cigognes) pour s'élever jusqu'au sommet (1 424 m) en passant par le col Amic. Un dénivelé de plus de 1 200 m !

La vigne est bien présente à Guebwiller et elle habille les collines à l'entrée de la ville. Elle couvre 200 ha (domaine Schlumberger) et la raideur des pentes a imposé la construction de terrasses soutenues par des murs de pierres. Mis bout à bout, cela représente 50 km. Un sentier pédestre parcourt le vignoble sur 5 km environ et offre de belles vues sur la vallée du Florival.

En hiver, des randonnées à raquettes ou des promenades sont encadrées par un guide. Renseignements et réservation à l'office du tourisme.

📧 Où se loger et se restaurer

Le Domaine du lac Au pied des vignes €€
(☎ 03 89 76 15 00 ; www.domainedulac-alsace. com ; 244 rue de la République ; d 80-180 € selon

SI VOUS AIMEZ...
Les hébergements insolites

Dans la région de Guebwiller, évitez les hébergements de vallée, un peu décevants. Immergez-vous plutôt dans les vignes ou sur les hauteurs, avec ces possibilités de couchage originales :

🟢 **Kota-Alsace** (☎ 06 15 39 75 28, 06 72 87 98 71 ; kota-alsace.com ; 7 rue René Flory, Bergholtz ; d 80-220 €). À 5 km de Guebwiller, au pied des vignes, Véro et Erwan ont créé de toutes pièces un village de *kotas* finlandais. Possibilité de cuisiner soi-même sur place.

🟢 **Camping d'Osenbach** (☎ 03 89 47 05 22 ; www.camping-osenbach.com ; 31 rue du Stade). Lodges, huttes, et bientôt une cabane de trappeur : on trouve de tout dans ce camping situé en bordure de forêt. Parfait pour faire le vide en pleine nature. À 11 km de Lautenbach.

🟢 **Gîte panda du Belchenbach** (☎ 06 87 20 09 56 ; belchenbach.free.fr ; Belchenbach, Linthal ; nuitée 17 €/pers, dîner 16 €/pers, petit-déj 6 €). À Linthal, près du Petit Ballon, un gîte écologique coupé de tout (accès à pied, aide possible pour le transport des bagages), qui se double d'une excellente table d'hôtes végétarienne. Un endroit unique en son genre et particulièrement recommandé si vous souhaitez observer la faune et la flore.

confort et saison ; 🛜). Implanté sur un site qui regroupe deux hôtels se partageant un restaurant, cet établissement propose des chambres assez passe-partout, décorées dans un style contemporain, mais qui ne manquent pas de confort. Préférez celles orientées vers le sud : elles offrent une jolie vue sur le lac qui jouxte l'établissement. Le restaurant **Les Terrasses** (plats 14-23 €, menu midi 16,50 €, autres menus 30-60 € ; ⏱ fermé sam midi) sert une cuisine traditionnelle fine appréciée des locaux.

Bourcart, un industriel humaniste

Industriel du textile implanté à Guebwiller, Jean-Jacques Bourcart (1801-1855) est une figure emblématique et un pionnier du courant de philanthropie patronale du XIXe siècle. Il a fondé la première cité ouvrière en 1850 et s'est engagé notamment pour améliorer les conditions de travail des enfants, nombreux à cette époque dans les usines. Ses luttes sociales, poursuivies par ses fils après sa mort, ont abouti au vote de la loi du 22 mars 1841, qui fixe l'âge minimum d'embauche à 8 ans (13 ans pour le travail de nuit), une proposition qu'il avait formulée dès 1827. Ne concernant pas les entreprises de moins de 20 ouvriers, l'application de cette loi fut très inégale. Il fallut attendre 1870 et des évolutions techniques majeures pour que l'âge d'entrée dans le monde du travail recule réellement en France.

La Taverne du Vigneron Restaurant €€

(☎ 03 89 76 81 89 ; p.grunenberger@wanadoo.fr ; 7 pl. Saint-Léger ; plats 10-18 €, menu déj 11,50 € ; ⊙fermé mar soir et mer). Ne manquez pas ce restaurant situé sur le côté de l'église Saint-Léger. Entrées, poissons, viandes ou desserts, les assiettes sont généreuses et goûteuses. On se régale. En saison, vous pouvez arriver à n'importe quelle heure de la journée, la cuisine est ouverte et vous serez servi dans la bonne humeur. Belle carte de vins d'Alsace et d'ailleurs. Grande salle intérieure et quelques tables sur le trottoir, à l'ombre du tilleul et du clocher de l'église.

 Renseignements

Office du tourisme (☎ 03 89 76 10 63 ; www.tourisme-guebwiller.fr ; 71 rue de la République). Visite guidée de la ville, ven 10h en été (sur rdv). Visite guidée du vignoble, mer 10h en été (sur rdv). Location de **vélos** (13/20 € demi-journée/journée pour un vélo à assistance électrique, 5/8 € vélo classique).

Murbach

Le petit village de Murbach, à l'écart de la D430 qui parcourt la vallée du Florival, est réputé pour son abbaye. Ne manquez pas cette visite.

 À voir

Abbaye de Murbach Art roman

(tarif plein/réduit 4,50/3 € ; ⊙tlj 9h-18h, visite libre ou guidée jeu 10h en été, sur rdv reste de l'année). Posée au fond d'un vallon, l'abbaye de Murbach, fondée en 728, fut l'une des plus prospères du Rhin supérieur au Moyen Âge et à l'époque moderne, étendant ses propriétés jusqu'en Allemagne et en Suisse. Mais ne vous attendez pas à découvrir d'opulentes constructions : ne demeure qu'une partie de l'église abbatiale, construite dans le style roman au XIIe siècle, et partiellement détruite au XVIIIe siècle en vue d'une reconstruction dans le style baroque qui ne se fit jamais. Outre les deux hautes tours de grès rose, il reste ainsi le chevet et le transept. Mais le site, agrémenté de vergers et d'un jardin médiéval, permet une très agréable pause bucolique. Après votre visite, prenez un peu de hauteur et rejoignez la **chapelle Notre-Dame-de-Lorette** (chemin à droite), rénovée récemment, qui offre une vue admirable sur le vallon et l'abbaye.

 Où se loger

Chambres d'hôtes de Schaeferhof Romantique €€€

(☎ 03 89 74 98 98 ; www.schaeferhof.fr ; 6 rue de Guebwiller ; s/d/tr/qua 190/210-250/260-280/310 € avec petit-déj, table d'hôtes 48 € ; ⊙fermé jan ; 📶 P). En vous rendant vers l'abbaye de Murbach, vous ne manquerez pas de remarquer cette magnifique maison du XVIIIe siècle, ancienne ferme et grange dîmière des princes-abbés. Elle trône au milieu d'un environnement bucolique. L'aménagement et la décoration des trois chambres et de la suite frôlent la perfection, avec une touche de romantisme. Une adresse d'exception, idéale pour une mise au vert à deux.

Lautenbach

Outre la très belle **collégiale Saint-Michel-et-Saint-Gangolphe** des XIIᵉ et XIIIᵉ siècles, autre bel exemple d'architecture romane dans la vallée, le village de Lautenbach dispose d'un site de choix pour les familles à la recherche de distractions pour les enfants.

À voir

Vivarium du Moulin   Insectes

(📞03 89 74 02 48 ; www.vivariumdumoulin. org ; 6 rue du Moulin, Lautenbach-Zell ; adulte/ enfant 7/3,50 € ; ⏰juil-août tlj 10h-18h, sept-juin mar-dim 14h-18h). Ce vivarium a pris naissance dans un ancien moulin dont l'une des roues tourne encore. Sur plusieurs étages, araignées, mille-pattes et autres insectes vous attendent. Il y a même des fourmilières visibles de l'intérieur. Sans oublier l'imposante mante religieuse

que vous ne risquez pas de manquer à l'entrée de ce lieu à la fois pédagogique et bucolique.

Où se loger et se restaurer

Chambres d'hôtes Luxhof   Convivial €

(📞03 89 76 39 21, 06 60 16 45 35 ; www.luxhof. eu ; 44 rue Principale ; s/d/tr 41-45/41-49/53-61 € selon confort et nombre de nuits ; ⏰tte l'année ; 📶). L'intérêt de cette adresse située dans le bourg tient beaucoup à ses propriétaires qui sont une mine d'informations sur la région. On apprécie également la convivialité du petit-déjeuner, le romantique jardinet et l'atmosphère familiale de la maison. Les chambres ont soit un réfrigérateur soit un espace cuisine.

Auberg'in   Traditionnel revisité €€

(📞03 89 81 89 80 ; resto-aubergin.com ; 1 rue de la Chapelle : menu du jour 8,50 €, plats 9,50-16 € ; ⏰ven-mar). Une carte assez hétéroclite qui va de la focaccia de foies de volaille à la pièce du boucher en passant par les moules farcies au beurre de saumon fumé. Les prix restent sages et l'accueil

Abbaye de Murbach

Collégiale Saint-Michel-et-Saint-Gangolphe, Lautenbach (p. 251)

est chaleureux. Belle carte des vins faisant honneur aux producteurs locaux. Une valeur sûre !

Ferme-auberge Hilsen   Pâturage €

(📞 03 89 74 03 15 ; 181 rue du Hilsen, Linthal ; plats 5-12 € ; repas marcaire 16,50 € ; 🕑 tlj sauf mar). Glissez l'adresse de cette ferme-auberge, authentique et aux dimensions modestes, dans vos petits papiers. Elle sera peut-être votre point de départ pour de belles balades (sommet du Petit Ballon 1 heure, lac de la Lauch 2 heures 15, Markstein 2 heures 45). La salle intérieure est un peu tristounette ; aussi, quand le soleil est au rendez-vous, on préfère les grandes tables à l'extérieur pour déguster rôti de veau ou de bœuf, lapin et légumes de saison. De Lautenbach, suivez la D430 en direction du Markstein jusqu'à Linthal, et prenez à droite une route étroite sur 4 km.

THANN

La ville de Thann s'organise autour de la collégiale Saint-Thiébaut dont la haute flèche domine les environs. Quelques beaux bâtiments témoignent du passé de la ville, enrichie par les vignobles de Rangen, qui ont fait sa réputation.

◉ À voir

Collégiale Saint-Thiébaut   Gothique

(visites guidées rdv 📞 03 89 37 96 20 ; 🕑 8h30-19h, 17h nov-fév, sur rdv). Visible de loin grâce à sa flèche en pierre d'une hauteur de 78 m, cette église est l'une des étapes essentielles de la diffusion de l'art gothique en Alsace. Construite sur deux siècles (de la fin du XIIIe siècle à 1516), elle permet d'admirer les trois formes du gothique : primitif, rayonnant et flamboyant. Sa façade ouest est ornée d'un remarquable portail à triple tympan, unique en France, relatant, grâce à 150 scènes et 500 personnages, la vie de la Vierge, la Nativité et la Crucifixion. Ces scènes permettaient l'enseignement religieux à une communauté de fidèles pour la plupart analphabètes. À l'intérieur de l'édifice, le chœur abrite des stalles en bois sculpté. Certaines sont équipées de miséricordes, sortes de petites consoles qui permettaient aux moines de reposer leur séant tout en donnant l'impression d'être debout. Les miséricordes sont sculptées de masques monstrueux et fantastiques : sirène, ange ou démon, ou, plus prosaïquement, de gros moines endormis. Pour mieux profiter de cet ensemble extraordinaire, inscrivez-vous à l'une des visites guidées (renseignements à l'office du tourisme). L'intérieur de l'édifice est éclairé par huit verrières de 15 m de haut datant du XVe siècle. Lors de notre passage, des travaux de rénovation étaient prévus au premier semestre 2017, occasionnant la fermeture de l'édifice au public.

Musée des Amis de Thann   Patrimoine rural

(☎ 03 89 38 53 25 ; www.les-amis-de-thann. com ; 24 rue Saint-Thiébaut ; adulte/enfant 2,50/1 € ; ☺juil-août mar-dim 14h-18h, sept-juin ven-dim). Pour explorer l'histoire de Thann, rendez-vous dans ce musée situé dans l'ancienne halle aux blés, édifiée en 1519. Parmi les curiosités, un vélocipède de Galloux, qui fit des adeptes, car Thann accueillit la première course cycliste alsacienne en 1869.

Tour des Sorcières   Fortification

Cette tour, coiffée d'un toit en forme de bulbe, doit son nom aux hérétiques qui y étaient enfermés avant d'être conduits au bûcher. Selon la comptabilité locale, entre 1572 et 1620, 125 personnes dont 118 femmes ont ainsi été suppliciées. Aujourd'hui la tour abrite un petit **espace muséographique** (gratuit ; ☺juil-août sam et lun 14h-18h, dim et jours fériés 14h-17h, juin et sept se renseigner, fermé oct-mai) sur le patrimoine viticole thannois.

Vignoble du Rangen   Grand Cru

Sur 22 ha, avec des pentes allant jusqu'à 45°, le vignoble du Rangen est le seul à être classé Grand Cru sur l'ensemble de son territoire. C'est aussi le plus méridional d'Alsace et il doit sa réputation à un sol volcanique et à une humidité qui l'enveloppe jusqu'aux premières heures du matin.

✪ Activités

À proximité de la tour des Sorcières se trouve le point de départ de trois circuits

La Thur à Thann

Un label pour la bonne cause

Créé en 1974, le **label ferme-auberge** regroupe une quarantaine d'établissements répartis dans les Hautes-Vosges du Haut-Rhin. Ces fermes, parfois d'estive, doivent avoir une double activité agricole et de restauration. Pour certaines, cette seconde activité est devenue importante, voire primordiale pour assurer la viabilité économique de l'exploitation. Sans touriste, il n'en subsisterait probablement qu'une poignée.

(2,2 km, 3 km et 5 km) qui vous feront arpenter le vignoble et vous raconteront l'histoire des "bangards", des gardes-champêtres chargés de veiller sur les vignes.

Du centre de Thann, prenez de la hauteur et rejoignez à pied (30 minutes) les ruines de l'Engelbourg. Ce château construit vers 1224 servait de péage sur la vallée de Thur. Sa destruction sur ordre de Louis XIV a laissé une ruine, appelée "l'Œil de la sorcière".

🛏 Où se loger

Aux Sapins   Hôtel-restaurant €€
(📞 03 89 37 10 96 ; www.auxsapinshotel.fr ; 3 rue Jeanne-d'Arc ; s/d 55-57/64-67 €, demi-pension 62-66 €/pers, menu midi 12 €, autres menus 22-36 € ; 📶 P). Un peu à l'écart du centre-ville de Thann, cet hôtel d'une vingtaine de chambres, logé dans un bâtiment à l'architecture des années 1970, est parfait pour une étape d'une nuit ou plus dans la vallée. Les chambres sont claires et ont été rénovées récemment. Le quartier, résidentiel, assure des nuits calmes. Agréable petit-déjeuner à prendre, au choix, dans la salle de restaurant ou dans celle du bar.

Au Floridor   Hôtel-restaurant €€
(📞 03 89 37 09 52 ; www.hotel-floridor.com ; 54 rue Floridor ; d 50-76 € ; 📶 P).

Les amateurs de calme et de nature retiendront cette adresse située en bordure de forêt. Chambres et salles de bains un peu vieillottes, mais on profite d'une orientation plein sud et d'une belle vue sur le massif forestier. Nombreuses balades en forêt et courts de tennis autour de l'hôtel (accessibles aux clients).

✖ Où se restaurer

Les P'tits plats de Jicé   Resto-traiteur €
(📞 03 89 75 71 63 ; 4 rue des cigognes ; menu midi 10,80 € ; 🕐 mer-ven 10h-18h, sam 10h-14h). Tout à la fois traiteur, épicerie fine et restaurant, cette adresse propose une savoureuse cuisine traditionnelle de France et d'ailleurs élaborée à partir de produits frais et locaux. Essayez par exemple le civet de cerf aux spaetzle (un régal), mais aussi les sandwichs avec pain maison à la farine bio, ou les salades composées. Petite terrasse sur la rue.

Aux Sapins   Hôtel-restaurant €€
(📞 03 89 37 10 96 ; www.auxsapinshotel.fr ; 3 rue Jeanne-d'Arc ; menus 16 €, plats 10-16 €). Faites-vous plaisir en dînant ou en déjeunant au restaurant de l'hôtel Aux Sapins. La jolie salle à manger refaite en rouge et blanc devrait vous mettre à l'aise. Pour profiter de la bonne humeur et des conversations des habitués, attablez-vous dans la salle du bar. La carte fait la part belle aux spécialités régionales, servies en quantité. Viandes, tartes flambées, poissons, salades et desserts variés, il y en a pour tous les goûts. Agréable terrasse en été.

Le Caséus   Fromage €€
(📞 03 89 37 10 68 ; 100 rue de la 1re-Armée ; plats 10-20 € ; 🕐 tlj). Des tartiflettes, fondues et raclettes, mais aussi des viandes, le tout dans un décor montagnard et savoyard un peu forcé, voici le programme de ce restaurant qui donne un peu d'animation à la principale rue de Thann. À condition de ne pas être à la recherche de fine gastronomie, on peut y passer un moment agréable.

❶ Renseignements

Office du tourisme du pays de Thann

(☎ 03 89 37 96 20 ; www.ot-thann.fr ; 7 rue de la 1ʳᵉ-Armée). Fiches rando à l'unité et infos sur le réseau de gîtes d'étape sur l'ensemble du territoire des Hautes-Vosges (www.hautes-vosges-randonnees.com).

VALLÉE DE LA THUR

Étroite et industrielle entre Thann et Saint-Amarin, la vallée de la Thur s'élargit ensuite et devient plus rurale. Sa portion entre Wesserling et le lac de Kruth-Wildenstein, tout comme le vallon d'Urbès, sont un ravissement. En outre, la vallée permet de s'élever facilement jusqu'aux plus hauts sommets des Vosges, en particulier le Grand Ballon.

❸ Activités

Été

Plus de 200 km de sentiers balisés vous attendent dans la vallée de la Thur. Pour obtenir le détail de ces circuits, munissez-vous de la carte IGN 3620 ET (Thann/Masevaux/Ballon d'Alsace). L'office du tourisme de Thann met gratuitement à disposition une brochure avec une dizaine d'itinéraires (de 1 heure 30 à 4 heures). Adeptes de la petite reine, ne manquez pas d'emprunter pour le plaisir (peu de dénivelé) l'itinéraire qui longe la Thur de Vieux-Thann au lac de Kruth-Wildenstein sur une trentaine de kilomètres. Location de vélos au Parc Arbre Aventure (p. 257), situé au bord du lac.

La **station du Frenz** (à la sortie de Kruth, vers le col d'Oderen), à 800 m d'altitude, revendique le premier parc de marche nordique en France, constitué de 32 km répartis sur 5 circuits.

Hiver

La liliputienne **station du Thanner-Hubel** (refuge du Club vosgien ☎ 03 89 82 37 22 ; scvt.thannski.com), à 1 183 m, sur la commune de Bitschwiller-lès-Thann, est accessible en voiture à partir de Willer-sur-Thur. Le dernier kilomètre se fait à pied, ce qui assure la tranquillité du site. Une unique piste, mais une vue imprenable sur les Vosges.

Petite pause à la terrasse d'une ferme-auberge

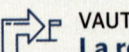

VAUT LE DÉTOUR
La route Joffre

Du nom du général en chef de l'armée française jusqu'en 1916, cette route sinueuse a été aménagée pour ravitailler Thann, ville prise aux Allemands par l'armée française dès 1914. Elle relie les vallées de Thann et de la Doller sur une quinzaine de kilomètres à travers une belle nature variée. Au col du Hundsrück se situent de nombreux départs de sentiers pédestres, en particulier vers les sommets du Thanner-Hubel (1 183 m) et du Rossberg (1 191 m) accessibles uniquement aux marcheurs.

La petite **station du Frenz** propose du ski alpin pour débutants grâce à ses deux pistes (verte et bleue). Également une piste de luge et trois circuits de raquettes.

ⓘ Renseignements

Office du tourisme de la vallée de Saint-Amarin (☎ 03 89 82 13 90 ; www.ot-saint-amarin.com ; 81 rue Charles-de-Gaulle, Saint-Amarin)

ⓘ Depuis/vers la vallée de la Thur

Le **TER** (☎ 0800 77 98 67 ; www.ter-sncf.com/alsace) dessert au départ de Mulhouse les villes de Vieux-Thann, Thann, Saint-Amarin, Wesserling, Oderen et Kruth.

Parc de Wesserling

Ce vaste domaine coincé entre la N66 et la Thur, à l'entrée du village d'Husseren-Wesserling, abrite une ancienne manufacture royale de tissus imprimés. L'ensemble a été transformé en un vaste espace de découverte et de loisirs qui comprend un **écomusée du Textile** (☎ 03 89 38 28 08 ; www.parc-wesserling.fr ; Husseren-Wesserling ; tarif plein/6-18 ans/-6 ans 7/3,50 €/gratuit, billet combiné avec les jardins 8,50/4 € ; ⏱ tlj 10h-18h juin-sept, 14h-18h nov, lun-sam 10h-12h et 14h-18h, dim 10h-18h mi-mars à mai, oct et déc, fermé jan-mars), cinq **jardins** (mêmes tarifs que l'écomusée, gratuit hors saison ; ⏱ tlj 10h-18h juin-sept, 10h-18h30 juil-août, jusqu'à 23h certains soirs d'été, nocturnes en déc sur rdv 17h-21h30, accès libre fév-mai et oct), un parcours de découverte et des bâtiments restaurés du patrimoine industriel. Prévoyez de passer au moins une demi-journée sur le site qui occupe plusieurs hectares et qui plaira autant aux petits qu'aux plus grands. Les jardins (sentier pieds nus, potager…) se parcourent avec bonheur. Le musée fait revivre les métiers de l'industrie du textile de Wesserling où l'on produisait des indiennes (d'éclatantes toiles imprimées). Wesserling a même été, un temps, fournisseur de la reine Victoria. Le patrimoine industriel (grande chaufferie, château des patrons…) permet de se rendre compte de l'importance de ce site qui fit même de l'ombre à la prestigieuse manufacture de Jouy-en-Josas près de Versailles.

En été, un son et lumière est organisé dans la grande chaufferie. Les jardins sont souvent ouverts en nocturne.

✖ Où se restaurer

Cuisines et Jardins Cuisine fine €€
(☎ 03 69 07 37 12 ; 24 rue du Parc, Husseren ; menus 28-45 €, formule déj 18 € ; ⏱ jeu-dim). Au cœur du parc de Wesserling, dans un élégant édifice du XIXᵉ siècle, une cuisine de saison relevée d'accents des quatre coins du globe, à l'image des sushis revisités ou du "Bibelacho" au bouillon de morilles, un plat unique en son genre qu'on vous laisse le soin de découvrir. Réservez votre table sur la jolie terrasse ombragée par des tilleuls.

Lac de Kruth-Wildenstein

Il faut quitter la N66 après Husseren-Wesserling et emprunter la D13B, qui longe le cours de la Thur sur une dizaine de kilomètres, pour rejoindre cette étendue d'eau artificielle longue de 2 km et large de 400 m. Le site est idéal pour les amateurs de sports de plein air. Ils pourront notamment parcourir ses 80 ha en canoë. Autre option, le pédalo, voire le vélo-canoë. Un bel itinéraire ombragé fait le tour du lac sur 6 km. Baignade autorisée mais non surveillée.

Sur les bords du lac, le **Parc Arbre aventure** (03 89 82 25 17 ; www. parcarbreaventure.com ; parcours 4 heures adulte/junior 24/18 € ; ☺tlj 9h-19h juil-août, certains mer et sam-dim 13h30-18h avr-juin et sept-oct) vous permettra d'admirer le lac sous un angle inédit. Adressez-vous aussi au parc pour la location de canoës ou de pédalos (respectivement 12-14/12-25€ l'heure).

Du lac, on peut rejoindre le Markstein sur la route des Crêtes par la D27.

Où se loger et se restaurer

La Moraine du Lac   Chambres d'hôtes €
(06 07 96 29 06 ; www.gt-locations-loisirs. com ; Kruth ; s/d/tr 55/75/95 € avec petit-déj ; ☺tte l'année). Cinq belles et vastes chambres dans ce chalet situé à 50 m

des eaux du lac de Kruth-Wildenstein. Idéal pour les randonneurs qui pourront également profiter du sauna (10 €).

Au Bram's   Auberge €
(03 89 74 12 02 ; www.au-bram-s.fr ; 2 rte du Bramont, Wildenstein ; plats 14,50-23,50 € ; s/d/tr 54/64/74 €, petit-déj inclus ; ☺tte l'année). *Fleischnakas* revisités façon Rossini, grenadin de veau sauce champignons, bouchées à la reine, truite aux amandes... La carte de cette auberge a de quoi mettre vite l'eau à la bouche ! La grande salle décorée de mobilier en bois manque un tout petit peu de chaleur, mais l'accueil compense, et les deux chambres proposées à la nuitée sont simples mais spacieuses, avec une literie tout à fait correcte.

Auberge de France   Relais de chasse €€
(03 89 82 28 02 ; www.aubergedefrance.fr ; 20 Grande-Rue, Kruth ; s/d 58-69/69 € selon confort et saison ; menus 11-25 € ; ☺fermé mi-oct à fin nov, pas d'accueil à l'hôtel ni de resto mar et mer). Encore une adresse pour les amateurs de pleine nature. Même si le bâtiment se trouve en bordure de route,

Vallée de la Thur

VAUT LE DÉTOUR
Du théâtre au cœur des Vosges

Créé en 1895, le **théâtre du Peuple de Bussang** (📞 03 29 61 62 47 ; www. theatredupeuple.com ; 40 rue du Théâtre, Bussang) n'était à l'origine qu'une scène en pleine nature où les spectateurs se tenaient debout dans la prairie. Tout au long du XXᵉ siècle, ce lieu, précurseur du théâtre populaire en France, a accueilli troupes bénévoles et professionnelles. Aujourd'hui, le bâtiment construit entièrement en bois, sorte de coque de bateau renversée, possède toujours une scène dont le fond s'ouvre sur la forêt vosgienne. Si vous êtes dans le coin, ne manquez pas cette expérience théâtrale unique. À 15 km de Husseren-Wesserling par la N66.

sa proximité avec les itinéraires pédestres s'avère commode pour prendre le départ. Une vingtaine de chambres spacieuses et une grande salle de restaurant à l'allure de relais de chasse. Panier-repas sur demande (sandwichs ou repas froid complet avec couverts).

Chambres et table d'hôtes des Cascades   Pleine nature €
(📞 03 89 82 28 26 ; www.chambres-vosges.com ; rte du Ventron, Kruth ; d 68 €, table d'hôtes 25 € ; ⏱ fermé 2 sem en oct). Cette jolie maison de type chalet, comprenant 4 chambres, est plantée au milieu de la forêt, sur la route qui serpente de Kruth vers le col d'Oderen. L'adresse comblera les amateurs de vert et d'air pur. Aux manettes, la famille Bach, et Serge, en particulier, reconverti en cuisinier, pour la table d'hôtes (sur réservation). Accès aux cascades Saint-Nicolas à pied.

VALLÉE DE LA DOLLER

Au pied du Ballon d'Alsace, la vallée de la Doller est la plus méridionale des vallées alsaciennes. Plus de 325 km de sentiers balisés vous attendent dans cet univers

naturel et même parfois sauvage. Car certains sites, en particulier ses lacs, ne s'approchent qu'à pied.

De Masevaux à Sewen en passant par Rimbach-près-Masevaux, on compte une bonne dizaine d'églises joliment rénovées qui disposent pour la plupart d'un orgue et qui sont recensées dans une "route des orgues et des églises".

Sinon, ce sont les lacs qui constitueront les temps forts de votre découverte de la vallée. Le **lac glaciaire de Sewen** est parmi les mieux préservés des Vosges alsaciennes. Envahi par la tourbe, le plan d'eau s'étend sur 6 ha dont on peut faire le tour. Avec un peu de chance, vous pourrez apercevoir des castors, réintroduits sur le site il y a quelques années. Par temps chaud et humide, des feux follets s'allument parfois sur les abords tourbeux.

Suplombant la vallée de la Doller, le **lac d'Alfeld** est aussi le résultat de l'érosion glaciaire mais sa digue impressionnante, longue de 30 m, construite par les Allemands à la fin du XIXᵉ siècle, a élevé la hauteur de l'eau. Un sentier contourne le plan d'eau à partir de la digue.

😊 Activités

Les **Chalets de la Doller**, une dizaine d'itinéraires à pied, permettent de se balader dans la vallée avec pour but de rejoindre un chalet. À chaque fois, ce sont de courtes balades (de 30 minutes à 2 heures). Construits en pièces de bois de mélèze et en épicéa, ces chalets typiques de la région mais construits d'après le savoir-faire canadien sont ouverts à tous et peuvent servir d'abri (mais pas de couchage). Vous trouverez la brochure avec les itinéraires à l'office du tourisme de Sewen.

Une **piste cyclable** ombragée parcourt la vallée de la Doller jusqu'à Sewen sur 20 km.

La **ferme Reitzer** (📞 03 89 38 03 84 ; 15 rue de Bruckenwald, Niederbruck ; ⏱ sur rdv) propose des visites guidées de l'exploitation spécialisée dans la culture et la cueillette de plantes médicinales et aromatiques.

CHRISTOPHE CORBEL ©

À NE PAS MANQUER ⭐

Le Ballon d'Alsace

À 1 247 m d'altitude, le Ballon d'Alsace est le sommet le plus au sud du massif des Vosges. Il offre un panorama grandiose sur la plaine, le Jura français et le Jura suisse et, au loin, les Alpes. Le sommet est couvert de chaumes avec une lisière de forêts en contrebas, sur son flanc sud. Le site rayonne surtout le matin et le soir lorsque la lumière descend et modifie les tonalités et les couleurs. Un sentier de découverte de 4 km fait le tour du sommet. Une dizaine de tables d'orientation (climat, géologie, histoire…) sont réparties sur le parcours.

Une petite **station de ski** est installée sur le Ballon d'Alsace. Elle est équipée d'une dizaine de téléskis et de pistes. Une quarantaine de kilomètres de pistes de ski de fond et de raquettes sont également aménagés. Location de matériel et école de ski sur place.

Infos pratiques

Pour des sorties encadrées (été comme hiver), contactez **Regards Insolites** (📞 06 86 63 86 64 ; www.regardsinsolites.fr), **Montagne Plus** (📞 03 84 56 78 40 ; www.montagneplus.fr) ou **Ligne de Crête** (📞 06 70 55 73 37 ; www.rando-vosges.com). Forfait ski de piste adulte/enfant 18,50/15,50 €. La station ouvre tous les jours à partir de mi-janvier.

Circuit des trois lacs : grand lac de Neuweiher

CLAIRE ANGOT ©

Où se loger et se restaurer

Vallée de la Doller

Les Buissonnets Ferme-auberge €

(03 89 38 85 87 ; ferme-auberge-buissonnets. jimdo.com ; Bourbach-le-Haut ; demi-pension 50 €/pers, 57 € avec casse-croûte du midi ; variables, téléphonez). Située à l'écart de la route Joffre (voir l'encadré p. 256), cette ferme-auberge qui dispose de 6 chambres propres est un havre de paix dans le massif du Rossberg. On vient ici pour trouver la tranquillité au milieu des prairies à vaches. Le parking en retrait des bâtiments préserve l'environnement 100% naturel du site. Au menu, repas marcaire, grillades au feu de bois, omelettes et salades... Il est possible de venir à pied depuis Masevaux (1 heure 30) ou Rossberg (1 heure).

Hôtel-restaurant des Vosges Centenaire €€

(03 89 82 00 43 ; www.hoteldesvosges.com ; 38 Grande-Rue, Sewen ; d 85 €, demi-pension 80-95 €/pers ; restau fermé midi le week-end, soir mer et dim ;). Ouvert dans les années 1920, cet hôtel joliment situé sur les rives de la Doller propose une vingtaine de chambres récemment rénovées. Les salles communes et en particulier le restaurant sont d'un autre âge mais plairont à ceux qui cherchent un lieu avec un peu de caractère. Agréable spa (hammam et sauna finlandais).

Ballon d'Alsace

Ne confondez pas les deux adresses qui suivent, aux noms très proches.

Auberge du Langenberg Pension €

(03 89 48 96 37 ; www.langenberg.fr ; rte du Ballon d'Alsace, D466 ; demi-pension dort/ ch 42/50-55 € par pers, plats 8,50-17,50 € ; fermé lun soir et mar sept-nov et mars-juin, fermé mi-oct à début nov). Une belle bâtisse plantée juste au-dessus de la route qui mène au Ballon depuis Sewen. Idéal pour les marcheurs et les skieurs. Un remonte-pente débute derrière la maison. Chaleureuse salle de restaurant et carte à base de produits locaux ou issus du potager à l'arrière de la maison.

Ferme-auberge
du Longenburg
Sérénité **€**

(03 89 48 96 98 ; rte du ballon d'Alsace, D446 ; plats 9-12 € ; ⊙tte l'année tlj sauf mer). Pas plus de 30 couverts dans la petite salle de restaurant accolée à la maison des propriétaires. Vous trouverez ici ce qui se fait de mieux dans les fermes-auberges : la convivialité et des produits issus du travail des paysans. Une petite terrasse permet de bénéficier de l'environnement de cette ferme-auberge la plus au sud du massif des Vosges. Accès à pied depuis Sewen (1 heure 30). Randonnées vers le Ballon d'Alsace (1 heure) et le lac d'Alfeld (1 heure 30).

ⓘ Renseignements

Office du tourisme de Masevaux et la vallée de la Doller (☑03 89 82 41 99 ; www.hautes-vosges-alsace.fr ; 9 pl. des Alliés, Masevaux)

ⓘ Depuis/vers la vallée de la Doller

Le **TER** (☑0800 77 98 67 ; www.ter-sncf.com/alsace) rejoint Sewen à partir de Cernay.

VAUT LE DÉTOUR
Le circuit des trois lacs

Trois autres lacs plus sauvages encore sont accessibles uniquement à pied au départ de Rimbach-près-Masevaux : les **deux lacs de Neuweiher** (le grand et le petit) et le **lac des Perches**. Cette boucle de 5 heures (difficulté moyenne) permet de les admirer à loisir et offre une vue imprenable du col des Perches, avec en contrebas le lac du même nom. Le départ se fait depuis un parking gratuit en face de l'église de Rimbach. Plusieurs variantes sont possibles. Munissez-vous de la carte IGN 3620 ET.

En chemin, pour une pause-déjeuner, ou bien pour une nuit au calme au bord du grand lac de Neuweiher, vous pourrez compter sur la délicieuse **auberge-refuge de Neuweiher** (☑03 89 82 02 09 ; demi-pension ch/dortoir 45/38 € par pers, pique-nique 7,50 €, menu 18,50 € ; ⊙fermé déc à mi-mars, fermé mer hors juil-août) qui compte 5 chambres de 2 à 6 personnes et 2 dortoirs de 9 à 11 personnes.

MULHOUSE ET LE SUD DE L'ALSACE

Mulhouse et le sud de l'Alsace

Bien des Alsaciens considèrent le sud de leur région, le Sundgau (le "comté du Sud") comme une contrée "sauvage". Passé Mulhouse, qui brille par ses musées et son patrimoine industriel à défaut de belles pierres, elle affiche pourtant tous les signes d'appartenance à l'Alsace : maisons à colombages et géraniums, cigognes, belles tablées et goût de la fête. Ne manque plus que le vignoble ! Sauf qu'ici, tout est plus ancien, plus naturel... plus authentique et moins touristique aussi. Une vie passionnante s'y déroule, à découvrir dans les petits villages lors d'étapes culturelles ou gourmandes. Prenez le temps de musarder sur les petites routes de campagne pour apprécier le riche héritage de cette zone frontière, ou longez paisiblement les cours de l'Ill ou de la Largue avant de vous attabler autour du stammtisch d'une auberge centenaire. Parmi les plus beaux villages du Sundgau, celui de Ferrette, porte ouverte vers le Jura alsacien, est à ne pas manquer. Vous voici enfin dans le cœur profond et l'âme sauvage du sud de l'Alsace, voire de l'Alsace toute entière. Le jardin secret du Haut-Rhin.

☑ Dans ce chapitre

À gauche : Petite Camargue alsacienne (p. 281). À droite : Un atelier de l'écomusée d'Alsace (p. 280)
GUILLAUME FREY / FOTOLIA © ; VINCENT FROEHLY ©

MULHOUSE

Deuxième plus grande ville d'Alsace après Strasbourg, Mulhouse (110 000 habitants) ne jouit pas toujours d'une bonne réputation – et c'est un euphémisme. Ici, point de maisons à colombages croulant sous les géraniums, point de délicieux canaux où se promener en bateau ni de ruelles pittoresques où il fait bon flâner. Bref, Mulhouse n'est pas une cité qui charme le visiteur d'emblée. Mais son passé prestigieux et son histoire singulière en font une ville attachante, métissée, bouillonnante culturellement. Berceau industriel de l'activité textile en France, Mulhouse est une ville marquée par l'histoire qui paradoxalement ne jouit pas d'un centre-ville historique particulièrement agréable à visiter – hormis la place de Réunion et ses alentours. Elle recèle cependant des trésors que l'on peut admirer dans les nombreux musées techniques qui témoignent de son riche passé industriel – qui lui valut le surnom de "Manchester français". Mulhouse n'a été rattachée à la France qu'en 1798 : de 1347 jusqu'à cette date, elle jouissait du statut très particulier de cité-État, ou de ville libre. Elle occupe donc une place à part dans l'histoire des villes françaises, mais, il faut bien le dire, semble avoir vécu ses plus belles heures, victime d'une désorganisation urbanistique certaine. Toutefois, après le traumatisme de la désindustrialisation, le centre-ville semble peu à peu sortir de la sinistrose et joue de son passé : la Filature est devenue une scène nationale ; la Fonderie accueille une extension de l'université de Haute-Alsace et un lieu d'exposition que l'on appelle la Kunsthalle ; enfin, nombre de nouveaux commerces ont ouvert dans le centre-ville ou aux abords du quartier de la gare, en pleine restructuration. Pour apprécier le brillant passé de Mulhouse, il faut pénétrer aussi et surtout dans ses merveilleux musées. C'est encore le meilleur moyen de comprendre cette ville, complexe, marquée tant par la France que par l'Allemagne et la Suisse…

◉ À voir

Le centre de Mulhouse est dominé par la Tour de l'Europe, haute de 100 m, vestige des années 1970 devenu l'un des emblèmes

Ancien hôtel de ville (p. 268)

À NE PAS MANQUER ★

La Cité de l'automobile

Tout simplement le plus grand musée automobile au monde, avec plus de 400 modèles présentés dans divers espaces, dont la plus grande salle, de 17 000 m², est ornée de 800 lampadaires à la façon du pont Alexandre-III à Paris ! Passé l'entrée impressionnante et moderne de cette ancienne usine textile, le visiteur est absorbé par le gigantisme et la folie de cette collection hors du commun, rassemblée par deux frères, les industriels Fritz et Hans Schlumpf. C'est dans le plus grand secret que Fritz acheta des dizaines de voitures dans le monde, se concentrant sur les modèles européens de la grande époque et sur la marque alsacienne Bugatti. Le grand public en découvre l'existence en 1965, mais ce n'est qu'en 1976, au moment où l'industrie textile entre en crise, que l'on s'intéresse de plus près à cette collection, dont le luxe devient insupportable aux centaines d'ouvriers qui perdent leur travail. Les frères Schlumpf, poursuivis pour abus de biens sociaux et fraude fiscale, fuient en Suisse et ne reviendront jamais en France. Leur collection est confisquée et dès 1978, sous l'impulsion de Jean Panhard, grande figure de l'industrie automobile, elle est classée aux monuments historiques. Le 10 juillet 1982, le musée national de l'Automobile ouvre ses portes au public.

Que l'on aime ou non les voitures, ce musée est incontournable : il ne raconte pas seulement une histoire de mécaniques ou de prouesses technologiques, de 1878 à nos jours. Bugatti royale Coupé Napoléon, Rolls Royce, Panhard, Peugeot vis-à-vis de 1899, Delahaye 135 M, Mercedes 300 S, Œuf électrique de Paul Arzens ou Ferrari de Formule 1... Chaque voiture exposée est une œuvre d'art, une poésie où la ligne relève souvent de la haute couture et parfois de la fantaisie la plus déroutante.

La scénographie est minimaliste : sans audioguide (gratuit), on passe à côté de merveilles d'invention et d'anecdotes extraordinaires.

Infos pratiques

Musée (✆ 03 89 33 23 23 ; www.citedelautomobile.com ; entrée 15 rue de l'Épée ; adulte/enfant 13/10,50 €, gratuit -7 ans ; ⏱ tlj sauf le 25 déc, mi-avr à mi-nov 10h-18h, mi-nov à mi-jan et mi-fév à mi-avr 10h à 17h, mi-jan à mi-fév lun-ven 13h-17h, sam-dim 10h-17h.) L'accès est facile par le **tramway** (ligne 1, arrêt Musée-de-l'Auto).

de la ville. Depuis ce gratte-ciel de béton armé, au pied duquel se trouve le centre commercial rouge flamboyant "Porte Jeune", il faut emprunter la commerçante rue du Sauvage pour rejoindre le centre historique, très resserré. Hormis la place de la Réunion, il n'a que peu d'intérêt pour le touriste de passage. Les musées qui font la renommée de la ville ont tous pris leurs quartiers dans d'anciennes usines ou dans de grandes halles qui se trouvaient en périphérie. Seuls le Musée historique, le musée des Beaux-Arts et le musée de l'Impression sur étoffes sont en plein centre ou près de la gare.

Vieille ville — Patrimoine

La très belle **place de la Réunion** est le centre névralgique de Mulhouse. Son nom évoque le rattachement de la République de Mulhouse à la République française le 15 mars 1798. Elle offre un ensemble architectural d'une grande homogénéité, avec ses belles façades colorées – la plupart datant des XVe et XVIe siècles – qui vous transportent directement en Allemagne pour l'ambiance. La place est bordée par l'**ancien hôtel de ville**, transformé en musée historique (voir p. 271), très original avec ses fresques extérieures, ses trompe-l'œil et sa coloration rose. Construit en 1432, il fut détruit par un incendie puis reconstruit en 1552 et baptisé Rothüss (maison rouge). Son allure helvétique rappelle l'alliance entre Mulhouse et la Suisse... Ses fresques sont remplies de symboles, dont vous découvrirez le sens en entrant dans le bâtiment. Le **temple Saint-Étienne**, également sur la place, est, lui, le plus haut bâtiment protestant de France. L'édifice actuel, néogothique, date de 1866, mais il a été érigé à l'emplacement d'une église de style roman du XIIe siècle. Le culte catholique a laissé la place au protestant en 1523. Les vitraux datant du XIVe siècle ont été réinstallés dans le nouveau temple et constituent un ensemble exceptionnel en la matière. Autour de la place, quelques **ruelles historiques** méritent une petite flânerie, comme la rue Henriette, la rue des Franciscains, ou la rue de la Justice qui conserve la **tour du Bollwerk**, un

Mulhouse

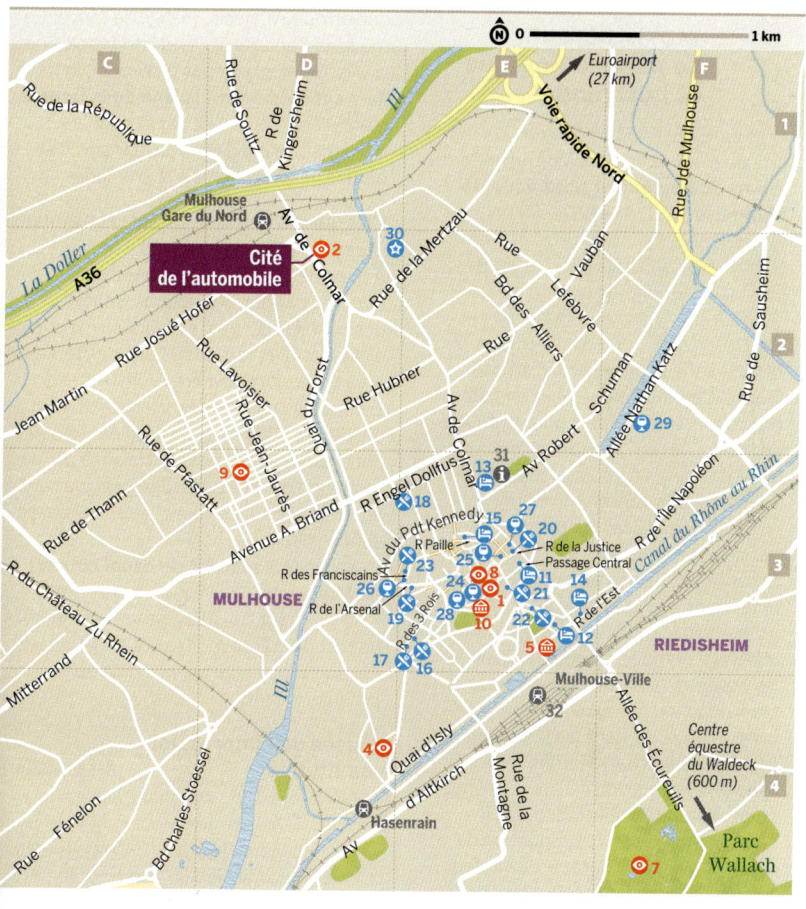

VAUT LE DÉTOUR
Le parc zoologique et botanique

Créé en 1868 à l'initiative d'un groupe d'industriels philanthropes, le **parc zoologique et botanique de Mulhouse** (03 89 69 77 65 65 ; www.zoo-mulhouse.com ; 111 av. de la 1re-Division-Blindée ; plein tarif haute (mi-mars à oct)/basse saison 15,50/9,50 €, 4-16 ans 9 €, gratuit -4 ans ; mai-août 9h-19h, avr et sept 9h-18h, mars, oct et nov 9h-17h, déc-fév 10h-16h) est l'un des plus anciens de France. Charles-Thierry Mieg, initiateur du projet, voulut un parc pour le peuple, un lieu "où les ouvriers pouvaient joindre l'utile à l'agréable, l'instruction au délassement, le développement de l'intelligence à la santé du corps." Cette mission semble être restée présente à l'esprit des responsables du lieu, qui ont su faire évoluer le zoo pour le mieux. Il adhère aujourd'hui à un programme d'élevage européen et met l'accent sur les espèces menacées, en vue de leur réintroduction dans leur milieu naturel. Il s'est spécialisé dans les lémuriens, développant un partenariat privilégié avec Madagascar, où il travaille même sur le biotope de réintroduction. Il a aussi participé à la réintroduction de la tortue cistude d'Europe, du vautour fauve et du vautour moine, et mène un programme de sauvetage de plantes menacées. Le parc est donc la partie visible de l'iceberg, mais ses 1 200 animaux et ses 3 000 plantes sont un enchantement pour les grands et les petits et font prendre conscience de cette beauté fragile. Le personnel est, à tous les niveaux, très passionné et impliqué, et propose régulièrement des animations et des visites guidées gratuites, le mercredi et le dimanche, avec des thèmes précis. On ne peut que recommander de faire un détour par ce zoo "exemplaire", et d'en découvrir les missions modernes, écologiques et essentielles qu'il s'est données.

donjon du XIVe siècle, vestige de l'enceinte médiévale et devenu l'un des symboles de la ville. Ne manquez pas également, hors de la cité médiévale, la **place de la Bourse**, triangulaire, construite par et pour les industriels mulhousiens au XIXe siècle et bordée de belles demeures à arcades.

Cité-jardin   Quartier historique
(accès rue de Pfastatt ou rue Jean-Jaurès). À quelques encablures du cœur de ville, des patrons protestants, soucieux des conditions de vie de leurs ouvriers, élaborèrent ici vers 1850 l'une des toutes premières cités ouvrières construites en Europe. Les milliers de maisonnettes ont été depuis agrandies et modifiées, mais ce petit village en pleine ville, traversé par une multitude de petits passages, est plaisant à arpenter aux beaux jours lorsque les jardins sont en fleur.

Non loin, le **marché du canal couvert de Mulhouse** (26 quai de la Cloche ; mar, jeu, sam 7h-17h) est l'un des plus vastes marchés de l'est de la France ; il ravira les gourmets qui pourront y faire provision de bons produits locaux.

Musée de l'Impression
sur étoffes   Art et histoire
(03 89 46 83 00 ; www.musee-impression.com ; 14 rue Jean-Jacques-Henner ; tarif plein/réduit et 12-18 ans/-12 ans 10/5 €/gratuit ; tlj sauf lun 10h-12h et 14h-18h, ouvert lun 14h-18h en déc). Au XIXe siècle, Mulhouse était la capitale mondiale du tissu imprimé grâce à l'ingéniosité de quatre jeunes Mulhousiens qui avaient fondé au XVIIIe siècle des manufactures textiles. Le musée témoigne aujourd'hui de la qualité artistique atteinte dans ces manufactures. Aux collections permanentes, qui font une large part aux fameuses indiennes et au début des impressions mulhousiennes, s'ajoutent régulièrement de très belles expositions temporaires. L'intérêt du musée est autant historique qu'esthétique. Il prolonge ainsi la fonction première du lieu : conserver les créations locales pour former et inspirer les dessinateurs textiles de la ville. Bref, une véritable bibliothèque textile !

Musée historique   Histoire

(☎03 89 45 43 20 ; www.musees-mulhouse.
fr ; 4 rue des Archives ; entrée libre ; ⏲tlj
sauf mar 13h-18h30, juil-août tlj 10h-12h et
13h-18h30). GRATUIT Le seul musée de France
où l'on peut se marier ! En effet, il est
installé dans le magnifique ancien hôtel
de ville (XVIᵉ siècle), qui abrite toujours
des services municipaux et la salle
des mariages. Ce beau musée restitue
l'histoire complexe de cette ville membre
de la Décapole alsacienne, et la manière
dont on y a vécu : intérieurs bourgeois,
meubles, peintures et sculptures, vitraux,
fresques, plafonds peints de la salle du
Grand Conseil, qui montrent la richesse des
Mulhousiens... Une salle, ouverte en 2016,
revient sur la vie d'Alfred Dreyfus, né dans
la ville en 1859.

Musée des Beaux-Arts   Peinture

(☎03 89 33 78 11 ; www.musees-mulhouse.
fr ; 4 pl. Guillaume-Tell ; entrée libre ; ⏲mer-dim
13h-18h30, juil-août tlj 10h-12h et 13h-18h30).
GRATUIT Installé dans la villa Steinbach, un bel
hôtel particulier du XVIIIᵉ siècle, à deux
pas de la place de la Réunion, ce musée

municipal, fondé en 1864 par des patrons
mulhousiens, met en avant les œuvres de
l'Alsacien Jean-Jacques Henner, Brueghel
le Jeune ou encore de William Bouguereau.
Expositions temporaires d'artistes
régionaux.

Cité du train   Musée technique

(☎03 89 42 83 33 ; www.citedutrain.com ;
2 rue Alfred-de-Glehn ; tarif plein/réduit/-7 ans
12/9,50 €/gratuit ; ⏲avr-fin oct tlj 10h-18h,
nov-mars tlj 10h-17h). Impossible de rater ce
bâtiment peint de mille couleurs. Situé
dans le quartier de Dornach, près de l'A36
et de la voie ferrée, ce musée créé en 1969
abrite la plus belle collection de trains
d'Europe (sur ces terres de haut savoir-
faire ferroviaire, ce n'était que justice), dans
une scénographie récente plutôt réussie.
Les locomotives, mises en valeur comme
autant d'œuvres d'art, témoignent de
l'ingéniosité de pionniers et de techniciens
toujours à la recherche d'innovations. C'est
toute l'histoire du chemin de fer français
et mondial qui se dévoile devant nos yeux
d'enfants. Possibilité de se restaurer sur
place, au restaurant Le Mistral.

Parc zoologique et botanique

Musée EDF-Électropolis
Musée technique

(☏ 03 89 32 48 50 ; electropolis.edf.com ; 55 rue du Pâturage ; tarif plein/enfant et réduit/-6 ans 8/4 €/gratuit ; ⏱tlj sauf lun 10h-18h). Tout ce que vous avez toujours rêvé de savoir sur la fée Électricité, ses applications industrielles et la formidable aventure humaine qu'a été son invention. C'est une collection unique en Europe, où l'on découvre entre autres que l'électricité statique et le magnétisme sont des phénomènes observés déjà en 600 av. J.-C. Des machines en tous genres, certaines en fonction, racontent une histoire de la modernité de notre civilisation à travers cette invention révolutionnaire. Il y a aussi des installations ludiques et une exposition autour de la foudre et du vent. À proximité de la Cité du train.

Kunsthalle
Art contemporain

(☏ 03 89 69 77 66 47 ; www.kunsthallemulhouse.com ; 16 rue de la Fonderie ; ⏱seulement pendant les expos). GRATUIT La Kunsthalle, ce sont 700 m² d'exposition d'art contemporain dans une ancienne fonderie, un bâtiment industriel superbement reconverti en 2007. Autrefois, dans ce lieu construit en 1826, on transpirait par son travail, désormais on sue à grosses gouttes devant des programmations qui s'inscrivent dans les échanges d'art contemporain transfrontaliers avec la Suisse et l'Allemagne. Mais la Kunsthalle ne fait pas qu'exposer : elle provoque aussi les créations grâce à des résidences d'artistes invités visiblement inspirés par le lieu. Consciente du côté abstrait et parfois élitiste de l'art contemporain, elle propose des ateliers d'initiation. La Kunsthalle partage l'espace de la Fonderie avec l'université de Haute-Alsace.

✈ Activités

Centre équestre du Waldeck
Équitation

(☏ 03 89 44 26 77 ; 20 rue des Bois, Riedisheim). Ce centre équestre situé en plein cœur du parc Wallach propose des stages d'initiation à l'équitation dès l'âge de 4 ans. Une occasion de découvrir le poumon vert de Mulhouse.

🛏 Où se loger

Hôtel de Bâle
Central et économique €

(☏ 03 89 46 19 87 ; www.hoteldebale.fr ; 19-21 passage Central ; s/d/tr 39-45/52/59 €, lit supp 5 €). Un jeune couple dynamique a repris en main cet établissement qui conviendra parfaitement aux petits budgets. Confortable et très propre, il possède une vingtaine de chambres pour la plupart rénovées même si le style demeure très classique. Demandez à voir les chambres car elles sont très inégales – les plus calmes donnent sur la cour. Petit-déjeuner à 8,20 €.

Hôtel du Musée-gare
Près de la gare €€

(☏ 03 89 45 47 41 ; www.hotelmuseegare.com ; 3 rue de l'Est ; s-d/tr/qua 69-89/109/119 €, pers supp 20 € ; Pgratuit). Cet établissement d'une quarantaine de chambres, installé dans un ancien hôtel particulier du XIXᵉ siècle, est une valeur sûre de Mulhouse, même si certaines chambres – dans l'ensemble spacieuses, et relativement confortables – mériteraient une petit cure de jouvence. Petit-déjeuner buffet, très copieux, à 9,20 €.

Hôtel de la Bourse
Traditionnel €€

(☏ 03 89 56 18 44 ; www.bourse-hotel.com ; 14 rue de la Bourse ; s/d/ste 69-170/80-240/145-350 € ; ✳@🛜). Très bien situé, à proximité de la gare et du centre-ville, cet hôtel classique est très propre et surtout très calme, côté jardin. Une certaine recherche a été apportée à la décoration des chambres, mais les plus belles et romantiques sont situées au dernier étage. C'est un peu compliqué de garer sa voiture, l'hôtel ne disposant pas de parking. Pour les soirées étapes (98 €), l'hôtel s'arrange avec un très bon restaurateur du coin.

Maison Mondrian
Chambres d'hôtes €€-€€€

(06 07 03 83 35 ; www.maison-mondrian.fr ;
5 rue Paille ; s-d 108 € petit-déj inclus) Avec son
architecture colorée inspirée par l'œuvre du
peintre Mondrian, cette demeure moderne
ne passe pas inaperçue lorsque l'on
arpente la rue Paille, au cœur de Mulhouse.
Tenue par un couple passionné, elle compte
cinq chambres d'hôtes design, colorées et
ultraconfortables. Tarifs dégressifs à partir
de trois nuits. Également épicerie fine.

Hôtel Le Bristol   Classique et central €€€

(03 89 42 12 31 ; www.hotel-bristol-mulhouse.
com ; 18 av. de Colmar ; s/d-tr/qua 60/60-
130/120-140 € ; P 4 €/jour). Presque au
pied de la tour de l'Europe, c'est l'un des
grands et beaux hôtels de la ville. Après
une journée passée dans les musées,
les visiteurs apprécieront les chambres
équipées de baignoires hydromassantes et
très spacieuses. Le bar détente du hall est
un plus apprécié. Les chambres sont toutes
rénovées et très soignées. Le personnel
de cet établissement familial est accueillant
et souriant.

 Où se restaurer

La Cant'in   Tapas et brunch €€

(03 89 51 13 64 ; www.la-cantin.com ; 13 rue
de la Justice ; plats 10-25 €, formules 14,70 € ;
fermé lun soir et dim sauf oct-avr ouvert
aussi dim 10h30-14h). Cette adresse sans
prétention du centre-ville affiche souvent
complet, tant le rapport qualité/prix est
excellent et l'ambiance sympathique. On
y vient le midi pour un déjeuner rapide
ou le soir entre amis, pour siroter des
cocktails sophistiqués en grignotant des
tapas (beignets de mozzarella, poêlée de
crevettes...), ou pour les burgers maison
accompagnés de *potatoes*. Généreuses
salades, bruschettas et succulentes
planchettes de fromages. Brunch à volonté
le dimanche (23,90 €).

Hug   Brasserie €€

(03 89 45 33 86 ; 11 rue du Sauvage ;
formules midi en semaine 9,90-12,50 €, plats
12-35 € ; tlj sauf dim midi). Une institution
du centre-ville qui ravit les amateurs de
viande et particulièrement de steak tartare,
décliné en d'innombrables recettes, du

Place de la Réunion (p. 268)

plus classique au très épicé. Également au menu : blanquette de veau à l'ancienne, carpaccio de bœuf, navarin d'agneau ou encore des salades. Cette brasserie chic et discrète, située à l'étage d'une demeure offrant une belle vue sur la rue depuis ses baies vitrées, a en outre l'avantage de servir tard – la cuisine est ouverte jusqu'à 1h du matin. Service efficace.

Le Cellier   Chaleureux €€
(☎ 03 89 66 04 84 ; www.restaurant-lecellier.fr ; 4 rue des Trois-Rois ; menu midi 12,20 €, menus 16-28,70 € ; plats 15-30 € ; ☺ mar-ven midi et soir, lun soir). On s'y sent parfois un peu à l'étroit, mais l'adresse dégage beaucoup de chaleur ! La patronne, souriante, est virevoltante : elle vous trouve toujours un petit coin pour vous installer et vous faire goûter aux plats mijotés par son mari. À la carte, rien que des spécialités alsaciennes ou presque : salade vigneronne, flammekueche, gratin de munster ou de reblochon, truite au riesling… C'est bien cuisiné et les prix sont très convenables.

Tête de choux   Végétarien €€
(☎ 03 89 46 22 17 ; 14 rue des Trois-Rois ; menu du jour 12 € ; plats 10-30 € ; ☺ mar-ven midi et soir, fermé le soir sam, dim et lun). Être végétarien, ce n'est pas facile en Alsace ! Alors chapeau à ce petit restaurant bien connu des Mulhousiens végétariens et de ceux qui veulent simplement faire un break avec les plats trop caloriques. Au menu, tourte aux poireaux, tarte aux oignons, salades, soupes, céréales, pâtes poêlées aux champignons… Le tout avec beaucoup d'inventivité. Les produits frais et bio sont bien sûr à l'honneur. Le restaurant est un peu victime de son succès et il vous faudra peut-être partager votre table et supporter un volume sonore élevé.

Zum Sauwadala   Alsacien €€
(☎ 03 89 45 18 19 ; 13 rue de l'Arsenal ; plat du jour 8,50 €, formule midi en semaine 10-14 €, menus 22-26 € ; plats 15-30 € ; ☺ tlj sauf dim et lun midi). Impossible de manquer cette pittoresque adresse avec une grande enseigne à l'effigie d'un cochon. C'est

l'un des rares restaurants à Mulhouse où l'on peut déguster quelques plats 100% alsaciens réussis comme la choucroute, les späetzle, le civet de lièvre et le coq au riesling. Les vins au pichet étant sélectionnés dans la région, ils sont plutôt bons et abordables, mais ne négligez pas la bière artisanale Ackerland venue d'Hochfelden. Pour faire passer la richesse des mets, il est tout à fait indiqué de finir son repas avec un schnaps : la maison dispose d'un beau choix. Grillades également.

Zum Klapperstei   Caveau €€
(☎ 03 89 42 15 39 ; 20 rue Engel-Dollfus ; plats 13-30 € ; ☺ lun-sam 11h-1h30 en continu). Le *klapperstein* était une pierre de 12 kg que les mauvaises langues condamnées pour leurs propos devaient porter autour du cou. Elles devaient faire ainsi le tour de la ville juchées sur un âne… Rassurez-vous, on ne vous infligera pas ce supplice ici et les kilos que vous afficherez en sortant ne seront pas à votre cou ! Au Klapperstei, les spécialités alsaciennes sont à la fête et le patron prend un soin particulier à choisir lui-même ses viandes et ses légumes au marché. Vous pouvez donc vous lancer sans crainte dans la dégustation d'abats cuisinés – osez les *surlawerla*, vous ne le regretterez pas ! Les plus prudents se rabattront sur les bouchées à la reine, le *baeckehoffe* maison ou le *mannerstolz* (la fierté de l'homme), une spécialité de la maison en forme de saucisse. Le caveau décoré par Bernard Latuner, un artiste-peintre mulhousien, est un véritable hommage aux excès culinaires avec Gargantua en héros alsacien !

Chez Auguste   Bistronomique €€
(☎ 03 89 46 62 71 ; www.chezauguste.com ; 11 rue Poincaré ; menus 20-25 € , plats 15-20 € ; ☺ mar-sam midi et soir). Un peu chic, tendance et raffiné, Chez Auguste s'est imposée en quelques années comme l'une des meilleures tables de Mulhouse. Le chef Luc Chervy prend plaisir à travailler des produits frais et parfois originaux, de la mer et de la terre. Se côtoient ainsi sur la carte

des noix de saint-jacques rôties, des huîtres et des rognons de veau (*kalbsnieren*) ou un filet de bœuf rôti. La carte des desserts, très originale, et celle des vins, très complète, ne peuvent que faire le bonheur de tous. Mieux vaut réserver bien en amont !

Il Cortile   Étoilé €€€

(03 89 66 39 79 ; www.ilcortile-mulhouse.fr ; 11 rue des Franciscains ; menu midi 40 €, menus 95-110 € ; plats 40-65 € ; mar-sam midi et soir). Dans une ruelle du Vieux Mulhouse, ce restaurant tenu par le charismatique Stefano d'Onghia, est l'une des fiertés locales, avec son étoile au guide Michelin. Le vaste intérieur a été dernièrement rénové, de manière élégante et très contemporaine, et la terrasse ombragée, aux beaux jours, discrète, intime, est un pur plaisir, mais c'est dans l'assiette que tout se passe. À la carte : "ravioli de lapin à la genovese, jus de cuisson, émulsion au parmesan", "risotto aux parfums iodés, carpaccio de noix de Saint-Jacques juste saisies, écume Granny Smith et huître végétale,

caviar d'esturgeon blanc".... la dolce vita version mulhousienne ! Vous y passerez un moment inoubliable.

Où sortir et prendre un verre

Café Mozart   Salon de thé

(03 89 66 48 48 ; 25 pl. de la Réunion ; lun 11h30-18h30, mar-ven 8h45-18h30, sam 8h-19h). En plein cœur de ville, un élégant salon de thé, idéal pour une petite pause gourmande à toute heure de la journée. On y sirote un chocolat chaud maison, accompagné des succulentes pâtisseries de chez Jacques, maître-pâtissier renommé à Mulhouse, qui a également pignon sur la place. Mais surtout, l'établissement, situé à l'étage, offre à travers ses baies vitrées un panorama incomparable sur la place de la Réunion et le temple Saint-Étienne. Petite restauration le midi.

La Quille   Bar à vins

(03 89 44 4130 ; 10 rue de Moselle ; lun-jeu 18h-minuit, ven-sam 18h-1h30). Ouverte en 2013, cette adresse, dans une rue du

Port de plaisance de Mulhouse

centre en plein renouveau (en témoigne l'ouverture de la Maison Engelmann, une "halle gourmande" plutôt chic), s'est imposée comme un rendez-vous incontournable des amateurs de vin, d'Alsace ou d'ailleurs. Cadre élégant, mais pas guindé. Possibilité de grignoter une planche de fromage ou de charcuterie.

Le Gambrinus   Bar à bières

(📱03 89 36 96 75 ; www.legambrinus.com ; 5 rue des Franciscains ; 🕐lun-ven 11h30-14h et 17h-1h30, sam 17h-1h30). Niché dans une rue piétonne du vieux Mulhouse, c'est l'un des bars les plus en vogue de la ville, avec une clientèle d'habitués et d'artistes. L'ambiance y est conviviale et le choix de bières impressionnant. Concerts réguliers. Terrasse sur la rue. Restauration également.

Les Copains d'abord   Institution

(📱03 89 56 09 39 ; 13 rue Louis-Pasteur ; 🕐lun et sam 17h-1h30, mar-ven 11h-14h et 17h-1h30). Au rez-de-chaussée d'un immeuble pas franchement esthétique du cœur de ville, un bar où les Mulhousiens, toutes générations, tous milieux sociaux confondus, se retrouvent autour d'une pinte de bière ou d'un mojito dans une ambiance chaleureuse jusque tard dans la soirée. Concerts régulièrement proposés.

La Taverne
des Chevaliers teutoniques   Pub

(📱03 89 59 16 10 ; 10 passage Teutonique ; 🕐lun-sam 16h-1h30). Dans une ruelle à deux minutes de la place de la Réunion, une taverne fréquentée par nombre d'étudiants et de jeunes Mulhousiens qui viennent y regarder un match de foot ou écouter de la musique rock, tout en dégustant une des 300 bières du monde entier proposées à la carte.

La Filature   Scène nationale

(📱03 89 36 28 28 ; www.lafilature.org ; 20 allée Nathan-Katz ; 🕐mar-sam 11h-18h30, dim 14h-18h et soirs de spectacles). Depuis 20 ans, la Filature de Mulhouse est l'une des grandes scènes culturelles d'Alsace. Tout au long de l'année, dans les différents domaines du spectacle vivant (théâtre, danse, opéra, concert, cirque…), elle affiche une programmation alléchante, conviant les plus grands artistes du moment. Voir le site pour la programmation.

Une galerie d'art accueille des expositions temporaires de photographes ou de plasticiens (entrée libre).

Le Noumatrouff   Musiques actuelles

(📱03 89 32 94 10 ; www.noumatrouff.fr ; 57 rue de la Metzau). Rock, électro, rap… Impossible de ne pas citer ce haut lieu de la vie musicale mulhousienne, qui accueille dans ses deux salles des groupes connus ou en devenir, des artistes internationaux ou locaux. Programmation sur le site Internet. Bar à prix doux lors des concerts.

ℹ Renseignements

Office du tourisme et des Congrès de Mulhouse et sa région (📱03 89 35 48 48 ; www.tourisme-mulhouse.com ; 1 av. Robert-Schuman ; 🕐tlj 10h-13h et 14h-18h, fermé dim après-midi jan-mars et oct-nov). Organise plusieurs visites pour mieux comprendre l'histoire de la ville, soit accompagnées d'un guide-conférencier (7 thèmes), soit autonomes, à pied ou à vélo, en suivant des panneaux explicatifs. Vous trouverez aussi un intéressant livret de découverte destiné aux enfants.

ℹ Depuis/vers Mulhouse

Mulhouse est une grande porte d'entrée en Alsace, en Suisse ou en Allemagne, grâce à l'aéroport international très bien desservi **EuroAirport** (📱03 89 90 31 11 ; www. euroairport.com), septième aéroport français et troisième aéroport suisse. Situé près de Saint-Louis, en France, il n'est qu'à 5 minutes de Bâle, en Suisse, ou de Weil-am-Rhein, en Allemagne, mais à 30 minutes de Mulhouse en voiture. Depuis la gare, prendre le TER jusqu'à Saint-Louis, puis la navette **Distribus ligne 11** (10 min ; 2,50 €).

La **gare de Mulhouse** est très bien desservie car sur deux lignes à haute vitesse : est-européenne et Rhin-Rhône. Strasbourg (45 min).

Lyon (3 heures), Paris (3 heures), Marseille (4 heures 45), Zurich (1 heure 30) sont ainsi accessibles en TGV, et Bâle (30 min) en TER.

 Comment circuler

Dans Mulhouse, outre le réseau de **bus** fourni, 3 lignes de **tram** sont en service, qui permettent de se rendre dans les endroits stratégiques de la ville, notamment jusqu'aux musées excentrés.

Une ligne de **tram-train** permet de se rendre très vite jusqu'à Thann et Kruth, au pied des Vosges.

ENVIRONS DE MULHOUSE

Mulhouse concentre une bonne partie des curiosités touristiques de la région, mais, d'un point de vue paysager, sortir de la ville pour découvrir les environs est absolument nécessaire. La campagne, située entre Vosges, Jura et Forêt-Noire, offre des panoramas inhabituels sur l'Alsace mais aussi sur l'Allemagne et la Suisse. Quelques beaux villages et bourgs, qui semblent avoir été fort heureusement oubliés par un urbanisme parfois dévastateur, sont à parcourir à vélo ou à pied de préférence : Eschentzwiller, Habsheim, Landser, Ensisheim méritent un petit passage...

Rixheim

Aux portes de Mulhouse, ce gros bourg, sans grand intérêt par ailleurs, abrite un musée historique qui mérite une visite.

À voir

Musée
du Papier peint   Savoir-faire
(☎03 89 64 24 56 ; www.museepapierpeint. org ; La Commanderie, 28 rue Zuber ; tarif plein/réduit/-16 ans 8/5 €/gratuit ; ☺tlj mai oct 10h-12h et 14h-18h, nov-avr fermé mar). Il n'existe que trois musées du papier peint dans le monde, et celui de Rixheim est sans conteste le plus complet : il présente des réalisations artistiques mais aussi toute la panoplie des outillages complexes pour la plupart inventés et mis au point ici, dans ce qui fut la manufacture de Jean Zuber. Installée en 1797 dans une ancienne commanderie de l'ordre des chevaliers teutoniques, elle avait pour vocation d'imprimer des vues panoramiques sur du papier à coller sur les murs des salons. Cette nouveauté pour l'époque rencontra un grand succès et assura la fortune de Zuber. Toutes les créations et les inventions de l'usine de Rixheim ont été conservées et augmentées d'œuvres venues du monde entier : l'histoire du papier peint est ainsi retracée depuis les débuts. Le fonds particulièrement riche permet de proposer deux expositions différentes par an, qui sont complétées par la salle des machines. La taille des impressions panoramiques donne une idée de la taille des salons d'autrefois...

Où se restaurer

Pour déjeuner avant ou après votre visite du musée, nous vous conseillons deux adresses à proximité.

La Fourchette   Cuisine traditionnelle €
(☎03 89 81 42 65 ; www.lafourchette68.fr ; 1 rue de Landser, Schlierbach ; plats 15-25 € ; ☺mer-dim midi et soir). Bien sûr, la déco est kitsch. Mais c'est délibéré... et l'essentiel n'est-il pas dans les assiettes ? Comment ne pas succomber à la tête de veau gribiche ou chercher plus local que les rognons de veau à la moutarde à l'ancienne ? Lucien et José exposent leur amour de la bonne cuisine traditionnelle dans chaque plat. Ces garçons, tous deux originaires de Schlierbach, à une dizaine de kilomètres au sud de Rixheim, savent y faire : de la cuisine sortent des mets toujours bien présentés, servis par les patrons eux-mêmes qui, en plus, vous étonneront par leurs conseils sur le choix des vins. Une très bonne adresse.

Le 7e Continent   Gastronomique €€€
(☎03 89 64 24 85 ; www.le7emecontinent. com ; 35 av. du Général-de-Gaulle, Rixheim ; menu midi en semaine 29 €, menus 56-88 € ; ☺fermé sam midi, dim soir et lun). L'endroit, tout d'abord, est étonnant. En plein cœur

VAUT LE DÉTOUR
L'abbatiale d'Ottmarsheim

Sans aucun doute, l'**abbatiale d'Ottmarsheim** (renseignements mairie d'Ottmarsheim ☎ 03 89 26 06 42, 20 rue du Général-de-Gaulle ; ☺ tlj 10h-19h en dehors des offices religieux, visites guidées dim 14h30 juin à début sept, tarif plein/-12 ans 5 €/gratuit, sur réservation le reste de l'année pour les groupes) est l'un des joyaux de l'art roman en Alsace. Édifiée par le comte Rodolphe d'Altenbourg vers 1030, en même temps qu'une abbaye bénédictine, l'église a la particularité de cerner un chœur octogonal, une copie presque conforme de la chapelle palatine d'Aix-la-Chapelle. Cette forme, mais aussi sa consécration par le pape Léon IX (originaire d'Alsace) en 1049, font de cette abbatiale l'un des monuments religieux les plus célèbres de la vallée du Rhin. Les luttes, les guerres, les libérations ou les occupations ont mis le bâtiment à mal bien des fois... mais c'est en 1991 que l'abbatiale a subi sa plus grande épreuve lorsqu'elle a été ravagée par un gigantesque incendie. Le magnifique orgue de style baroque datant du XVIIIᵉ siècle et provenant de l'abbaye de Lucelle (voir p. 298) est alors parti en fumée. Le bâtiment a été depuis restauré. Ne vous contentez pas de n'en visiter que l'extérieur : l'intérieur est d'une rare beauté avec la voûte et l'octogone, avec ses différents étages dans lesquels se nichent des chapelles. Des pierres tombales datées du XVᵉ au XVIIIᵉ siècle ont été scellées dans les murs. Depuis 1991, des moines occupent à nouveau le prieuré et donnent une nouvelle vie à cet imposant édifice religieux.

de Rixheim, l'établissement, recouvert à l'extérieur d'extravagants murs peints, abrite deux atmosphères différentes : une salle dédiée aux épices, avec vitres ouvrant sur la cuisine, et une "salle aux étoiles", avec plafond ouvrant sur le ciel. Côté papilles, le chef Laurent Haller et son équipe font des miracles, jouant avec les textures, mariant les saveurs du monde entier tout en faisant la part belle aux produits de saison. Exemples de la carte : "pigeon rôti sur un canapé aux trompettes de la mort, étuvée de chou vert", "merlu de ligne poêlé, salpicon de ris de veau et tête de veau, siphon de sauce meurette, purée de pommes de terre à la brisure de lard"... Une gastronomie inventive, résolument contemporaine, souvent surprenante, récompensée en 2015 par une première étoile au guide Michelin.

Ensisheim

Situé à une vingtaine de kilomètres au nord de Mulhouse, en bordure de l'Ill, Ensisheim est un village non dénué de charme qui compte de belles demeures historiques, des XVIᵉ et XVIIᵉ siècles notamment. Il abrite en outre un musée qui peut faire l'objet d'une visite.

À voir

Musée de la Régence   Hétéroclite
(☎ 03 89 26 49 54 ; www.musees-alsace.org ; 6 pl. de l'Église ; 2 €, gratuit -18 ans ; ☺ tlj sauf mar 14h-18h, fermé aussi les 2ᵉ et 4ᵉ sam-dim du mois oct-avr). Le palais de la Régence, construit à la Renaissance, abrite ce merveilleux petit musée, un peu hétéroclite, mais qui vaut le détour. Divisé en trois sections (mines de potasse, archéologie, histoire) il tient une pièce maîtresse avec la météorite d'Ensisheim, tombée en 1492 et première à avoir été recensée ! Elle a fait fantasmer, à l'époque de sa chute, Sébastien Brant ou Albrecht Dürer, mais aussi plus tard Jules Verne, qui l'a célébrée dans son roman *La Chasse au météore*. La section archéologique regroupe les pièces un peu disparates mises au jour dans la région : bijoux, poteries, objets en tous genres témoignent d'une présence humaine très ancienne. La dernière section, sans doute la plus émouvante, rend hommage à une activité aujourd'hui disparue et qui fut

importante en Alsace : l'exploitation de la potasse. L'exposition montre bien sûr du matériel, mais elle s'attache aussi aux conditions de vie des mineurs, à leurs peurs et à leurs croyances. Un musée qui nous en apprend beaucoup sur la région.

Où se restaurer

Domaine
du Moulin   Hôtel-restaurant-spa €€€
(☎03 89 83 42 39 ; www.hotel-domainedumoulin-alsace.com ; 44 rue de la 1ʳᵉ-Armée ; plats 15-40 €, menus 26-63 € ; s/d 105-150/120-170 € selon confort, lit supp 19 € ; ☺tte l'année, resto tlj sauf sam midi). Si vous souhaitez loger dans un hôtel chic où prendre soin de votre corps, mettez le cap sur cette adresse. Le cadre de cette villa est superbe et la décoration intérieure est dominée de bois clair et châtain de toute beauté. La taille du spa (piscine extérieure, hammam, sauna, Jacuzzi extérieur...) est peut-être un peu petite vu le nombre de chambres, mais la restauration à la fois recherchée et traditionnelle, toujours de qualité, compense largement ce petit

bémol. Le personnel, tant à l'hôtel qu'au restaurant, est très sympathique et accueillant. Gamme de prix raisonnable vu le luxe de l'établissement. Copieux petit-déjeuner buffet à 16,50 €.

Saint-Louis

Toute proche des frontières suisse et allemande, Saint-Louis, nommée ainsi par Louis XIV, est surtout connue pour abriter l'EuroAirport (voir p. 276). Même si vous n'arrivez pas en avion dans la région, la ville, "porte de France", qui était jusqu'au XVIIᵉ siècle un simple hameau avec relais de poste, mérite une étape, notamment pour visiter la Fondation Fernet-Branca.

◉ À voir et à faire

Fondation
Fernet-Branca   Art contemporain
(☎03 89 69 10 77 ; www.fondationfernet-branca. org ; 2 rue du Ballon ; tarif plein/réduit/-18 ans 8/6 €/gratuit ; ☺mer-dim 13h-18h). De ce lieu sortaient chaque année 300 000 bouteilles d'une liqueur digestive alcoolisée. La distillerie ouvrit ses portes en 1907 avant

Abbatiale d'Ottmarsheim

À NE PAS MANQUER ⭐

L'écomusée d'Alsace

Dans ce musée pas comme les autres, la météo et les saisons jouent aussi leur rôle : qu'il pleuve, qu'il vente, que le soleil brille ou qu'il neige, de nuit comme de jour, c'est un vrai village dans lequel vous déambulez entre 73 bâtiments (maisons, granges, fermes, garages, remises, huttes…) tous sauvés d'une destruction certaine et déplacés ici. Plus de 40 000 objets du quotidien sont exposés ou encore utilisés pour faire revivre un passé pas si lointain, mais où la vie était tellement différente de celle d'aujourd'hui. Ce n'est pas de la nostalgie, mais un véritable hommage au monde rural du XIXᵉ siècle et du début du XXᵉ. Des centaines de bénévoles jouent, travaillent et finalement habitent ce village extraordinaire… certes, aux heures d'ouverture ! En costumes d'époque, ils côtoient les nombreux touristes et leur font vivre un voyage dans le temps, en sourires, en chansons, en parfums ou en sons. Les grandes fêtes de l'année sont célébrées dans les rues de ce bourg, de jour ou de nuit selon la nécessité. Les travaux des champs ou de la ferme sont rythmés par les saisons, de sorte que l'on n'y verra jamais tout à fait la même chose. Événements, spectacles et animations sont constamment proposés aux visiteurs de passage, au milieu des animaux et des tracteurs !

Infos pratiques

Écomusée (📞 03 89 74 44 74 ; www.ecomusee-alsace.fr ; à une vingtaine de kilomètres au nord de Mulhouse, près du village d'Ungersheim (suivre les panneaux) ; adulte/enfant 4-14 ans 15/10 €, famille 2 adultes + 2 enfants 43 € ; 🕐 presque toute l'année avec des horaires variables, consulter le site Internet). On peut se loger et se restaurer sur place. De nombreux lieux de pique-nique sont à disposition. Prévoyez au moins une demi-journée pour faire le tour de ce musée qui s'étale sur plus de 10 ha.

d'être transformée en un lieu consacré à l'art contemporain en 2004. Peut-être reste-t-il des effluves éthyliques expliquant l'excentricité des toiles, sculptures et objets parfois non identifiés qu'on y rencontre. Les expositions sont toujours de très grande qualité (Paul Rebeyrolle, Georges Mathieu, Serge Poliakoff, Olivier Debré, Walter Niedermayr…) et leur mise en scène spectaculaire dans ces très grands volumes.

Parc des Eaux Vives   Sports nautiques

(📞03 89 89 70 20 ; www.ville-huningue.fr ; La Timonerie, Huningue ; session de 2 heures avec accès et location tarif plein/réduit 18,50/16,70 €). À Huningue, commune limitrophe de Saint-Louis, le long du canal de Huningue, une rivière artificielle a été aménagée pour pratiquer tous les sports d'eaux vives. C'est le royaume du rafting, du kayak, de l'*hydrospeed* et autres spécialités aquatiques de remous et d'obstacles. Un mur d'escalade de 162 m² installé sur place propose 15 voies cotées de 5 à 8 C. Il est obligatoire de s'équiper pour pratiquer un sport dans le parc, mais on peut louer tout le matériel adéquat sur place.

Petite Camargue
Alsacienne   Réserve naturelle

(📞03 89 89 78 50 ; www.petitecamarguealsacienne.com ; 1 rue de la Pisciculture ; 🕐Maison de la réserve tlj 9h-17h mars-oct). Créée en 1982, la réserve naturelle de la Petite Camargue Alsacienne est la plus ancienne de la région. Sur 904 ha s'étale cette relique de la jungle rhénane qui témoigne d'une richesse incroyable, tant par sa faune que par sa flore : 40 espèces de libellules se posent sur 15 variétés d'orchidées ! On y rencontre des espèces protégées au niveau national : l'iris de Sibérie, l'œillet superbe ou la marguerite de la Saint-Michel. Et on y dénombre pas moins de 237 vertébrés dont 16 sortes d'amphibiens ou 174 espèces d'oiseaux. On peut les admirer tout au long des sentiers au milieu des roselières ou depuis des cabanes d'observation (jumelles bienvenues !). On peut aussi voir dans cette réserve la première pisciculture

industrielle établie sous Napoléon III en 1852. La réserve s'étend à la sortie nord de Saint-Louis.

🛏 Où se loger et se restaurer

Hôtel de l'Europe   Old school €€€

(📞03 89 69 73 55 ; www.hotel-deleurope.com ; 2 rue de Huningue ; s-d/tr-qua 80-135/115-145 € ; 🕐tlj). Situé en plein centre-ville dans un bel immeuble aux allures de manoir anglais, ce deux-étoiles séduit par son chic un brin suranné. Les chambres au style ancien sont spacieuses et lumineuses, et équipées de tout le confort moderne. On aurait presque envie de s'y attarder pour écrire ses mémoires…

La Diligence   Winstub du Sud €€

(📞03 89 69 38 14 ; www.ladiligence.fr ; 8 rue de Mulhouse ; plat du jour 10,50 €, formules 13-20 €, menus 22-37 € ; 🕐mar-sam midi et soir). En plein cœur de Saint-Louis, l'établissement des frères Morand se présente comme "la winstub la plus méridionale d'Alsace". Le cadre y est en effet rustique, avec boiseries apparentes, affiches rétros, et même, le soir, des serveuses en costumes traditionnels alsaciens ! On vient ici pour le vaste choix de tartes flambées, mais aussi pour un filet de sandre sur lit de choucroute ou un jambonneau braisé, le tout arrosé de la bière blonde fabriquée à Saint-Louis. Bar également.

Kembs

Le petit village de Kembs est surtout connu pour être le point de départ du Grand Canal d'Alsace (voir p. 283). Amateurs de tourisme fluvial, courez-y.

🎯 À voir et à faire

Alsace Plaisance   Tourisme fluvial

(📞03 89 62 99 85 ; www.alsace-plaisance.com ; 8 bis rue Paul-Bader ; bateau 5 pers 120 € la demi-journée). Alsace Plaisance propose des formules de location de petits bateaux sans permis. À la demi-journée ou à la journée, on peut embarquer sur un bateau

➤ **VAUT LE DÉTOUR**
La Fondation Beyeler

De Saint-Louis, il est tentant d'aller voir ce qui se passe de l'autre côté de la frontière, en Suisse toute proche. En l'occurrence, on ne saurait trop vous conseiller de visiter la **Fondation Beyeler** (☎ +41 (0)61 645 97 00 ; www. fondationbeyeler.ch ; Baselstrasse 101, Riehen ; tarif plein/11-19 ans/-11 ans 25/6 €/ gratuit ; ⏱ tlj 10h-18h, jusqu'à 20h mer), qui se trouve à Riehen, à la périphérie de Bâle. Ernst Beyeler est sans doute l'homme qui a fait de la ville de Bâle un des grands centres mondiaux de l'art contemporain. Toute sa vie, il aura rassemblé des œuvres d'art pour finalement constituer l'une des plus importantes collections d'art moderne. Sa formation en histoire de l'art et son expérience auprès d'antiquaires célèbres, comme Oskar Schloss, lui ont permis de déceler des chefs-d'œuvre bien avant que leurs auteurs soient reconnus. La fondation qu'il a mise sur pied a pour but d'offrir aux yeux du monde ces œuvres impressionnantes de beauté et d'avant-gardisme, alliant toujours son goût du moderne sans jamais négliger les "anciens". Ainsi, Warhol tend les bras à Van Gogh, Kandinsky et Braque se souviennent de Cézanne, Miró et Christo s'amusent avec Giacometti et Brancusi, tandis que Monet admire les reflets de ses *Nymphéas* dans la *Forest Cathedral* de Mark Tobey. La réalisation de son musée a été confiée au grand architecte Renzo Piano, créateur du Centre Pompidou à Paris. Le bâtiment et le parc qui l'entourent sont en eux-mêmes un temps fort de la visite.

à moteur jusqu'à 7 personnes et s'amuser à faire un tour depuis l'écluse Le Corbusier (où l'on embarque) jusqu'au centre de Mulhouse et son petit port de plaisance situé à côté de la gare centrale. Passer une agréable journée au fil de l'eau est une

très belle manière de découvrir l'ancien et le nouveau canal du Rhône au Rhin avant qu'il ne se jette dans le Grand Canal d'Alsace à Niffer. On peut éventuellement embarquer sur un autre tronçon mais, dans ce cas, il faut prévoir un supplément pour le déplacement du bateau.

 ## Où se loger et se restaurer

Au Relais de la poste aux chevaux   Chambres d'hôtes €€
(☎ 03 89 48 33 98 ; www.aurelaisdelaposte auxchevaux.fr ; 45 rue du Maréchal-Foch ; s-d 92 € avec petit-déj, 28 € pers supp). Cette très belle étape dans un ancien relais de poste transformé en gîte luxueux propose trois chambres. À disposition : un Jacuzzi, un spa, des massages bien-être et un très beau jardin qui vous enchantera au printemps. Esther et Gilbert sont toujours de très bon conseil : ils aiment leur région et savent donner envie d'aller la découvrir par monts et par vaux…

Le Petit Kembs   Semi-gastronomique et chambres d'hôtes €€
(☎ 03 89 48 17 94 ; www.lepetitkembs.fr ; 49 rue du Maréchal-Foch ; formules midi en semaine 15-20 €, menus 28-45 €, plats 18-30 €, ch s/d/ tr 74/78/100 €, petit-déj inclus ; ⏱ fermé sam midi, lun soir et mer). Dans une belle demeure alsacienne à la déco raffinée, une valeur sûre pour déguster des produits de saison mijotés avec talent et subtilité par le maître-restaurateur Cyril Girard, que ce soit pour un déjeuner rapide ou un dîner plus gastronomique (foie gras, noix de Saint-Jacques, escargots en gratin de champignons…). L'établissement dispose par ailleurs de deux chambres d'hôtes modernes, spacieuses et ultraconfortables. Jardin-terrasse idyllique aux beaux jours.

ALTKIRCH ET LE SUNDGAU

Sundgau. Ce nom, qui évoque la partie la plus méridionale de l'Alsace, celle où les Vosges laissent place au Jura, sonne déjà comme une promesse d'exotisme. Entre territoire de Belfort et frontière suisse, de nouveaux paysages se déploient : les plaines ondulent de plus en plus pour épouser l'orographie des premiers mamelons jurassiens. Ici, sur les terres où la petite paysannerie a si longtemps résisté aux tentations de la modernité, la ruralité a encore un sens, à quelques encablures seulement de l'agglomération mulhousienne. Un petit coin de paradis, même, pour nombre d'Alsaciens, qui adorent y venir passer une journée pour le dépaysement ou pour déguster la carpe frite, LA spécialité locale, dans une des si pittoresques auberges sundgauviennes.

Altkirch

Altkirch, 6 000 habitants, est la capitale autoproclamée du Sundgau, mais elle n'en est finalement que la porte d'entrée. De belles peintures de *street art* dissimulent bien quelques façades décrépies, mais il faut reconnaître que ce n'est pas une cité où l'on veut s'éterniser. Pour voir le bourg sous son aspect le plus séduisant, venez un jeudi matin, jour de marché, ou le samedi matin, pour son beau marché paysan, où vous trouverez, place de la Halle-au-Blé, le meilleur du terroir sundgauvien. Altkirch ne dispose pas d'hôtels, et côté restauration c'est morne plaine... Le charme de la ville, bâtie dès le XIe siècle sur un éperon dominant l'Ill, se résume à sa rue principale située en hauteur près de l'hôtel de ville, bordée de quelques bâtiments remarquables, mais plutôt mal mis en valeur. Altkirch s'anime toutefois lors de la grande **foire Sainte-Catherine** (autour du 25 novembre, depuis l'an 1505 !) et au mois de décembre pour les festivités de Noël, si importantes en Alsace.

 À voir

Une brève flânerie à Altkirch permet toutefois d'admirer des bâtiments intéressants. La tour du Schlaghaus, située boulevard Clemenceau, est un vestige du XVe siècle flanqué aux remparts de la ville

 SI VOUS AIMEZ...
Les biefs et les écluses

Des aménagements hydroélectriques importants ont été réalisés sur le Rhin au XXe siècle : 10 centrales installées le long du Grand Canal d'Alsace assurent 12% de la production d'énergie renouvelable en France. Gagnez le canal qui coule de Kembs à Vogelgrun, près de Neuf-Brisach, 50 km plus loin, pour voir le fonctionnement des écluses gigantesques ou les passes à poissons installées dans les centrales. À vélo ou en voiture, on peut rejoindre la route de service EDF (D52), ouverte au public, dès Village-Neuf près de Saint-Louis.

○ Bief de Kembs La première des centrales fut construite à Kembs en 1932, là où le Grand Canal et le Rhin se séparent. L'écluse de Kembs a été dessinée par Le Corbusier, dont c'était une des premières commandes publiques. On peut visiter cet édifice classé monument historique et doté d'une double écluse de navigation.

○ Usine hydroélectrique d'Ottmarsheim Ottmarsheim a vu son destin changer en 1947 avec le creusement du Grand Canal d'Alsace et la construction d'une usine hydroélectrique l'année suivante. Le bief d'Ottmarsheim est long de 14,3 km : l'écluse est composée de deux sas accolés, l'un de 23 m de large, l'autre de 12 m.

○ Écluse de Vogelgrun L'écluse de Vogelgrun, installée en 1959, est double avec un sas de 23 m de large et un autre de 12 m, comme à Ottmarsheim, et longue de 180 m de long aussi. Elle doit pouvoir absorber chaque année 20 000 bateaux et péniches... Sur toutes les centrales, on peut admirer des œuvres du sculpteur Raymond Couvègnes dont, à Vogelgrun, la célèbre nymphe Électricité.

qui furent érigés en 1245. De l'autre côté du cinéma, la Vieille Porte, aussi appelée porte de Belfort, était l'une des trois entrées taillées dans les remparts. Un bâtiment en pans de bois datant du XVIIIe siècle, vient compléter ce bel ensemble. Au n°1 de la rue de la Vieille-Porte, vous admirerez une maison Renaissance (1693), avec fenêtres sculptées d'arcs en accolades, et, au n°5 de la rue de la Cure, une autre demeure Renaissance qui abrite le presbytère. Il suffit de se retourner pour voir un bel immeuble lui aussi édifié à la Renaissance (n°13 rue du Château) et qui s'enorgueillit d'une cage d'escalier monumentale placée dans une tourelle. Quelques belles demeures sont à admirer en remontant la rue du Château, comme celle des frères Gilardoni (qui inventèrent le procédé des tuiles industrielles) ou du peintre Lehmann, avant d'atteindre la petite place devant le très bel hôtel de ville et le Musée sundgauvien, près de la fontaine. L'hôtel de ville a été érigé en 1778 et il est remarquable par son fronton avancé, en forme triangulaire où figure les armes de la ville. Dans ce bref inventaire il convient de ne pas oublier, bijou d'Altkirch, la maison à la Pomme, ou maison à l'Oriel, située place des Trois-Rois, au n°10. Le magnifique oriel qui l'orne date de 1586. Au n°32 de la rue des Boulangers se situe la maison de Jacques Pathé, père du célèbre Charles Pathé, fondateur de la société de cinéma.

Musée sundgauvien — Hétéroclite

(☏03 89 40 01 94 ; www.sundgau-sudalsace.fr ; 1 rue de l'Hôtel-de-Ville ; 3 € ; gratuit -18 ans ; ⊙juil-août tlj sauf lun 14h-17h, sept-juin dim 14h30-17h30). Il fait partie de ces petits musées charmants et très locaux qui vous font faire un tour d'horizon de la région où vous êtes : il n'y a pas de logique, pas de thèmes, pas de scénographie, mais des témoignages disparates. On trouve de tout dans ce bazar muséographique, mais attardez-vous un peu plus sur les peintres exposés, dont le plus fameux est Jean-Jacques Henner, enfant du pays qui connut son heure de gloire à la fin du XIXe siècle. Certaines de ses toiles importantes ont subi une restauration peu respectueuse ! Autre élément intéressant, la bibliothèque du poète sundgauvien Nathan Katz. Le musée est abrité sous les pans d'une demeure Renaissance du XVIe siècle construite pour héberger le bailli de la seigneurie des Habsbourg. Il faut en admirer toute l'architecture mais particulièrement la merveilleuse toiture en tuiles vernissées.

Centre rhénan d'Art contemporain — CRAC

(☏03 89 08 82 59 ; www.cracalsace.com ; 18 rue du Château ; entrée libre ; ⊙mar-ven 10h-18h, sam-dim 14h30-19h). GRATUIT On se demande si c'est par inadvertance que l'on a installé dans l'ancien lycée d'Altkirch, si classique, ce temple de la modernité culturelle... On peut regretter que les expositions temporaires, qui piochent dans le fonds régional d'art contemporain, n'offrent pas plus souvent la tribune aux artistes de la région.

Fontaine de la Vierge — Monument historique

Juste en face de l'hôtel de ville, vous pouvez admirer une belle fontaine de style gothique. Il s'agit en réalité d'un clocheton récupéré d'une église détruite à cet emplacement en 1845. Une statue de la Vierge semble se réfugier dans une niche au cœur de la flèche.

✪ Activités

Piscine — En plein air

(☏03 89 40 97 87 ; rte de Carspach, rue Saegeberg ; tarif plein/6-16 ans/-6 ans 3/2 €/ gratuit ; ⊙juin-août 10h-19h). Remise au goût du jour récemment, elle attire les foules chaque été. Grands espaces verts et tables de ping-pong.

Où se loger et se restaurer

Le Schweighof — Chambres d'hôtes et gîte rural €€

(☏06 42 84 86 33 ; www.leschweighof. fr ; chemin du Schweighof ; petite ste 95-110 € ; grande ste 125-155 € selon le nombre de personnes, petit-déj inclus, gîte 560 € la semaine ; ☻tte l'année sur réservation). Posée en pleine campagne sur les hauteurs d'Altkirch, cette ferme contemporaine (qui abrite également un cabinet d'architecte) compte deux suites (une petite pour deux personnes, une grande pouvant accueillir quatre personnes) refaites à neuf dans un style à la fois recherché (style scandinave), branché et parfois surprenant. Un effort a été réalisé dans l'aménagement d'un gîte de 75 m² dans une petite maison indépendante de la ferme, près d'un étang. La chambre annexe est étroite mais on peut y loger à 4 et, en dépliant le convertible du salon, jusqu'à 5. Le lieu est plaisant et calme, très agréable au printemps. Une boutique-café (téléphonez de préférence pour vous annoncer) installée dans la ferme propose des accessoires déco pour la maison et, pour les enfants, des *smørrebrød*, des *pirojki*, des gâteaux faits maison, du thé à volonté dans un samovar… Une adresse idéale pour se mettre au vert et, ce qui ne gâche rien, de charmants et érudits propriétaires.

Il Picchio   Italien €
(☎03 89 07 47 54 ; rue Hommaire-de-Hell ; formule midi 11,50 € ; ☻mar-dim midi et soir). Peu de choix pour se restaurer en plein cœur d'Altkirch, mais ce petit restaurant italien familial conviendra très bien pour une pizza, un plat de pâtes et, pour finir, une glace à l'italienne. Le cadre est plutôt agréable, presque romantique, et le service rapide et efficace.

Au Coq   Traditionnel €€
(☎03 89 25 42 38 ; 3 rte d'Altkirch, Illfurth ; plat du jour 7,50 €, menus 10,50-34 €, menus enfant 9-12 € ; ☻jeu-lun midi et soir). De l'extérieur, l'établissement (à 6 km au nord d'Altkirch) ne paie pas de mine. Pourtant, Au Coq, tenu depuis plusieurs générations par la famille Nico et installé face à l'hôtel de ville d'Illfurth, est la meilleure "petite adresse" que nous avons dénichée dans les environs d'Altkirch. Dans un décor plutôt désuet mais chaleureux (deux salles tapissées de vieux tableaux alsaciens), on croise les ouvriers du coin comme des touristes de passage. On se régale de rognons de veau, de cuisses de grenouille, de truite au

La Largue

INSOLITE !
La stammtisch

Dans chaque village alsacien, comme partout en France, il y avait traditionnellement au moins un bistrot, parfois plusieurs. Plus qu'un lieu où boire, ces repaires avaient surtout une fonction sociale très importante : c'est là que se retrouvaient les gens du village après une journée de dur labeur, et qu'ils prenaient des nouvelles les uns des autres. Et il y avait les habitués, à qui on réservait la *stammtisch* pour être certain qu'ils aient une place où boire, manger et discuter. Dans le sud de l'Alsace, cet usage est toujours en vigueur et gare à l'étranger qui oserait s'asseoir là ! Choisissez donc n'importe quelle autre table pour déguster d'excellents vins blancs d'Alsace au pichet ou le fameux Amer-Bière, avec ou sans une pointe de citron. Pour les schnaps, demandez toujours au patron s'il n'a pas quelque chose de très local. C'est meilleur et beaucoup plus sain ! Et puis, tendez l'oreille. Souvent la langue alsacienne, qui tend à disparaître, se fait encore entendre dans ces bistrots.

riesling, de *surlawerla*, de friture de carpe et de bien d'autres spécialités alsaciennes. Les formules du midi, en semaine, sont d'un rapport qualité/prix imbattable. Personnel dynamique et sympathique.

Auberge des Trois Vallées   Gastronomique €€/€€€
(✆ 03 89 40 50 60 ; www.aubergedestroisvallees. fr ; 16 rte d'Altkirch, Hirsingue ; plats 8-25 € ; menus 30-36 € ; ⏱ mar et jeu-dim midi et soir, lun midi). Tombé amoureux de la région il y a une trentaine d'années, le chef néerlandais Pieter Arens est devenu, grâce à sa cuisine raffinée, l'un des meilleurs ambassadeurs de la cuisine sundgauvienne. Son établissement, situé à Hirsingue, un charmant village aux portes d'Altkirch, propose une divine carpe frite, mais aussi un feuilleté de poissons sur fondue de poireaux,

une truite farcie aux légumes et braisée au Riesling, des rognons de veau à la moutarde, des *knepfla* maison… Grand choix de viandes et de poissons. On s'y sent tout de suite à l'aise… On recommande chaudement !

✇ Où sortir et prendre un verre

Cinéma Palace Lumière   2D et 3D
(✆ 03 89 40 27 24 ; www.cinema-altkirch. com ; 4 rue de la Vieille-Porte). Ce récent complexe de quatre salles est l'une des rares animations nocturnes de la région. La programmation est de qualité. Le petit bar à l'entrée permet de boire un verre après une projection le soir, car en ville tout est bien souvent fermé depuis longtemps…

Joya Club   Discothèque
(✆ 03 89 70 82 91, 06 95 72 02 02 ; www.joyaclub. fr ; parc d'activités Nord, direction Dannemarie ; entrée 10 € avec une consommation ; ⏱ ven-sam 23h à 5h). Prisée par la jeunesse locale, c'est la seule boîte (auparavant nommée "Le Phare") autour d'Altkirch où l'on puisse danser toute la nuit dans une bonne ambiance. À noter la piste de la Playa, où les habitués s'éclatent, paraît-il, le plus, et la salle "rétro", pour ceux qui aiment les standards du rock et de la disco.

Glockabrunna   Friterie
(✆ 06 08 01 90 16 ; rue de Mulhouse, Balschwiller ; ⏱ ven à partir de 17h, sam 10h-minuit, dim 10h-21h). Ce troquet planqué dans une petite forêt de sapins est un lieu vraiment sympa où boire et écouter de la bonne musique alsacienne, ce qui est très rare dans le coin.

✇ Renseignements

Office du tourisme du Sundgau
(✆ 03 89 40 02 90 ; www.sundgau-sudalsace.fr ; 30 rue Charles-de-Gaulle ; ⏱ lun-ven 9h-12h et 14h-17h30, sam 9h-12h et 14h-16h)

Le Sundgau

Dès que l'on quitte Altkirch, des dizaines de lieux très hospitaliers s'offrent à vous loger ou vous nourrir – il y a une vraie tradition gastronomique dans le Sundgau. Surtout, à vélo, à VTT, à pied, à cheval ou même en voiture, il faut s'aventurer dans les vallées autour d'Altkirch pour découvrir le Sundgau. Le Thalbach, la Largue, mais surtout l'Ill, qui est la plus grande rivière alsacienne, offrent des promenades enchanteresses pour qui veut découvrir l'architecture des maisons alsaciennes et sundgauviennes. Le Sundgau, c'est un magnifique espace, sauvage, mystérieux, constellé d'étangs, et… tout petit !

Obermorschwiller

Le fait d'être un peu à l'écart des grandes voies de communication, sur la D68, au nord-est d'Altkirch, a préservé le village d'Obermorschwiller. Nombre de ses 430 habitants ont la chance de vivre dans de vieilles demeures du XVIe ou du XVIIe siècle, de magnifiques maisons à colombages qui donnent fière allure à ce bourg. Son église Saint-Sébastien, un ancien donjon fortifié, date de 1267 ! La mairie a mis en place un petit sentier du patrimoine qu'il vous suffit de suivre pour découvrir toutes ses merveilles.

Hirtzbach

Le village est très fier de son fleurissement (il est classé 4 fleurs depuis 1981 !). Le petit ruisseau qui le traverse est un fil d'Ariane à suivre pour découvrir une multitude de maisons à colombages. Le bourg abritait une famille de noblions originaire d'Allemagne qui sut changer de camp au lendemain du traité de Westphalie en 1648. Leur demeure, le **château de Reinach**, est toujours visible, mais de l'extérieur seulement. En revanche, on peut flâner dans le parc attenant qui est de toute splendeur. Depuis Altkirch, suivez la D432 vers le sud.

Où se restaurer

Restaurant de la Gare Terroir €
(03 89 40 93 27 ; www.restaurantdelagare munzenberger.fr ; 16 rue Principale ; formule midi 11 € ; plats 15-20 € ; fermé lun). On s'arrête dans ce vaste établissement situé en plein cœur du village en priorité pour déguster une succulente carpe frite, spécialité sundgauvienne par excellence, dont le chef propose différentes variantes. Mais on y retrouve également les grands classiques

Port de plaisance de Wolfersdorf (p. 288)

Sundgau, le paradis du vélo

Le Sundgau, avec son doux relief, semble idéal pour les cyclotouristes, mais les routes étroites qui le sillonnent ne sont pas sans dangers. Heureusement, plus de 300 km de pistes cyclables ont été mises en place sur les anciens chemins de halage ou sur d'anciennes voies ferrées. Ainsi, les rives du canal du Rhône au Rhin ont été transformées en pistes qui, dans le calme le plus complet, vous mènent vers des paradis de verdure, de fleurs et de roseaux. De Dannemarie à Mulhouse, vous pouvez faire du vélo sans croiser une seule voiture ! Un pur bonheur, d'autant plus que batraciens et oiseaux sont au rendez-vous... Une charte "Sundgau paradis du vélo" a été mise en place pour assurer le bon accueil des cyclistes de passage auprès des restaurateurs, des hôteliers et des vendeurs-loueurs de vélo. Renseignez-vous auprès des offices du tourisme d'Altkirch (p. 286) ou de Ferrette (p. 294).

de la cuisine alsacienne, dont d'excellents *fleischnakas* maison. Terrasse agréable aux beaux jours.

Friesen

En poursuivant dans la vallée de la Largue vers le sud (le long de la D78), arrêtez-vous dans ce village qui abrite en son centre la maison considérée comme la plus ancienne construction à colombages d'Alsace. Vieille de plus de 500 ans, elle a subi quelques modifications au cours de son histoire, mais a conservé son aspect d'origine, et même certaines pièces de bois de sa construction (dont la charpente).

Altenach

Dans la vallée de la Largue, à une quinzaine de kilomètres au sud-est d'Altkirch, Altenach abrite la **Maison de la nature** (03 89 08 07 50 ; www. maison-nature-sundgau.org ; rue Sainte-Barbe ;

entrée libre ; juil-août lun-ven 9h-12h et 14h-18h, dim 14h-18h) GRATUIT qui propose de nombreuses animations et activités pour mieux appréhender les milieux naturels du Sundgau. Deux maisons alsaciennes venues de Buethwiller et de Gommersdorf ont été remontées au bord de la Largue pour l'accueillir. Elle ouvre au public seulement en été, mais son site Internet est riche en ressources pour les visiteurs se rendant dans la région à une autre période.

Wolfersdorf

Le village de Wolfersdorf, à une dizaine de kilomètres à l'ouest d'Altkirch, juste à côté de Dannemarie, est surtout connu pour être une étape importante le long du canal du Rhône au Rhin. Ainsi, les jours d'affluence, la base nautique ferait presque penser à un petit port breton... Même si vous ne souhaitez rallier ni la mer du Nord ni la Méditerranée, le canal offre une possibilité originale de découvrir le Sundgau. Adressez-vous à **Alsace Plaisance** (06 80 75 56 15), basé dans le village voisin d'Hagenbach, si l'aventure vous intéresse. Ce prestataire est aussi basé à Kembs (voir p. 281).

Que vous embarquiez ou non, ne manquez pas l'échelle d'écluses entre Valdieu et Wolfersdorf : 12 écluses se succèdent sur 3 km pour franchir un seuil de 30 m. Il correspond à la ligne de partage des eaux entre le bassin rhodanien et le bassin rhénan, qui correspond également à la frontière linguistique entre langues germaniques et langues romanes.

Juste à côté, dans le bourg de Dannemarie, vous pourrez admirer un **pont-canal** (1834) qui permet aux bateaux d'enjamber la Largue.

Grentzingen

Ce village offre des maisons à colombages en enfilade et toujours bien rénovées, ce qui n'est pas forcément le cas dans d'autres villages. Ces fermes datent des XVIIIe et XIXe siècles. Ce ne sont donc pas les plus anciennes du Sundgau, mais leur état exceptionnel est une belle compensation. Lorsqu'au printemps, le village est rempli de géraniums en fleurs, le spectacle est tout simplement magique ! Depuis Altkirch, suivez la D432 vers le sud, puis à Hirsingue la D98.

Les villages voisins d'**Oberdorf**, **Waldighoffen** et **Riespach** offrent un aspect tout aussi séduisant.

Feldbach

On vient dans ce petit village au nord de Ferrette pour visiter son **église Saint-Jacques-le-Majeur**, superbe témoignage du style roman, dominée par un puissant clocher. Située en plein cœur de Feldbach, elle date de 1144 et, à l'origine, était rattachée à un couvent de bénédictines de l'obédience de Cluny. Les plus beaux traits de l'art roman ont pris corps dans cette église réputée pour sa finesse, son élégance et sa sobriété. Elle compte de nombreux trésors dont les pierres tombales de plusieurs membres de la famille des comtes de Ferrette. À voir également, le **prieuré** voisin, daté de 1542, une vaste demeure de toute beauté.

Où se restaurer

Restaurant Au Cheval Blanc Valeur sûre €€-€€€
(☎03 89 25 81 86 ; cheval-blanc-feldbach.fr ; 1 rue de Bisel ; menus midi en sem 12-13,50 €, menus 22-44 € ; plats 21-45 € ; ⏱jeu-lun midi et soir). À quelques pas de l'église, ce restaurant au cadre élégant est devenu le préféré des familles sundgauviennes ayant un événement à fêter. Le jeune chef Éric Ispa revisite avec une pointe de modernité la cuisine alsacienne traditionnelle. Quelques exemples pour vous mettre en bouche : "feuilleté d'escargots aux chanterelles", "carré d'agneau rôti aux herbettes", et "opéra revisité pistache-griotte"... Les assiettes sont joliment présentées et le service impeccable. Joli choix de vins.

Pfetterhouse

Entre 1871 et 1914, Pfetterhouse était l'un de ces villages posés sur trois frontières (Suisse, Allemagne, France) :

SI VOUS AIMEZ...
Les vieilles pierres chargées d'histoire

Le Sundgau est riche d'un petit patrimoine qui porte la trace de son passé. Il faut se perdre sur les routes de campagne pour le dénicher au détour d'un virage.

○ **Église de Burnkirch** (visite ☎03 89 25 54 24 ou 03 89 40 02 90 ; Illfurth). À l'écart d'Illfurth (entre Altkirch et Mulhouse), cet édifice était pourtant à l'origine l'église paroissiale du village. La tour qui abrite le chœur date de 1300 et ses peintures sont datées du XVe siècle. Le tout est classé, ainsi que *La Vierge de Pitié*, en bois polychrome du XVIe siècle.

○ **Chapelle Saint-Brice** (mairie ☎03 89 07 86 91 ; rue de la Vallée, Hausgauen). Dans la vallée du Thalbach, entre Schwoben et Hausgauen, à l'écart de la route (D16), cette chapelle de toute beauté est peut-être le dernier vestige du village disparu de Dennach. Une inscription sur une pierre la date de 1695, mais elle est sans doute beaucoup plus ancienne et certains historiens la soupçonnent même de remonter à l'an mille, lorsque le village s'était installé à flanc de coteau, avant d'être détruit par des soldats perdus au XVe siècle.

○ **Moulin de Walheim** (renseignements ☎03 89 40 98 46 ; 26 rue du Stade, Walheim ; visite libre ; ⏱mars-oct). Ce moulin du XVIe siècle a traversé les âges comme par miracle. Le système hydraulique avec sa roue à aubes est maintenu en état et le système de meunerie ainsi que l'huilerie fonctionnent toujours. Walheim est juste au nord d'Altkirch.

○ **Chapelle Notre-Dame-de-Grünenwald** (☎03 89 25 62 00 ; rue Notre-Dame-de-Grünenwald, Ueberstrass ; entrée libre, demander la clé au restaurant à côté ; ⏱tte l'année). Cette chapelle perchée sur un petit promontoire remonterait au XVe siècle. C'est un lieu de pèlerinage pour la petite vierge couronnée qu'elle abrite.

la **Borne des Trois Puissances** devint même une attraction touristique. Mais à l'automne 1914, la France fixa à cette borne le Kilomètre Zéro du front de l'Ouest. Un parcours de 7,5 km, le **sentier du Kilomètre Zéro**, permet de découvrir les vestiges de cette ligne de front (tranchées, casemates, ouvrages en béton réhabilités…) et de ces trois frontières. Entre Pfetterhouse et Mooslargue, à 13 km à l'ouest de Ferrette.

FERRETTE ET LE JURA ALSACIEN

Ferrette

Entre les collines du Rossberg et du Schlossberg, c'est sans doute le plus célèbre et le plus beau des villages du sud de l'Alsace – il fut même, au début du XXe siècle, un haut lieu de villégiature pour citadins en mal d'air pur. Accrochée sur le flanc d'un éperon rocheux, cernée par la végétation, cette perle médiévale, chef-lieu de canton de 800 habitants, constitue le cœur historique du Sundgau. La cité, qui fut le fief des puissants comtes de Ferrette,

est dominée par les ruines spectaculaires d'un château fort. Dans le village du "bas" se blottissent de puisssantes demeures alsaciennes, en pierre ou, plus rarement, à colombages. À droite de l'église, prenez la rue du Château (raide) pour rejoindre la ville haute. Ferrette, célèbre pour ses **Fêtes médiévales** chaque été, marque aussi le début du Jura alsacien, la partie la plus sauvage du Sundgau, voire de l'Alsace.

⊙ À voir

Église Saint-Bernard-de-Menthon
Église fortifiée

Avec le château de Ferrette, qui surplombe la ville, l'église est l'autre bâtiment qui frappe d'emblée le visiteur. Elle a des allures d'église fortifiée et semble avoir traversé le temps, mais elle est en réalité le produit de différents remaniements. Cela n'enlève rien à son charme : une tour du XIIe siècle, un chœur du XIIIe, des statues du XVIIIe (récupérées au château), une nef de style gothique reprise au XVIIIe, un maître-autel du XIXe… La liste des beautés à admirer est suffisamment éloquente.

Waldighoffen (p. 289)

Ville haute — Voyage dans le temps

En remontant la seule rue qui part de l'église vers la ville haute (la rue du Château) et le château, on croit remonter le temps. Les maisons remarquables se succèdent dans ces anciens faubourgs non fortifiés de la ville. La maison du notaire Desgrandchamps (n°10), l'ancienne Maison des impôts (n°12-14), la maison du ferblantier (n°34), l'hôtel de ville du XVIe siècle (n°38) et l'ancien tribunal (n°46) en constituent les fleurons, mais presque chaque maison a une histoire à raconter, comme celle qui abrita un temps le poète breton Eugène Guillevic. De la place des Comtes, ornée d'une vieille fontaine, bifurquez à gauche pour rejoindre le château de Ferrette.

Château — Ruines

Mentionné pour la première fois en 1105, ce verrou militaire n'a cessé de prendre de l'importance au service de l'une des seigneuries territoriales les plus puissantes d'Alsace. Il devint en effet la résidence principale de Frédéric Ier, fils du comte de Montbéliard et descendant, dit-on, de Charlemagne, qui y fonda une puissante dynastie : les comtes de Ferrette règneront sans partage sur le Sundgau jusqu'au début du XIVe siècle, avant que leur territoire ne passe sous la tutelle des Habsbourg. En réalité, ce sont les ruines de deux châteaux qui sont à voir, dressés sur la colline du Schlossberg (612 m), reliés entre eux par des travaux de fortification réalisés au XVIe siècle. C'est ainsi que l'on parle du château haut et du château bas, chacun livrant des vestiges architecturaux particulièrement saisissants. Le donjon d'habitation, taillé dans le roc avant d'être élevé par de grosses pierres façonnées, surplombe la ville et les vallées environnantes. L'incroyable panorama qui s'offre à vous est celui que voyaient les seigneurs de Ferrette depuis le premier étage de leur demeure ! À noter que l'actuel comte de Ferrette n'est autre, depuis 1777 et par un jeu d'alliances, que le prince Albert de Monaco.

La route de la carpe frite

Beaucoup d'Alsaciens viennent spécialement dans le Sundgau pour déguster la spécialité culinaire locale : la carpe frite – un plat particulièrement difficile à réaliser soi-même. À la carte de la plupart des auberges du sud de l'Alsace, il s'agit d'une carpe panée à la semoule de blé, baignée dans l'huile bouillante, et servie en darnes ou en filets. Certains restaurateurs la servent avec ou sans arêtes – dans ce dernier cas, il faut le préciser quelquefois la veille. On la déguste le plus souvent avec un zeste de citron, une pointe de mayonnaise, accompagnée de pommes de terre frites et d'une salade, le tout arrosé de riesling ! Pour mettre en valeur et transmettre cette tradition culinaire, une **Route de la carpe frite** (www.carpe-frite.fr), labellisée site remarquable du goût, a été mise en place, regroupant une vingtaine de restaurateurs. Ce mets remonterait au Moyen Âge, lorsque les moines, soucieux d'avoir une réserve suffisante de poissons durant le carême, créèrent de nombreux étangs et carpières.

Rossberg — Colline

Face au Schlossberg, dominé par le château, le Rossberg est plus modestement couronné par une tour d'observation. Cette dernière, haute de 17 m, permet de s'élever au-dessus de la canopée et offre un paysage époustouflant. Une table d'orientation aide à se repérer.

 Activités

Gorge aux loups — Escalade

(renseignements FFME du Haut Rhin ☎ 03 89 49 03 14, ou office du tourisme). Dans la gorge aux Loups, juste au-dessus de la grotte des Nains (p. 293), les falaises montent à 25 m et offrent des voies entièrement équipées. C'est le seul site d'escalade du

Ferrette

Jura alsacien. Le lieu est idéal mais très technique (difficultés de 6b à 8a).

Piscine   Jeux d'eau
(☑ 03 89 40 45 98 ; 20 rue des Habsbourg, Ferrette ; ⏰tte l'année). Une piscine tournesol au toit escamotable, équipée de deux toboggans.

Où se loger et se restaurer

Ferrette

Hôtel-restaurant Collin   Logis de France €€
(☑ 03 89 40 40 72 ; www.hotelcollin.fr ; 4 rue du Château ; s-d/tr/qua 56/71/86 €, lit gratuit -5 ans, menus du jour 10-13 €). Institution tenue depuis quatre générations par la famille Collin, l'hôtel, une imposante bâtisse rouge en plein cœur du village, est idéal pour rayonner dans les parages. Les chambres, rénovées, disposent toutes du confort de base avec TV câblée, douche ou bain, W.C., téléphone et Internet. La déco, elle, a su garder une chaleureuse austérité... Demandez une chambre calme. Côté

table, les plats sont aussi savoureux que la patronne : il y a du rustique, du piquant, du local, du mal luné, et du gastronomique, selon l'humeur du jour...

Caveau Saint-Bernard   Bon plan €€
(☑ 03 67 24 68 00 ; 10 rue du Château ; menus 23-39 € ; plats 10-25 € ; ⏰mer-dim). Face à l'église Saint-Bernard, cet établissement propose, outre les spécialités culinaires incontournables du Sundgau, quelques mets influencés par la gastronomie méditerranéenne, que l'on ne retrouve pas à la carte des restaurants voisins : scampi à l'italienne, raviolis, hamburger géant, pizzas, steak tartare, filet de rouget, fondues aux cèpes l'hiver... Le cadre ? Un caveau du XVIIe siècle chaleureux, mais aussi une très agréable terrasse aux beaux jours, où l'on peut simplement prendre un verre et profiter de la vue sur le village.

Restaurant Au Cheval Blanc   Traditionnel €
(☑ 03 89 40 41 30 ; 3 rue Léon-Lehmann ; plats 8-30 €, menus 27-30 €, menu enfant 7 € ;

MELLOWID / FOTOLIA ©

mar-dim). Il vaut mieux réserver et arriver à l'heure, sinon… gare à vous ! La patronne a son caractère et la serveuse aussi ; sans doute une spécialité de Ferrette ! Mais une fois que vous êtes entré et qu'on a décidé de vous servir, alors tous les mets traditionnels alsaciens s'offrent à vous et sous leur meilleur jour. Carpe frite, langue de bœuf sauce piquante, et *surlawerla* sont au nombre des spécialités de la maison. Service continu le dimanche. Cadre plutôt moderne.

Vieux-Ferrette

Au Chaudron   Bon plan €€

(03 89 40 10 88 ; 15 pl. de l'Ancienne-Forge ; formule midi 12,50 €, plats 12-30 € ; jeu-dim midi et soir). En plein cœur de Vieux-Ferrette, à quelques encablures du village, plus touristique, de Ferrette, le Chaudron propose des spécialités tant françaises qu'alsaciennes. Grâce au sympathique patron, Raphaël, l'ambiance est détendue et conviviale. À la carte, on retrouve bien sûr la carte frite, mais aussi de grosses pièces de viande (entrecôte, carré d'agneau) ou le chaudron-bleu, spécialité de la maison (une poitrine de poulet panée aux bretzels). Le chef, qui va lui-même pêcher en Alaska, organise régulièrement des "soirées saumon". L'une des rares adresses des environs où l'on peut dîner après 22h.

Fromagerie Antony   Fromages €€€

(03 89 40 42 22 ; www.fromagerieantony.fr ; 5 rue de la Montagne, Vieux-Ferrette ; cérémonie des fromages 65 €, repas 95-140 € selon vins choisis ; ven-sam soir sur réservation). Bernard Antony est en France l'un des plus fins connaisseurs de fromages. Dans son chaleureux caveau, on ne déjeune pas, on ne dîne pas : on assiste à un rituel où chaque fromage est invité à table comme un prince ! Au cours de cette "cérémonie des fromages" vous découvrirez des saveurs dont vous ne soupçonniez même pas l'existence. Les vins sont bien sûr en accord. Réservation quasi indispensable. Également épicerie fine.

Mooslargue

À l'Ange   Bohème €€

(03 89 25 64 34 ; 14 rue Principale ; plats 15-25 € ; mar-ven midi et soir, sam midi, dim soir). Des livres qui s'empilent sur les étagères, une musique jazzy ou pop en fond sonore… Au cœur du petit village de Mooslargue, ce restaurant est tenu dans une ambiance un brin bohème par Laurent et Raymonde Bérard qui ont su donner une âme à cette auberge centenaire, en bousculant gentiment la gastronomie locale. La carte varie constamment, mais on peut y trouver, selon la saison, filets de rougets, lapin à la provençale, suprême de pintade, croustillant de munster ou bouillon thaï aux gambas. On recommande chaudement !

Moernach

Aux Deux Clefs   Institution €€

(03 89 40 80 56 ; aux2clefs.com ; 218 rue Hennin-Blenner ; plat du jour midi en semaine

12-13,50 €, menus 24-44 € ; s/d 48-55/65-85 € ; ⊙ven-mar midi et soir). Dans une belle demeure à colombages, bâtiment principal d'un ancien corps de ferme, une institution locale, où l'on vient plutôt pour un repas gastronomique, dans un cadre ancien, chaleureusement décoré. La cuisine y est raffinée (velouté de butternut, risotto au poisson, croustade aux champignons) et le service attentif.

Renseignements

Office du tourisme du Sundgau Sud Alsace
(📞03 89 08 23 88 ; www.sundgau-sudalsace.fr ; 3A rte de Lucelle)

Le Jura alsacien

Le Jura alsacien est pour ses habitants et les visiteurs un véritable enchantement. Le Jura, c'est l'autre montagne d'Alsace : moins douce que les collines vosgiennes, moins connue aussi, elle propose des paysages différents. Ferrette en est sans aucun doute son joyau, mais tous les villages des environs ont leur charme et leurs richesses patrimoniales. L'habitat se distingue du reste de l'Alsace : de grandes bâtisses en pierre taillée – issue des carrières de calcaire des environs – remplacent bien souvent les maisons à colombages. Zone montagneuse oblige, le Jura alsacien était le royaume de la petite paysannerie et sa disparition est un drame pour sa culture. De belles fermes subsistent encore dans les villages et on imagine très bien quelle a été la vie paisible menée ici. La richesse aujourd'hui ne vient plus de la terre, mais de la Suisse voisine qui procure du travail aux frontaliers. L'argent qui en découle a changé les choses, l'âme du lieu est mise à mal, assurément. Mais c'est encore un paradis fait de prairies et de forêts.

Oltingue

On pourrait citer tous les villages du canton de Ferrette, mais Oltingue, à une dizaine de kilomètres à l'est de Ferrette, possède sur son ban un patrimoine exceptionnel. Il est agréable de se promener le long de l'Ill qui traverse le village dans des rues calmes, et d'admirer les maisons typiques. Au cœur du bourg, on peut prendre le pouls de ce qu'était la vie du village il y a quelques années encore : le **Musée paysan** (📞03 89 40 79 24 ; musee.paysan.free.fr ; 10 rue Principale ; tarif plein/-16 ans 2,50/1 € ; ⊙fermé jan-fév), créé par l'ancien curé du village, présente les objets familiers et quotidiens d'une ferme.

À l'écart du village, en direction de Raedersdorf, on aperçoit l'**église Saint-Martin-des-Champs** (renseignements 📞03 89 40 70 11 ; www.oltingue.fr) entourée d'un cimetière. L'édifice actuel date du XIIIᵉ siècle et a été remanié en 1868. Un sarcophage monolithique du VIIᵉ siècle mis au jour lors de fouilles est visible à côté d'une autre tombe du VIIIᵉ siècle qui contient un squelette entier. Les archéologues ont découvert une multitude d'objets d'époques variées : des outils préhistoriques, de la céramique romaine, des pièces frappées à Strasbourg en 840. Sur la colline, les restes d'une fortification gallo-romaine ont été mis au jour.

En quittant Oltingue par la D98 en direction de Liebenswiller, vous pourrez voir, en pleine forêt, la **chapelle Saint-Brice** (📞03 89 07 35 86 ; www.oltingue.fr). C'était un haut lieu de pèlerinage mais c'est au Musée archéologique de Strasbourg (p. 97) que l'on peut admirer les 55 ex-voto du XVIᵉ siècle découverts dans son grenier. Une maison attenante servait à cette époque d'ermitage : c'est aujourd'hui une **auberge** (⊙tte l'année, fermé dim soir et lun) où l'on peut boire un verre ou déjeuner. Un véritable havre de paix s'ouvrant sur une clairière. Ils sont rares, ces lieux où les voitures sont absentes et où l'on peut, en été, boire une bière fraîche et laisser courir les enfants sans crainte... ne le manquez pas !

Où se loger et se restaurer

Auberge et hostellerie paysanne   Table et lit €€
(📞03 89 40 71 67 ; 1 rue de Wolschwiller, Lutter ; s-d 58-82 €, lit supp 22 €, menu du jour

À NE PAS MANQUER ⭐

Le château du Landskron

Juché sur une colline boisée dominant le village de Leymen, à proximité immédiate de la frontière suisse, ce château en ruine est l'un des plus spectaculaires d'Alsace. Ses vestiges, dominés par un puissant donjon carré, des pans de muraille et une façade aux fenêtres Renaissance ouvrant sur le vide, sont encore particulièrement saisissants. La forteresse fut vraisemblablement érigée en 1297 et devint très vite la propriété d'une puissante famille épiscopale bâloise – les Münch – qui pouvaient y surveiller la vallée de Leimental. Elle fut reconstruite en partie à la suite d'un tremblement de terre en 1356. Après la guerre de Trente Ans, le Landskron devint la possession du roi de France et fut agrandi et modernisé par Vauban pour garder la frontière et servir de prison royale. Durant les guerres napoléoniennes, le château fut pris après trois jours de combat par les Autrichiens et les Bavarois, qui le démantelèrent en 1814. Il servit de carrière de pierre jusqu'à son rachat en 1857 par un particulier. Le château, classé monument historique, appartient aujourd'hui à une association franco-suisse de bénévoles, Pro Landskron, qui l'entretient, le restaure et le sécurise pour l'ouvrir gratuitement au public. Depuis les belvédères aménagés, notamment au sommet du donjon, vous attend un panorama formidable : d'un côté Bâle et la Suisse, de l'autre, le Sundgau alsacien.

Infos pratiques

On accède au Landskron en 20 minutes de marche via un sentier boisé, depuis le parking de la petite gare de Leymen. Accès libre tous les jours jusqu'à 22h.

Marche et rêve

Très actif dans le Sundgau et dans le Jura alsacien, le Club vosgien propose des balades de toute beauté qui permettent de découvrir une faune et une flore très riches et très diversifiées. Les sentiers traversent souvent des lieux inaccessibles autrement qu'à pied. On part ainsi à la rencontre d'une Alsace plus secrète et plus discrète, cachée au cœur des forêts. Une multitude de cartes et de topoguides ont été réalisés par les marcheurs du club.

Sur le site Internet de l'**office du tourisme du Sundgau** (www.sundgau-sudalsace.fr), on peut télécharger des fiches de randonnées pédestres à la portée de tous. Le **Club vosgien du Jura alsacien** (03 89 25 83 14 ; 53 rue Principale, Roppentzwiller) pourra également vous renseigner.

12-14 €, menus 23-48 € ; auberge fermée lun et mar midi, hôtel ouvert tlj). L'auberge est réputée pour être l'une des meilleures du Sundgau et l'hôtel offre un cadre splendide à vos nuits, dans une vieille ferme alsacienne démontée dans un village pour être remontée et transformée à Lutter (à 3 km au sud d'Oltingue par la D23.1). Sur la carte, les côtes d'agneau au thym voisinent avec le filet mignon de porc en croûte de parmesan ou le civet de chevreuil. Les chambres sont classiques et très confortables avec du mobilier un peu ancien qui correspond à l'esprit familial du lieu.

Bettlach

À 2 km à l'est d'Oltingue, le village de Bettlach propose un **circuit des Casemates** intéressant et complémentaire au sentier des Marocains (ci-contre). Ce sentier de 2 km vous mène, à travers une nature merveilleuse, auprès de trois imposants fortins de la célèbre ligne Maginot. Les panneaux explicatifs sont bien faits.

Winkel

Dans ce petit village, situé à moins d'une dizaine de kilomètres au sud-ouest de Ferrette, se trouve la **source de l'Ill**, en un lieu connu sous le nom d'Illensprung, à la sortie du village vers le Glaserberg. La plus longue rivière d'Alsace se cache aussitôt pour ressurgir à Ligsdorf, quelques kilomètres plus loin. Un petit espace a été aménagé autour de la première source par l'artiste Anne Roquette. On retiendra surtout le calme, la verdure et la douceur qui marque le lieu, propice aux pique-niques et aux jeux d'enfants.

L'**église Saint-Laurent**, datant de 1786 et consacrée en 1788 par le puissant évêque de Bâle, mérite le coup d'œil. Les autels et retables de l'église proviennent de l'ancienne abbaye de Lucelle (p. 298) et datent de la même époque.

En se rendant vers le Petit Kohlberg par la route forestière, on croise un chemin qui porte le nom de **sentier des Marocains**. Tandis que la France s'équipait de fortifications tant onéreuses qu'inutiles, un régiment de tirailleurs marocains surveillait les travaux en cours à Winkel. Ligne Maginot inachevée, défense antichars, casemates… les vestiges à découvrir en suivant ce sentier pédestre (1,6 à 5,6 km) sont nombreux dans ce secteur frontalier.

Activités

Sur les hauteurs de Winkel, des pistes de **ski de fond** ont été balisées et permettent, l'hiver venu, de se promener dans un décor d'arbres enneigés, où tout est blancheur et silence. Le point de départ de ces 5 pistes, longues de 2,5 à 8 km, se fait au lieu-dit La Charrière. Deux autres circuits sans difficulté sont plutôt réservés à la raquette (3 et 6 km) en famille. La descente du parking au village peut se faire en luge. Renseignements auprès de l'office du tourisme de Ferrette (p. 294).

Où se restaurer

Au Cerf Traditionnel €
(03 89 40 85 05 ; aucerf.chez-alice.fr ; 76 rue Principale : d 58/85 € selon saison,

Château du Morimont

plats 20-35 € ; 🕐tte l'année uniquement sur réservation). Dans cet établissement au cœur de Winkel, le chef Gérard Koller concocte un menu selon vos goûts et votre budget, à partir de produits frais de saison. En automne, vous vous régalerez par exemple d'une crème de potiron, d'un feuilleté d'escargots aux champignons ou d'une escalope de marcassin aux griottes. L'établissement compte aussi six chambres à la décoration sans surprise, mais calmes et très bien tenues.

Oberlarg

Non loin de Winkel, le petit village d'Oberlarg est connu pour abriter la **source de la Largue**. Celle-ci jaillit à quelques pas de la fameuse **grotte du Mannlefelsen** où l'on a découvert les vestiges d'un campement de chasseurs du paléolithique... Un crâne y a été trouvé : le plus vieil Alsacien connu dormait et chassait près de la Largue ! Malheureusement, pour des raisons de sécurité, la grotte a été fermée et rebouchée partiellement. Au sommet de la colline entre Oberlarg et Winkel, on peut aussi admirer la **Hohen Muttergottes**

(*Notre-Dame-du-Haut*) dans sa chapelle. Cette statue date de 1746 et représente la Mère de Dieu en Sundgauvienne.

Mais le principal site de la commune est situé à 2,5 km au sud-ouest du bourg, en pleine nature. Il s'agit du **château du Morimont**. Son isolement et sa cave gigantesque lui valent une aura mystérieuse. Construit sur un rocher au XIIe siècle, le château montre fièrement ses sept tours qui lui donnent une allure altière. En son centre, la tour hexagonale qui servait de cage d'escalier est remarquable. Quant à la cave voûtée, elle mesure près de 51 m de longueur, pour 7,50 m de largeur et 3,60 m de hauteur, et elle est objet de bien des légendes... On ne peut que regretter que le manque d'entretien de ces ruines interdise l'accès à de nombreuses parties et à des vues magistrales.

Liebsdorf

Le petit village de Liebsdorf (le village de l'amour) est situé au pied de la première chaîne du Jura alsacien et possède sur son ban le premier sommet de ce rempart : l'**ObererBerg** (666 m). On raconte que le fils du comte de Ferrette vint un jour chasser sur ces hauteurs où il rencontra une charmante vachère dont il tomba éperdument amoureux. Pour lui déclarer sa flamme, il grava de la pointe de son épée un "L" sur la pierre où elle était assise (*Lieben Stein*, pierre d'amour). Le comte de Ferrette s'opposa à l'union de son fils avec cette roturière, sauf si elle parvenait à réaliser quelque chose d'extraordinaire. La vachère proposa au comte de goûter à ses mystérieux "poissons d'or". Le comte, intrigué, accepta et découvrit ainsi ces carpes frites et dorées à l'huile que l'on déguste encore aujourd'hui dans tout le Sundgau. Conquis, le comte fit construire une demeure aux tourtereaux.

Les ruines du **château du Liebenstein** (📞 03 89 40 80 11 ; www.chateauxforts-alsace. org ; accès libre) sont toujours visibles, notamment la magnifique tour ronde. Quant à la pierre d'amour... à vous d'essayer de la retrouver ! Pour rejoindre le château, lorsque vous arrivez à Liebsdorf par la D473, direction Courtavon, prenez à gauche à la sortie du village, près du cimetière, et suivez les panneaux.

✖ Où se restaurer

Au Soleil   Valeur sûre €€-€€€
(📞 03 89 40 80 24 ; restaurantausoleil.weebly. com ; 17 rue du Général-Giraud ; menus 13-20 €, s/d 38/45 € ; 🕐 dim-ven midi et soir). Ce restaurant au cœur de Liebsdorf est tenu par la famille Willig, qui se fait un devoir de proposer des carpes frites parmi les meilleures de la région. Un chaleureux établissement où l'on vous sert également une belle entrecôte, des bouchées à la reine ou du civet de biche avec *knoepfli*. L'établissement dispose également de six chambres (demi-pension ou pension complète possibles).

Lucelle

Dans cette commune de 40 habitants posée sur la frontière suisse se dressent les vestiges de ce qui fut l'un des plus importants centres religieux cisterciens de la région. L'**abbaye de Lucelle**, dont la première pierre fut posée par saint Bernard lui-même, vers 1124, comptait environ 200 moines et rayonnait sur sept autres abbayes. Les religieux quittèrent

Liebsdorf

l'abbaye à la Révolution et ses éléments les plus importants (cloches, autels, orgue...) furent transférés dans les villages alentour. Il reste sur place quelques pans de mur et des morceaux de l'enceinte, flanqués de calices et de symboles religieux. La Lucelle, petit ruisseau local, marque la frontière avec la Suisse. Elle est longée par une départementale qui s'amuse parfois à franchir la frontière, sans douanier méticuleux dans les parages !

Où se loger et se restaurer

Hôtel-restaurant du Petit Kohlberg   Montagnard €€

(✆ 03 89 40 85 30 ; www.petitkohlberg.com ; Petit Kohlberg, Lucelle ; d 69-149 € ; menus 13-48 € ; ⏰ mer-dim). Perché à 700 m d'altitude en pleine nature entre Winkel et Lucelle, ce chalet moderne est sans doute l'une des plus belles adresses du Sundgau. La vue sur la Suisse voisine est imprenable et le lieu constitue une étape idéale pour les randonneurs ou, en hiver, pour les amateurs de ski de fond. Un grand choix de chambres permet aux couples ou aux familles de trouver leur bonheur. Le restaurant propose une carte alléchante et complète. La cuisine est plutôt gastronomique et même les plats traditionnels sont raffinés. Accueil chaleureux.

Centre européen de rencontres culturelles – Relais de l'Abbaye   Pension €-€€

(✆ 03 89 08 13 13 ; www.cerl-lucelle.fr ; Maison Saint-Bernard, rte internationale, Lucelle ; pension complète tarif plein/5-15 ans 59/29 €, demi-pension tarif plein/5-15 ans 52/25 €, gratuit -5 ans ; menu du jour 10,50 €, plats 4-20 € ; ⏰ tlj, resto fermé lun oct-mars). Un abbé tient le Centre européen de rencontres culturelles de Lucelle, à cheval sur la frontière franco-suisse et bâti sur les ruines de l'abbaye de Lucelle. Les chambres de la Maison Saint-Bernard sont très classiques et d'une sobriété... toute chrétienne ! Le bâtiment fait face à un lac idyllique, propice au repos et à la méditation, surtout en automne, lorsque les arbres se teintent de couleurs mélancoliques. Côté restaurant (le Relais de l'Abbaye, de l'autre côté de la rue), rien d'extravagant, mais la carte, 100% alsacienne, est tout à fait convenable et les prix plutôt raisonnables. Au menu : bouchée à la reine, salades généreuses, truite à toutes les sauces, filet de carpes, *baeckeoffe*, choucroute maison... Possibilité, pour les petites faims, de grignoter à toute heure de la journée *knacks*, quiche lorraine, assiette de frites ou de fromages à prix relativement doux. Les "cochonnailles" de novembre demeurent l'événement culinaire de l'année. Tartes flambées le dimanche soir et les jours fériés.

Musée alsacien, Strasbourg (p. 104)

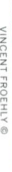

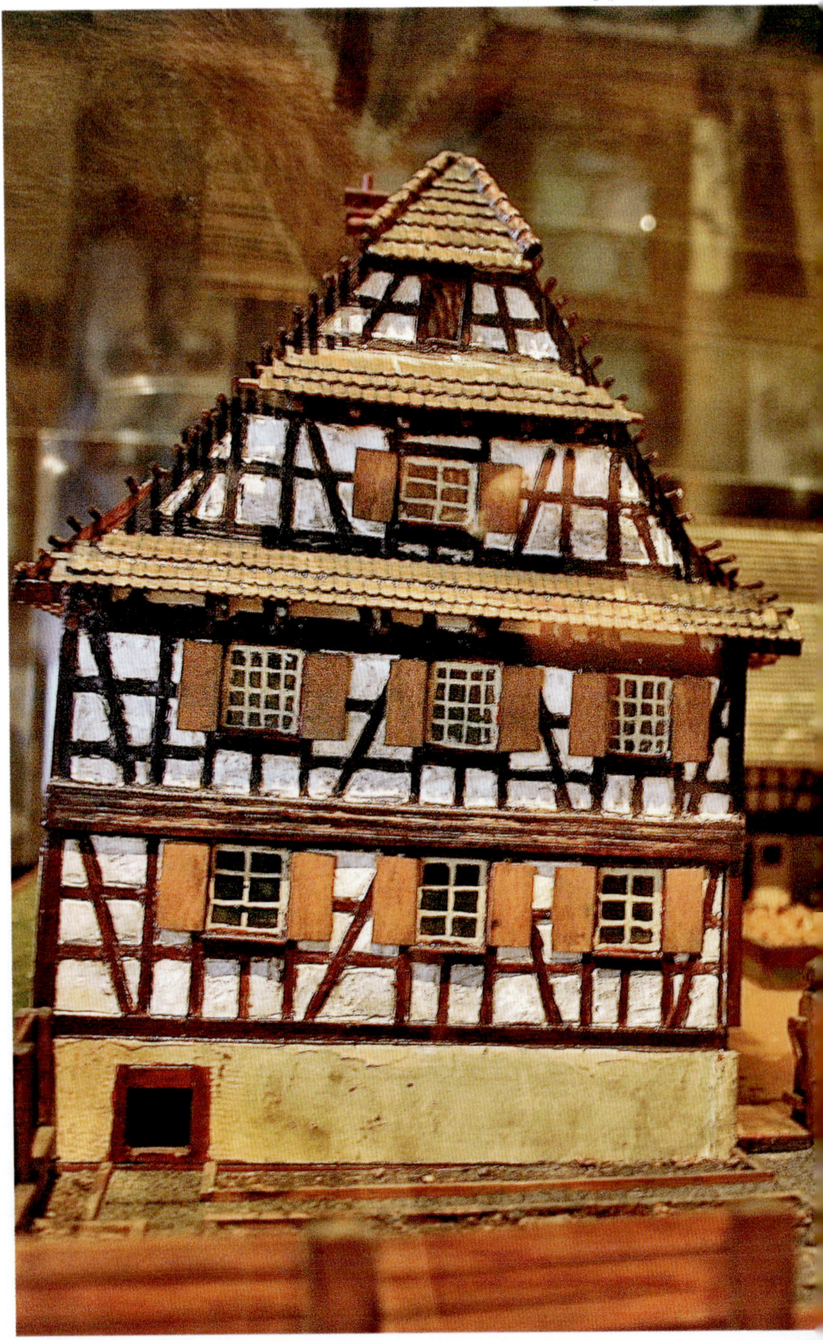

VINCENT FROEHLY ©

En savoir plus

Parlement européen, Strasbourg (p. 113)

VINCENT FROEHLY ©

L'Alsace aujourd'hui

Regroupée en 2016 au sein de la région Grand Est,
l'Alsace est perçue comme le territoire le plus oriental
de l'Hexagone, mais c'est avant tout le cœur de l'Europe.
Touristique, plutôt riche et dynamique, elle concilie
aujourd'hui avec un certain succès la préservation de ses
traditions et les innovations de demain.

Une population dense, urbanisée et... jeune !

Petit territoire, l'Alsace possède néanmoins une population dense (225 habitants au km²), inégalement répartie (40% du territoire est occupé par la forêt !) et très urbanisée autour de 3 grandes métropoles : Strasbourg, Mulhouse et Colmar. Plus étonnant, la population alsacienne est plus jeune que la moyenne française. L'offre universitaire attire en effet nombre d'étudiants venus de toute la France et d'ailleurs. Mulhouse est aussi la ville de France métropolitaine de plus de 100 000 habitants à la plus forte proportion de jeunes.

Un secteur touristique dynamique

Hors Île-de-France, l'Alsace est au premier rang des régions touristiques françaises non littorales, c'est dire si ce secteur est important pour la région, qui reçoit plus de visiteurs venus de France que des pays limitrophes. Les touristes trouvent en Alsace une destination aux multiples qualités : patrimoine naturel et historique, musées,

Population au km²

Haut-Rhin   Bas-Rhin   France

≈ 10 personnes

Sites les plus visités
(en milliers d'entrées)

Strasbourg en bateau	734
Haut-Kœnigsbourg	523
Zoo de Mulhouse	381
Montagne des singes	313
Plateforme de la cathédrale[1]	208
Écomusée d'Alsace	201
Cité de l'automobile[2]	189
Musée Unterlinden[3]	159

1. Strasbourg, 2. Mulhouse,
3. Colmar   (Chiffres 2015, sources : clicalsace.com)

Origine des touristes en Alsace

Allemagne 5 %
Belgique 2,5 %
Suisse 1,5 %
Autre 17 %
France 74 %

randonnées, œnologie, véloroutes, gastronomie, folklore…et une offre d'hébergements de très bonne qualité. En 2008, le TGV Est a rapproché l'Alsace du reste de la France et a considérablement accru le nombre de visiteurs. Un chiffre encore en augmentation avec l'ouverture, en 2016, de la ligne TGV baptisée "l'Européenne", qui met désormais Strasbourg à moins de 2 heures de Paris, et à la faveur de laquelle des villes alsaciennes moyennes comme Saverne ou Sélestat ont vu leur attractivité renforcée grâce à l'arrêt quotidien de TGV.

Une économie souriante

En tant que région à part entière, l'Alsace se classait au 4e rang pour la richesse par habitant. Une place qui s'explique par un tissu industriel dense (3e région la plus industrialisée), même si elle a beaucoup souffert de la crise de 2008. L'Allemagne, son premier partenaire économique, absorbe une bonne partie de sa production. Autre facteur de richesse, près de 8% de sa population active traverse chaque jour la frontière pour travailler en Allemagne et en Suisse. Un chiffre multiplié par 9 depuis les années 1960. Le taux de chômage alsacien, même s'il a doublé en quinze ans, reste en dessous de la moyenne métropolitaine.

Au cœur de l'Europe

Être le siège d'institutions européennes importantes (le Parlement européen, le Conseil de l'Europe et la Cour européenne des droits de l'Homme) confère à Strasbourg, aux portes de l'Allemagne, de la Suisse, et à moins de 2 heures de Paris, un statut de "capitale européenne". L'Alsace bénéficie ainsi d'une attractivité à l'échelle de l'Europe, voire du monde. L'éventualité d'une migration du Parlement européen à Bruxelles pourrait cependant occasionner un coût important pour la région, économiquement comme en matière de notoriété.

L'Alsace du Grand Est

Lors de la réforme territoriale des régions, des dizaines de milliers d'habitants, munis de pancartes "Touche pas à mon Alsace", ont manifesté à Strasbourg et à Paris contre le regroupement avec la Lorraine et la Champagne-Ardenne, craignant que la fusion des trois entités n'entraîne une perte des spécificités locales et la fin pour Strasbourg de son statut de capitale régionale. Regroupée finalement depuis le 1er janvier 2016 avec la Lorraine et la Champagne-Ardenne au sein de la nouvelle région baptisée Grand Est, l'Alsace a tiré son épingle du jeu grâce à la désignation de Strasbourg comme capitale régionale.

Musée historique, Strasbourg (p. 98)

1687
Versailles

VINCENT FROEHLY/Q ©

Histoire

L'histoire de cette bande de terre qui s'étend entre le Rhin et les Vosges a donné naissance à une "région allemande de France". Si les Romains choisirent le Rhin comme limite de leur Empire, les Francs feront du fleuve un axe d'échange qui favorisera la prospérité économique de la région et son épanouissement culturel. Tout ne fut pourtant pas rose dans le Saint-Empire romain germanique et les guerres, dynastiques ou religieuses, ont laissé des traces durables. Tout comme le feront, à partir du XVIIe siècle, les guerres entre États, qui vont conduire peu à peu au rattachement définitif à la France.

5500 av. J.-C.

Les populations néolithiques de culture rubanée originaires du Danube s'installent dans la plaine rhénane.

58 av. J.-C.

Victoire de Jules César sur Arioviste lors de la bataille de l'Ochsenfeld, qui fixe de façon durable la limite orientale de l'Empire romain.

352

Les Alamans franchissent le Rhin et s'installent dans la province romaine de Germanie supérieure.

Les premiers occupants

"Il fait vraiment bon vivre en Alsace" vous auraient dit les premiers hommes préhistoriques, présents dès 200 000 av. J.-C. ! Dans cette plaine immense coincée entre la chaîne des Vosges et celle de la Forêt-Noire, ce fossé d'effondrement rhénan à la terre riche et fertile, le gibier abondait. Les mouvements des Néandertaliens suivaient le parcours des animaux, tant et si bien que l'on en trouve de nombreuses traces du nord au sud de l'Alsace. Dans la vallée de la Bruche essentiellement, mais aussi à Achenheim, Mutzig, Hangenbieten et Nideck. À Oberlarg, à quelques pas de la source de la Largue, on peut admirer de loin les magnifiques grottes du Mannlefelsen où l'on a retrouvé un abondant outillage de silex et d'importants vestiges de faune fossile. Les premiers Alsaciens étaient donc des chasseurs-cueilleurs très outillés, capables de parcourir de longues distances et qui déjà se jouaient des frontières, qu'elles soient d'eau comme le Rhin, ou minérales comme les Vosges.

Le Néolithique, à partir de 5500 av. J.-C., est caractérisé en Alsace par l'arrivée de populations de culture rubanée, d'origine danubienne, qui remontèrent le Rhin. C'est eux qui introduisirent l'agriculture et la sédentarisation dans la région. Ils y développèrent leurs céramiques à rubans caractéristiques, nécessaires pour conserver les fruits et légumes qu'ils cultivaient (sites de Dachstein et de Reichstett).

La période celte

De grands chantiers (routes, TGV, bâtiments, etc.) ont récemment mis au jour de magnifiques vestiges celtes, révélant que cette civilisation a joui d'un fort développement le long du Rhin à partir du VIIIe siècle av. J.-C. Il est certain que l'Alsace se trouvait, avec ses voisins du pays de Bade, au cœur de cette civilisation.

Ainsi un site essentiel du VIIIe siècle a-t-il été découvert près de Colmar. Des sépultures de chefs politiques et militaires attestent de la présence d'une société de type féodal dont la suprématie était basée sur la connaissance des techniques du fer et de l'équitation. Sur une sorte d'axe, entre Fribourg et Colmar, on découvre une série de tombes très riches. À Vieux-Brisach, par exemple, une dynastie de princes s'était installée et des traces importantes sont retrouvées un peu partout comme à Illfurth, dans le Sundgau, près de Mulhouse. Il semblerait que le célèbre mur païen du mont Saint-Odile soit également un témoignage de cette époque.

Autre caractéristique de cette culture, l'importance des échanges. Le bassin rhénan devient une sorte de prolongement du bassin rhodanien, ce qui facilite le commerce et les conquêtes. Nombre d'objets trouvés dans les sépultures en témoignent.

La conquête romaine

Au Ier siècle av. J.-C., dans le contexte d'un conflit triangulaire qui mettait aux prises des peuples celtes – Séquanes, Éduens et Suèves (l'origine de ces derniers, celte ou germaine,

357	**496**	**800**
Victoire du vice-empereur Julien lors de la bataille d'Argentoratum (Strasbourg).	Victoire de Clovis lors de la bataille de Tolbiac. La région prend le nom d'Alsatius.	Charlemagne est couronné empereur d'Occident.

Musée historique, Strasbourg (p. 98)

étant discutée) –, les Romains prirent prétexte de l'appel à l'aide des Éduens pour intervenir, avec l'idée de renforcer la sécurité de leurs récentes conquêtes dans le sud de la Gaule. C'est bien entendu Jules César qui fut désigné pour mener les légions romaines contre les troupes d'Arioviste, chef des Suèves, et c'est lui qui l'emporta, au cours d'une bataille décisive sur les bords du Rhin, en 58 av. J.-C., sans doute dans les environs de Cernay (Haut-Rhin).

La présence des Romains apporta la paix en Alsace. Le développement économique jusqu'au IIIe siècle fut considérable, les productions régionales s'exportent dans tout le monde romain. Les céramiques de Dinsheim, Heiligenberg et Ittenwiller sont réputées et, à Rome, on apprécie déjà le vin de la région. Mais l'Alsace est alors une zone frontière, et les risques d'incursion des peuples germains sont réels. Aussi, de nombreuses tours de guet surplombent les collines le long des voies romaines : certaines deviendront plus tard des châteaux et des demeures seigneuriales. Fondée en 12 av. J.-C., Argentoratum (Strasbourg) s'affirme comme une incontournable place militaire. Koenigshoffen (aujourd'hui un quartier à l'ouest de Strasbourg), a révélé plusieurs beaux vestiges romains : une stèle funéraire de 2 mètres de haut représentant un cavalier avec son bouclier et un homme en arrière-plan, et celle du légionnaire Largennius.

À partir du IIIe siècle, les incursions germaniques se multiplient. En 352, les Alamans venus de l'est franchissent le Rhin et ne sont chassés des provinces romaines qu'en 357, à la suite de la bataille de Strasbourg. Magré la multiplication des ouvrages défensifs et la réorganisation des campagnes autour de grands domaines (villa de Gurtelbach, à Dehlingen), cette victoire ne permettra pas de stabiliser durablement la situation. Alamans et Francs finissent par prendre le dessus.

Des Alamans aux Francs

Alamans et Francs sont les principales populations germaniques à s'installer dans les anciennes provinces romaines du nord de la Gaule. Les seconds, avec Clovis à leur tête, finissent par supplanter les Alamans lors de la bataille de Tolbiac (vers 496, la date étant discutée). Mais quel que soit le maître de la région, elle va bientôt prendre son

833	842	843
Louis le Pieux, fils et successeur de Charlemagne, est détrôné par ses fils Charles le Chauve, Louis le Germanique et Lothaire Ier.	Serment de Strasbourg en langues romane et germanique entre Charles le Chauve et Louis le Germanique.	Traité de Verdun qui entérine le partage de l'Empire carolingien entre les trois petits-fils de Charlemagne.

nom définitif : Alsaciones ou Alsatius. Un document de 610 en atteste. C'est aussi à cette période qu'est institué le duché d'Alsace, à la tête duquel s'illustrera la famille des Étichonides, dont sainte Odile est issue.

Le royaume des Francs, qui ne cesse de s'étendre jusqu'à devenir empire en 800, sous l'impulsion de Charlemagne, n'a pas grand-chose à voir avec les limites territoriales telles qu'on les connaît aujourd'hui. Les régions qui deviendront des éléments de la Belgique, des Pays-Bas, de la France et de l'Allemagne font partie du même ensemble. Et dans celui-ci, héritage des Alamans, l'Alsace appartient aux régions de langue germanique.

Charlemagne affectionne particulièrement l'Alsace où il séjourne souvent : il développe des bibliothèques, et celle de l'abbaye de Murbach devient l'une des plus importantes de l'Empire. Il s'entoure d'abbés et de moines alsaciens qui le conseillent, et donne à ses fils des propriétés dans la région, comme à Hugues qui devient comte de Basse-Alsace. Durant son règne, les conflits n'ont lieu qu'aux frontières de l'Empire. L'Alsace, située en plein cœur de cet empire, peut à nouveau s'épanouir pleinement. L'agriculture s'y développe à merveille.

C'est pourtant dans cette Alsace calme et bucolique que l'Empire carolingien éclatera quelque temps après sa mort : dans le Haut-Rhin, au "Champ du Mensonge" situé près de Sigolsheim, le fils et successeur de Charlemagne, Louis le Pieux, doit combattre ses fils Charles le Chauve, Lothaire Ier et Louis le Germanique, hostiles à sa volonté d'inclure son dernier fils dans la répartition des territoires de l'Empire. Trahi par ses troupes qui se rangent du côté de ses ennemis, il est destitué.

Le 14 février 842 à Strasbourg, à l'emplacement de l'actuel stade de la Meinau, Louis le Germanique et Charles le Chauve scellent leur alliance contre Lothaire, par le fameux serment de Strasbourg. Ce document marque les débuts officiels des langues française et allemande. Au lieu de recourir au latin comme il se devait pour un texte officiel, celui-ci est rédigé dans les langues vernaculaires prépondérantes dans l'Empire : le roman d'un côté, le tudesque (ancêtre de l'allemand) de l'autre. L'année suivante, le traité de Verdun scelle la fin de l'empire unitaire de Charlemagne par son partage entre ses trois petits-fils. Ce document est d'une importance politique cruciale : il marquera le découpage de l'Europe pour les siècles prochains.

En 870, après la mort de leur frère Lothaire, Charles le Chauve et Louis le Germanique se retrouvent aux Pays-Bas pour sceller un nouveau traité qui prévoit la disparition de la Lotharingie, à laquelle appartenait l'Alsace. Il est décidé que la région ferait partie de la Francie orientale (la Germanie) ; elle reviendra donc dans l'escarcelle de Louis le Germanique et sera par la suite un élément essentiel du Saint-Empire romain germanique.

Naissance du Saint-Empire romain germanique

C'est au milieu du Xe siècle, avec l'idée de ressusciter l'Empire dont le mythe survit, qu'Otton se fait couronner par le pape, à Rome. Cette alliance originelle avec l'Église sera une marque tenace de la nouvelle entité politique avec le principe de l'élection des

870

Lors du traité de Meerssen, la Lotharingie disparaît et l'Alsace intègre la partie germanique de l'ancien Empire carolingien.

962

Le couronnement d'Otton Ier marque la naissance du Saint-Empire romain germanique.

1273

Rodolphe Ier de Habsbourg est le premier membre de sa dynastie à être élu empereur.

souverains hérité de la période mérovingienne. Lorsque Henri III arrive au pouvoir en 1046, il nomme un évêque alsacien au pouvoir à Rome. Ce nouveau pape, Léon IX, originaire d'Eguisheim dans le Haut-Rhin, marquera l'histoire de l'Église en étant à l'origine du schisme de 1054 qui entérine la séparation de l'Église d'Occident (catholique) et de l'Église d'Orient (orthodoxe).

À cette époque, les duchés épiscopaux sont puissants et les évêques, pour asseoir leur pouvoir, font dresser des cathédrales. Sur l'emplacement d'un ancien temple romain dédié à Mars, on érige la cathédrale de Strasbourg (qui ne sera achevée qu'en 1439). On trouve le long du Rhin de nombreuses autres cathédrales construites à cette époque (Bâle, Spire, Worms, Mayence…).

Vicissitudes d'un empire

Au XIIe siècle, l'Empire va être dominé par la famille des Hohenstaufen. Frédéric Ier de Hohenstaufen (Frédéric Barberousse) lie le destin de l'Alsace à celui de l'Empire : il fait de la ville de Haguenau une ville d'Empire avec des privilèges particuliers. C'est le temps où les cités s'affirment de plus en plus, grâce au commerce. Une petite noblesse apparaît, qui fonde son pouvoir sur ses richesses.

Après la disparition de la dynastie des Hohenstaufen, au milieu du XIIIe siècle, le pouvoir impérial se délite. Et comme à chaque fois où la poigne impériale se fait moins forte, les villes et les nobles cherchent à étendre leur autonomie. En Alsace, l'évêque de Strasbourg accroît son influence, alors que tous les comtes, ducs et autres petits chefs locaux se disputent des parcelles de l'Empire. Un peu partout, des châteaux sortent de terre, sans tenir compte des préceptes de l'empereur. Conflits et pillages rythment le quotidien.

À la fin du XIIIe siècle, une nouvelle famille s'affirme, celle des Habsbourg. Elle est étroitement liée à l'Alsace, par sa lignée, qui remonterait jusqu'à Odile de Hohenbourg (sainte Odile), mais surtout parce qu'elle possède nombre de fiefs et avoueries dans la région. Cette proximité explique peut-être l'engouement des bourgeois et des riches commerçants des villes pour le nouvel empereur, Rodolphe Ier (1273-1291). De leur côté, les empereurs savaient au besoin jouer sur ce nouveau pouvoir pour contrer celui de l'Église et des seigneurs. Ainsi, Strasbourg obtiendra le privilège de devenir une ville libre d'Empire au milieu du XIVe siècle.

En 1324, la comtesse Jeanne de Ferrette épouse Albert de Habsbourg, et lie ainsi le comté de Ferrette et le Sundgau (tout le sud de l'Alsace) à la maison d'Autriche pour des siècles, en devenant archiduchesse d'Autriche. Ensisheim devient alors capitale des propriétés alsaciennes des Habsbourg, qui séjournent très souvent dans la contrée. De nouvelles organisations voient le jour, notamment une nouvelle façon d'administrer les biens. Bon nombre de petits seigneurs qui avaient prêté de l'argent à la maison des Habsbourg se voient donner en gage les revenus issus de villages : on voit naître un peu partout des petits châteaux, des fermes fortifiées et des manoirs entourés d'eau. C'est

1354	**1400**	**1439**
Fondation de la Décapole, une alliance de dix villes alsaciennes qui sont reconnues par l'empereur comme des villes libres.	Retour au trône impérial des Habsbourg avec l'élection de Frédéric III. Ils y resteront jusqu'en 1740.	La population juive de Strasbourg est victime du massacre de la Saint-Valentin.

Château du Morimont (p. 297)

★ **Les meilleurs...
châteaux et forteresses**

Château du Haut-Kœnigsbourg (p. 154)

Château du Haut-Barr, Saverne (p. 78)

Château du Morimont, Oberlarg
(p. 297)

Châteaux des Ribeaupierre,
Ribeauvillé (p. 199)

une période faste également pour l'Église, qui construit des couvents et des abbatiales dont de nombreux clochers à bâtière, typiques de l'art médiéval, sont encore visibles aujourd'hui (Feldbach, Ottmarsheim...).

En 1349, le bruit court de l'arrivée de la peste en Alsace et les juifs sont alors soupçonnés. À Strasbourg, on les accuse d'empoisonner les puits. Malgré l'intervention courageuse du maire Peter Schwarber, le 14 février 1349, des centaines de juifs sont brûlés vifs aux portes de la ville ; c'est le plus grand massacre perpétré dans la région (et la peste n'avait même pas encore fait son apparition). Les juifs quittent alors les villes et s'installent dans les villages, un phénomène plutôt rare mais qui leur permit de vivre plus paisiblement.

À cette époque, les villes sont rongées par des conflits internes entre noblesse traditionnelle, bourgeoisie d'affaires et gens de métiers. Le recours à la violence n'est pas rare pour régler les différends et les pouvoirs concurrents en profitent pour reprendre le dessus. Aussi, en 1354, dix villes s'organisent en une alliance, se promettant aide, coopération militaire et économique : Haguenau, qui est toujours le siège du Grand Bailliage d'Alsace, s'associe à Mulhouse initiatrice du mouvement, ainsi qu'à Colmar, Kaysersberg, Munster, Obernai, Rosheim, Sélestat, Turkheim et Wissembourg. L'empereur Charles IV ratifie la charte unissant ces villes. Déjà ville libre d'Empire, Strasbourg n'en fait pas partie. La Décapole tiendra jusqu'en 1679, avec quelques réaménagements comme le départ de la ville de Mulhouse, qui finalement, avec un statut de République libre, s'associera militairement en 1515 aux Confédérés suisses pour assurer plus efficacement sa protection.

La Renaissance pour les villes, la répression pour les campagnes

La nouvelle autonomie acquise par les villes va encourager leur développement économique. Spirituellement et intellectuellement, l'Alsace attire de toutes parts des étudiants, des professeurs, des érudits : l'école latine de Sélestat rayonne dans toute

1452

Fondation de la bibliothèque de l'école latine de Sélestat, l'un des symboles de l'humanisme rhénan.

1517

Publication des thèses de Luther à Wittemberg. Leur diffusion dans les régions de langue allemande sera rapide grâce à l'imprimerie.

1525

Nouvelle révolte paysanne qui fait vaciller le pouvoir local. Une guerre sans merci est livrée aux paysans insurgés.

Détails d'architecture, Strasbourg

l'Europe (la Bibliothèque humaniste de Sélestat en provient). En 1451, Gutenberg invente l'imprimerie à Strasbourg et à Mayence où il menait de front ses recherches. En imprimant la Bible, il retire à l'élite ecclésiastique le monopole de sa connaissance du texte, remettant ainsi en cause le pouvoir de l'Église. Les artistes Hans Baldung (Grien) à Strasbourg et Martin Schongauer à Colmar participent à l'éclosion d'un humanisme rhénan qui influencera profondément son époque.

Malheureusement, les campagnes ne profitent pas de cet essor. À partir de la fin du XVe siècle, un mouvement latent de révolte prend forme, contre les seigneurs laïques ou ecclésiastiques, contre les commerçants qui spéculent sur le cours des denrées, contre l'autorité impériale dont les troupes en guerre contre la Confédération suisse multiplient les exactions. L'année 1493 marque le début de cette révolte. Ce mouvement prend une ampleur inédite, car, au-delà des questions d'impôts et de prix des denrées, les paysans revendiquent le droit de s'organiser librement comme les villes. La répression ne fait pas disparaître le mécontentement général des campagnes et les soulèvements se reproduisent durant toute la fin du XVe siècle et le début du XVIe siècle.

Le 14 avril 1525, du nord au sud de l'Alsace, les paysans s'insurgent et surprennent les autorités. Le mouvement gagne très vite le duché de Lorraine ; les rebelles occupent des

1547

L'empereur Charles Quint emporte une large victoire sur les princes protestants à Muehlberg, mais négocie pour mettre fin à la guerre.

1555

La paix d'Augsbourg affirme le principe du *cujus regio, ejus religio* (la religion du prince est celle de ses sujets).

1618

Début de la guerre de Trente Ans qui va mettre l'Europe à feu et à sang. L'Alsace est durement frappée.

abbayes, des châteaux et surtout font entendre leurs revendications. Les victoires des paysans sont nombreuses. Mais à Saverne ou à Lupstein, les batailles sont rudes et font des centaines de morts. Le duc de Lorraine lève une armée avec des gens de métier pour venir à bout de l'insurrection paysanne. Erasmus Gerber, le chef des paysans, est arrêté à Saverne et pendu sur-le-champ. L'armée de Lorraine, dans laquelle on compte de très nombreux mercenaires suisses, massacre les paysans à Scherwiller le 12 mai 1525 : il y a plus de 6 000 tués. Battus en Moyenne et en Basse Alsace, les paysans se replient dans le Sundgau où leurs dernières troupes seront vaincues au mois d'août. La vengeance des autorités s'exerça de très nombreuses années au travers d'une nouvelle dîme qui fit plier un peu plus les paysans d'Alsace.

Parallèlement, un autre bouleversement a lieu dans les villes avec le développement des thèses de Luther à partir de 1517. L'imprimerie contribue à diffuser rapidement ces idées nouvelles. La Réforme est la grande affaire intellectuelle de ce temps : les villes choisissent leur camp. La cathédrale de Strasbourg servira d'abri pour tous les protestants persécutés en Europe : on y célèbre le culte des Réformés, comme à Colmar ou à Wissembourg. Mais les Habsbourg, toujours maîtres des lieux, sont restés catholiques. Charles Quint finit par déclarer la guerre aux princes et magistrats protestants et l'emporte à la bataille de Muehlberg, en 1547. Toutefois, le mouvement a pris trop d'ampleur au sein de l'Empire et son frère et successeur, Ferdinand Ier, préfère négocier la paix d'Augsbourg (1555), qui laisse à chaque autorité locale, noble ou civile, le soin de décider du culte pour sa population.

De l'âge d'or à la guerre de Trente Ans

La richesse de l'Alsace devient proverbiale. C'est l'une des régions les plus peuplées d'Europe avec 30 habitants au kilomètre carré. Une activité multiforme agite la contrée : champs de céréales, vignes, mines d'argent, tanneries, imprimeries... Les foires de la Saint-Jean et de Noël attirent des milliers de personnes venues de toute l'Europe. L'Alsace s'exporte partout et assure à ses habitants une opulence au point que l'on surnomme le XVIe siècle le "Siècle d'or". Mais ce sont surtout les bourgeois qui profitent de cette prospérité.

En 1592 toutefois, première alerte, la succession de l'évêque de Strasbourg débouche sur un violent conflit qui ne sera définitivement tranché qu'en 1604. L'opposition entre les candidats luthérien et catholique a tourné à la guerre civile. Mais en 1618, c'est un conflit d'une tout autre ampleur qui voit le jour à Prague. La guerre de Trente Ans va mettre aux prises toutes les puissances européennes, sauf l'Angleterre et la Russie. Là encore, c'est au nom de la religion que l'on combat, les princes protestants allemands s'opposant aux Habsbourg catholiques, mais c'est au nom d'intérêts nationaux bien sentis que les alliances se nouent, ainsi de la France qui cherche à affaiblir les Habsbourg.

L'Alsace est particulièrement frappée lors de ce conflit. La moitié de sa population est décimée. Les Lorrains, les Allemands, les Français et même les Suédois dévastent à tour

1648

Les traités de Westphalie concluent la guerre de Trente Ans. Les possessions alsaciennes des Habsbourg sont cédées à Louis XIV.

1684

Un décret de Louis XIV instaure le *simultaneum* : les protestants doivent laisser l'usage du chœur de leurs églises aux catholiques.

1697

La guerre de la Ligue d'Augsbourg prend fin avec le traité de Ryswick qui confirme la mainmise de la France sur l'Alsace.

de rôle la région. Aujourd'hui encore, de nombreux lieux-dits en Alsace rappellent des villages disparus. Et nombre des châteaux ruinés qui coiffent encore les sommets de la région ont été détruits lors de ce conflit.

L'incorporation au royaume de France

En 1648, le traité de Westphalie met enfin un terme à la guerre de Trente Ans. Il est fondamental pour l'Alsace, qui change ainsi de suzerain : la Haute-Alsace et la Décapole (sans Mulhouse) iront désormais au roi de France, Louis XIV. Après un millénaire d'appartenance à la culture germanique, l'Alsace fait alors son entrée dans l'espace politique et culturel français. C'est une véritable rupture historique, mais qui ne se fait pas ressentir immédiatement sur le terrain.

En 1675, à Turckheim, le maréchal de Turenne bat les troupes impériales qui voulaient récupérer l'Alsace. La Décapole est dissoute au profit des Français en 1679. Après une nouvelle guerre, le traité de Ryswick (1697) détermine la nouvelle frontière française sur le Rhin. Mais Louis XIV a l'intelligence de laisser les institutions alsaciennes traditionnelles en place (religieuses et politiques) et, surtout, de ne pas imposer la langue française. L'Alsace reste donc une authentique région germanique tombée dans l'escarcelle des Français.

L'Alsace connaît une nouvelle ère prospère. Vauban élève des places fortes le long du Rhin, parmi lesquelles la forteresse de Neuf-Brisach, qui peut être considérée comme son véritable chef-d'œuvre. La religion catholique est privilégiée et les évêques sont à nouveau couverts d'or. Le palais des Rohan, à Strasbourg, est d'ailleurs une belle preuve de leur richesse à cette époque. À partir de 1707, Louis XIV impose la simultanéité dans les églises protestantes : dans toute commune comptant plus de 7 familles catholiques, l'église doit être divisée (nef aux protestants, chœur aux catholiques).

Au XVIIIe siècle, l'Alsace conserve toujours sa réputation de région riche et prospère, continuant à attirer de nombreux migrants venus de Suisse, d'Autriche, d'Allemagne et des provinces françaises. L'agriculture, grâce aux céréales et à la vigne, assure l'essentiel de ce bien-être, mais ce sont les couvents, les bourgeois et les vieilles familles nobles qui en tirent le plus de profit. À cela vient s'ajouter une première révolution industrielle qui dynamise la production textile. La ville de Mulhouse développe une véritable industrie dans le domaine, et se voit ainsi promise à un bel avenir.

La Révolution comme catalyseur de l'intégration

En Alsace, la Révolution française a défait un peu plus les anciens modèles allemands qui étaient encore en vigueur : c'est la fin des corporations, la mise au ban de l'Église, l'égalité pour les juifs et pour les protestants, la fuite des seigneurs vers l'Allemagne et, pour un temps tout au moins, les terres pour les paysans ! L'Empire germanique a vécu et la France s'immisce de plus en plus dans la société alsacienne. La Révolution et la République imposent la langue française. L'alsacien est interdit. Dans les villes,

1789	**1798**	**1801**
La Révolution est fort bien accueillie en Alsace.	Mulhouse est rattachée à la République française.	Instauration du Concordat régissant les relations entre l'Église et l'État, toujours en vigueur en Alsace.

La Marseillaise est... strasbourgeoise

Claude Joseph Rouget de Lisle, capitaine du génie en garnison à Strasbourg, écrivit en avril 1792 des couplets patriotiques qu'il intitula *Les Enfants de la patrie* ou *Chant de guerre pour l'armée du Rhin*. Une affiche de la Société des amis de la Constitution, appelant à la mobilisation contre l'armée des émigrés, lui inspira le texte. C'est devant le maire de Strasbourg, à son domicile situé place Broglie (la maison a été détruite et remplacée par la Banque de France), qu'il le chanta pour la première fois. La scène a été immortalisée par le peintre Isidor Pils – le tableau est visible au Musée historique (voir p. 98).

Relayé ensuite par des voyageurs jusqu'à Lyon durant le mois de mai, le chant, porté par le mistral, arriva à Montpellier, où un étudiant en médecine, originaire du Var, se prit de passion pour cet hymne révolutionnaire et le chanta devant ses compagnons de bataillon, enrôlés de Provence. Comme une traînée de poudre, l'"hymne des Marseillais" gagna Paris où le bataillon se rendait. Galvanisant les troupes lors de l'insurrection du 10 août contre les gardes suisses, le chant fut spontanément baptisé *La Marseillaise* par les Parisiens ; son tour de France s'achevait dans la gloire ! Le 26 messidor de l'an III (14 juillet 1795), le chant fut proclamé hymne national.

on s'accommode très bien de ces nouvelles modes : à Strasbourg, chez De Dietrich, le maire, un certain Rouget de Lisle entonne en français ce chant composé pour l'armée du Rhin que l'on nommera plus tard *La Marseillaise* (voir ci-dessus). À la campagne, l'enthousiasme est vite retombé, les paysans qui avaient pris possession des terres étant contraints de les rendre. Certains Alsaciens se sentent trahis par la Révolution. Le clergé reprend du terrain avec en toile de fond les luttes entre catholiques et protestants. Ce qui n'empêche pas la ville de Mulhouse, jusque-là enclave protestante du royaume de France, d'être rattachée à la jeune République française en 1798 après un vote du conseil de la ville !

En 1801, le tout récent Consulat, dirigé par Napoléon, adopte le Concordat qui met un terme définitif aux luttes religieuses en Alsace. La nouvelle division administrative entre Haut et Bas-Rhin respecte aussi une logique locale et fait l'unanimité. L'intégration nationale est complète avec, en 1810, la création à Strasbourg de la première École normale d'instituteurs de France. Par les instituteurs, et par l'armée à laquelle l'Alsace donne 45 000 de ses hommes, la région devient plus française que jamais. La région fournit à l'empereur corse 70 généraux parmi les plus valeureux (Kellermann, Lefebvre, Rapp, Kléber...). Dans un autre registre, Catherine Hubscher, beaucoup plus connue sous le nom de madame Sans-Gêne pour avoir plus d'une fois remis à leur place l'Empereur et Talleyrand, était elle aussi alsacienne. C'est aussi un jeune député alsacien, Victor Schœlcher, originaire de Fessenheim, qui, en 1804, parviendra à faire voter une loi pour l'abolition complète et immédiate de l'esclavage.

1871

L'Alsace et la Moselle sont rattachées au nouvel Empire allemand après la cuisante défaite de la France lors de la guerre franco-prussienne.

1914

Déclenchement de la Première Guerre mondiale. L'Alsace va encore une fois être un champ de bataille.

1918

L'armistice signé le 11 novembre prévoit l'évacuation immédiate de l'Alsace et de la Moselle par les troupes allemandes.

Ouvrage du Four à Chaux, Lembach (p. 62)

CHRISTOPHE CORBEL ©

Un XIXᵉ siècle industriel

La révolution, industrielle cette fois-ci, prend forme en Alsace au XIXᵉ siècle. Les entreprises prolifèrent dans tous les domaines et demandent une main-d'œuvre de plus en plus importante. Une nouvelle classe sociale apparaît : les ouvriers, dont les conditions de vie sont souvent déplorables. En Alsace, des patrons créent les toutes premières cités ouvrières pour répondre à cette situation scandaleuse.

Mulhouse, où la révolution industrielle a commencé dès le milieu du XVIIIᵉ siècle, joue un rôle de leader. Après le textile, une richesse en amenant une autre, la ville développe différents secteurs d'activité industriels, au point que la ville est surnommée la "Manchester française".

L'Alsace est toujours aussi riche, mais sa prospérité nouvelle est davantage due aux manufactures qu'aux ressources traditionnelles de la terre. C'est un changement de société profond qui s'opère.

L'Alsace entre France et Allemagne

En 1870, le Second Empire à bout de souffle se laisse entraîner par la Prusse dans un conflit que celle-ci désirait. En quelques semaines, la déroute de l'armée française est complète, l'empereur Napoléon III étant même fait prisonnier dès le 2 septembre, lors de la bataille de Sedan. Si la guerre ne s'achève pas tout de suite, pour l'Alsace en revanche, la partie est terminée. Le 10 mai 1871, le traité de Francfort entérine la cession de l'Alsace et de la Moselle au nouvel Empire allemand, ce que certains Alsaciens vivent comme un abandon. Près de 160 000 d'entre eux prennent d'ailleurs le parti de vivre en France comme ils en avaient la possibilité. Parmi les Alsaciens qui vivront en France, on compte Frédéric Auguste Bartholdi, le sculpteur de la *Statue de la Liberté* (de son vrai nom *La Liberté éclairant le monde*).

À partir de 1871, la langue allemande est à nouveau obligatoire dans les écoles et dans toutes les institutions bien que la langue alsacienne, très proche de l'allemand, n'ait jamais été abandonnée. Les Allemands imposent une restructuration de l'organisation régionale à travers une véritable dictature militaire. Strasbourg est transformée et germanisée : son

1919	**1940**	**1944**
Le traité de Versailles entérine le rattachement de l'Alsace et de la Moselle à la France.	Après la victoire éclair de l'armée allemande, l'Alsace et la Moselle sont intégrées au IIIᵉ Reich.	La 1ʳᵉ armée du général de Lattre de Tassigny participe activement à la libération de l'Alsace.

quartier impérial en témoigne encore aujourd'hui. L'Alsace se replie sur elle-même pour survivre : son peuple prend de plus en plus conscience de ce qu'il partage, du nord au sud, et une sorte d'unité régionale forte se met en place face aux Allemands et aux Français. Tant et si bien que l'idée d'une Alsace autonome finit par faire son chemin. Les mouvements autonomistes obtiennent en 1911 une Constitution pour l'Alsace et la Moselle. Un parlement régional voit le jour, mais il possède davantage un avis consultatif qu'un pouvoir réel, et les rares élus osant élever la voix contre l'Empereur sont destitués. La Première Guerre mondiale mettra un terme à cette expérimentation.

Lorsque le conflit éclate, les Alsaciens refusent pour la plupart d'aller se battre contre les Français. En 1918, les marins alsaciens seront nombreux à participer à la mutinerie de la marine allemande à Kiel ; ce sera le catalyseur qui précipitera la chute de l'Empire. La même année, après que l'Allemagne a tenté par une dernière manœuvre de semi-autonomie de garder l'Alsace dans son giron, la libération apportée par les Français est chargée d'espoir. L'euphorie est pourtant de courte durée en Alsace.

Les désillusions sont en effet nombreuses face à la politique de la France. Si l'Alsace pensait "liberté", la France pense "intégration et soumission" : l'autonomie souhaitée ne sera pas donnée et, pire encore, ceux qui la voulaient sont accusés d'être des traîtres à la nation et emprisonnés. Les journaux autonomistes, pour la plupart pacifistes, sont interdits. La France impose le français à l'Alsace et veut supprimer l'alsacien, bien trop proche de l'allemand. Une vraie crise alsacienne naît entre les deux guerres, favorisant tous les mouvements autonomistes avec le soutien des communistes et du parti catholique UPR ! Aux élections législatives de 1928, les deux tiers des élus alsaciens soutiennent ces revendications. La France fait quelques concessions, mais ces conflits paraissent bientôt bien inutiles : c'est en effet la montée du nazisme, avec ses visées expansionnistes, et la possibilité d'un retour des Allemands qui effraient le plus les Alsaciens. Dans ce contexte, la région se tourne plus naturellement vers la France.

En 1939, l'ordre de mobilisation générale s'accompagne pour des dizaines de milliers d'Alsaciens d'un ordre d'évacuation. Plus de 150 villages le long du Rhin sont vidés de leurs habitants, relogés dans des départements du sud de la France. La défense s'organise le long de la ligne Maginot, réputée infranchissable mais finalement prise à revers dès les premiers jours de l'attaque allemande, en mai 1940. Malgré la résistance des points forts de la ligne Maginot, la déroute est totale. L'Alsace est à nouveau allemande.

Le IIIe Reich développe une violente politique d'intégration de l'Alsace. Le Gauleiter Robert Wagner, responsable régional nazi, met un zèle tout particulier à faire des Alsaciens de bons sujets allemands. À partir de 1942, les jeunes hommes sont incorporés de force dans l'armée allemande, la Wehrmacht, et parfois, selon les classes d'âge, directement dans les Waffen-SS. L'histoire retiendra ces incorporés de force sous le nom de "malgré-nous". De nombreux drames y sont liés en Alsace, sur le front russe, mais aussi dans le Limousin où quatorze "malgré-nous" ont participé au massacre d'Oradour-sur-Glane aux côtés des nazis. L'ambiguïté de ce terme de "malgré-nous" crée encore aujourd'hui un malaise profond dans la région.

1949	**1951**	**1957**
Fondation du Conseil de l'Europe, dont le siège est installé à Strasbourg.	Porté par Robert Schuman, le traité de Paris instaure la Communauté européenne du charbon et de l'acier, qui intègre l'Allemagne.	Instauration de la CEE, ancêtre de l'Union européenne, qui dispose d'un parlement installé à Strasbourg.

La Libération et l'après-guerre

La libération de l'Alsace en 1944 est marquée par quelques temps forts. Tout d'abord, c'est l'arrivée de la 1re armée dirigée par de Lattre de Tassigny qui est la première à déboucher des Vosges par le sud pour libérer Mulhouse les 20 et 21 novembre. Le 23 novembre, c'est au tour de la ville de Strasbourg d'être libérée par les hommes de la 2e division blindée du général Leclerc qui arrivent par le nord. Lors de la contre-offensive des Ardennes durant l'hiver 1944-1945, alors que les Américains sont prêts à se replier, c'est la 1re armée qui assure seule la défense de la ville. Ne reste alors plus qu'à réduire la poche de Colmar, ce qui sera fait durant trois longues semaines de combats en janvier-février 1945.

Après la guerre, les instituteurs interdisent de parler alsacien dans la cour des écoles. Mais d'eux-mêmes, les Alsaciens, qui ont parfois changé cinq fois de nationalité sans même quitter leur village, et qui sortent d'une expérience particulièrement traumatisante, délaissent peu à peu leur langue. Il faudra attendre les années 1970 pour qu'une nouvelle génération redécouvre la richesse de la culture alsacienne alors en train de se perdre. Quelques mouvements culturels intéressants, dans la musique et dans la littérature essentiellement, verront le jour.

Mais plus encore, ce qui va caractériser l'Alsace à partir de l'après-guerre, c'est son intégration dans l'Europe communautaire et le développement de liens transfrontaliers pacifiques. Robert Schuman, Lorrain, qui a fait une partie de ses études à Strasbourg, qui a lui-même changé de nationalité, met tout en œuvre pour tourner la page des conflits franco-allemands. Le Conseil de l'Europe est ainsi fondé en 1949, et, symboliquement, son siège est installé à Strasbourg, comme le seront ceux de nombre d'institutions européennes par la suite. À un niveau plus local, une région rhénane transnationale voit le jour entre Allemagne, Suisse et France. L'un des symboles en est l'EuroAirport de Bâle, Mulhouse et Fribourg. L'autre est, plus prosaïquement, le flot de travailleurs alsaciens qui chaque jour vont rejoindre une entreprise en Suisse ou en Allemagne.

Détail d'une devanture de magasin, Kaysersberg (p. 208)

VINCENT FROEHLY ©

Culture et patrimoine

*L'Alsace est parée d'un riche patrimoine. L'art roman,
l'art gothique, la Renaissance germanique, le classicisme
français ont tour à tour trouvé dans cette terre de passage
et d'échange un lieu où s'exprimer. Que l'on parcoure ses
villes ou ses villages, on découvre à chaque coin de rue,
là un oriel, là une façade sculptée, ici un clocher
insensé. Et lorsqu'on pénètre dans ces édifices, peintures,
sculptures ou manuscrits précieux prennent le relais.*

L'alsacien

Par sa géographie et son histoire, l'Alsace est étroitement liée à la culture rhénane germanique. La langue alsacienne ne date pas des annexions récentes par l'Allemagne, mais appartient aux langues germaniques qui existaient dès l'Antiquité et au nombre desquelles figurent le celte, l'italique, le franc, l'aleman et le rune. Les Romains, qui occupèrent longuement l'Alsace, utilisaient bien sûr leur propre langue. La région se trouvait ainsi à la frontière des langues germaines et romanes, ce qui lui apporta une richesse indéniable.

L'alsacien est marqué par des nuances phonétiques du nord au sud et englobe des emprunts à l'anglais, à l'allemand, au français, tous venus d'occupations diverses au fil des âges. Les habitants jouent volontiers avec ces mots venus d'ailleurs, en triturant leur consonance, ou leur sens parfois.

Maison Pfister, Colmar (p. 181)

VINCENT FROEHLY ©

★ **Les plus belles...
maisons Renaissance**

Maison des Têtes, Colmar (p. 175)

Metzig, Molsheim (p. 132)

Maison Kammerzell, Strasbourg
(p. 92)

Corps de Garde, Turckheim (p. 214)

Maison Pfister, Colmar (p. 181)

L'alsacien est encore largement pratiqué, même si les nouvelles générations ont tendance à le délaisser. La langue est une partie importante de l'identité alsacienne, qui rappelle qu'historiquement, les Alsaciens sont des Français de culture germanique.

Céramique

La céramique est introduite en Alsace dès le néolithique avec l'arrivée des peuples de culture rubanée, venus des plaines du Danube. Les archéologues ont mis au jour des dizaines de sites significatifs quant à la pratique de cet art. À Dachstein, à Reichstett ou à Lingolsheim, les pièces trouvées montrent une parfaite maîtrise des techniques du colombin (fabrication sans tour). Les décorations, réalisées au moyen de peignes en os ou de pointes bifacées, sont souvent des rubans. Le Musée archéologique de la ville de Strasbourg expose un grand nombre de ces découvertes.

Soufflenheim et Betschdorf (Bas-Rhin, au nord de Strasbourg), les deux villages où une activité de poterie est encore présente, ont une histoire moins ancienne. Bien que voisins, ils ont développé des techniques très différentes. Soufflenheim est citée dès 200 ans avant J.-C. pour ses activités de poterie, mais c'est sous l'impulsion de Frédéric Barberousse, au XIIe siècle, que les techniques se développent et que le nombre d'artisans augmente. Tous les potiers du village obtiennent le droit de prélever la glaise dont ils ont besoin dans la forêt de Haguenau. Soufflenheim est désormais devenu un nom commun désignant des poteries vernissées, idéales pour préparer les mets et très résistantes aux fortes chaleurs. Plus de vingt ateliers fonctionnent encore dans le village.

L'activité à Betschdorf s'est développée plus tardivement, avec l'arrivée d'un potier allemand en 1586, qui a amené au village le secret de fabrication de la poterie de grès avec projection de sel à la cuisson. Les poteries prennent une très jolie couleur bleu-gris et se prêtent volontiers à plus de décorum. De toute beauté, les pièces, fonctionnelles, sont en plus de magnifiques œuvres d'art. La "cruche de grès d'argent" fait partie du blason de Betschdorf où une douzaine d'artisans exercent cet art.

Autre particularité régionale, les *kachelofes*. Il s'agit de poêles en faïence, aux proportions impressionnantes et aux décors d'une grande richesse. On peut en voir dans les musées de la région.

Architecture

L'architecture traditionnelle est nettement distincte dans les plaines et dans les montagnes. Dans la plaine d'Alsace et jusque sur les collines vouées à la culture de la vigne, ce sont les maisons à colombages qui dominent. Leur construction repose sur une ossature en bois dont les vides sont comblés par un torchis, mélange fait de bouse de vache, de paille, de terre et d'eau. Nombre de ces demeures ont survécu au point de devenir l'un des symboles de la région. Les crépis colorés qui laissent les poutres apparentes, les volets, les encorbellements parfois, voire les sublimes sculptures (sur les poteaux corniers, c'est-à-dire les poteaux d'angle, notamment) donnent un charme fou aux vieux quartiers de Colmar ou de Strasbourg, et aux villages cossus de la route des Vins. Dans les montagnes (Vosges et Jura), on utilisait plus facilement les pierres issues des carrières voisines des villages pour construire des bâtisses massives où ferme et habitat se blottissaient sous un même toit.

L'architecture religieuse en Alsace a été durablement marquée par l'art roman. Un circuit intitulé "route romane d'Alsace" permet de découvrir plusieurs chefs-d'œuvre : d'Altenstadt, au nord, jusqu'à Feldbach dans le Sud, en passant bien sûr par Marmoutier, Strasbourg, Rosheim, Sélestat, Murbach et Ottmarsheim, les églises en parfait état permettent de se rendre compte de la maîtrise de cet art roman qui perdurera en Alsace bien plus longuement qu'ailleurs. Influencée par la chapelle palatine d'Aix-la-Chapelle, l'abbatiale d'Ottmarsheim représente le point d'orgue en la matière. Autre référence, la splendide abbaye de Murbach a rayonné aux XIe et XIIe siècles dans l'ensemble du royaume germanique.

À Strasbourg, la cathédrale est un chef-d'œuvre gothique (même si elle comprend des éléments romans). Avec ses 142,11 m de hauteur, elle fut jusqu'en 1874 l'édifice le plus haut du monde, représentative d'une absolue maîtrise, tant artistique que technique. Les tailleurs de pierre, au faîte de leur art, changent les pierres en dentelles et conservent néanmoins l'intégrité de leur solidité et de leur pouvoir porteur. Le style gothique de la cathédrale est le fruit d'influences diverses qui font sa particularité. On retrouve ces spécificités dans l'église Saint-Thomas (à Strasbourg également), ou l'église d'Ebersmunster.

La Renaissance se lit dans tous les centres historiques des villes d'Alsace : quelques chefs-d'œuvre très particuliers sont à ne pas manquer comme la maison Pfister ou encore la maison des Têtes, à Colmar.

Au nombre des édifices remarquables liés aux fonctions civiles et religieuses des grandes villes alsaciennes, le quartier impérial, ou quartier allemand, à Strasbourg, est sans doute le plus significatif. Les bâtiments officiels datant de la fin du XIXe siècle, de style néogothique, néo-Renaissance, ou néoclassique, répondaient à la demande expresse du Kaiser de germaniser Strasbourg et d'en faire une vitrine du savoir-faire architectural allemand. Strasbourg avait vocation à devenir la capitale du Reichland Elsass-Lothringen. Il en reste aujourd'hui un quartier complet, dans lequel le cinéma américain trouva plus d'une fois les décors d'une ville germanique nécessaires à ses productions ! Cette période allemande correspond à celle de l'Art nouveau (Jugendstil dans sa version allemande), et on croise à Strasbourg nombre de bâtiments construits dans ce style, soit sous influence allemande, soit sous influence française.

Ne manquez pas de visiter les châteaux et manoirs d'Alsace. Plus de 500 sont référencés dans la région, la plupart du temps à l'état de ruines majestueuses. Hohlandsbourg, La Petite-Pierre, Haut-Kœnigsbourg, Ferrette, les trois châteaux d'Eguisheim, Ribeaupierre, Girsberg, Haut-Barr, Engelbourg, Morimont... tous ont leurs spécificités, leur fonction, leur légende, leur style, leur histoire, leur âme reflétant un art spécifique à l'Alsace qui situait sa frontière plus sur les Vosges que sur le Rhin.

Peinture et sculpture

En Alsace, les bibliothèques figurent au nombre des principaux lieux à visiter pour admirer l'art des peintres. Dans cette région qui a vu naître l'imprimerie, les incunables sont souvent illustrés de remarquables planches gravées et peintes. La Bibliothèque humaniste de Sélestat avec sa prestigieuse collection Beatus Rhenanus, la bibliothèque patrimoniale

Retable d'Issenheim, Colmar (p. 179)

des Dominicains à Colmar, la bibliothèque du Mont-Sainte-Odile, la bibliothèque du Grand Séminaire de Strasbourg sont autant de lieux où l'on peut admirer des œuvres de toute beauté. La *Chronique de Nuremberg* de Hartmann Schedel, richement illustrée, est un véritable chef-d'œuvre (tiré à environ 2 000 exemplaires), à la fois du point de vue de l'histoire de la peinture et de celle du livre. Michael Wohlgemuth, qui réalisa les gravures et la mise en couleur, était un élève d'Albrecht Dürer.

Mais avant même l'époque des premiers livres imprimés, les manuscrits constituaient de véritables galeries d'art. L'original de l'*Hortus Deliciarum* (*Le Jardin des délices*), réalisé par Herrade de Landsberg (vers 1125-1195) au XIIe siècle, a disparu en 1870 dans un bombardement de Strasbourg par les Allemands, mais il avait été copié préalablement et on peut admirer la qualité de ses illustrations dans diverses bibliothèques d'Alsace. Destiné à enseigner les connaissances sur le monde aux moniales, le manuscrit est connu pour la beauté de ses très nombreuses miniatures. *Le Jugement dernier*, l'*Échelle des vertus* ou *L'Allégorie de la Philosophie* sont de pures merveilles réalisées par l'abbesse du Mont-Sainte-Odile et ses consœurs.

L'importante communauté juive présente en Alsace pratiquait l'art de la Haggadah : ouvrage retraçant avec textes et illustrations la fuite d'Égypte et la libération du peuple hébreu. La Haggadah de Rosheim, richement illustrée de planches très colorées, est visible à la Bibliothèque nationale universitaire de Strasbourg.

Concernant les peintres proprement dits, c'est dans la seconde moitié du XVe siècle et dans la première du XVIe que leur production en Alsace fut la plus riche. Martin Schongauer (né à Colmar vers 1450 et mort en 1491), surtout connu par ses gravures et dessins, a eu une grande influence à l'époque, notamment sur Albrecht Dürer (1471-1528) qui tenta de le rencontrer lors de son premier voyage d'étude mais arriva après sa mort. Originaire de Nuremberg, Dürer, avant de se rendre en Italie, visita Colmar donc, mais aussi Strasbourg et Bâle, attestant de l'importance de l'espace du Rhin supérieur dans la production artistique de l'époque. De son côté, Hans Baldung (vers 1484-1545), qui sera actif à Strasbourg durant toute la première moitié du XVIe siècle, effectua une partie de sa formation auprès de Dürer à Nuremberg. Pour admirer des œuvres de ces artistes, un lieu s'impose : le cabinet des Estampes et des Dessins de Strasbourg (5 pl. du Château). Le musée Unterlinden à Colmar conserve également des œuvres éminentes de la Renaissance germanique, au nombre desquelles le retable d'Issenheim. Son auteur, pour la partie peinte (puisqu'il y a aussi une partie sculptée due à Nicolas de Haguenau), Matthias Grünewald (vers 1475-1528), illustre parfaitement les circulations de l'époque dans l'espace germanique. Actif à Aschaffenbourg, Francfort et Mayence, il répondit à une commande des antonins d'Issenheim, à une vingtaine de kilomètres au sud de Colmar. Quant à Hans Baldung, il se rendit à Fribourg-en-Brisgau pour peindre son fameux retable. Un autre très beau retable est facilement visible lorsqu'on visite l'Alsace, c'est celui du Maître H. L. à Breisach-am-Rhein (aussi appelée Vieux-Brisach), la ville qui fait

SONIA DE ARAUJO ©

Manuscrit de la Bibliothèque humaniste, Sélestat (p. 153)

face à Neuf-Brisach de l'autre côté du Rhin. *La Vierge au buisson de roses* de Schongauer n'était pas destinée à un retable à l'origine, mais c'est ainsi qu'on peut la découvrir dans l'église des Dominicains à Colmar, suite à une modification au début du XXᵉ siècle.

Après l'intégration de l'Alsace à la France, les artistes se tourneront plutôt vers Paris, qu'il s'agisse de choisir leurs modèles ou de trouver leur voie. Il en est ainsi de Gustave Doré, né à Strasbourg en 1832 et mort dans la capitale française en 1883. Ses gravures lui valurent une reconnaissance internationale à l'époque. Un fonds lui est consacré au musée d'Art moderne et contemporain de Strasbourg, qui apporte un éclairage passionnant sur son œuvre peinte. Contemporain de Doré, le peintre sundgauvien Jean-Jacques Henner (1829-1905) a lui aussi fait l'essentiel de sa carrière à Paris. S'il a eu une trajectoire tout ce qu'il y a de plus académique (prix de Rome, membre de l'Académie des beaux-arts), son œuvre est plus intéressante, notamment par l'influence romantique que l'on retrouve dans nombre de ses portraits. En 1871, il consacre un tableau à sa région natale : *L'Alsace, elle attend*. Si une grande partie de ses toiles sont conservées dans le musée qui lui est consacré à Paris, vous pourrez voir plus d'une quarantaine de ses créations au musée des Beaux-Arts de Mulhouse.

Autre artiste de la même époque, Auguste Bartholdi (né à Colmar en 1834 et mort à Paris en 1904) acquit une notoriété bien plus importante qui, après un relatif déclin au milieu du XXᵉ siècle, ne semble plus prête de s'estomper. Il le doit à la fameuse *Statue de la Liberté* (*La Liberté éclairant le monde*) qui accueille les voyageurs et immigrants arrivant à New York par bateau depuis 1886. Il a livré d'autres œuvres célèbres : le *Lion*, à Belfort, qui rend hommage à la résistance de la ville lors de la guerre franco-prussienne, la fontaine de la place des Terreaux à Lyon, la sculpture de Vercingétorix à Clermont-Ferrand. Lors d'une visite à Colmar, vous pourrez voir plus d'une dizaine de ses sculptures dans différents coins de la ville. Un musée lui est aussi consacré dans sa maison natale.

Plus proche de nous, le peintre et sculpteur strasbourgeois Hans Arp (1886-1966) a marqué son temps. Cofondateur du mouvement Dada à Zurich puis proche des

La Statue de la Liberté

En 2004, année du centenaire de la mort d'Auguste Bartholdi, la municipalité de Colmar a décidé de doter la ville d'une réplique de la célébrissime statue new-yorkaise. Classique. L'emplacement choisi l'est moins : un rond-point de la zone commerciale nord. Un endroit très passant puisque c'est l'accès privilégié vers le centre-ville pour tout automobiliste venant du nord (ou le quittant dans cette direction). Bref, comme *La Liberté éclairant le monde*, elle accueille ceux qui entrent dans la ville. Sa situation permet aussi de bien l'admirer sous toutes ses coutures, en faisant plusieurs fois le tour en voiture. Sans commune mesure avec l'original, l'œuvre mesure 12 m au flambeau. Elle a été réalisée en matériau composite teinté dans la masse, pour lui donner un aspect de cuivre patiné.

surréalistes, il avait fait ses premières armes aux Arts déco à Strasbourg avant de prolonger ses études à Paris puis à Weimar. Sa principale contribution à la ville de Strasbourg, l'aménagement de L'Aubette en 1928, avec son épouse Sophie Taeuber et l'artiste Theo Van Doesburg, avait été détruite en 1938 mais a été reconstituée depuis. Le musée d'Art moderne et contemporain de Strasbourg conserve une importante collection de ses toiles et sculptures.

Plus récemment, l'artiste Tomi Ungerer, entre expatriation et fidélité à sa région natale, a produit une œuvre polymorphe qui s'admire notamment dans le très beau musée qui lui est consacré à Strasbourg.

Littérature

L'Alsacien Otfried de Wissembourg est le plus ancien poète de langue allemande. Né vers l'an 800, il travaille durant 20 ans à l'écriture d'un ouvrage de 16 000 vers : le *Livre des Évangiles* est le premier livre écrit en vieux haut allemand (à une époque où la langue des lettrés est le latin), qui préfigure la langue allemande. Avant cela, le serment de Strasbourg, prononcé en 842 par Charles le Chauve et Louis le Germanique (deux des petits-fils de Charlemagne) dans la plaine de la Meinau, près de la capitale alsacienne, est le premier document bilingue écrit en français et en allemand. Préfiguration d'une destinée particulière pour une région qui s'est toujours trouvée à cheval entre deux mondes culturels.

Au XIIe siècle, Gottfried de Strasbourg donne une version de *Tristan et Iseult* en langue allemande qui fera date, tandis que l'Alsacien Heinrich der Glichesaere traduit en allemand le célèbre *Roman de Renart*. Mais c'est avec l'apparition de l'imprimerie à Mayence que la production de textes en langue allemande va se développer. Mentelin (Jean Mentel, 1410-1478) imprime en 1466 à Strasbourg une Bible en allemand qui est considérée comme la première version en langue vernaculaire du livre des livres. L'humanisme rhénan est alors en pleine effervescence et les écrits se multiplient. Beatus Rhenanus (1485-1547) fonde la Bibliothèque humaniste de Sélestat. Jacques Wimpfeling (1450-1528) vocifère et s'enflamme et gagne le surnom "d'éducateur de l'Allemagne" tandis que son ami Martin Bucer (1491-1551) pose les bases de la Réforme avant Calvin et Luther. Thomas Murner (1475-1537) tente à l'opposé de contrecarrer la pensée de la Réforme. Sébastien Brant (1458-1521) écrit en 1494 *La Nef des Fous* qui devient un véritable best-seller de la Renaissance, traduit en plusieurs langues et diffusé à travers toute l'Europe. Le livre rédigé en vers rimés, satirique et truculent, se trouve encore très facilement aujourd'hui auprès de tous les libraires en Alsace.

Après cette période d'effervescence, la région du Rhin Supérieur va peu à peu rentrer dans le rang, les guerres de religion n'étant guère propices au rayonnement intellectuel. Au sortir de celles-ci, l'Alsace sera rattachée à la France mais restera fortement liée aux régions germaniques. Goethe (1749-1832), Lenz (1751-1792) et, plus tard, Büchner (1813-

1837) séjournent en Alsace, y trouvent l'inspiration et parfois même l'amour (comme pour Goethe et Lenz, tombés amoureux de la fille du pasteur Oberlin). Chacun d'entre eux laissent des écrits sur la région.

On ne compte pas d'auteur alsacien notable qui s'exprime en français aux XVIIᵉ et XVIIIᵉ siècles. Au début du XIXᵉ siècle, c'est plutôt une littérature dialectale qui se développe, à travers notamment les écrits de J. G. Daniel Arnold. Il faut toutefois citer les auteurs de langue française Émile Erckmann (1822-1899) et Alexandre

Intrigue au col de la Schlucht

Le prolixe Georges Simenon a situé l'intrigue d'un de ses romans de jeunesse, *Le Relais d'Alsace*, au col de la Schlucht, dans les Ballons des Vosges alsaciens. C'est que les Vosges étaient au XIXᵉ siècle et jusqu'au milieu du XXᵉ siècle une destination de villégiature prisée de la bonne société. Un cadre mêlant ruralité et voyageurs, idéal pour tisser la trame d'un roman policier.

Chatrian (1826-1890) qui ont écrit à quatre mains des ouvrages signés sous le nom d'Erckmann-Chatrian. Bien que Mosellans, nombre de leurs ouvrages prennent l'Alsace comme toile de fond. C'est d'ailleurs à Strasbourg qu'ils fondent un journal républicain après la révolution de 1848. Et c'est à Marlenheim que l'on donne en spectacle chaque année leur plus célèbre titre, *L'Ami Fritz* (1864).

Durant la période tourmentée qui court de 1870 à 1945, René Schickelé (1883-1940) tentera de défendre la vision d'une Alsace médiatrice entre la France et l'Allemagne. Ses écrits, essentiellement en allemand, sont imprégnés de pacifisme. On peut relire avec intérêt sa grande trilogie, *L'Héritage du Rhin*. Son contemporain, avec lequel il travailla au quotidien alsacien *Strassburger neue Zeitung*, Gustave Stoskopf (1869-1944), est quant à lui le plus important auteur de langue alsacienne. Il renouvela le théâtre populaire alsacien et provoqua l'apparition de cercles de théâtre (le *bangalàtheater*, théâtre de pacotille) dans presque tous les villages alsaciens. Cette mode perdure encore aujourd'hui et permet de maintenir la langue alsacienne dans nombre de lieux. Sa comédie *D'r Herr Maire* (1898) connaîtra un succès immense.

Depuis le milieu du XXᵉ siècle, la littérature alsacienne s'est plus nettement ancrée dans la langue française. Jean-Paul de Dadelsen (1913-1957) est d'abord connu pour ses poèmes et notamment son recueil paru à titre posthume *Goethe en Alsace* (1965). Jean Egen (1920-1995) rencontra un grand succès avec ses Mémoires, *Les Tilleuls de Lautenbach* (1980). Quant à Alfred Kern (1919-2001), il remporta le prix Renaudot avec *Le Bohneur fragile* (1960). Un peu plus proche de nous, René-Nicolas Ehni (né en 1935) est l'auteur de nombreuses pièces de théâtre, qui pour la plupart ont été adaptées à la radio par France Culture. L'un des plus grands poètes de langue française encore en activité est Claude Vigée, né en 1921 à Bischwiller, et qui a reçu en 2013 le grand prix national de la poésie. Il écrit également en alsacien. Quant à Louis Schittly (né en 1938), surtout connu pour être l'un des fondateurs de Médecins sans frontières, on lui doit un roman, véritable best-seller régional, *Nädsla* (1976), hymne à son Sundgau natal.

Enfin, n'oublions pas les enfants, qui trouvent une inspiration certaine dans les livres à la fois décalés et poétiques de Tomi Ungerer, dessinateur brillant également auteur de livres pour enfants. Il a reçu en 1998 le prix Hans Christian Andersen pour son œuvre, qui inclut les célèbres albums *Les Trois Brigands* et *Jean de la Lune*.

Musique

L'image de l'Alsace musicale est étroitement liée aux fanfares folkloriques, les "guggamusik", des groupes villageois dont le tuba marque le rythme avec une assurance toute militaire. On appelle cela le "humpapa", rythme d'une valse lourde et cuivrée. On

Orgue de l'abbatiale Saint-Maurice, Ebersmunster (p. 156)

★ Les plus belles...orgues

Abbaye de Marmoutier (p. 81)

Église Saint-Jacques-le-Majeur, Hunawihr (p. 200)

Église Saint-Guillaume, Strasbourg (p. 107)

Église Saint-Grégoire, Ribeauvillé (p. 196)

Abbatiale Saint-Maurice, Ebersmunster (p. 156)

peut être sensible à son charme… ou pas, mais cela démontre qu'en Alsace la pratique instrumentale est très répandue. Dans le Sundgau, il n'y a pas une maison paysanne sans un instrument de musique : piano, accordéon, violon, harmonica ou guimbarde ! Chaque village a sa chorale Sainte-Cécile : les messes sont souvent l'occasion de miniconcerts ou du moins de démonstrations vocales et harmoniques.

On peut faire remonter cette tradition fort loin, car Charlemagne lui-même aurait fait noter les chants populaires de la région, dressant une sorte de relevé du patrimoine musical, malheureusement disparu. Depuis le XIVe siècle, les ménétriers ont leur fête à Ribeauvillé : près de 625 ans que les musiciens sont rois en Alsace à travers la fête du Pfifferdaj !

Mais comme partout en Europe, le chant était avant tout religieux et destiné aux louanges du Christ. Ainsi, l'un des plus vieux chants polyphoniques connus apparaît dans *Le Jardin des délices* (voir p. 320). Un manuscrit daté de 1411 a été retrouvé à Strasbourg avec plus de 200 compositions à 2, 3 et même 4 voix, écrit en partie par l'organiste de la cathédrale, Henri Hessmann. La présence d'églises et de monastères prestigieux qui transmettent le message divin en musique explique cette profusion d'œuvres. Tout comme elle permet de comprendre la qualité des orgues qui pour beaucoup ont été conservées dans les églises. La facture d'orgue a connu un grand rayonnement en Alsace et elle a atteint des sommets grâce à des facteurs tels que Silbermann.

Le prince-évêque de Saint-Blaise (près de Waldshut, dans la Forêt-Noire) en fait le constat en 1770 : "Il n'existe aucune région dans laquelle on chante, on danse, on musique autant qu'en Alsace" ! L'Alsace, réputée pour ses musiciens, attirera même Mozart à Strasbourg en 1778 ; il aurait envisagé d'occuper le prestigieux poste de maître de chapelle de la cathédrale.

Pour en revenir à la musique populaire, elle a connu un renouvellement important au XXe siècle. Dans les années 1970, de nombreux groupes alsaciens excellent dans la musique

Têtes d'affiche à Dambach-la-Ville

Il est un film dans lequel Michel Piccoli descend en gare de Dambach-la-Ville avant de grimper à bord d'une Bugatti Royale en compagnie de Marlène Jobert. Ils gagnent alors le domaine de la Leonardsau, entre Bœrsch et Obernai, sur lequel règne Orson Welles et où les attend également Antony Perkins. Alors certes, *La Décade prodigieuse* n'est sans doute pas le chef-d'œuvre de Claude Chabrol, mais il mérite un visionnage ne serait-ce que pour voir ces acteurs hors du commun évoluer dans le cadre magique des contreforts vosgiens et dans l'incroyable demeure que se fit construire le baron Albert de Dietrich (celui-là même qui fit venir Bugatti en Alsace – la boucle est bouclée !).

folklorique de qualité. Le groupe Géranium remplit des salles de concert à Paris avec ses compositions en alsacien d'une très grande poésie. Roger Siffer surfe sur la vague régionaliste soixante-huitarde pour enchaîner les disques où l'on retrouve la qualité de son alsacien et de sa musique. Plus alambiquée, la musique du groupe Manivelle rencontrera du succès surtout en Allemagne. Tous ces groupes sont encore actifs aujourd'hui, et vous les entendrez peut-être sur une scène alsacienne à l'occasion d'un festival ou d'une fête.

En dehors de la musique folklorique ou en langue alsacienne, des chanteurs ont rencontré le succès à l'échelle nationale. Le plus emblématique d'entre eux est très certainement Alain Bashung qui grandit auprès de ses grands-parents à Wingersheim. Sa chanson *Elsass Blues* évoque cette enfance alsacienne. Rodolphe Burger, qui a notamment fait carrière avec le groupe Kat Onoma, a grandi à Sainte-Marie-aux-Mines et lui est resté fidèle puisqu'il y a fondé un festival de musique, C'est dans la vallée (www.cestdanslavallee. fr). L'occasion peut-être d'entendre un autre alsacien célèbre, Jacques Higelin (né dans la banlieue parisienne d'un père alsacien), ami de Rodolphe Burger et qui se produit très régulièrement lors du festival. Le rappeur Abd al Malik, né à Paris, a été élevé en Alsace, et c'est à Strasbourg qu'il a fondé son premier groupe, N.A.P. Il est notamment l'auteur d'un *Conte alsacien* dans lequel il chante pour partie en alsacien.

Le kougelhopf ou kouglof

VINCENT FROEHLY ©

Saveurs alsaciennes

*Plats emblématiques, produits réputés, traditions variées,
la gastronomie alsacienne est l'une des plus savoureuses
de France. Enrichie par ses voisins et par sa position
de carrefour européen, elle s'appuie également sur la
richesse de ses terroirs. Rejoindre l'Alsace pour savourer
choucroute, riesling, munster, tarte aux fruits ne devrait
pas vous empêcher de faire quantité d'autres découvertes,
plus originales, qui ne cesseront de vous étonner.*

Charcuterie à tous les étages

Influencée par son grand voisin allemand, la cuisine alsacienne fait la part belle à la charcuterie en général et à la saucisse en particulier. La plus connue est la knack. Elle se mange froide, chaude, grillée, à l'apéritif, en salade… Composée de viandes maigres de porc et/ou de veau, elle aime à se glisser sur un matelas de choucroute. Elle est déjà cuite, il suffit pour la réchauffer de la mettre dans l'eau à 80°C pendant quelques minutes (pas d'eau bouillante, au risque de faire éclater la peau). La recette de la knack est partout la même mais l'assaisonnement peut différer selon les charcutiers et les chefs. Elle change aussi de nom selon l'endroit : la knack à Strasbourg, tandis qu'à Mulhouse elle se fait appeler *groschewerschtla* et à Colmar, la colmarette. Son nom strasbourgeois est dérivé du verbe allemand *knacken*, qui décrit le bruit que fait la peau de la saucisse quand elle claque sous la dent. Une demande de certification régionale a été déposée il y a quelques années pour protéger la production alsacienne de la knack.

Autre type de saucisse très répandu, le cervelas est une sorte de petit saucisson de forme courbée fait d'une pâte de viandes embossée dans un boyau fermé avec une agrafe métallique ou une ficelle. Comme la saucisse de Strasbourg, il peut se manger froid, découpé en rondelles ou encore réchauffé dans l'eau ou frit avec des œufs.

Saucisses de Strasbourg ou de Francfort ?

L'une est jaune-orangé, l'autre rose-orangé. Sont-elles différentes sur le plan gustatif ? La Francfort ne supporte que le porc alors que la Strasbourgeoise s'accommode aussi de veau. Pour le reste, c'est une histoire de colorant et de marketing.

Parlons aussi du célèbre gendarme, longue saucisse à base de viande de bœuf et de porc. Elle est reconnaissable à sa forme légèrement carrée et à sa couleur brune presque rouge. Sa peau est croquante sous la dent et son goût un peu particulier provient du carvi moulu. Elle tire probablement son nom du fait qu'elle soit toujours par paire, comme la knack... et les représentants de la loi. Elle peut se manger chaude mais elle se consomme le plus souvent froide à l'apéritif. Elle se révèle bien pratique glissée dans un sac de randonneur. En Allemagne, on l'appelle "Landjäger" ce qui signifie garde-chasse.

Le vrai pays du foie gras ?

Avant d'être une spécialité produite dans le Sud-Ouest, c'est en Alsace que le foie gras surgit dans la cuisine française. Au XVIIIᵉ siècle déjà, les juifs d'Alsace pratiquaient le gavage des oies pour produire la graisse utilisée en cuisine (l'usage du beurre leur était interdit). Plus tard, Jean-Pierre Clause, cuisinier lorrain du maréchal de Contades, gouverneur militaire de Strasbourg, eut l'idée d'un pâté en croûte rempli de farce, de lard et de foie gras. La recette fit son effet, jusqu'à la cour de Versailles. Après la Révolution, un cuisinier y ajouta une truffe du Périgord. Aujourd'hui, la production artisanale de foie gras d'oie ou de canard perdure. Le produit est très prisé pendant les périodes de fêtes.

Le poisson

Jadis, les eaux poissonneuses du Rhin et de ses affluents ont contribué à faire du poisson un aliment à part entière en Alsace. Saumons, carpes, perches, truites, brochets étaient cuisinés à l'eau ou frits avec quelques condiments ou encore proposés en gelée et en pâtés. Si la perche du Rhin a disparu, on peut encore apprécier les truites des Vosges et surtout les carpes du Sundgau. Dans cette région, la pisciculture existe depuis fort longtemps. À la table des restaurants, le filet de carpe est roulé dans un bain d'œufs battus, puis saupoudré de farine et de semoule et enfin plongé dans l'huile chaude pendant quelques minutes. Le tout est servi avec un peu de citron et de persil et accompagné de frites. Certains chefs ajoutent un peu de bière dans la recette ou un second bain d'huile pour rendre la chair du poisson plus fine.

Quelques plats typiques

Choucroute

Si la choucroute (de l'allemand "sauerkraut", qui signifie chou aigre), est inévitablement associée à la région, son origine n'a rien de local. Le chou fermenté se consomme depuis longtemps de la mer Noire aux rives de l'Atlantique, de la Mongolie au Vietnam et sa

Du chou à la choucroute

Comment passer du chou à la choucroute ? Grâce à la lacto-fermentation. Après la récolte, le chou est finement râpé et mélangé avec du sel de Guérande, du poivre et des baies de genièvre. Le processus de fermentation naturelle, à l'abri de l'air, dure entre 3 et 6 semaines selon la température ambiante. À l'issue de la fermentation, le chou peut être cuit ou consommé cru. Pour la cuisson, on utilise les poteries du village de Soufflenheim dans le nord de l'Alsace. Dans ce cas, la choucroute est cuite au four. Depuis peu, la choucroute d'Alsace dispose d'un label IGP (Indication géographique protégée).

recette aurait été inventée en Chine. Alors, la choucroute alsacienne, c'est quoi ? En fait, c'est plutôt la garniture qui l'accompagne : des quenelles de foie aux divers boudins, du jarret à la saucisse à frire... tout ce que l'on produit à base de cochon est le bienvenu. On ajoute également un peu de pommes de terre pour diminuer l'amertume du chou. Certains remplacent l'huile de cuisson par du saindoux ou de la graisse d'oie. On peut remplacer le vin blanc par de la bière. D'autres ajoutent un peu d'eau-de-vie à la fin de la cuisson. Ceux qui n'aiment pas le porc choisiront de le remplacer par de la volaille ou du poisson (haddock, sandre, brochet, saumon, lotte...). Contrairement à ce que l'on pourrait penser, la choucroute au poisson remonte à une époque lointaine où les eaux du Rhin et de ses affluents étaient forts poissonneuses.

Flammeküche

Cette tarte, vraie spécialité alsacienne, est originaire du Kochersberg (nord-ouest de Strasbourg). Flammeküche signifie "tarte flammée". À l'origine, elle était cuite à l'allumage du feu quand le four était encore trop chaud pour cuire le pain. Composée de pâte à pain, de crème épaisse (ou de fromage banc), d'oignons et de lardons, elle se cuit en trois à quatre minutes seulement. Dans les restaurants, elle est présentée sur une planchette en bois, découpée en rectangle. Elle se mange avec les doigts, en roulant les parts encore brûlantes comme des petites crêpes. Vrai moment de convivialité, elle s'accompagne d'un verre de pinot blanc ou de pinot noir rosé. Bien entendu, comme la pizza, la flammeküche se cuit exclusivement dans un four à bois. Toutes les autres propositions seraient inacceptables. Dans les restaurants, elle se décline autour d'une spécificité ou d'un ingrédient : gratinée, au chèvre, au munster, forestière, ou même sucrée aux pommes et flambée. Une confrérie composée de chefs restaurateurs veille sur la tradition de ce plat réellement alsacien (confrerieduveritableflammekueche.fr). Une fête de la flammeküche se tient tous les ans à la mi-août à Bœsenbiesen (à une quinzaine de kilomètres à l'est de Sélestat).

Baeckeoffe

C'est une variante de la potée composée de trois viandes (bœuf, agneau, porc) qui mijotent longuement dans un vin blanc d'Alsace avec des pommes de terre, des poireaux, des carottes, des oignons et des épices. À l'origine, c'est un plat que l'on déposait dans le four du boulanger (en alsacien "baeckeoffe") et que l'on récupérait à la sortie de la messe ou après le travail au lavoir. Le baeckeoffe est traditionnellement cuit dans un plat qui porte son nom et qui est produit par les potiers de Soufflenheim. C'est un plat que l'on retrouve couramment au menu des fermes-auberges.

Spaetzle

Les spaetzle, sorte de pâtes en forme de minuscules quenelles, sont fabriquées à partir d'une pâte liquide, mélange d'œufs et de semoule de blé dur qui passe par une passoire

Grands crus d'Alsace

et tombe dans de l'eau bouillante pour être cuite. Au restaurant, elles sont servies en accompagnement des viandes en sauce, à la place des pommes de terre. Faciles à faire, elles sont toujours fraîches au restaurant. Réchauffer des spaetzle est bien entendu une technique à proscrire.

Fromage et desserts

Le pays du munster

Fromage à pâte molle, le munster, monastère en allemand (sa recette aurait été inventée par les moines), est fabriqué à partir de lait de vache des prairies vosgiennes. Détenteur d'une AOC depuis 1969, le munster doit être affiné durant 21 jours minimum et retourné et frotté à la main tous les deux jours. Sa caractéristique principale provient de son odeur assez relevée, tandis qu'en bouche il s'avère plus fin. Il se déguste parfois avec du cumin ou du carvi mais les Alsaciens préfèrent juste l'accompagner d'un verre de gewurztraminer ou de pinot gris. La marque "munster fermier" que l'on trouve sur les marchés signale que le produit a été conçu sur une exploitation laitière ou qu'un affineur n'a utilisé que le lait d'une seule exploitation.

Beaucoup moins connu, le *barikas* (appelé aussi saint-grégoire) est une variante vosgienne du gruyère. C'est un fromage à l'odeur et au goût plutôt discrets. Il peut être utilisé en fondue, pour la raclette, ou râpé pour les plats gratinés. Enfin le *bibbelskaas* est une sorte de fromage frais au lait de vache. On peut le tartiner, le sucrer ou le saler. Le *bibeleskas* est une préparation à base de *bibbelskaas*, d'ail, de ciboulette et de pommes de terre.

Kouglof et tartes

De toutes les douceurs alsaciennes, c'est bien évidemment le kouglof qui est la plus connue. Cette brioche aux raisins secs et aux amandes, saupoudrée de sucre, doit être

Le menu marcaire

Le repas marcaire que l'on retrouve dans la plupart des fermes-auberges vient du mot alsacien "Malker", celui qui trait les vaches. Par extension, la marcairie est devenue l'endroit où l'on fabriquait le fromage.

Le menu marcaire est généralement composé d'une soupe de légumes, d'une tourte à la viande, le plus souvent, d'un *roïgabrageldis-schiffala* (pommes de terre cuites avec des oignons et abondance de beurre et des tranches de porc fumé), servi avec une salade. En dessert, tarte aux fruits ou fromage frais et parfois munster. La plupart du temps, les produits fabriqués à la ferme sont aussi proposés à la vente à emporter.

soigneusement préparée et cuite pour garder toute sa légèreté et son moelleux. On peut le choisir pour le dessert, mais pour le savourer il vaut mieux le garder pour le petit-déjeuner ou le goûter. D'autres versions existent comme celle qui remplace les raisons secs par des lardons. Le kouglof glacé n'a gardé que la forme de la brioche qui est remplacée par de la glace et des biscuits de Savoie.

En dessert, les tartes aux fruits sont légion. Groseilles, mûres, prunes, mirabelles, rhubarbe ou myrtilles... sans oublier la strudel, tarte aux pommes parfumée à la cannelle et garnie de raisins secs et d'amandes.

Boissons

Le pays du vin blanc

L'Alsace compte sept cépages AOC qui se partagent inégalement le vignoble. Le riesling est certainement le vin d'Alsace le plus recherché et le plus subtil. Qu'il soit sec ou moelleux, il s'améliore avec le temps et ses vendanges tardives sont très recherchées. C'est le vin par excellence pour accompagner la choucroute mais aussi les poissons et les crustacés. Le gewurztraminer, qui couvre près d'un quart des vignes alsaciennes donne un vin épicé ("gewurz"). Il accompagne le foie gras et les plats relevés. Il est souvent servi en apéritif également. Le muscat se décline en deux versions : le muscat d'Alsace et le muscat ottonel, plus récent. Il en résulte un vin fruité qui se boit pour l'apéritif ou avec des asperges. Le pinot blanc donne un vin blanc proche de ce que l'on trouve en Bourgogne. La plupart des récoltes servent à produire le crémant d'Alsace qui accompagne parfaitement les poissons et les choucroutes. Anciennement appelé tokay d'Alsace, le pinot gris qui ne concerne que peu de vignes produit un vin riche et complexe que l'on sert avec les poissons et les volailles. Le pinot noir est le seul raisin noir d'Alsace qui produit un vin rouge de qualité. Le sylvaner aboutit à un vin du quotidien qui s'accommode avec tous les plats en général et la charcuterie en particulier. Grâce à un climat assez régulier, les millésimes alsaciens sont homogènes et réservent très rarement des mauvaises surprises. Le vignoble alsacien compte 51 grands crus (dans les cépages riesling, gewurztraminer, muscat et pinot gris) dont on peut retrouver la liste sur le site www.vinsalsace.com.

Bières et eaux-de-vie

L'Alsace a une longue tradition de savoir-faire en matière de bière. D'abord artisanale, la production s'industrialise dans la seconde moitié du XIXe siècle. La mise en service de la ligne de chemin de fer Paris-Strasbourg ouvrira la porte des bistrots parisiens, et la production alsacienne décollera à partir de cette époque. Aujourd'hui, l'Alsace compte encore quelques grandes brasseries qui produisent environ 50% de la bière française. On trouve également quelques microbrasseries qui conçoivent un produit artisanal. Elles sont situées à Strasbourg et dans le nord de l'Alsace.

Comme ailleurs en Lorraine, en Allemagne, en Suisse ou en Autriche, l'Alsace produit une eau-de-vie transparente distillée à partir de fruits, de racines ou de céréales. La

La winstub, un art de vivre alsacien

Symboles de l'art de vivre à l'alsacienne, les winstubs, autrefois cantonnées au commerce du vin (winstub signifie "pièce où l'on consomme du vin"), jouent aujourd'hui le rôle de tavernes gourmandes, spécialisées dans la cuisine de terroir. Allez-y pour déguster une choucroute, un *presskopf*, un *bibeleskas* ou encore un *waedele*, accompagnés d'un vin d'Alsace. Les intérieurs, extrêmement chaleureux, valent à eux seuls la visite : ils se composent de boiseries, de poutres, de bibelots, de fresques, de gravures, de mobilier ancien, de ferronneries, de vitraux, d'incontournables nappes à carreaux... Certaines winstubs occupent des demeures vieilles de plusieurs siècles. N'y allez pas pour un rendez-vous galant ; l'atmosphère, conviviale, limite bruyante, est plus propice aux agapes entre amis qu'à des confidences amoureuses. Les tables sont rapprochées (voire serrées), et certaines grandes tables sont complétées au fur et à mesure. Les meilleures winstubs, bien que touristiques, ont gardé leur cachet et conservent une clientèle d'habitués.

consommation d'eau-de-vie diminuant depuis une vingtaine d'années, il ne reste plus guère que quelques distillateurs artisanaux qui produisent cet alcool. Les fruits qui sont utilisés sont parfois cueillis dans la région mais de plus en plus souvent ils proviennent d'Europe centrale où le coût de la main-d'œuvre est moindre. Servie en digestif à la fin d'un repas, l'eau-de-vie est également utilisée en cuisine pour clore une cuisson et ajouter des arômes fruités.

Sur les chemins du Jura alsacien (p. 294)

VINCENT FROEHLY ©

Sports et activités

Reconnue comme un coin de paradis pour les amateurs de randonnée à pied ou à vélo, l'Alsace ne déçoit pas. Milieux naturels d'exception, réseau dense et interconnecté, prestations adaptées à tous les budgets, parcs à thèmes, réserves naturelles... les occasions de découvertes tranquilles ou plus sportives sont infinies. En Haute-Aslace et dans le Jura alsacien, les propositions sont variées entre ski alpin et ski de fond ou randonnées à raquettes.

Randonnée

Marche

Avec près de 20 000 km de sentiers balisés (la moitié de la circonférence de la terre), deux parcs naturels régionaux (parc des Vosges du Nord et parc des Ballons d'Alsace), une grande diversité de paysages, un balisage et une signalisation uniques en France, un réseau de fermes-auberges et d'hébergement collectif, l'Alsace est l'une des régions françaises incontournables pour les adeptes de la randonnée. Entre rives du Rhin et cols des Vosges, il suffit de quelques kilomètres pour se transporter d'un univers à l'autre et varier les plaisirs : marcher sur un chemin de halage, à travers les vignobles ou une forêt de pins, s'élever d'une vallée vers un col... Rançon du succès, certains sites voient affluer les groupes de randonneurs. Mais rassurez-vous, la plupart du temps, vous profiterez des plaisirs de la marche en toute tranquilité, même au cœur de la saison estivale. Vous serez étonné du nombre de sentiers qui sont proposés aux marcheurs et de la signalétique extrêmement claire.

Premier grand itinéraire, le GR®5 (rectangle rouge), appelé E2 au niveau européen, traverse une bonne partie de la région alsacienne (220 km). Il entre par le Donon (Schirmeck) et traverse le massif des Vosges du Sud en passant par Barr, Andlau, le château du Haut-Kœnigsbourg, Ribeauvillé, le Bonhomme, le Hohneck, le Grand Ballon et Thann. Il quitte la région au Ballon d'Alsace pour poursuivre vers le territoire de Belfort.

On peut ajouter à ce parcours le GR®5-53 qui le relie au nord de l'Alsace, de Lauterbourg jusqu'à la jonction au Donon. Ce parcours de 160 km environ traverse le parc naturel régional des Vosges du Nord.

Le Club vosgien

Créé il y a presque 150 ans (1872), le Club vosgien et ses bénévoles (34 000 membres) entretiennent 20 000 km de sentiers répartis sur 4 départements (Meurthe-et-Moselle, Moselle, Bas-Rhin et Haut-Rhin).

On compte pas moins de 36 signes différents (rectangle, losange, triangle, croix, disque, chevalet, trait vertical, anneau) dans 4 couleurs (rouge, bleu, jaune et vert). C'est dire si certains panneaux d'indication sont chargés ! Le Club vosgien édite également des guides et cartes (topoguide nature, topoguide ville, guide des fermes-auberges) ainsi que des hors-séries randonnées, vendus par l'intermédiaire des *Dernières Nouvelles d'Alsace* (*Passion Vosges*). Plus d'infos sur www. club-vosgien.eu.

L'itinéraire passe par La Petite-Pierre, Saverne et Urmatt. Les deux sections (GR®5 et GR®5-53) constituent un superbe itinéraire de 410 km environ traversant l'Alsace du nord au sud.

D'autres itinéraires sont moins connus mais constituent également des parcours très variés :

○ **Le GR®531** (rectangle bleu, 343 km) relie Soulz-sous-Forêts à Leymen (frontière suisse) en passant par Ingwiller, Munster et Masevaux.

○ **Le GR®532** (rectangle jaune, 358 km) part de Wissembourg jusqu'à Mulhouse après un passage par les Vosges et une superbe boucle dans le Sundgau.

○ **Le GR®533** (rectangle vert) est parallèle au GR®5 mais pour la partie occidentale des Vosges, de Sarrebourg à Belfort.

À cela s'ajoutent bien sûr des dizaines de propositions de quelques heures au départ du moindre village mais aussi des villes. Les itinéraires, même en Haute-Alsace et dans le Jura alsacien, sont pour la plupart praticables sans entraînement particulier.

Marche nordique

Cette pratique, que les skieurs de fond connaissent bien, rencontre de plus en plus d'adeptes en France et en Alsace particulièrement. C'est une pratique plus sportive que la simple randonnée pédestre. Équipé de deux bâtons, le marcheur allonge sa foulée et fait travailler le buste et les avant-bras tout autant que les cuisses et les mollets. Sur les sentiers de randonnée, il n'est pas rare d'entendre le cliquetis des bâtons frappant le sol. La marche nordique se pratique sur terrain plat, mais elle est parfaitement adaptée également aux sols herbeux des hautes chaumes. Ce sport se pratique aussi en hiver quand la couche de neige ne dépasse pas quelques centimètres. La plupart des

Quelques conseils pour randonner

Nombre de milieux naturels que vous traverserez sont fragiles, à l'instar des hautes chaumes du parc des Ballons ou des zones humides dans le Grand Ried. Évitez de quitter les sentiers balisés ou de cueillir des plantes et des fleurs. Des chalets ouverts sont mis à disposition des randonneurs pour se reposer ou s'abriter en cas de mauvais temps. Si vous les utilisez (pour faire du feu ou prendre un casse-croûte), n'oubliez pas d'emporter vos déchets et de remettre du bois pour les randonneurs suivants. Si vous partez pour quelques heures, coupez votre portable, ou vous risquez de ne plus avoir de batterie au moment où vous en aurez besoin. Avant de partir, vérifiez toujours la météo. Sur les hauteurs, le temps peut être beaucoup plus capricieux qu'en plaine ou dans les vallées. Partez tôt le matin pour éviter de marcher sous le soleil et sachez qu'en été, le temps vire rapidement à l'orage dès le début de l'après-midi. N'oubliez pas d'emporter un chapeau, de la crème solaire et au moins un litre et demi d'eau.

professionnels et des guides spécialisés de randonnée proposent des sorties de marche nordique. La petite station du Frenz (800 m d'altitude), dans la vallée de Saint-Amarin, a créé le premier parc de marche nordique de France. Une trentaine de kilomètres de circuits certifiés sont mis à disposition des marcheurs et l'on peut louer du matériel.

À vélo

Si Strasbourg est, depuis longtemps, en tête des villes françaises pour la pratique du vélo (15% des déplacements s'effectuent avec ce moyen de transport), l'Alsace est également l'une des régions les mieux dotées en matière de pistes cyclables.

Avec près de 2 000 km d'itinéraires balisés ou réservés aux cyclistes, le réseau alsacien regroupe une exceptionnelle variété de parcours. On peut sans interruption traverser la région du nord au sud, d'est en ouest, parcourir la plaine d'Alsace ou les vallées, sillonner les parcs régionaux, s'élever vers les sommets ou longer les crêtes... Les propositions sont multiples et alléchantes. On compte une vingtaine de circuits et d'itinéraires entre 80 et 200 km et des dizaines de boucles pour pédaler quelques heures.

Pour ceux qui veulent pratiquer cette activité sans suer, la région Alsace a mis en place un service de location de vélos électriques, **MoVelo** (moveloalsace.wordpress.com) dans une trentaine d'offices du tourisme à travers la région.

Certains parcours ne sont pas en zone protégée et il faut partager l'espace avec les véhicules à moteur. D'une manière générale, les automobilistes sont assez respectueux des vélos et ralentissent au moment de les dépasser ou de les croiser. Attention tout de même à la route des Crêtes, voie étroite, qui n'offre aucune sécurité aux cyclistes.

Une sélection de véloroutes à travers l'Alsace :

○ **Véloroute du Rhin (226 km)** Cet itinéraire, qui fait partie de l'EuroVélo n°15, longe le Rhin de Huningue (sud) jusqu'à Lauterbourg (nord) en passant par Strasbourg. Les parties les plus agréables sont au nord de Strasbourg.

○ **Des Vosges du Nord à la route des Vins d'Alsace (131 km)** Un itinéraire qui part de Wissembourg (nord) jusqu'à Molsheim en passant par Saverne et qui traverse la totalité du parc régional naturel des Vosges du Nord.

○ **Au fil de la ligne Maginot (80 km), de Seltz (est) à Dambach-Neunhoffen (ouest)** Le parcours suit la plupart des ouvrages de défense construits en Alsace (Leutenheim, Hatten, Oberrœdern, Schœnenbourg, Four à Chaux et Neunhoffen).

Cyclistes, Petit Ballon

○ **Le canal de la Marne au Rhin (57 km), de Stambach (ouest) à Strasbourg en passant par Saverne** Cet itinéraire traverse la plaine d'Alsace et se termine devant le Parlement européen.

○ **Le long de la Bruche et de son canal (67 km)** Du col du Donon (ouest) à Strasbourg (est)

○ **Du Val de Villé au Rhin (50 km)**

○ **Le tour de Strasbourg (31 km)**

○ **Les vallées des Vosges centrales (94 km)**

○ **Entre le Mont-Sainte-Odile et Haut-Kœnigsbourg (101 km)**

○ **De la route des Vins au Ried (99 km)**

Autre avantage, vous n'aurez aucune peine à faire quelques escapades chez les voisins suisses ou allemands dont les réseaux sont parfaitement interconnectés. Le parcours des trois pays (198 km dont 67 en France) permet d'effectuer une magnifique boucle entre le sud de l'Alsace, le nord de la Suisse et l'ouest de l'Allemagne. Les itinéraires les plus emblématiques sont consultables sur le site www.alsaceavelo.fr. Localement, les offices du tourisme mettent systématiquement à disposition un plan indiquant le réseau des pistes sur route et/ou VTT.

Les plus sportifs et les adeptes du VTT apprécieront de se confronter aux dénivelés des sommets des Vosges, à l'instar de la TMV (Traversée du massif vosgien ; www.tmv-alsace-vtt.com) qui permet en 14 étapes d'ajouter 400 km à son compteur, au départ de Wissembourg, jusqu'à la vallée de la Thur. L'Alsace compte une base VTT située à La Petite-Pierre dans le parc naturel régional des Vosges du Nord (renseignements à l'office du tourisme, www.ot-paysdelapetitepierre.com). Le territoire dispose de 8 itinéraires balisés pour un total de 150 km, visibles dans un topoguide.

CHRISTOPHE CORBEL ©

Parapente au départ du Treh-Markstein (p. 230)

À cheval

L'Alsace compte environ 2 000 km de sentiers équestres. Vous retrouverez les itinéraires sur le site du Comité régional du tourisme équestre d'Alsace (www.alsaceacheval.com), qui permet de télécharger des itinéraires au format GPX. Sur le site de Tourisme Alsace, vous pouvez télécharger la brochure qui répertorie l'ensemble des centres équestres mais également les hébergements qui acceptent les cavaliers et leur monture (centres équestres, relais et gîtes équestres) ainsi que les associations utiles (maréchaux-ferrants, sellerie…).

Parapente et vol libre

L'Alsace compte quelques sites d'envol de parapentes dont le plus fréquenté est le Treh, en contrebas du Markstein, dans le parc naturel régional des Ballons d'Alsace. Les jours de grand beau temps et de vent faible, les voiles décollent en file indienne, pour évoluer par dizaines dans le ciel entre vallées et sommets. L'atterrissage s'effectue dans la vallée de la Thur, entre le parc de Wesserling et le lac de Kruth. Toujours dans la région, on peut décoller de Sondernach-Schnepfenried, du Ballon d'Alsace ou des hauteurs de Sainte-Marie-aux-Mines. Dans le Bas-Rhin, le parc aventure de Breitenbach (www.parc-alsace-aventure.com), près d'Obernai, propose également des décollages. Plus d'informations sur le site de la ligue d'Alsace de vol libre (lavl.free.fr).

Ski alpin et ski de fond

On compte une bonne vingtaine de domaines skiables répartis pour la plupart dans le sud du massif des Vosges, à cheval entre les départements du Haut-Rhin et des Vosges. Les stations sont de taille très variable. Certaines se résument à un remonte-pente et quelques pistes, tandis que d'autres affichent une bonne cinquantaine de kilomètres de pistes et sont équipées de télésièges. Peu élevées, elles sont tributaires des conditions météo.

Dans les bonnes années, elles peuvent ouvrir 100 jours en saison. On y pratique du ski alpin mais également du ski de fond et des randonnées en raquettes ou de la marche nordique. Les familles apprécient la possibilité d'alterner les pratiques et de varier les plaisirs. Dans le Jura alsacien, les domaines skiables sont réservés au ski de fond et aux randonnées. Le ski de randonnée, qui s'adresse aux amoureux des grands espaces, se pratique aussi dans les Vosges ou dans le Jura. Pour plus de renseignements, contactez le club alpin de Colmar Moyenne Alsace (club-alpin-colmar.ffcam.fr).

Activités nautiques

Les amateurs d'activités nautiques rejoindront la petite dizaine de bases nautiques réparties en Alsace, le plus souvent le long du Rhin. Au nord, on trouve la base de Lauterbourg (voile, planche à voile, canoë-kayak) à la frontière allemande, et la base de Bischwiller (canoë-kayak). Le long du Rhin se trouvent les bases de Boofzheim (location de bateaux à moteur), Marckolsheim (ski nautique), Niffer (aviron), Geiskopf et Village-Neuf (voile) et Huningue (canoë-kayak, rafting, hydrospeed). Enfin, sur la route des Vins, on compte également trois bases proches de Colmar (plage et voile). Près de Sélestat, on peut louer des canoës pour descendre les cours d'eau du Grand Ried. Plus de renseignements sur le site du club de canoë-kayak de l'Ill Sélestat (www.cakcis.com). Enfin, une dizaine de plans d'eau artificiels sont aménagés pour la baignade. C'est le cas par exemple aux lac de Kruth, Lembach ou Huttenheim.

Parcours aventure

L'Alsace compte une petite dizaine de parcs d'aventure dans les arbres. En général, ces parcs proposent également tout un panel d'activités sportives ou ludiques (location de vélos, randonnée à thème, rallye GPS, chasse au trésor). Ces parcs se trouvent au Ballon d'Alsace, à Kruth (vallée de Thur), Ostwald (près de Strasbourg), Breitenbach (près d'Obernai), Oberhaslach (vallée de la Bruche) et Brumath (près d'Haguenau).

Golf

L'Alsace dispose pour les golfeurs d'une dizaine de parcours 18 trous. Le terrain le plus septentrional est situé à Soufflenheim, près de la forêt d'Haguenau. Dans les environs de Strasbourg, on compte trois parcours : Wantzenau, Illkirch-Graffenstaden et Plobsheim. Sur la route des Vins entre Obernai et Colmar, on dénombre également trois terrains (Ammerschwihr-Trois-Épis, Rouffach et Wittelsheim). Le long du Rhin, au nord de Mulhouse, se trouvent les golfs de Chalampé et de Hombourg. Enfin au sud, près de la frontière suisse, les amateurs rejoindront le golf de Mooslargue.

Escalade

Retrouvez l'ensemble des sites d'escalade en Alsace sur www.escalade-alsace.com. Le plus connu est le rocher du Falkenstein (Vosges du Nord). Pour vous initier à ce sport, contactez l'association VT Sélestat www.vtselestat.fr.

La belle digitale pourpre, très répandue dans les Vosges, est également toxique

Environnement

*Le nom Alsace, selon l'étymologie la plus répandue,
viendrait de "El", qui correspond à Ill, la principale rivière
de la région, et de "Sass", qui découle du verbe sitzen, être
assis ou se trouver. L'Alsace serait donc "le pays de l'Ill".
Une autre étymologie propose que le nom Alsace vienne du
vieil haut allemand "Ali-sazzo" qui signifierait "habitant
de l'autre rive". Dans les deux cas l'Alsace se définit en
fonction des eaux qui la traversent : l'Ill ou le Rhin.*

Le territoire

On trouve rarement à ce point, dans les caractéristiques d'une région, la géographie qui l'anime : l'Alsace apparaît au premier regard comme une bande longue et étroite. Il s'agissait à l'origine d'un haut plateau qui s'est effondré pour devenir plaine, entre les deux piliers qui le supportaient : les Vosges, côté ouest, et la Forêt-Noire, côté est. Au centre, le Rhin le coupe parfaitement en deux.

L'Alsace est ainsi une plaine bordée d'une longue montagne et baignée d'un fleuve gigantesque (aujourd'hui canalisé). Ce sont les reliefs aux forêts luxuriantes, des bosses de l'Alsace du Nord jusqu'au Jura au sud, en passant par les Vosges, qui l'habillent de la tête aux pieds, et forment un rempart contre les vents d'ouest.

L'Alsace est littéralement posée sur une mer souterraine, une nappe phréatique qui s'étend du nord au sud, et d'est en ouest. C'est la plus grande réserve d'eau en Europe :

35 milliards de mètres cubes, qui ont permis à la nature de se développer généreusement, mais aussi aux industries et à l'agriculture de prospérer. Cette dernière a aussi profité d'une terre d'une fertilité extraordinaire, riche des alluvions déposés par les cours d'eau.

La faune alsacienne

L'un des programmes de réintroduction les plus spectaculaires en Alsace concerne la cigogne, l'oiseau symbole de la région. On avait constaté le déclin de sa présence au début des années 1970 : de 130 couples nicheurs en 1950, la population était passée à 9 en 1974 ! L'Alsace toute entière s'est alors mobilisée pour contrecarrer ce qui semblait une disparition inéluctable. Un vaste programme de réintroduction a été mis en place : des dizaines de parcs ont été construits pour permettre la reproduction en captivité puis la réintroduction en pleine nature de cigognes. Ces dernières, de moins en moins migratrices et de plus en plus sédentaires, étaient nourries en hiver pour assurer leur survie... C'était peut-être moins traditionnel et moins romantique, mais ce programme radical a permis de sauver les cigognes en Alsace. Aujourd'hui, la région accueille plus de 600 couples dont plus de la moitié migre vers l'Espagne ou vers l'Afrique... avec beaucoup de risques !

Ce succès a encouragé d'autres initiatives. Entre 1983 et 1993, 21 lynx ont été relâchés dans les Vosges. Les spécialistes ont estimé qu'il était nécessaire de réintroduire un grand prédateur dans le massif boisé des Vosges, vaste de près de 4 000 km², où la faune est très riche. Ces lynx ont certainement rencontré d'autres spécimens réintroduits en Suisse, et venus en Alsace via le massif du Jura quelques années auparavant. Des lynx sont parfois abattus illégalement par des chasseurs, en toute impunité, mais malgré cela, la population augmente. Un lynx occupe un territoire entre 150 et 450 km² et ne tolère aucun congénère sur ce domaine. Cela rajoute à la complexité de cette réintroduction. Donc, si le lynx figure à nouveau au nombre de la faune vosgienne, sa présence reste fragile.

Il faut signaler aussi que depuis peu, de façon officielle, le loup y est répertorié à nouveau. Il serait arrivé dans les Vosges de façon naturelle depuis les Alpes en passant par le Jura où il a également été observé à plusieurs reprises. En Alsace, son retour est plutôt bien vécu, contrairement à ce qui se passe dans d'autres régions françaises.

Le grand tétras en revanche est considéré en voie de disparition, sans que l'on puisse pour l'instant inverser les courbes. On ne compte plus qu'une centaine d'oiseaux sur l'ensemble du massif des Vosges, un chiffre très faible et qui n'augmente pas malgré les efforts menés par des associations spécialisées. L'exploitation de la forêt disloque les parties anciennes au profit de nouvelles plantations, détruisant au passage le biotope du grand tétras.

Même sort pour le grand hamster d'Alsace, qui est considéré en voie de disparition alors qu'il trouvait dans la région son ultime habitat en France... Le grand contournement autoroutier de Strasbourg, qui est une sorte de serpent de mer politique, risque de faire disparaître la plus belle zone de reproduction du grand hamster d'Alsace qui, par ailleurs, est victime de la monoculture du maïs.

Les zones humides de la plaine, entre l'Ill et le Rhin, sont des réserves ornithologiques de premier ordre, où l'on dénombre près de 200 espèces différentes d'oiseaux. Elles constituent également un véritable paradis pour les sangliers, les renards, les blaireaux ou les chevreuils... La réserve de l'Illwald abrite ainsi la plus grande population de daims sauvages de France.

La flore alsacienne

Une plaine fortement urbanisée et cultivée, des contreforts vosgiens parsemés de villages et couverts de vigne, des montagnes fortement boisées, tel pourrait être un résumé sommaire de la géographie alsacienne. D'où l'on risquerait de conclure qu'en dehors des

Île de Rhinau (p. 159)

SONIA DE ARAUJO ©

Vosges, la flore a bien peu à offrir. Pourtant c'est dans la plaine, entre Strasbourg et Colmar précisément, que s'étend l'un des biotopes les plus exceptionnels de la région, le Grand Ried. Zone de débordement du Rhin et de l'Ill, et d'affleurement de la nappe phréatique, on peut y voir des prés inondables et des forêts alluviales. Par moment, notamment dans la réserve de l'île de Rhinau, on découvre des paysages dignes de l'Amazonie, où arbres et eau se mêlent étroitement. Ce territoire constitue le dernier exemple de "forêt galerie" tempérée en Europe occidentale (la canopée est jointive au-dessus d'une zone d'eau). L'influence de l'eau dans la plaine se retrouve au sud, près de Saint-Louis, où la Petite Camargue ponctue une zone rhénane ancienne, et au nord, où la Sauer se jette dans le Rhin, dans un delta sauvage.

En Alsace, il suffit de parcourir quelques kilomètres pour changer complètement d'atmosphère et de paysage... Ainsi, sur la commune viticole de Rouffach, à quelques kilomètres au sud de Colmar, on découvre cette fois un environnement de prairies sèches ! La colline du Bollenberg est un territoire que l'on pourrait qualifier de steppique, où poussent le géranium sanguin et une multitude d'orchidées. On peut y observer une faune rare : huppe fasciée (considérée comme un important indicateur écologique), bruant zizi et alouette lulu.

Autre élément original de la flore alsacienne, les hautes chaumes du massif vosgien, que l'on rencontre au-delà de 1 000 m d'altitude. Contrairement à ce que l'on pourrait croire, ces zones dénudées, domaine des plantes basses, ne sont pas le fruit du climat montagnard, mais sont le résultat du défrichement par la main de l'homme pour permettre le pâturage d'altitude. Sans cette activité agricole (qui se pratique depuis la fin du néolithique), les sommets vosgiens seraient recouverts par des hêtraies d'altitude.

Les parcs et les réserves naturelles

L'Alsace, pionnière en matière de protection de l'environnement, s'est dotée de pas moins de 21 réserves naturelles et de 2 parcs régionaux.

Un grand nombre de réserves concerne le Grand Ried, entre Strasbourg et Colmar. L'Illwald est la plus importante et sans doute la plus intéressante. Celle de l'île de Rhinau, une vaste île sur le Rhin à la frontière entre la France et l'Allemagne, permet de superbes balades en barque. L'île du Rohrschollen, sur le Rhin, n'est qu'à 10 km du centre de Strasbourg. Son pendant terrestre est le massif forestier de Strasbourg-Neuhof/Illkirch-Graffenstaden. On peut encore citer la forêt d'Erstein, beau morceau de forêt alluviale.

Deux autres réserves importantes sont consacrées à des biotopes humides. Celle de la Petite Camarge alsacienne, non loin de Mulhouse, et celle du delta de la Sauer, réputée pour ses saules blancs.

Les deux parcs régionaux ne sont pas en propre alsaciens. Ainsi, le parc naturel régional des Vosges du Nord est pour partie mosellan. De plus, s'il a été désigné réserve de biosphère par l'Unesco, c'est en association avec le parc de Pfälzerwald, de l'autre côté de la frontière franco-allemande. Il n'empêche que ce parc très boisé offre au visiteur se lançant sur les routes du Bas-Rhin de superbes paysages de hêtraie.

Le parc naturel régional des Ballons des Vosges s'étend dans le Haut-Rhin mais également dans les Vosges, la Haute-Saône et le Territoire de Belfort. Toutefois, c'est sur le territoire du Haut-Rhin que se trouve l'essentiel des Hautes-Vosges, avec le sommet du massif au Grand Ballon (1 424 m). C'est là que vous pourrez admirer les fameuses hautes chaumes.

Un ballon bien ancien

Le terme de ballon ne provient nullement de l'arrondi des sommets vosgiens. Il tire sa racine de "Bel" ou "Belen", le dieu du soleil des Celtes. D'ailleurs, on dit qu'un temple dédié au dieu Bel aurait été édifié au sommet du Ballon, il y a des milliers d'années. Autre hypothèse, plus plausible, l'étymologie de ballon viendrait de l'allemand *belchen*.

De plus, les vallées alsaciennes sont originales et se distinguent nettement de celles du département des Vosges. Les Ballons des Vosges alsaciens constituent vraiment une entité propre qui mérite une visite approfondie.

Les problèmes environnementaux

Avec 225 habitants au kilomètre carré, l'Alsace est l'une des régions les plus peuplées de France. Ces dernières années, près de 800 ha par an ont été urbanisés. Parallèlement, l'agriculture s'est concentrée essentiellement sur la production de maïs, fragilisant les ressources en eau de la région qui semblaient inépuisables. Les sociologues considèrent que le maïs est une culture qui fait partie intégrante de l'urbanisation de l'Alsace : bon nombre disent que "l'Alsace est désormais urbanisée du nord au sud, sans discontinuité, avec cette monoculture du maïs" ! Mais les choses heureusement sont un peu plus complexes...

De façon générale, il est vrai que les Alsaciens ont toujours entretenu un rapport particulier avec leur territoire. Ils ont été parmi les pionniers des luttes écologiques et, par exemple, ont été les premiers à adopter le tri sélectif. Des mouvements écologistes forts et déterminés, soutenus par une partie des élus et surtout par une large part de la population, ont réussi à assurer la protection de nombreux espaces. Les deux parcs naturels régionaux et les 21 réserves naturelles représentent 216 000 ha, soit plus du quart de son territoire. Et l'Alsace est encore recouverte de forêt à 40%.

Les sujets d'inquiétude ne manquent toutefois pas, comme la centrale nucléaire de Fessenheim, la plus ancienne de France, désormais promise au démantellement... mais dans quelles conditions et avec quelle suite ?

CHRISTOPHE CORBEL ©

Carnet pratique

Infos utiles

Achats

Certains visiteurs aimeront rapporter quelques bouteilles de leur voyage en Alsace. Protégés des influences océaniques par les montagnes des Vosges, les vignobles d'Alsace, qui s'étendent de Kuttolsheim jusqu'à Thann, produisent des AOC Alsace, AOC Alsace grand cru et des AOC crémant d'Alsace. Les deux premières peuvent être complétées par la mention "vendanges tardives". Le vin d'Alsace est surtout réputé pour ses blancs, en particulier le riesling, son cépage vedette. Au nord de la région, les vignobles de Cleebourg produisent également d'excellentes bouteilles. Vous pourrez vous approvisionner directement dans les caves des producteurs indépendants ou dans les coopératives viticoles.

L'Alsace est également réputée pour sa production d'eaux-de-vie, même si elle est en baisse constante depuis plusieurs années. Des distilleries artisanales ou semi-industrielles proposent dégustation et vente de leurs produits que l'on retrouve dans les magasins de bouche.

Vous trouverez aussi dans chaque ville et village touristique des boutiques proposant des spécialités gourmandes emblématiques d'Alsace comme du pain

d'épices, et des pièces d'artisanat comme le *kelsch*.

Pour acheter des poteries d'Alsace, rendez-vous dans les villages de Soufflenheim et de Betschdorf. Nombre d'artisans y produisent une poterie vernissée résistante à la chaleur utilisée pour la cuisson des aliments, ou une poterie dite dure, reconnaissable à sa couleur grise réhaussée de motifs bleu de cobalt. Fiez-vous au label "Potiers d'Alsace" pour être certain d'acheter un produit issu des ateliers de la région.

Dans les Vosges du Nord, côté mosellan, le musée du Cristal Saint-Louis et le Centre international d'Art verrier de Meisenthal vendent des articles fabriqués en atelier. À Saint-Louis, certains articles, avec de très légers défauts, sont proposés au magasin d'usine avec d'importantes remises. L'atelier de Meisenthal produit également depuis quelques années, avec succès, des boules de Noël en verre qui sont vendues avant la période des fêtes. On peut retrouver ces produits dans les magasins spécialisés de Strasbourg, Colmar ou Haguenau.

Argent

Vous trouverez des distributeurs automatiques de billets dans tous les centres urbains, grands ou petits. Les commerces sont tous équipés de terminaux de paiement par carte bancaire. Hormis dans les chambres d'hôtes, on peut régler chez tous les prestataires, hébergement ou restauration, avec ce mode de paiement.

Bénévolat

Si un séjour original, utile, et riche en apprentissages et en échanges vous attire, le **Wwoofing** (www.wwoof. fr) est fait pour vous. Né au Royaume-Uni dans les années 1970, ce système de bénévolat dans des fermes respectueuses de la préservation de la nature a gagné le monde entier. Une douzaine de fermes dans les départements du Bas-Rhin et du Haut-Rhin sont membres de ce réseau et accueillent des "wwoofers", censés participer 4 à 6 heures par jour aux tâches de l'exploitation en échange du gîte et du couvert. Nul besoin de connaissances particulières, seules la motivation et l'ouverture d'esprit sont requises. Plus d'informations sur le site.

Le **Centre régional information jeunesse d'Alsace** (www.crij-alsace. fr) propose à des jeunes de plus de 15 ans de participer à des chantiers de restauration pendant leurs vacances d'été. C'est le cas par exemple pour la rénovation du patrimoine minier à Sainte-Marie-aux-Mines ou de ruines moyenâgeuses dans le parc régional des Vosges du Nord.

Cartes et plans

La carte Michelin n°315 (1/150 000) réunit le Bas-Rhin, le Haut-Rhin et le territoire de Belfort. Chez le même éditeur, la carte indéchirable n°516 couvre l'Alsace et la Lorraine et la n°131 la Forêt-Noire, l'Alsace et la vallée du Rhin. L'**IGN** (www.ign.fr) édite une carte Alsace-Lorraine (1/25 000) ainsi que deux cartes plus précises, IGN Bas-Rhin et IGN Haut-Rhin et Territoire de Belfort, au 1/150 000. La série IGN Top 25 coéditée avec le Club vosgien conviendra aux randonneurs. Pour les Vosges du Nord, il s'agit des cartes 3914OT, 3814ET, 3713ET, 3714ET et 3715ET. Pour les Vosges moyennes, des trois cartes suivantes : 3716ET, 3717ET et 3617ET. Enfin, pour les Hautes-Vosges et le parc régional des Ballons des Vosges, procurez-vous les cartes 3718OT, 3719OT, 3618OT, 3619OT, 3720ET et 3620ET. Sur place, les offices du tourisme proposent parfois des cartes plus détaillées, éditées également avec le concours du Club vosgien.

Climat et saisons

La plaine d'Alsace est caractérisée par un climat semi-continental. En hiver, les températures moyennes dépassent difficilement le zéro, tandis qu'en été, la moyenne du thermomètre est de 20°C. Les épisodes de forte chaleur ou de gel durent parfois plusieurs semaines.

Climat

Strasbourg

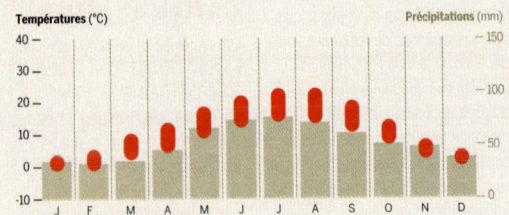

Les cumuls de précipitations sont parmi les plus faibles de France et présentent un maximum au printemps-été et un minimum en automne-hiver. En Alsace bossue et sur le Sundgau, les précipitations sont plus importantes et plus régulières également. Dans les Vosges moyennes et hautes règne un climat alpin. Les hivers sont souvent glacials avec des chutes de neige qui peuvent arriver dès octobre, pour s'éterniser jusqu'à fin avril. Sur les crêtes, les étés sont tièdes, voire frais avec des orages fréquents.

Grâce à sa forte identité et à sa position centrale, l'Alsace attire des voyageurs tout au long de l'année. Seuls les mois de janvier et de février sont des périodes creuses et nombre d'établissements en profitent pour fermer. Décembre, avec les marchés de Noël, et août sont les mois les plus recherchés et les tarifs des hébergements, en particulier, sont à la hausse. La clientèle étrangère est nombreuse tout au long de l'année, et il n'est pas rare de partager une visite de musée ou une salle de restaurant avec des familles allemandes ou suisses, ou des retraités belges. Le tourisme d'affaires dans et autour des grandes villes est très dynamique.

Les sessions du Parlement européen qui se tiennent tous les mois contribuent à remplir les hôtels dans Strasbourg et ses alentours.

Sur la route des Crêtes et dans le parc régional des Ballons des Vosges, l'affluence de mai à octobre, en fin de semaine et pendant l'été s'avère impressionnante. Les fermes-auberges sont pour la plupart prises d'assaut et, si vous n'avez pas réservé, vous risquez fort de ne pas trouver de table et encore moins de lit. En hiver, les stations de ski des Vosges sont en moyenne ouvertes 100 jours par an mais l'affluence dépend largement de l'enneigement et des conditions climatiques.

Désagréments et dangers

Comme dans toute région touristique, vous ne serez pas à l'abri des vols. De simples précautions suffiront à les éviter : ne laissez aucun objet de valeur dans votre voiture ou dans votre chambre d'hôtel, gardez votre sac à main près de vous et ne laissez pas votre portable aux terrasses de café ou de restaurant.

Le week-end et pendant les périodes de haute saison, soyez extrêmement prudent sur les routes des Hautes-Vosges et en particulier sur la route des Crêtes. La surfréquentation de cette route de montagne par toutes sortes de véhicules provoque de nombreux accidents.

Avant de partir en balade sur les sentiers pédestres, vérifiez les prévisions météorologiques pour ne pas être surpris par un changement de temps soudain. Les orages sont nombreux en été et parfois violents. Si vous partez seul, informez vos proches de votre itinéraire. Sur les sommets herbeux, méfiez-vous du soleil qui peut taper fort. En plein été, n'oubliez pas d'emporter de l'eau, des lunettes de soleil et de quoi vous couvrir la tête. Attention aux feux de forêt dans les massifs forestiers des parcs régionaux.

Douane

Lors de vos déplacements au sein des pays membres de l'Union européenne, et dans le cas d'achat à usage personnel, vous n'aurez pas à remplir de déclaration, ni à payer de droits et de taxes à votre départ ou à votre retour dans votre pays. La limite pour les boissons alcoolisées est de 110 litres pour la bière, 90 litres pour le vin, 20 litres pour les apéritifs et 10 litres pour les alcools forts. Pour le tabac, la limite fixée est de 4 cartouches de cigarettes par personne.

Handicapés

Le label "tourisme et handicap" permet d'identifier les sites et les prestataires qui sont accessibles aux personnes handicapées. La liste complète est disponible pour les deux départements alsaciens (www.haute-alsacetourisme.com/fr/tourisme-handicap ; www.tourisme67.com/tourisme-handicap). Par exemple, une dizaine de chambres d'hôtes et une quarantaine de gîtes sont labellisés en Alsace.

Météo

Le portail **Météo France** (3250 ; www.meteo.fr) est accessible depuis n'importe quel téléphone. Les prévisions départementales sont accessibles jusqu'à 9 jours au 08 99 71 02 + n° du département concerné (67 pour le Bas-Rhin, 68 pour le Haut-Rhin). Depuis un fixe, le prix de l'appel est de 2 ,99 €/appel + prix appel. Consultez votre opérateur pour connaître le tarif d'appel depuis votre portable.

Hébergement

Vous trouverez toute la gamme d'hébergements en Alsace. En matière de tarifs, la haute saison se situe pendant les mois d'été et durant la période des marchés de Noël, c'est-à-dire dès la fin du mois de novembre et jusqu'au Nouvel An. Pendant ces périodes, la réservation est fortement recommandée. Dans le massif des Vosges, les week-ends de mai à octobre sont aussi très fréquentés, en particulier par les groupes de randonneurs mais aussi par les habitants qui viennent fêter un événement familial. De nombreux établissements sont fermés en janvier et parfois jusqu'au printemps dans les campagnes ou dans les vallées et les massifs vosgiens.

Auberges de jeunesse

Les voyageurs au budget très serré et les plus jeunes opteront pour des lits en dortoir ou en chambre collective dans des auberges de jeunesse du réseau **FUAJ** (www.fuaj.org) à Colmar, Lautenbach, Saverne et Strasbourg, ou celles gérées par un office du tourisme, comme à Mulhouse.

Campings

Sans être une grande région pour le camping, l'Alsace compte tout de même une bonne centaine de prestataires et cette formule peut être une alternative économique et agréable. La solution la plus rentable reste évidemment de venir avec sa tente mais la location à la semaine d'un mobile-home, entièrement équipé, vous reviendra toujours moins cher qu'un hôtel, surtout si vous êtes en famille. Une dizaine d'agriculteurs proposent la formule originale, bon marché et conviviale de "camping à la ferme". On plante sa tente sur une parcelle d'une exploitation agricole en se ravitaillant directement auprès du producteur. Les adresses sont à retrouver sur www.bienvenue-a-la-ferme.com.

Chambres d'hôtes

Très appréciées des voyageurs, les chambres d'hôtes sont généralement de bonne qualité sur le territoire alsacien. La plupart se trouvent dans des maisons anciennes ou des fermes à pans de bois mais parfois il s'agit de maisons néoclassiques installées dans des zones pavillonnaires. Plus des deux tiers de ces chambres sont localisées le long de la route des Vins et dans le massif vosgien. Elles

Pour les voyageurs étrangers

Comme pour tout séjour en France, Belges, Suisses et Canadiens n'ont pas besoin de visa pour une période maximale de 90 jours. Les citoyens canadiens doivent présenter un passeport en cours de validité ; une simple carte d'identité suffit pour les Belges et les Suisses. Pour plus de précisions, ou pour d'autres nationalités, consultez le site du ministère des Affaires étrangères (www.diplomatie.gouv.fr).

L'Alsace vit au même rythme que le reste de la France. Il y a donc une heure (hiver) ou deux heures (été) d'avance par rapport à l'heure de Greenwich. Lorsqu'il est 14h à Strasbourg, il est 8h à Montréal. L'heure est la même qu'en Suisse ou en Belgique.

En France, les prises électriques ont deux fiches rondes (220 V, 50 Hz). Les Canadiens auront besoin d'un adaptateur.

Argent

Vous trouverez des bureaux de change dans les grandes villes (Strasbourg, Colmar et Mulhouse) ainsi que dans les deux aéroports.

Ambassades et consulats étrangers en France

- **Ambassade de Suisse** (☏01 49 55 67 00 ; www.eda.admin.ch/paris ; 142 rue de Grenelle, 75 007 Paris)
- **Ambassade de Belgique** (☏01 44 09 39 39 ; france.diplomatie.belgium.be ; 9 rue de Tilsitt, 75 840 Paris Cedex 17)
- **Ambassade du Canada** (☏01 44 43 29 00 ; www.amb-canada.fr ; 35 av. Montaigne, 75 008 Paris)

Ambassades et consulats de France à l'étranger

Belgique

- **Ambassade** (☏02 548 87 11 ; www.ambafrance-be.org ; 65 rue Ducale, 1000 Bruxelles)
- **Consulat** (☏02 548 88 11 ; www.consulfrance-bruxelles.org ; 42 bd du Régent, 1000 Bruxelles)

Canada

- **Ambassade** (☏0613 789 17 95 ; www.ambafrance-ca.org ; 42 Sussex Drive, Ottawa, Ontario)
- **Consulats** Montréal (☏0514 878 43 85 ; www.consulfrance-montreal.org ; 1501 McGill College, 10ᵉ étage, bureau 1000, Montréal (QC) H3A 3M8) ; Québec (☏0418 266 25 00 ; www. consulfrance-quebec.org ; 500 Grande-Allée Est, 11ᵉ ét, Québec, QC, G1R 2J7)

Suisse

- **Ambassade** (☏031 359 21 11 ; www.ambafrance-ch.org ; Schosshaldenstrasse 46, 3006 Berne)
- **Consulat général** (☏022 319 00 00 ; www.consulfrance-geneve.org ; 2 cours des Bastions, 1205 Genève ; service des visas ☏0900 847 237)

Douane

Si vous partez par avion vers un pays non membre de l'UE, vous ne pouvez pas emporter plus de 200 cigarettes, 2 litres de vin (ou autre boisson alcoolisée de moins de 22°) et un litre d'alcool (titrant plus de 22°).

Téléphone

Pour appeler la France depuis l'étranger, composez le code d'accès international de votre pays (☏00 pour la Suisse et la Belgique, ☏011 pour le Canada) suivi de l'indicatif de la France ☏33.

Pour appeler l'étranger depuis la France, composez le code d'accès international ☏00, suivi de l'indicatif du pays (☏32 pour la Belgique, ☏41 pour la Suisse et ☏1 pour le Canada).

sont moins nombreuses en Alsace du Nord.

Certaines adresses proposent également la table d'hôtes. C'est l'occasion de faire plus ample connaissance avec les propriétaires et les autres hôtes. La cuisine est toujours composée avec des produits du terroir, achetés localement et parfois bio. Comptez 20-30 € par adulte, 15-20 € par enfant. Notez que la plupart des chambres d'hôtes n'acceptent que les paiements par chèque ou en espèces. Le tarif d'une chambre d'hôtes inclut toujours le petit-déjeuner. Si ce n'est pas le cas, le propriétaire doit le mentionner clairement.

Fermes-auberges

Parmi la quarantaine de fermes-auberges, une petite dizaine disposent d'hébergements. Il s'agit soit de chambres doubles, soit de lits en dortoir, parfois les deux. Le label ferme-auberge assure que vous serez dans une zone de montagne, même si quelques-unes sont situées au creux des vallées. Ces hébergements sont prisés des randonneurs qui effectuent leur réservation très tôt. Les fermes-auberges pratiquent le plus souvent la demi-pension obligatoire. Dans ce cas, le tarif de base est calculé par personne. D'autres auberges, non labellisées, proposent également le gîte. Elles n'ont plus forcément d'activité agricole et sont, dans ce cas, entièrement tributaires de la demande touristique.

Gîtes d'étape et refuges

Destinés en principe aux randonneurs, les gîtes d'étape font souvent le bonheur des voyageurs à petit budget qui y trouvent une excellente alternative au camping et à l'hôtel. Ces structures, privées ou gérées par les municipalités, se trouvent dans les villages et les bourgs traversés ou à proximité des sentiers de randonnée. Ils proposent un hébergement en dortoir, avec des sanitaires communs. La plupart des adresses proposent des chambres à partir de 4 personnes, bien commodes pour les familles. Leur niveau de confort est généralement très satisfaisant. Serviettes et draps ne sont pas fournis. Cependant, la location de draps est souvent possible. Parfois ces gîtes sont la propriété du Club vosgien et sont tenus par un gérant, sous contrat avec le club. Sans être obligatoire, la réservation est recommandée, ne serait-ce que pour vérifier les horaires d'accueil des visiteurs.

Gîtes ruraux et meublés de tourisme

Les meublés de tourisme désignent des studios, des appartements et des villas équipés, loués à la semaine – une excellente formule pour ceux qui privilégient l'indépendance. Les tarifs sont très variables selon le lieu et le bâtiment. Comptez une moyenne de 400 à 800 € la semaine en haute saison.

Hôtels

L'offre hôtelière est dense et variée. Si la plupart des établissements se classent dans les catégories 2 ou 3 étoiles, on trouve aussi, généralement dans les villes, une offre plus luxueuse avec des hôtels de catégories 4 et 5 étoiles. Les formules les plus économiques sont habituellement des établissements appartenant à des chaînes, situés à l'extérieur des centres urbains, dans les zones d'activité. La qualité de la prestation est bonne, voire excellente. Dans les zones très touristiques et en pleine saison, mais également dans les zones montagneuses, certains hôtels n'acceptent des clients qu'à la demi-pension. Dans ce cas, le tarif se calcule par personne. Sur la facture, le tarif du petit-déjeuner est compté en plus de celui de la chambre. Pour les hôtels de catégories 2 ou 3 étoiles, comptez de 7 à 15 €.

Homosexualité

C'est en 2002 que s'est tenue la première Gay Pride alsacienne à Strasbourg, après Paris, mais aussi d'autres villes de province comme Nantes, Toulouse, Lille ou Rennes. Depuis, elle réunit chaque année plusieurs milliers de personnes qui se retrouvent ensuite dans les nombreux lieux *gay friendly* de la capitale alsacienne pour poursuivre la fête. Hormis Strasbourg, on compte des adresses gays à Colmar, Mulhouse ou Haguenau. En dehors de ces villes, la présence du drapeau arc-en-ciel, signe de ralliement de la communauté gay et lesbienne, est rare, pour ne pas dire inexistante. Le site Internet www.alsacegay.com recense la plupart des adresses (bars, restaurants, chambres d'hôtes, boîtes de nuit, cabarets...) situées dans les départements du Bas-Rhin et du Haut-Rhin. Les marcheurs et marcheuses qui veulent randonner en communauté s'adresseront à l'association **Alsarando**, affiliée à la Fédération de la randonnée pédestre, qui organise des sorties régulières.

Internet (accès)

Sauf à de très rares exceptions, les hébergements (chambres d'hôtes et hôtels) proposent tous le Wi-Fi gratuit. C'est le cas aussi dans les hébergements collectifs, même si parfois le réseau est capté difficilement dans les chambres et les dortoirs. Dans les restaurants, le Wi-Fi se généralise mais obtenir le code d'accès s'avère souvent compliqué pendant le service. Dans les offices du tourisme, un poste informatique connecté est parfois mis à la disposition du public.

Médias

La presse quotidiennne alsacienne compte deux acteurs majeurs. **L'Alsace** (www.lalsace.fr), basée à Mulhouse, qui propose sept éditions locales et un cahier français-allemand, et les **Dernières Nouvelles d'Alsace**, appelé plus communément **DNA** (www.dna.fr), fondé en 1877 et situé à Strasbourg, qui publie une vingtaine d'éditions locales. Les deux titres font partie du même groupe, propriétaire de la plupart des quotidiens de l'est et du sud-est de la France. Les DNA publient aussi régulièrement des magazines de référence, disponibles dans les kiosques, sur l'histoire,

le patrimoine et le terroir alsacien (*Les Saisons d'Alsace*, *Passion Vosges*, *Passion Vin*...).

France 3 Alsace (alsace.france3.fr) diffuse chaque matin et chaque soir un journal dans lequel on retrouve des chroniques sur les sorties en région ou des informations sur la gastronomie alsacienne. **Alsace 20** (www.alsace20.tv) est une chaîne d'actualité régionale en continu diffusée sur la TNT et Internet.

Le réseau **France Bleu** (www.francebleu.fr) de Radio France est un excellent moyen de se tenir informé de l'actualité des sorties en régions, de la météo et du trafic routier, tandis que **France Bleu Elsass**, désormais uniquement disponible sur Internet, propose une programmation musicale française, alsacienne et allemande.

L'office du tourisme de l'Alsace publie la revue **Alsace tendances**, un trimestriel gratuit bourré d'infos sur les sorties et les événements à travers la région. Il est disponible dans les offices du tourisme ou en téléchargement sur le site Internet.

Enfin, le **Journal des Spectacle**s (www.jds.com), un magazine mensuel gratuit très lu localement, recense toutes les sorties culturelles à effectuer dans le Haut-Rhin.

Offices du tourisme

La région dispose d'un réseau dense d'offices du tourisme. Même les petites localités ont ne serait-ce qu'un bureau ou un point d'informations.

Certains ouvrent toute l'année, d'autres seulement pendant la saison touristique. Ils distribuent des brochures en général d'excellente qualité. Seules exceptions à la gratuité, les itinéraires de marche sous forme de plans sont proposés à la vente, à l'unité ou par carnet.

La plupart des régions alsaciennes disposent de leur propre site Internet. En vous connectant sur le site officiel du **tourisme en Alsace** (www.tourisme-alsace.com), vous pourrez préparer votre séjour en téléchargeant la plupart des brochures que vous retrouverez sur place. Certains dépliants listent prestataires et activités par régions, tandis que d'autres couvrent toute l'Alsace autour d'un thème ou d'une activité (golf, randonnée, vélo, ville, Noël, festival, famille, camping, spa...). Ces brochures peuvent également être envoyées par la poste si vous avez une préférence pour le papier. Le site Internet propose aussi de réserver des prestations de séjour (hébergement et visites), pour un week-end ou une semaine, autour de thèmes (Noël, Saint-Valentin, nature, bien-être...) ou d'une région.

Organismes à connaître

○ **Office du tourisme du Bas-Rhin** (☎ 03 88 15 45 88 ; www.tourisme67.com ; 4 rue Bartisch, 67100 Strasbourg)

○ **Office du tourisme du Haut-Rhin** (☎ 03 89 20 10 68 ; www.haute-alsacetourisme.com ; 1 rue Schlumberger, 68006 Colmar)

- **Maison de l'Alsace à Paris** (📞 01 53 83 10 10 ; maisonalsace.paris ; 39 avenue des Champs-Élysées, 75 008 Paris)

- **Fédération du Club vosgien** (📞 03 88 32 57 96 ; www.club-vosgien.eu ; 7 rue du Travail, 67 000 Strasbourg)

- **Comité de la randonnée pédestre d'Alsace** (📞 03 88 90 76 06 ; alsace.ffrandonnee.fr ; 9 rue Meyer, 67 500 Haguenau)

- **Parc naturel régional des Ballons des Vosges** (📞 03 89 77 90 20 ; www.parc-ballons-vosges.fr ; 1 cour de l'Abbaye, 68 140 Munster)

- **Parc naturel régional des Vosges du Nord** (📞 03 88 01 49 59 ; www.parc-vosges-nord.fr ; Maison du Parc, le Château, BP 24, 67 290 La Petite-Pierre)

Voyager en solo

Les voyageurs solitaires devront s'attendre à quelques déconvenues, surtout en haute saison, où tout semble avoir été pensé pour les couples, et surtout pour les familles. La tarification en nuitée "simple" dans les hôtels n'est pas courante. En revanche, les prestataires habitués à la fréquentation des randonneurs facturent les nuitées par personne. Aucun danger particulier ne menace a priori les voyageuses seules. Observez simplement les règles de précaution élémentaire : ne partez pas seule en randonnée, évitez le stop et ne vous égarez pas dans les ruelles sombres et désertes la nuit.

Transports

Depuis/vers l'Alsace
Voie aérienne

L'**aéroport de Strasbourg-Entzheim** (📞 03 88 64 67 67 ; www.strasbourg.aeroport.fr) est situé à une quinzaine de kilomètres du centre-ville de la capitale alsacienne (navette de la gare SNCF, 📞 0800 77 98 67). Les liaisons concernent une dizaine de villes en France et une vingtaine de villes en Europe (dont Bruxelles) ainsi que le bassin méditerranéen.

L'**EuroAirport** (📞 03 89 90 31 11 ; www.euroairport.com) est situé à proximité de la ville de Saint-Louis à la frontière avec la Suisse et à 30 minutes environ au sud de Mulhouse (navette de la gare SNCF de Saint-Louis, 📞 03 89 69 73 65). Il dessert une centaine de destinations en France, en Europe, en Afrique du Nord, au Moyen-Orient ou encore Montréal (uniquement en été). Plusieurs compagnies *low cost* opèrent depuis cet aéroport parmi lesquelles easyJet, Hop ! et Air Berlin.

Voie terrestre
Voiture

Depuis Paris, le plus court chemin pour rejoindre Strasbourg est d'emprunter l'A4, via Metz (448 km, 4 heures 30). Les visiteurs qui viennent du sud (ou les Parisiens qui veulent rejoindre Mulhouse) emprunteront l'A7, puis l'A5 vers Besançon et enfin l'A35 jusqu'à Mulhouse (depuis Paris 540 km, 4 heures 45 ; depuis Lyon 486 km, 4 heures 20). On peut aussi choisir de rejoindre les contreforts ouest des Vosges par l'A5, via Troyes et Langres, jusqu'à Gérardmer (depuis Paris, 438 km, 4 heures 20). De Lille (A1, A26 jusqu'à Reims, puis A4) et de Bruxelles (E411 jusqu'à Luxembourg, puis A4), le temps de parcours est équivalent pour rejoindre Strasbourg. Comptez environ 4 heures 30.

Train

Le TGV direct place Muhouse à environ 2 heures 40 de Paris et Strasbourg à 1 heure 50 (trajet le plus rapide). Strasbourg est reliée avec Lille (3 heures 30, 2 heures 50 le plus court), Bruxelles (4 heures 25 en moyenne, 3 heures 30 le plus court), Nantes (5 heures 30) et Bordeaux (6 heures 30). Grâce au TGV Rhin-Rhône, Lyon n'est plus qu'à 2 heures 50 (au plus court) et Marseille à 5 heures de Strasbourg. Informations et réservations sur **voyages-sncf.com** (📞 3636 et 0892 35 35 35 depuis l'étranger).

Bus

Eurolines (📞 0 892 89 90 91 ; www.eurolines.fr) dispose d'une agence à Strasbourg (6D place de l'Étoile ; 🕐 lun-ven 9h30-18h30, sam 9h30-16h30) et permet de rallier la capitale alsacienne à partir de Paris, Chambéry, Grenoble, Nancy et Reims. Strasbourg est aussi connectée à une trentaine de villes allemandes ainsi que Bâle et Zurich en Suisse.

Depuis l'entrée en vigueur de la loi Macron, plusieurs compagnies de car *low cost* permettent de rejoindre Strasbourg et l'Alsace à tarifs réduits. Citons **Ouibus** (www. ouibus.com), une filiale de la SNCF qui effectue Paris-Strasbourg en 6 heures 30. Elle relie également à la capitale alsacienne Nancy, Metz, Reims, Rennes, Nantes, ou Bruxelles, et effectue des Lyon-Strasbourg via Mulhouse, Montbéliard et Besançon, et bien d'autres trajets encore. **Isilines** (www. isilines.fr) relie, elle, l'Alsace au reste de l'Europe (Belgique, Roumanie, Italie, Portugal, Espagne…), mais aussi à Lyon, Grenoble, Valence, Aix-en-Provence, Marseille, Lille ou Paris (directement en 6 heures 15 environ). Quant à la compagnie allemande **Flixbus** (www.flixbus.fr), elle relie l'Alsace à de nombreuses villes allemandes ou suisses (Cologne, Munich, Dortmund, Bâle..), mais aussi à Milan, Amsterdam, Budapest, Paris et bien des villes du Grand Est (Châlons-en-Champagne, Reims, Metz, Colmar, Sedan…). Cars généralement équipés du Wi-Fi et de prises électriques.

Vélo

L'Alsace est traversée par 3 routes EuroVélo qui permettent de rejoindre la région d'une façon écologique. L'EuroVélo n°5 relie Londres à Rome et traverse l'Alsace du nord au sud en passant par Strasbourg et Mulhouse. L'EuroVélo n°15 va de Rotterdam aux Pays-Bas jusqu'à Bâle et traverse également la plaine d'Alsace. Enfin, la plus longue et la plus ancienne, l'EuroVélo n°6, qui relie l'Atlantique à la mer Noire, effectue un petit crochet par le sud de l'Alsace en passant par Mulhouse. Le réseau alsacien

des pistes cyclables est également bien connecté avec les départements voisins et les länder allemands.

Voyages organisés

Le site du **tourisme en Alsace** (www.tourisme-alsace. com) détaille de nombreuses offres de prestataires. Vous pouvez aussi contacter les offices du tourisme, qui listent parfois des prestataires plus spécialisés, en particulier pour les activités comme la randonnée à pied ou à VTT.

Comment circuler
Bateau

Plusieurs voies navigables offrent la possibilité de découvrir une partie de l'Alsace au rythme de bateaux à cabine sans permis. Au nord, c'est le cas du **canal de la Marne au Rhin**, navigable sur 87 km et qui franchit les Vosges par l'impressionnant plan incliné de Saint-Louis-Arzviller (Moselle). Le **canal des houillères de la Sarre** chemine à travers l'Alsace bossue entre Moselle et Bas-Rhin. Au sud de l'Alsace, **le canal du Rhône au Rhin** propose deux itinéraires : au nord, de Strasbourg à Rhinau

sur 38 km, et au sud, de Niffer jusqu'à Montreux-Jeune pour se prolonger en Franche-Comté et en Bourgogne.

Bus

Les villes suivantes ont mis en place un réseau de bus urbains : Obernai (Pass'O), Sélestat (Tis), Haguenau (Ritmo), Saint-Louis (Distribus), Colmar (Trace), Mulhouse (Soléa) et Strasbourg (C.T.S.).

Au niveau départemental, Réseau 67 couvre le Bas-Rhin grâce à une cinquantaine de lignes (ticket 1 trajet 2,50 €) et le réseau Haute-Alsace couvre le Haut-Rhin avec une quarantaine de lignes (ticket 1 trajet 2,20-4,65 €).

Taxi

Toutes les grandes villes et agglomérations de taille moyenne comptent des services de taxis, notamment au départ des gares ferroviaires ou des sites touristiques. Le site www.taxi. fr référence de nombreux taxis régionaux.

Train

Le réseau **TER Alsace** (☎ 0800 77 98 67, appel gratuit ; www.ter-sncf.com) est relativement dense et permet, au départ de Strasbourg, de rejoindre la plupart des points d'intérêt : au nord, Lauterbourg, Wissembourg

Sans voiture en Alsace

Pour connaître l'ensemble du réseau des transports en commun en Alsace, consultez le site www.vialsace.eu qui détaille l'offre et permet de calculer son itinéraire. Un système de tarification unique quel que soit le mode de transport (train, bus, tram et car) propose un billet valable 24 heures utilisable soit sur l'un des deux départements alsaciens (22 €), soit sur l'ensemble de l'Alsace (36,20 €).

et Niederbronn-les-Bains ;
à l'ouest, Saverne ; au sud
Sélestat, Colmar, Mulhouse,
Saint-Louis et jusqu'à Belfort.
Les vallées vosgiennes sont
également bien desservies
avec Sewen, Cernay, Thann,
Kruth, Munster, Metzeral
ou Sainte-Marie-aux-Mines.
Enfin, une liaison relie Sélestat
à Molsheim via Obernai et
Barr. La carte Réflexe Alsace
(+26 ans, 29€) offre une
réduction sur les tarifs jusqu'à
30% en semaine et 70% le
week-end. Jusqu'à 4 passagers
peuvent bénéficier de cette
offre avec une seule carte.

DISTANCES ROUTIÈRES (KM)

	Ballon d'Alsace	Colmar	Ferrette	Haguenau	Mulhouse	La Petite-Pierre	Saverne	Strasbourg
Colmar	82							
Ferrette	87	84						
Haguenau	188	104	186					
Mulhouse	62	44	38	147				
La Petite-Pierre	191	109	190	40	150			
Saverne	170	87	169	42	128	22		
Strasbourg	159	74	156	32	116	157	50	
Wissembourg	221	138	219	31	179	72	76	65

Vélo

L'Alsace est une destination
prisée des amateurs de
vélo qui peuvent profiter
de son excellent réseau.
Vous trouverez beaucoup
d'informations sur le site
www.alsaceavelo.fr.
    Du nord au sud, la
véloroute n°15 relie
Lauterbourg à Huningue sur
200 km dont 60% en site
propre. L'itinéraire longe plus
ou moins le Rhin. La **véloroute
du Vignoble** relie Marlenheim
à Thann sur 135 km. Même si
moins de 10% de cet itinéraire
s'effectuent en site propre,
ce parcours est très prisé
car il serpente à travers un
paysage de carte postale,
entre vignobles et flanc de
montagne vosgienne. Cet
itinéraire est relié au nord à
Strasbourg par la **véloroute
du canal de la Bruche**
(19 km entièrement en site
propre) et au sud par la route
du canal de Colmar (14 km,
98% en site propre). Au nord,
la **véloroute du canal de la
Sarre** relie Sarreguemines
à Gondrexange (52 km
entièrement en site propre)
en traversant l'est de l'Alsace
bossue. On peut la prolonger

en suivant la **véloroute du
canal de la Marne au Rhin**
d'Arzviller jusqu'à Strasbourg
(69 km entièrement en site
propre). Enfin Huningue est
reliée à Montreux-Jeune par la
**véloroute du canal du Rhône
au Rhin** (69 km dont 80% en
site propre).
    Toujours sur la liste des
grands itinéraires, citons la
TMV (Traversée du massif des
Vosges) pour les adeptes de
VTT qui relie Wissembourg à
Thann (420 km) ou l'itinéraire
de la **ligne Maginot** (68 km).
    À cela s'ajoute des dizaines
d'autres parcours en boucle
ou en itinérance. La **route des
Crêtes** n'est pas sécurisée
pour les cyclistes, et seuls les
plus aguerris à la circulation
pourront la suivre.
    Le réseau des trains TER
accepte gratuitement les vélos
dans les wagons (au-delà
de 5 personnes, réservation
recommandée).
    On peut louer des vélos
dans les grandes villes ainsi
que dans les centres VTT
labellisés par la Fédération de
cyclotourisme.

    Enfin, l'Alsace, à travers
une trentaine d'offices du
tourisme, a mis en place
récemment un service de
location de vélos électriques,
baptisé **Movelo** (moveloalsace.
fr). La location à la journée
revient à 20 €.

Voiture et moto

L'autoroute A35 assure la
liaison nord-sud de l'Alsace
de Lauterbourg à Saint-Louis
(195 km), via Strasbourg,
Colmar et Mulhouse. Appelée
l'"autoroute des cigognes",
cette voie gratuite est la
véritable colonne vertébrale
de l'Alsace. La plupart des
agglomérations se trouvent
à moins de 40 km de cet
axe. Deux autoroutes
transversales complètent
le réseau. Au nord, venant
de Paris et Metz, l'autoroute
A4 rejoint Strasbourg et
au sud l'A36 venant de
Belfort rejoint Mulhouse. Le
contournement des grandes
villes (Strasbourg, Colmar
et Mulhouse) engendre
d'importants bouchons aux
heures de pointe. Les péages

de Burnhaupt (10 km à l'ouest de Mulhouse sur l'A36) et sur l'A4 à 20 km au nord-ouest de Strasbourg sont souvent des causes de ralentissement. Depuis plusieurs années, des élus alsaciens protestent contre l'absence d'éco-taxe qui a attiré une partie du trafic des marchandises du réseau allemand vers son voisin alsacien.

La traversée du massif des Vosges du nord au sud s'effectue par la route des Crêtes. Cette route peut être rejointe par les départementales qui traversent les Vosges d'est en ouest, au départ des vallées. Les conditions climatiques sont souvent hivernales dans le massif des Vosges et la circulation peut devenir délicate en l'espace de quelques heures. Dans les parcs régionaux des Vosges du Nord et des Ballons des Vosges, l'utilisation de sel et de produits chimiques de déneigement est interdite. Dès les premières neiges jusqu'à l'arrivée du printemps, la route des Crêtes est partiellement fermée entre le col du Bonhomme et le Markstein. Des accès aux cols peuvent également être fermés et sont, pour le moins, interdits aux véhicules non équipés de chaînes ou de pneus neige. En été et pendant les week-ends radieux, la route des Crêtes est surfréquentée par tous types de véhicules : voitures, camping-cars, motos et vélos. Prudence et viligance, le taux d'accident sur cette route emblématique est particulièrement élevé !

Location

Si vous ne disposez pas de véhicule, vous trouverez sur place, dans les gares, les aéroports ou les centres-villes, des sociétés de location. Renseignez-vous sur les prestations incluses dans le prix (kilométrage illimité ou non, taxes, assurance, rachat de franchise…) et sur votre responsabilité en cas de problème. Mieux vaut souscrire une assurance complète couvrant les petits dommages que vous provoquerez. Les principales enseignes sont :

- **Ada** (☎ 03 88 27 53 71 ; www.ada.fr ; gare TGV Strasbourg)
- **Avis** (☎ 0820 611 698 ; avis.fr ; gare TGV Strasbourg)
- **Budget** (☎ 0825 003 564 ; www.budget.fr)
- **Europcar** (☎ 03 88 22 96 48 www.europcar.fr ; gare TGV Strasbourg)
- **Hertz** (☎ 03 88 32 57 62 : www.hertz.fr ; gare TGV Strasbourg)
- **Rent a Car** (☎ 03 68 76 04 72 ; www.rentacar.fr ; gare TGV Strasbourg)
- **Sixt** (☎ 0820 007 498 ; www.sixt.fr ; gare TGV Strasbourg)

La bonne idée consiste à se connecter à l'un des sites comparant les différents tarifs, tels que www.autoescape. com, carigami.fr ou easycar.fr.

En coulisses

Un mot des auteurs

Claire Angot

Mes remerciements vont d'abord au bureau de Lonely Planet France, en particulier à Didier Férat et à Frédérique Sarfati pour leur confiance renouvelée, ainsi qu'à Isabelle Bouwyn, pour son travail très efficace de relecture. Merci aussi à toutes les personnes qui m'ont réservé un excellent accueil dans les offices du tourisme.

Christophe Corbel

Merci à l'équipe Lonely Planet, en particulier à Isabelle qui, à travers les échanges avec les auteurs, insuffle énergie et positivité dans ce monde de brutes. Merci au ciel d'avoir été clément lors de mon travail sur le terrain pour cette édition qui s'est déroulé dans des conditions "normales". Ni chaleur, ni grisaille. Merci aux personnes croisées sur la route. Elle n'en savent rien, mais ce sont elles qui donnent une saveur différente à chaque édition.

Hugues Derouard

Remerciements à toute l'équipe de Lonely Planet, et en particulier à Isabelle Bouwyn, à Didier Férat et à Dominique Spaety. Un grand merci à Sandrine qui m'a accompagné sur les chemins de randonnée alsaciens ainsi qu'aux copains haut-rhinois (Marie, Loïc, Dorothée) pour leurs bons plans, notamment gastronomiques ! Merci enfin à Vincent Froehly, qui avait déjà sillonné le sud de l'Alsace pour la précédente édition de ce guide.

Sonia de Araujo

Mes plus sincères remerciements à Manuel Plantin et Anna pour leur indéfectible soutien. Aux offices de tourisme, notamment ceux de la vallée de la Bruche, de Rosheim et d'Obernai pour leurs précieux conseils. Merci également à l'équipe de Lonely Planet pour leur confiance renouvelée et leur exigence.

À propos de cet ouvrage

Cet ouvrage est la 2ᵉ édition du guide *L'Essentiel de l'Alsace*. Sonia de Araujo, Christophe Corbel, Vincent Froehly et Julia Mangold avaient rédigé la première édition. Cette nouvelle édition a été actualisée et enrichie par Claire Angot, Sonia de Araujo, Christophe Corbel et Hugues Derouard. Vous trouverez leur biographie à la fin de ce guide.

Direction éditoriale Didier Férat
Coordination éditoriale Isabelle Bouwyn
Responsable pré-presse Jean-Noël Doan
Maquette Marie Dautet
Cartographie Afdec (Martine Marmouget et Catherine Zacharopoulou)
Couverture Laure Wilmot
Fabrication Emmanuelle Laine
Photogravure Point 11
Merci à Julien Lannoy pour sa relecture attentive du texte, ainsi qu'à Claire Chevanche pour son travail de référencement. Remerciements également à Dominique Spaety et à toute l'équipe Lonely Planet de Paris. Merci à Clare Mercer, Joe Revill, Sarah Nicholson, Luan Angel et Becky Henderson du bureau Lonely Planet de Londres, et à Darren O'Connell, Andy Nielsen, Chris Love, Jacqui Saunders, Glenn van der Knijff et Claire Murphy du bureau Lonely Planet australien.

Crédits photographiques

Photographie de couverture : Kaysersberg, sur la route des Vins, © Federica Gentile/Getty Images

Vos réactions

Vos commentaires nous sont très précieux et nous permettent d'améliorer constamment nos guides. Notre équipe lit toutes vos lettres avec la plus grande attention. Nous ne pouvons pas répondre individuellement à tous ceux qui nous écrivent, mais vos commentaires sont transmis aux auteurs concernés. Tous les lecteurs qui prennent la peine de nous communiquer des informations sont remerciés dans l'édition suivante, et ceux qui nous fournissent les renseignements les plus utiles se voient offrir un guide.

Pour nous faire part de vos réactions, prendre connaissance de notre catalogue et vous abonner à notre newsletter, consultez notre site Internet : **www.lonelyplanet.fr**

Nous reprenons parfois des extraits de notre courrier pour les publier dans nos produits, guides ou sites web. Si vous ne souhaitez pas que vos commentaires soient repris ou que votre nom apparaisse, merci de nous le préciser. Notre politique en matière de confidentialité est disponible sur notre site Internet.

Index

Référence des cartes

Référence des cartes

Référence des cartes

Comment utiliser ce guide

Ces symboles vous aideront à identifier les différentes rubriques :

- ◉ À voir
- ✈ Activités
- ⇄ Cours
- ↻ Circuits organisés
- ❋ Fêtes et festivals
- ⊗ Où se restaurer
- ⊖ Où prendre un verre
- ✪ Où sortir
- 🔒 Achats
- ⓘ Renseignements et transports

Ces symboles vous donneront des informations essentielles au sein de chaque rubrique :

- 🌿 Adresses écoresponsables
- `GRATUIT` Sites libres d'accès

- ☎ Numéro de téléphone
- ⌚ Horaires d'ouverture
- P Parking
- ⊖ Non-fumeur
- ❅ Climatisation
- @ Accès Internet
- 🛜 Wi-Fi
- 🏊 Piscine

- 🚌 Bus
- 🚢 Ferry
- 🚊 Tramway
- 🚆 Train
- 📖 Menu en anglais
- 🍴 Végétarien
- 🚻 Familles bienvenues

Choisissez des lieux sur mesure grâce aux symboles suivants :

 Petits prix

 Gastronomie

 Prendre un verre

 Vélo

 Sports

 Art et culture

 Fêtes et festival

 Sites photogéniques

Paysages

 En famille

Excursion

Détour

 Randonnée

 100 % local

 Histoire

 Sortir

 Plages

 Café

 Faune et flore

 Scène LGBT

 Hébergement

 Transports

Activités aquatiques

Infos pratiques

À voir

- 🍷 Cave/vignoble
- 🏰 Château
- ✝ Église
- ❗ Monument
- ☾ Mosquée
- 🏛 Musée/galerie/ édifice historique
- 🏖 Plage
- 🐦 Réserve ornithologique
- 🏛 Ruines
- ✡ Synagogue
- 卍 Temple bouddhiste
- 🛕 Temple confucéen
- 🛕 Temple hindou
- 🛕 Temple jaïn
- ⛩ Temple shintoïste
- 🛕 Temple sikh
- ☯ Temple taoïste
- 🦁 Zoo/réserve animalière
- ◉ Autre site

Achats

- 🛍 Magasin

Activités

- 🏄 Bodysurfing
- 🛶 Canoë/kayak
- ⇄ Cours/circuits organisés
- 🤿 Plongée/snorkelling
- 🥾 Randonnée
- ♨ Sentō (bain public)
- ⛷ Ski
- 🤿 Snorkelling
- 🏄 Surf
- 🏊 Piscine/baignade
- ⛵ Planche à voile
- ✈ Autres activités

Où se loger

- ⛺ Camping
- 🛏 Hébergement

Où se restaurer

- ⊗ Restauration

Où prendre un verre

- 🍺 Bar
- ☕ Café

Où sortir

- ✪ Salle de spectacle

Renseignements

- $ Accès Internet
- ➕ Ambassade/consulat
- ➕ Banque
- @ Bureau de poste
- ☎ Centre téléphonique
- ⊕ Hôpital/centre médical
- ⓘ Office du tourisme
- 🛡 Police
- 🚻 Toilettes
- • Autre adresse pratique

Géographie

- 🏞 Aire de pique-nique
- 💧 Cascade
-)(Col
- ▲ Montagne/volcan
- 🌴 Oasis
- 🌳 Parc
- 🗼 Phare
- 🏖 Plage
- 📷 Point de vue
- ⊷ Portail
- 🏠 Refuge/gîte

Transports

- ✈ Aéroport
- 🚇 Bart
- 🚌 Bus
- ⚓ Ferry
- 🚉 Gare/chemin de fer
- Ⓜ Métro/MRT
- 🚝 Monorail
- P Parking
- 🚲 Piste cyclable
- ⊗ Poste frontière
- ⛽ Station-service
- Ⓢ Subway
- Ⓣ T/T-Bane
- 🚕 Taxi
- 🚠 Téléphérique/ funiculaire
- 🚊 Tramway
- ⊖ Tube
- Ⓤ U-Bahn
- • Autre moyen de transports

Christophe Corbel

De l'Alsace, il ne connaissait finalement que la choucroute qu'affectionnait tant sa mère ou encore ce week-end passé à La Petite-Pierre à la recherche d'une branche familiale dont le matronyme imprononçable lui paraissait déjà tout un voyage. C'est donc avec beaucoup de plaisir qu'il a pu enfin parcourir en long, en large et en travers, ce territoire attachant et riche de cultures et d'influences si originales pour la France, pour la première édition de ce guide, puis pour la deuxième. En plus d'être auteur pour Lonely Planet, Christophe voyage surtout dans des terres où soleil et nuages jouent à cache-cache, et où l'on peut se déplacer lentement, en train, à vélo ou à pied.

Hugues Derouard

Rédacteur free-lance, diplômé de l'école de journalisme de Tours, Hugues Derouard, 32 ans, explore la France pour la presse magazine. Normand d'origine, Alsacien de cœur, il a, pour cette édition, notamment redécouvert avec plaisir les routes tranquilles du Sundgau, l'un des territoires les plus secrets et les plus attachants de toute l'Alsace, selon lui. Pour Lonely Planet, Hugues a déjà marché sur les chemins de Compostelle, sillonné l'Hérault et la Dordogne ou encore gravi les montagnes de l'arrière-pays niçois.

Les guides lonely Planet

Une vieille voiture déglinguée, quelques dollars en poche et le goût de l'aventure, c'est tout ce dont Tony et Maureen Wheeler eurent besoin pour réaliser, en 1972, le voyage d'une vie : rallier l'Australie par voie terrestre via l'Europe et l'Asie. De retour après un périple harassant de plusieurs mois, et forts de cette expérience formatrice, ils rédigèrent sur un coin de table leur premier guide, *Across Asia on the Cheap*, qui se vendit à 1 500 exemplaires en l'espace d'une semaine. Ainsi naquit Lonely Planet, dont les guides sont aujourd'hui traduits en 12 langues.

Nos auteurs

Sonia de Araujo

Sonia est tombée amoureuse de Strasbourg et de sa région il y a dix ans. Venue pour un stage dans le quotidien régional les *Dernières Nouvelles d'Alsace*, cette journaliste free-lance n'a plus jamais quitté l'Alsace. Native de Bourgogne, passée par Paris, le Brésil et l'Afghanistan, cette urbaine globe-trotteuse sait apprécier le dernier resto à la mode comme une bonne choucroute, une séance de shopping intensif comme une belle randonnée dans les Vosges. Pour Lonely Planet, Sonia a également collaboré aux guides *Vendée Charente-Maritime* et *Strasbourg En quelques jours*.

Claire Angot

Mordue de grands espaces, Claire Angot a passé son enfance sur les côtes normandes avant d'aller étudier le journalisme à Lille, puis de s'installer à Lyon. Elle a été reporter pour France 3. Ses voyages professionnels et personnels l'emmènent le plus souvent au cœur de destinations montagneuses (Vosges, Haute-Savoie, Corse, Pyrénées, Suisse, Autriche...) et elle avoue un faible pour les coins de nature restés très sauvages (Québec, Nouvelle-Calédonie). Ses coups de cœur se laissent découvrir sur son site www.claireangot-photographe.com.

Nos auteurs (suite)

L'essentiel de l'Alsace
2e édition
© Place des éditeurs et Lonely Planet Global Limited 2017
Photographes © comme indiqué 2017

Dépôt légal Avril 2017
ISBN 978-2-81616-190-8

Photogravure : Point 11
Imprimé par IME by ESTIMPRIM, Baume-les-Dames, France

En Voyage Éditions | un département place des éditeurs